CLEMENTINE CHURCHILL

DES MÊMES AUTEURS

Heureux comme un socialiste en France, Plon, 2014.

Des fourchettes dans les étoiles. Brève histoire de la gastronomie française, Fayard, 2010.

Pour mon fils, pour mon roi. La reine Anne, mère de Louis XIV, Robert Laffont, 2009 ; Pocket, 2010.

Trop d'impôts tue l'emploi, Robert Laffont, 2005.

La Dame à la cassette, Robert Laffont, 2004.

Le Roi carême, Albin Michel, 2003.

La Dame des 35 heures, Robert Laffont, 2002.

La Dernière reine. Victoria 1819-1901, Robert Laffont, 2000 ; coll. « Documento », 2013.

PHILIPPE ALEXANDRE
BÉATRIX DE L'AULNOIT

CLEMENTINE CHURCHILL

La femme du lion

TALLANDIER / ROBERT LAFFONT

2, rue Rotrou – 75006 Paris
www.tallandier.com

SOMMAIRE

Si mon grand-père n'avait pas eu Clementine,
il n'aurait été que la moitié de l'homme qu'il fut.

Sir Nicholas Soames, membre du Parlement
(aux auteurs, le 8 juin 2015).

Chapitre premier

L'IMPROMPTU DE PORTLAND PLACE

Recevoir treize personnes à dîner n'est pas un accident mortel. Mais pour lady St Helier, dont la table est la plus courue de Londres, c'est tout simplement impossible à concevoir.

Dans son hôtel particulier, à deux pas de Regent's Park, cette fameuse maîtresse de maison a l'art de mêler hommes politiques et journalistes, banquiers, amiraux et écrivains comme Oscar Wilde ou Somerset Maugham. Lorsqu'il quitte son Dorset natal, l'austère Thomas Hardy, auteur du best-seller *Tess d'Uberville,* loge 52 Portland Place. La romancière américaine Edith Wharton apprécie aussi le grand salon où les palmiers se mêlent aux confortables canapés pour une bonne conversation à l'heure du thé devant un feu de cheminée : « Je séjournais chez elle chaque fois que je venais à Londres en me soumettant avec joie aux inévitables séries de grands déjeuners et de grands dîners, en raison du réel plaisir que j'avais d'être avec elle… Cette femme qui, aux yeux de centaines de gens n'était que la plus résolue et la plus imperturbable des hôtesses, une sorte de machine à recevoir, avait une forte personnalité. » La romancière ajoute : « Elle aurait été, j'en suis certaine, amusée, si elle avait entendu, et je pense que ce fut le cas, raconter l'histoire de ce chef cannibale qui, sur le point d'envoyer un explorateur captif à la marmite, se ravise soudain et lui laisse la vie sauve en s'écriant : "Mais il me semble que nous nous sommes vus chez lady St Helier". »

Comme les lochs écossais de son enfance qui brusquement s'éclairent sous un rayon de soleil, ses yeux brillent d'un éclat malicieux lorsque l'un de ses invités lance un trait d'humour : « À son contact, les timides perdent leur réserve et les snobs, leur morgue », affirment ses amis. Sa grand-mère tenait déjà une table brillante dans son hôtel particulier d'Édimbourg et elle a grandi dans une famille d'intellectuels. Sa sœur est la mère d'Aldous Huxley, l'auteur du *Meilleur des mondes* et il arrive que lady St Helier participe à des conférences où aucune autre femme n'est admise. Une photo la montre assise, devant son grand bureau, simplement habillée d'une longue jupe et d'une redingote noires avec sa chemise blanche ornée d'une lavallière à pois.

Intelligente, féministe, deux fois veuve, d'abord du colonel John Stanley puis d'un juge éminent, lord St Helier, elle consacre désormais sa fortune à nourrir le midi les pauvres d'un repas chaud dans une cantine et le soir ses amis dans sa salle à manger de Portland Place où elle sert une cuisine si exquise que ses invités se croient transportés à Paris.

En cette journée de mars 1908, elle peut être satisfaite de son plan de table. Le premier des quatorze invités est un « lion » de choix : Winston Churchill, le fils de son regretté ami lord Randolph. À trente-quatre ans, le jeune sous-secrétaire d'État aux Colonies revient tout juste d'une inspection de trois mois en Somalie, Kenya, Ouganda et lady St Helier tient absolument à lui faire rencontrer Frederick Lugard, grand explorateur de l'Afrique ainsi que son épouse Flora Shaw, spécialiste des problèmes coloniaux. Il y aura aussi l'oncle de Winston, lord Tweedmouth, premier lord de l'amirauté ainsi que son meilleur ami, Frederick Smith, brillant avocat et député conservateur avec sa femme Margaret. Pour leur donner la réplique, elle a convié le journaliste politique Henry Lucy, plume assassine de l'*Observer* et de l'hebdomadaire satirique *Punch*.

La dame de Portland Place, qui adore ménager des rencontres imprévues susceptibles de se conclure par un beau mariage, a ajouté quelques intellectuels d'Oxford bien nés mais surtout une héritière américaine, Ruth More, qui ferait une bonne épouse pour la vedette de la soirée toujours à court d'argent !

Comme il arrive souvent dans les dîners mondains, une invitée se décommande dans l'après-midi. Par qui la remplacer à la dernière minute sans commettre d'impair ? Lady St Helier pense aussitôt à la petite-nièce de son premier mari, la ravissante Clementine Hozier. Un membre de la famille ne saurait se vexer d'être invité en bouche-trou !

À vingt-deux ans, la jeune fille a tout pour elle. Grande, fine, avec beaucoup d'allure, elle ressemble pour certains de ses admirateurs à « un yacht de course ». Sous ses cheveux auburn relevés en chignon, son regard, aux couleurs changeantes comme la mer, respire l'intelligence et la tendresse. Par-dessus le marché, elle adore la politique qu'elle suit avec passion. Lors d'une réception à Portland Place, elle a rencontré le charmant Sydney Peel, petit-fils du grand Premier ministre libéral de la reine Victoria. Pendant quatre ans ils sont sortis ensemble. Comme le héros d'un roman qui l'avait fasciné, Sydney lui faisait porter chaque jour un bouquet de violettes blanches et venait l'attendre à la descente du train chaque fois qu'elle se déplaçait. Très cultivé, il sortait du Balliol College d'Oxford, creuset du parti libéral, et lui avait ouvert les portes d'un autre monde, le grand théâtre de la politique et de la Chambre des communes où son père était *speaker*. Fiancée secrètement à deux reprises, Clementine a rompu définitivement parce qu'elle craignait que cet homme de quinze ans son aîné ne soit pas « son grand amour », ce que déplore encore lady St Helier qui le jugeait un excellent parti.

Car la mère de sa petite nièce, Blanche Hozier, a beau avoir grandi dans un château d'Écosse, elle n'a pas un sou. Divorcée avec trois enfants, elle vit dans une petite maison de Kensington, au 51 Abington Villas. Son fils, Bill, s'est engagé dans la marine sans avoir été à l'université et Clementine, qui parle parfaitement français, donne des leçons à 2 shillings 6 pence l'heure à tous les enfants de la bonne société qui veulent apprendre la langue de Voltaire. Quand sa mère lui annonce l'invitation de lady St Helier, elle se récrie aussitôt. Elle est épuisée et n'a rien d'assez chic pour un tel dîner. Comble de malchance, ses gants blancs sont sales !

Lady Blanche est indignée. Sa tante a tant fait pour Clementine. C'est elle qui lui a offert sa première robe de bal pour ses dix-huit ans et l'a lancée dans la bonne société. Le prétexte de la tenue est d'ailleurs vite balayé. La jeune fille s'habille divinement, sa taille est élancée et elle porte avec une classe étonnante chez une femme si jeune, les robes longues en mousseline que la reine Alexandra a mises à la mode. Il lui arrive même de les dessiner. Outre ses leçons de français, elle se fait de l'argent de poche en aidant sa cousine, Lena Whyte, qui a ouvert une boutique de couture dans le quartier chic de Mayfair.

Hélas, son arrivée éblouissante à Portland Place ne permet pas à la maîtresse de maison de recouvrer sa sérénité. Car, à l'heure de passer à table, il manque toujours un invité. Et pas n'importe lequel.

Au retour d'une journée toujours trépidante, Winston a l'habitude de se détendre dans un bain chaud et d'y lire ses dossiers. C'est d'ailleurs dans sa baignoire que le trouve son secrétaire privé Eddie Marsh alors que l'heure du dîner est largement dépassée. Le ministre ne veut plus s'y rendre : il est certain de s'y ennuyer.

C'est au tour d'Eddie Marsh de protester. Winston a été bien content de faire appel à la grande amie de son père quand il faisait des pieds et des mains pour participer à la campagne d'Égypte de lord Kitchener qui ne voulait à aucun prix de lui dans ses régiments. Un mot de lady St Helier au général Evelyn Wood a suffi pour faire plier l'irascible commandant en chef des armées impériales.

Le premier plat est déjà servi lorsque, enfin, l'espoir de la politique fait son apparition. Sa place est restée vide à côté de lady Lugard. Clementine reconnaît aussitôt le visage de bébé joufflu du jeune homme rencontré il y a quatre ans au grand bal de lord et lady Crewe dans leur bucolique hôtel particulier de Curzon Street.

Lady Randolph Churchill, grande amie de lady Blanche Hozier, les a présentés l'un à l'autre. Ensuite Winston est resté tel un piquet, sans prononcer un mot. Gênée, Clementine s'est vite échappée pour aller danser avec un de ses chevaliers servants. Le député, lui, est retourné aux Communes défendre une loi de clémence en faveur des Boers, vaincus par l'armée impériale britannique en Afrique du Sud. Il lui dira plus tard : « Je suis stupide et maladroit dans mes relations avec les femmes. » Et il ne sait même pas danser !

Ce soir, il se montre bavard, intarissable même. Il est gai, spirituel, parfois cruel avec un humour qu'il ne s'épargne pas à lui-même. Clementine, sa voisine de gauche, est subjuguée par l'énergie qui se dégage de ce conteur éblouissant. Elle rit en l'écoutant raconter les combats auxquels il a participé à Cuba, en Inde, en Afrique du Sud et dont lady Lugard ne profite guère. Car toute la soirée se résume à un tête-à-tête observé avec un étonnement amusé par lady St Helier. À la fin du dîner, alors qu'il est d'usage que les hommes restent dans la salle à manger à boire du cognac, un cigare à la main, le jeune lion les quitte vite pour retourner au salon où les attendent les dames près de la cheminée.

Comme Clementine, c'est un romantique. Il croit au grand amour. Mais il a tant à faire pour servir la couronne britannique, laisser une trace dans l'histoire et devenir aussi célèbre que son aïeul, John, premier duc de Marlborough, vainqueur en 1704 des armées de Louis XIV à Blenheim sur le Danube ! Exploit récompensé par un fabuleux château où Winston a passé toute son enfance. La guerre, la politique, l'écriture, son avenir l'obsèdent. Son père, second fils du 7e duc, est mort à quarante-six ans, âge fatidique chez les Marlborough qu'il est persuadé de ne pouvoir dépasser à son tour.

Depuis trois ans, le sous-secrétaire d'État aux Colonies a consacré tous ses week-ends à lire les discours de lord Randolph et à rédiger du brillant orateur une biographie en forme d'hommage politique qui vient d'être publiée. Au cours du dîner, il a d'ailleurs demandé à Clementine si elle l'avait lue et, comme elle lui a répondu par la négative, il a promis de la lui envoyer, ce qu'il oubliera.

Entre Westminster, ses voyages, ses articles et les huit livres qu'il a déjà écrits, il a peu de temps à réserver aux femmes. Il a pourtant été amoureux à plusieurs reprises. Une première fois, lors de son séjour en Inde comme officier de cavalerie, il est tombé sous le charme de la ravissante Pamela Plowden, fille du gouverneur d'Hyderabad. Ils s'étaient promis de faire le tour de la ville à dos d'éléphant. Mais, pendant huit semaines, Winston ne lui a pas envoyé la moindre lettre et elle a déclaré qu'elle se sentait incapable d'être l'épouse d'un homme politique. Il y a six ans, Pamela s'est mariée avec le richissime lord Lytton.

Autre idylle vite brisée avec la belle, talentueuse, et déjà célèbre à vingt-deux ans, comédienne américaine Ethel Barrymore. Fille d'une grande famille d'acteurs, il l'a rencontrée aux États-Unis où il donnait une série de conférences sur la guerre des Boers pour gagner un peu d'argent. Lorsqu'elle est arrivée en tournée en Angleterre, il n'a pas manqué de la bombarder de bouquets et de billets doux. Chaque soir, à la fin de sa représentation, il l'emmenait souper au Claridge. En juillet 1902, pour l'épater, il l'a même invitée un week-end à Blenheim. Mais elle non plus n'était pas prête à jouer les seconds rôles derrière une vedette de la politique.

Après, il y a eu Muriel Wilson, fille d'un armateur américain, fortunée, et néanmoins charmante. Lors d'un voyage en Italie dans la voiture de Lionel de Rothschild, elle a tout fait pour le guérir de son incapacité à prononcer les « s », fâcheux handicap pour un député. Elle lui faisait répéter : *The spanish ships I cannot see for they are not in sight*. Cette touchante attention n'a pas empêché Winston d'écrire à sa mère que sa relation avec Muriel était d'une « affreuse banalité ». Au début de 1904, il l'a quand même demandée en mariage et c'est elle, une fois encore, qui a refusé, pensant qu'il n'avait aucun avenir. Le hussard enflammé n'a pas réussi à emporter son cœur malgré des lettres passionnées : « Je vous aime parce que vous êtes bonne et belle. [...] Dans vos yeux, je ne me sens jamais ridicule. [...] Ne claquez pas la porte. [...] Je peux attendre, et peut-être que, vous attendant, je m'améliorerai. [...] Bien sûr vous ne m'aimez pas mais je crois qu'il doit y avoir une clef et si je pouvais la trouver, si vous acceptiez de me laisser faire, je pourrais avec elle ouvrir votre cœur. »

Lors de la visite à Londres de Louis Botha, général en chef des armées boers, devenu Premier ministre du Transvaal, les journaux ont largement commenté la taille du plus gros diamant du monde, le « Cullinan », tout juste découvert à Pretoria et offert à Sa Majesté Edward VII. Mais ils ont aussi évoqué les regards tendres du sous-secrétaire d'État aux Colonies pour la fille de son ancien ennemi : Helen Botha. Le *Manchester Guardian* a même félicité l'homme politique pour ses fiançailles. Bien prématurément, car en ce moment, c'est la brillante Violet Asquith, fille du Premier ministre, qui retient toute son attention. Elle a hérité du sens politique familial et elle est follement amoureuse. Dès leur première rencontre, elle a déclaré à son père : « J'ai vu un génie ! » Pour lui plaire, elle apprend par cœur des poèmes qu'elle lui récite durant les dîners donnés à Downing Street ce qui a provoqué ce commentaire de lord Rosebery : « Ils sont très attachés l'un à l'autre. »

Mais à présent, avec Clementine, c'est une tout autre histoire ! Et cela n'a échappé à aucune des invitées. Dans le vestiaire, alors qu'elles attendent leurs manteaux, elles ne peuvent s'empêcher de complimenter la jeune fille. Éblouie, celle-ci ne veut pourtant pas perdre la tête. Elle se méfie des élans de son cœur. Après sa seconde et douloureuse rupture avec Sydney Peel, en mai 1906, elle a connu, trois mois plus tard, une autre déconvenue avec un homme dont elle s'est cru trop vite amoureuse lors d'une somptueuse partie de campagne.

En juillet, William Compton, héritier du fortuné marquis de Northampton dont la famille remonte à Guillaume le Conquérant, a donné une fête de cinq jours dans le château de ses parents pour célébrer sa majorité. Les cinquante invités avaient pris un train spécial, puis des voitures à cheval les avaient conduits à la seigneuriale propriété où les attendaient une armée de domestiques, de plantureux buffets et du champagne à profusion. Toutes les filles logeaient dans le château, les garçons sous des tentes décorées de tapisseries et, comble du luxe pour l'époque, éclairées à l'électricité. Des chaperons étaient supposés veiller à ce que les convenances ne soient jamais outragées. Mais dans le parc immense, autour du lac, en cette fin de juillet, les bosquets procuraient d'accueillants boudoirs de verdure.

Clementine avait très vite commencé à discuter avec Lionel Earle, un brillant haut fonctionnaire de quarante ans avec lequel elle avait dansé dans un bal. Il partageait sa passion pour Paris où il avait passé deux ans. Assise dans l'herbe, elle lui avait raconté les deux séjours inoubliables qu'elle y avait faits.

La première fois, en 1901, elle venait de gagner à seize ans la médaille d'argent d'un concours national de français remise par l'ambassadeur Paul Cambon, le grand architecte de l'Entente cordiale. Pour la récompenser, sa mère lui avait offert d'aller visiter Paris pendant quinze jours sous la garde de sa répétitrice française, Melle Louise Henri. Elles logeaient dans un petit hôtel mais passaient leurs journées à explorer la ville. Clementine, éblouie, avait découvert la douceur des promenades sous les marronniers des Champs-Élysées, la beauté de la Seine et les cafés de Montparnasse où bouillonnait la vie culturelle. Melle Henri avait réussi à les faire inviter à un vernissage où la fameuse Polaire avait fait une apparition fracassante. Célèbre pour son tour de taille d'une finesse inouïe, la grande cocotte portait ce jour-là une robe étrangement virginale et un grand chapeau bordé d'hermine.

Un matin, Walter Sickert, grand ami de sa mère, était passé à l'hôtel et ils avaient pris leur *breakfast* dans un petit café où elle avait été surprise de voir que le peintre ne payait rien et que la patronne inscrivait le montant de la consommation sur une ardoise. Après une visite de la galerie du Luxembourg, ils avaient déjeuné dans un bistrot où de nouveau l'addition était notée sur le petit tableau noir. Puis il l'avait emmenée chez Pissaro qui vivait sous les toits près de La Madeleine. Dans l'atelier, une dizaine de personnes buvaient de la bière tiède autour du grand maître de soixante-douze ans qui allait mourir l'année suivante. Il lui était apparu comme un « vieillard magnifique avec sa barbe blanche et son grand chapeau noir ». Le soir de cette mémorable journée, ils avaient dîné à Passy chez un autre peintre, Jacques-Émile Blanche, portraitiste de Proust et de toutes les célébrités de l'époque. Sa maison avait appartenu à la princesse de Lamballe et Jacques-Émile la tenait de son grand-père, le docteur Esprit Blanche, éminent psychiatre et créateur en 1846 de la maison de santé de Passy où ont été soignés Van Gogh, Gérard de Nerval et Guy de Maupassant...

À la fin de ses études, Clementine était retournée à Paris avec sa mère et sa jeune sœur Nellie. Lady Blanche tenait à ce que son aînée, comme toutes les jeunes filles de la bonne société, y passe quelques mois de *finishing school*. En 1903, elle avait loué, rue Oudinot, une maison pour l'hiver et, liberté inconcevable pour l'époque, l'étudiante se rendait sans chaperon à ses cours de la Sorbonne. Comme sa mère n'avait pas de cuisinière, le midi, elle ne rentrait pas à la maison et déjeunait d'un simple œuf à la coque et de mouillettes au zinc d'un bistro. Quelques jours avant leur départ, Blanche Hozier avait emmené ses deux filles dîner chez Voisin, le fameux restaurant dont le roi Edward VII, avant son avènement, appréciait la spécialité : une timbale de filets de cannetons aux truffes en gelée. Elles n'y avaient pas goûté mais s'étaient régalées d'un tournedos pommes soufflées en faisant honneur à la prestigieuse cave de l'établissement. La sérieuse Clementine, déjà économe, s'était inquiétée du montant extravagant de l'addition. Mais Blanche qui, comme sa mère, lady d'Airlie, appréciait la gastronomie française, avait répliqué sans se démonter : « Ma chère enfant, chez les gens civilisés, savoir commander et savourer un bon repas fait partie de l'éducation. »

Dans le grand parc du marquis de Northampton, Lionel Earle avait suggéré qu'ils y retournent ensemble et, pour commencer, il lui avait demandé de l'épouser. Enthousiaste, elle avait accepté. Dès le 15 août, les deux familles avaient annoncé les fiançailles et envoyé les invitations pour le mariage.

Entre les deux, lady Blanche et sa fille devaient faire un voyage en Hollande où leurs amis Labouchère les avaient invitées depuis longtemps dans leur propriété. La bonne Henriette Labouchère, néerlandaise et accueillante, avait tout de suite proposé que Lionel Earle les accompagne. Au soir du second jour, Clementine s'était aperçue avec horreur qu'elle aimait encore moins son nouveau fiancé que le pauvre Sydney ! Compréhensive, Blanche, qui trouvait le diplomate pédant et guindé, avait aussitôt annulé la réception et il avait fallu renvoyer les cadeaux ce que la grand-mère d'Airlie considérait comme *very disgraceful*. De honte, la pauvre Clementine en avait fait une dépression. Comble de malheur, les médecins venaient d'annoncer que sa sœur Nellie était atteinte de tuberculose et qu'il fallait l'envoyer au plus vite dans un sanatorium en Allemagne.

Mais le dîner de lady St Helier n'a-t-il pas tout changé ? Dès le lendemain, Blanche Hozier reçoit de son amie lady Randolph une invitation à venir passer deux jours avec sa fille dans sa propriété de Salisbury. La date est rapidement fixée aux samedi 11 et dimanche 12 avril car le lundi, elles doivent partir retrouver Nellie en Allemagne et les billets du train et du ferry sont déjà pris.

Ce week-end-là, le château Tudor en briques, où lady Randolph et son jeune mari George Cornwallis-West ont l'habitude de recevoir le gratin de la monarchie à commencer par le roi Edward VII et sa belle maîtresse Alice Keppel, est une fois de plus le théâtre d'un chassé-croisé amoureux à l'anglaise. Car, entre deux apartés avec Clementine, Winston apprend qu'il est nommé, par le nouveau Premier ministre Asquith, *President of the Board of Trade*[1]. Et cette promotion, il la doit à l'intervention pressante de la très amoureuse Violet.

Le 13 avril, Blanche Hozier et sa fille traversent la Manche. Lady St Helier est abasourdie par ce départ incongru alors que Winston semble furieusement épris. De Paris, entre deux trains, Clementine écrit une courte lettre de château à la mère du ministre :

> Chère Mrs West, je tiens à vous dire un immense merci pour ce week-end qui m'a rendue si heureuse. En ces moments où grands doivent être votre joie et vos espoirs pour Mr Churchill, vous m'avez montré une attention de tous les instants comme si vous me connaissiez depuis toujours. Je pense que personne ne peut connaître votre fils, et c'est mon cas, sans être charmé par son génie. J'aimerais tant être auprès de vous durant ces deux semaines décisives.

Comme tout nouveau membre du gouvernement, Winston doit en effet remettre en jeu son mandat de député et se faire réélire.

À Nordrach, village perdu de Forêt-Noire, où elle a le bonheur de revoir Nellie guérie, Clementine essaie de suivre la campagne dans les journaux. Le 16 avril 1908, c'est lui qui lui écrit de sa petite maison de Bolton Street qu'il partage à Mayfair avec son frère Jack :

1. Ministre du Commerce.

> Je suis de retour ici pour une nuit et une journée en vue du « baisemain » [au roi Edward VII] qui va avec ma nomination et je saisis cette fugace heure de loisir pour vous dire à quel point j'ai apprécié notre longue conversation de dimanche et quel réconfort et quel plaisir cela a été pour moi de rencontrer une jeune fille avec tant de qualités intellectuelles et de telles réserves de nobles sentiments. J'espère que nous nous reverrons et que nous aurons l'occasion de faire mieux connaissance et de nous apprécier davantage et je ne vois pas ce qui pourrait y faire obstacle. Le temps passe vite et les six semaines où vous allez être à l'étranger seront bientôt écoulées. Écrivez-moi pour me dire quels sont vos projets, comment vous occupez vos journées. Et surtout quand vous revenez. Dans l'intervalle, je vous raconterai de temps en temps comment les choses se passent pour moi ici, au milieu de la tempête et nous pourrons peut-être jeter les fondations d'une amitié franche et lucide, que pour ma part je priserais et chérirais avec de nombreux sentiments de respect.

C'est la première lettre échangée entre eux. Elle est très politique et laisse toutes les portes ouvertes ou fermées. Après l'Allemagne, Blanche et ses filles s'en vont à Florence où la grand-mère d'Airlie possède une maison qui permet à la vieille dame d'échapper au terrible brouillard de l'hiver anglais. Lorsque, fin mai, elles rentrent à Londres, la saison bat son plein. Il n'est pas rare de recevoir trois ou quatre cartons d'invitation pour le même jour. Clementine y croise souvent le nouveau ministre du Commerce. Mais cette fois, pas question d'étaler ses sentiments en public. Pas une confidence à sa cousine Venetia Stanley, la meilleure amie de Violet Asquith. Pour éviter les ragots, elle refuse même de se montrer à la *garden party* que Winston donne dans les jardins de son ministère, Gwydr House, à Whitehall, et à laquelle il l'a conviée.

La session parlementaire achevée, ils ont convenu de se revoir au milieu du mois d'août à Salisbury Hall. Entre-temps, Winston a d'autres obligations. Son frère Jack, de sept ans son cadet, va se marier le 4 août dans le château de lord et lady Abingdon, parents de la future mariée, à quelques kilomètres de Blenheim. Le ministre logera à Burley Hall chez son cousin Freddie Guest.

Clementine, elle, part assister à l'événement le plus mondain de l'année, les régates de Cowes au cours desquelles l'empereur d'Allemagne Guillaume II tente férocement de vaincre son cousin Edward VII. Elle loge à Nubia House chez le député libéral de l'île de Wight, Godfrey Baring, qui tient pour l'occasion maison et table ouvertes. En lisant le journal, la jeune fille apprend avec horreur que le château où loge Winston a entièrement brûlé. Heureusement, le *Times* précise que dans le drame, on ne déplore aucune victime. Soulagée, elle court à la poste lui envoyer un télégramme.

Il lui répond avec son talent de reporter :

> L'incendie a été un moment très amusant et nous avons tous intensément aimé cela. C'est dommage que des divertissements aussi réjouissants soient aussi coûteux… Des pièces entières s'enflammaient comme par enchantement. Les chaises et les tables brûlaient comme des allumettes. Les planchers s'effondraient et les plafonds s'écroulaient. Le toit est descendu dans une pluie en fusion. Toutes les fenêtres crachaient le feu et depuis le centre de l'édifice un volcan rugissait vers le ciel dans un tourbillon d'étincelles. Le pauvre Eddie Marsh a tout perdu en ne faisant pas ses bagages quand je le lui ai dit. J'ai sauvé toutes mes affaires en ordonnant à Reynolds[1] de les jeter par la fenêtre. C'est heureux que le feu ait été découvert avant que nous ne soyons tous endormis autrement il aurait pu y avoir davantage de victimes qu'un seul et unique canari !

Brûlant cette fois les étapes, le jeune ministre lui propose de le rejoindre dès le lundi et de commencer par passer deux jours à Blenheim avant d'aller chez sa mère à Salisbury. En voyant son écriture sur l'enveloppe, Clementine, submergée d'émotions, va s'asseoir dans le jardin :

1. Son valet de chambre.

> J'ai attendu longtemps avant de l'ouvrir en essayant d'imaginer ce que vous m'écriviez. Je ne pensais qu'au terrible danger auquel vous aviez échappé... Le soir, il y avait un bal que j'ai détesté... J'ai été vraiment odieuse avec plusieurs de mes partenaires, bien involontairement mais parce qu'ils me distrayaient de mes pensées avec leur insupportable bourdonnement à propos de yachts, courses, nuages, et ragots de Cowes... Aussi, j'ai dû feindre d'être sourde.

Entre-temps, elle reçoit un télégramme de Sunny, duc de Marlborough, cousin et meilleur ami de Winston l'invitant à Blenheim. Son premier mouvement est de refuser. Elle n'a pas le temps d'amidonner ses robes blanches. En plus, elle n'a pas de femme de chambre ! La réponse est immédiate : « Sunny veut absolument que nous venions et ma mère s'occupera de vous ! » « Ce n'était que de la timidité ! » s'excuse-t-elle.

> Vous n'aviez aucune raison d'avoir des appréhensions, car je suis la sagesse faite homme quand je le veux bien. Et je ne prends aucune décision sans être sûr de mon fait... J'espère que vous aimerez bien mon ami Sunny et que vous le fascinerez avec ces étranges et mystérieux yeux que vous avez et dont j'essaie si difficilement d'apprendre le secret... Il est très différent de moi : il comprend parfaitement les femmes et établit le contact avec elles immédiatement.

Comme les rescapés de l'incendie, Winston a trouvé refuge à Nuneham Park dans le château des Lewis Harcourt :

> Ils hébergent toutes sortes de tantes, cousins et nièces rassemblés pour la cérémonie. Parmi les premières, Leonie[1], qui me donne des nouvelles de Cowes, d'une jeune fille qui a fait grande impression aux spectateurs lors d'un bal il y a quatre soirs. Je

1. Sa tante chérie Leonie Leslie, sœur de lady Randolph et dont le mari John Leslie est le parrain de Clementine.

me demande qui ce peut être ! Je vais partir pour Blenheim très tôt lundi matin et veillez à venir par le premier train possible... Je viendrai vous chercher à Oxford en automobile.

Dans son wagon, le lendemain après-midi, Clementine écrit à sa mère : « J'ai l'impression de vivre un rêve et ne peux rien faire d'autre que de compter les poteaux télégraphiques... » À son arrivée au château, elle est émerveillée. Pour ce cadeau royal, Sarah, première duchesse de Marlborough et son architecte sir John Vanbrugh ont voulu le plus somptueux : deux lacs, des ponts, des cascades, et, face à l'impressionnant palais, dominant les douces collines aux multiples nuances de vert où paissent les moutons, la statue du duc trônant au sommet d'une colonne, le bras levé comme pour défier l'horizon. Lorsque lord Randolph a emmené pour la première fois Jennie Jerome, sa jeune épouse américaine de dix-sept ans, il lui a déclaré : « Voici la plus belle vue de l'Angleterre. »

Le dîner est servi dans l'immense salle à manger selon un rituel immuable, les domestiques se retirant dans le hall après chacun des huit services, les portes ne se rouvrant qu'au son de la clochette placée devant le duc. Comme prévu, seuls quelques intimes y assistent : Jennie, Eddie Marsh et les Smith, déjà rencontrés chez lady St Helier. Avant qu'ils ne rejoignent leurs chambres, Winston propose à Clementine de visiter la roseraie après le petit déjeuner.

Mais le lendemain matin, l'incorrigible lève-tard traîne dans son lit. Dans le petit salon qui donne sur le jardin à l'italienne, la jeune fille, seule et effondrée, parle déjà de repartir. Sunny fait aussitôt porter un billet furieux à son cousin lui enjoignant de descendre au plus tôt et, en parfait maître de maison, il emmène son invitée, dans un buggy, faire le grand tour du propriétaire.

Si Blenheim a retrouvé sa splendeur originelle c'est grâce à la dot de son épouse, Consuelo Vanderbilt, l'héritière la plus fortunée d'Amérique. Élevée par une mère autoritaire qui n'avait qu'une idée en tête : marier sa fille à un grand nom de l'Europe, la jeune Consuelo a durant sa jeunesse porté un corset de fer pour avoir un port de reine. Ni elle ni Sunny n'étaient amoureux. Et c'est par devoir, pour sauver le domaine et éviter le scandale de la faillite que le duc lui a dit oui, en 1895, dans l'église St Thomas de la 5e avenue devant l'évêque de New York. La jeune femme avait, elle, passé la matinée en pleurs, ce qui n'a pas empêché la foule, à la sortie, d'arracher les fleurs de son bouquet pour garder un souvenir de ce mariage du siècle. Ils ont eu deux fils avant de se séparer il y a deux ans.

En haut du perron, Winston scrute l'horizon avec un peu d'inquiétude. Dès que le cocher dépose Sunny et Clementine dans la cour d'honneur, tout est oublié ! En fin d'après-midi, ils se promènent dans la roseraie et lorsque éclate un orage providentiel, ils courent s'abriter dans le petit temple dédié à Artémis, déesse de la chasse, qui surplombe le lac. À l'intérieur, un banc de pierre semble attendre les amoureux. Lorsque la pluie cesse, ils sont fiancés. Clementine le supplie de ne rien dire avant qu'elle n'ait annoncé la nouvelle à sa mère. Mais incapable de garder son bonheur pour lui seul, il court, à travers la pelouse, vers sa mère, son cousin et les Smith qui sortent du salon pour profiter du retour du soleil.

Le lendemain matin, Clementine est réveillée par un billet :

> Ma chérie, comment vas-tu ? Je t'envoie tout mon amour et je me lève immédiatement au cas où tu aurais envie d'une promenade dans la roseraie après le petit déjeuner et d'y cueillir un bouquet avant ton départ. Il te faut quitter Blenheim vers 10 h 30 et je t'accompagnerai à Oxford. Est-ce que je ne devrais pas te donner une lettre pour ta mère ?

Elle répond :

> Mon chéri, je vais très bien. Oui donne-moi une lettre pour ma mère. J'adorerais aller dans la roseraie. À toi pour toujours.

Winston écrit aussitôt :

> Ma chère lady Blanche Hozier, aujourd'hui Clementine sera mon ambassadrice auprès de vous. Je l'ai demandée en mariage et tous les deux, nous aimerions que vous nous donniez votre consentement et votre bénédiction. Vous avez connu ma famille depuis tant d'années qu'il n'est pas nécessaire que je vous en parle longuement dans cette lettre. Je ne suis pas riche, je n'ai pas une situation importante mais votre fille m'aime et avec cet amour, je me sens assez fort pour assumer cette grande et sacrée responsabilité. Je crois que je pourrai la rendre heureuse, lui donner une vie et une position à la mesure de sa beauté et de ses vertus. Marlborough espère beaucoup que vous pourrez venir ici aujourd'hui même et vous envoie un télégramme ce matin. Ce serait en effet très charmant et je suis sûre que Clementine saura vous persuader.

Finalement, incapable de quitter sa fiancée, Winston saute dans le wagon et ils partent ensemble. Le soir-même, ils reviennent à Blenheim avec lady Blanche. Déjà conquise par son futur gendre, elle ne résiste pas au plaisir d'en informer son vieil ami, Wilfrid Scawen Blunt : « Il ressemble tant à son père lord Randolph. Il a quelques-uns de ses défauts et toutes ses qualités. Il est doux et tendre et affectueux avec ceux qu'il aime. Et il est détesté par ceux qui ne sont pas tombés sous son charme. »

Le lendemain matin, Clementine griffonne au crayon en français à l'intention de son fiancé : « Je t'aime passionnément. Je suis moins timide en français. » Margaret Smith les prend en photo sur un banc, lui lisant une dépêche, elle, épanouie, sous son impressionnant chapeau blanc, déjà l'image d'un couple comblé. L'annonce officielle a lieu dès le 15 août de Salisbury Hall où les nouveaux mariés, Jack et Goonie, ont rejoint toute la famille. Clementine écrit à sa sœur Nellie : « J'ai la plus jolie bague du monde : un gros rubis et deux diamants. » En Écosse, la grand-mère d'Airlie note dans son journal : « Winston adore sa mère et les bons fils font les bons maris. »

Mais, dans tout le royaume, de nombreuses ladies regrettent amèrement qu'un parti aussi prometteur échappe à leur fille. Meurtrie par la nouvelle, Violet Asquith ne cache pas sa déception. Dans l'espoir d'une demande en mariage, elle avait invité Winston à Slains Castle, en Écosse, où le Premier ministre a l'habitude de passer ses vacances. Il s'y rend pour s'expliquer avec elle. Et surtout ne pas compromettre ses bonnes relations avec son père. Après son départ, la jeune fille part se promener au bord de l'eau. Herbert Asquith ne la voyant pas revenir sonne l'alarme. La police part à sa recherche. En fait, elle s'est cachée dans les rochers pour pleurer. Winston avouera plus tard : « Je me suis mal conduit avec Violet car j'étais presque fiancé avec elle. »

Le mariage est prévu dans moins d'un mois, afin qu'ils puissent partir en voyage de noces avant la reprise de la session parlementaire. Pour la réception, lady St Helier, ravie d'avoir été à l'origine de cette prodigieuse histoire d'amour, a spontanément offert sa belle résidence de Portland Place. Du jour au lendemain, voilà Clementine promue au centre de la vie politique et mondaine. Et même européenne puisqu'un magazine allemand publie une photo d'elle en jeune fille sage, assise et tenant un livre ouvert, peut-être un recueil de Goethe qu'elle adore. Après Paris, elle a passé trois mois chez des amis de sa mère, les Siemens, près de Berlin et elle parle aussi bien allemand que français.

Les journaux britanniques annoncent que le jour de son mariage, le mannequin de cire du ministre du Commerce fera son entrée dans le célèbre musée, Madame Tussaud's. Ils donnent la liste des cadeaux : Edward VII a envoyé une canne à pommeau d'or dont le jeune descendant du grand Marlborough fera toute sa vie l'emblème de sa puissance. Ils commentent aussi sa visite en Écosse chez le Premier ministre Asquith. En lisant les articles, Clementine est à nouveau assaillie de doutes. Elle connaît à peine son futur mari. C'est surtout par écrit qu'il lui a avoué ses sentiments. Et sa conduite est pour le moins déconcertante. Une fois encore, elle menace de rompre ses fiançailles. Son frère Bill, chef de famille, lui écrit une sévère lettre de reproches. Elle a déjà repris deux fois sa parole et ne peut imposer cet affront à Winston Churchill. Et d'ailleurs pourquoi reculer puisqu'elle l'aime et lui aussi ?

Le 11 septembre, son dernier soir de jeune fille, elle dort à Portland Place chez lady St Helier. Après l'avoir aidée à se déshabiller, la femme de chambre emporte tous ses vêtements et ne laisse que la robe de mariée. Mais le lendemain, en se réveillant elle n'a qu'une envie : partager l'excitation de sa mère, sa sœur et son frère dans leur petite maison de Kensington. Elle descend dans la cuisine, emprunte une tenue à une domestique et fait rapidement l'aller et retour en bus avant que la grand-tante, occupée aux derniers détails des buffets, ne s'affole de son absence !

À 14 heures, une foule considérable attend le cortège devant l'église St Margaret's Church, paroisse des hommes politiques, à l'ombre du parlement de Westminster. Clementine, souriante sous sa couronne de fleurs d'oranger, fait son entrée au bras de son frère en uniforme de sous-lieutenant de la Royal Navy. Avec son extravagant sens de la décoration, Jennie a enseveli la petite église sous les palmiers, les fougères et les lys blancs. L'homélie est prononcée par l'évêque Welldon, ancien directeur de Harrow où le marié a fait ses études : « Il y a nécessairement dans la vie d'un homme d'État, de nombreuses occasions où il dépend de l'amour, de la perspicacité, de la profonde compassion et du dévouement de sa femme. C'est un chapitre de l'histoire d'Angleterre qu'il reste à écrire. »

La mère de Winston en a écrit la préface. En bonne politique, elle a fait venir devant Portland Place les *Pearlies,* représentantes des marchands des quatre saisons de Londres dont le jeune ministre du Commerce a récemment défendu le droit au travail. Elles tirent leur nom de leurs vêtements couverts de perles – en fait des boutons de nacre – ramassés dans la rue. Après la cérémonie, Clementine a tout juste le temps de changer sa robe de mariée pour un tailleur gris perle. Surmonté d'une grosse plume d'autruche noire, son chapeau ressemble à celui des marchandes qui crient leur enthousiasme. Le lendemain, les chapeaux de la mariée et des *Pearlies* font la une de tous les journaux.

C'est son début très réussi dans la carrière de son mari qui, lui, n'est pas épargné par la revue des tailleurs de Londres, *Tailor and Cutter*, affirmant que le costume du ministre – la pire chose qu'on ait vue dans un mariage – lui donnait une allure de cocher.

Le soir même, le jeune couple prend le train pour Blenheim et découvre les plaisirs de l'intimité à deux dans l'immense palais des Marlborough que Sunny a laissé à leur disposition. Avec les quatre-vingts domestiques.

Chapitre II

UN FANTÔME DE PÈRE

Sa mère est loin d'avoir connu un tel bonheur. Blanche a grandi près d'Aberdeen au château de Cortachy dans cette campagne écossaise rude mais verdoyante et peuplée des plus beaux troupeaux du monde. Son père, lord d'Airlie, parti en 1864 en Amérique, y a découvert des méthodes d'élevage qu'il a, à son retour, appliquées à ses bœufs Angus. Le succès a été tel qu'il a acheté un ranch au Colorado où il est mort en 1881 alors qu'il y effectuait une visite d'inspection. Depuis, lady d'Airlie continue à gouverner d'une main de fer ses biens, ses enfants et petits-enfants sans jamais cesser de broder des fleurs sur une immense pièce de taffetas étalée sur ses genoux.

Quand cette terrible grand-mère s'est mariée, à vingt et un ans, le château était en piteux état. Son mari perdait des fortunes au jeu et les dîners avec ses amis se résumaient à d'interminables beuveries. Une des premières mesures de la jeune femme fut d'engager un excellent chef et, à table, de faire enlever les carafes après deux verres de vin. Elle supprima aussi les jeux de carte qui nuisaient à la conversation.

C'est elle qui a mis toute son énergie à convaincre son mari de s'occuper de son domaine, puis de prendre sa place au parlement de Westminster et d'y siéger sur les bancs du parti libéral, rompant ainsi avec la tradition conservatrice de la famille. Sa mère, Henrietta Maria Stanley, militait pour l'éducation des filles et la liberté de penser. Pionnière, elle a créé en 1869 le Girton College de Cambridge réservé pour la première fois à des étudiantes. Parmi ses frères, l'un est catholique et évêque, un autre, passionné d'Orient, s'est converti à l'islam. Sa sœur, la comtesse de Carlisle, ardente féministe, défend le progrès social et le vote des femmes.

À Londres, sur la colline de Campden, leur demeure, Airlie Lodge, a vu passer toutes les célébrités de l'Angleterre : Gladstone, Disraeli, le critique d'art Ruskin, le poète Wilfrid Scawen Blunt, qui a épousé la petite-fille de lord Byron et s'habille en prince des *Mille et Une Nuits* depuis ses longs séjours en Égypte… Séduits par la généreuse hospitalité de la comtesse, certains passaient parfois, durant l'été, une semaine dans son château écossais. Henry James, ravi, avait l'impression de vivre, à Cortachy, dans un roman de Walter Scott.

La fille cadette de lord et lady d'Airlie, la ravissante Clementine, est vite tombée amoureuse d'Algernon Bertram Mitford, un diplomate de seize ans son aîné que sa carrière a conduit à Saint-Pétersbourg, en Chine et au Japon. Tout juste ouvert à la civilisation, l'empire du Soleil-Levant lui a inspiré un livre, *Contes et légendes du vieux Japon*, que le romancier Stevenson a qualifié de chef-d'œuvre. Grand séducteur, il aurait eu là-bas deux enfants de ses amours avec une geisha. Lord d'Airlie, effrayé comme son épouse par sa réputation de bourreau des cœurs, s'est longtemps opposé à toute idée d'union entre Mitford et sa fille. Mais à vingt et un ans, âge légal où l'on peut se passer du consentement paternel, Clementine d'Airlie a bravé l'interdit. Et le mariage a eu lieu, en 1874, dans la discrète chapelle du château de Cortachy.

Sa sœur aînée, Blanche, a toujours adoré son beau-frère, ses yeux bleus d'aigue-marine, sa prestance de diplomate et ses aventures orientales qui semblent tirées d'un roman. Comme son ami Bertram, le colonel Hozier connaît bien la Chine où il a servi comme officier avant de partir en Abyssinie, puis en Crimée où il a rejoint l'armée allemande. Originaire d'Édimbourg, il possède une propriété, The Netherton, non loin de Cortachy où il est régulièrement reçu par lady d'Airlie. Plus que de poésie, c'est un passionné de sciences et de mathématiques. En 1874, la prestigieuse Lloyd's l'a chargé de mettre en œuvre son grand projet : installer des lignes de poteaux télégraphiques sur les côtes de l'Angleterre pour relier la compagnie à ses bureaux du monde entier. Il n'a pas une fortune immense mais une certaine aisance et vit à Londres dans une grande maison dans le quartier huppé de Mayfair.

Comme tous les invités de lady d'Airlie, le colonel est séduit par l'intelligence et le charme ravageur de Blanche. Il la demande en mariage. Mais lorsque la jeune fille parle de l'épouser, ses parents ne veulent rien entendre. Henry Hozier a quarante ans et c'est loin d'être le gendre idéal. Il a été marié une première fois il y a dix ans. Sa femme a obtenu le divorce pour adultère et abandon du domicile conjugal.

La jeune Blanche, qui a hérité du fort tempérament de sa mère, n'en démord pas. Et en cette fin de siècle victorienne, la conduite peu conventionnelle de cette beauté de vingt-six ans ne manque pas de faire jaser. Le 28 septembre 1878, le mariage, là encore, est célébré dans la chapelle privée du château pour éviter les ragots.

Ceux-ci ne tardent pas à reprendre de plus belle. Henry Hozier qui, depuis son divorce, mène en toute liberté une joyeuse vie de célibataire, n'envisage nullement de retomber sous la coupe d'une épouse. La belle Blanche ne songe pas davantage à jouer les femmes dociles. Comme sa sœur Mitford, elle tient un salon ouvert à tous les artistes et passe des heures à rire en compagnie de cette mauvaise langue de Wilfrid Scawen Blunt qui raconte avec un humour irrésistible les derniers potins sur Buckingham Palace. Et tant pis si ce n'est pas du goût de son mari ! Les disputes conjugales éclatent chaque fois que la jeune femme achète une nouvelle robe ou un chapeau extravagant.

Blanche souffre surtout que le colonel ne veuille pas s'encombrer d'une famille. Aînée de six enfants, elle se sent, comme toutes les femmes de son clan, une vocation maternelle. Chaque année, son beau-frère chéri, Bertram, mon Dieu quel bonheur, donne un nouveau bébé à sa sœur ! Cinq ans de scènes de ménage n'ont nullement altéré sa séduction. Pendant la saison, lady Blanche Hozier est de toutes les fêtes. Sa voisine, la belle lady Randolph Churchill, elle aussi grande amoureuse, l'invite souvent à dîner dans sa grande maison de Connaught Place où elle vit avec sa sœur Leonie encore célibataire. Blanche y rencontre Bay Middleton dont Jennie Churchill a fait la connaissance en Irlande où son beau-père le duc de Marlborough était vice-roi. La famille Middleton possède des terres voisines d'Airlie et le cavalier appartient à la bonne société écossaise. Sa chevelure rousse lui a valu ce surnom de « Bay » comme son cheval de la même couleur. Bon vivant, il a un succès fou auprès des femmes. Lorsqu'en 1876, l'impératrice Élisabeth d'Autriche est venue en Irlande pour chasser, le grand cavalier a été chargé de lui servir de guide. Pendant cinq saisons, l'élégant Middleton a été l'inséparable compagnon de chasse de la belle et dépressive Sissi mais aussi du comte autrichien Charles Kinsky, chevalier servant de l'impératrice.

Au premier regard, Jennie est tombée sous le charme du beau Kinsky. Une passion partagée. Rentrée à Londres, elle continue de le recevoir en compagnie de Middleton quand son mari est en voyage. Blanche Hozier n'a que quelques rues à traverser pour les rejoindre. Jennie se met au piano. Le week-end, tous partent à la chasse en Écosse, en Angleterre ou en Irlande où Léonie se fiance avec John Leslie, héritier d'un domaine immense dans cette île giboyeuse où renards, canards et grouses ne manquent pas.

Enfin, cinq ans après son mariage, le vœu le plus cher de Blanche est exaucé. Elle est enceinte ! Sa première fille Katherine naît en 1883. Vite nommé Kitty, ce bébé adorable est la joie de sa vie. Deux ans plus tard, Clementine voit le jour le 1er avril 1885. Un de ses parrains est John Leslie, le mari de Leonie. Et en 1888, des jumeaux, Bill et Nellie, viennent compléter la famille.

Dans la biographie de sa mère, Mary Soames, la fille cadette de Winston et Clementine, tente de percer le grand mystère : « Nous savons maintenant qu'il est extrêmement improbable qu'Henry Hozier soit le père de tous ou même d'un seul enfant. À la fin de sa vie, Clementine était convaincue qu'elle n'était pas sa fille et en privé se demandait si ce n'était pas aussi le cas pour Kitty et les jumeaux. » Mary privilégie la piste du séduisant beau-frère Bertram Mitford surnommé Bertie : « Blanche elle-même aurait dit à lady Londonderry juste avant la naissance de Clementine en 1885 que l'enfant qu'elle attendait était de lord Redesdale[1]. » Elle ajoute : « Toutefois, il y a un autre candidat qui doit être pris en considération pour diverses raisons. » Wilfrid Scawen Blunt note ainsi dans son *Journal* à la date du 22 juin 1892 : « Déjeuné avec Blanche Hozier. Elle m'a dit que Bay Middleton était le père des deux aînées. Il s'est rompu le cou dans un *steeple chase* au printemps. » Et encore en 1908 :

> Clementine et Kitty [...] sont toutes les deux, Blanche me l'a confié il y a longtemps, les filles de Bay Middleton qui, je crois était un homme exquis mais je ne l'ai jamais connu. C'est assez avisé pour une femme, qui a un mari de rang inférieur, de choisir un géniteur convenable pour ses enfants et les deux filles étaient délicieuses, raffinées et supérieures en tout.

Il semble bien que Clementine n'ait jamais demandé à sa mère le nom de son vrai père. Et Mary Soames s'en tire avec une pirouette en français : « Je n'y ai pas tenu la chandelle ! » Blanche ayant eu d'innombrables liaisons, elle aurait eu du travail...

À l'époque, la belle ensorceleuse vit toujours avec son colonel de mari. Dans leur maison de Mayfair, la nursery occupe

1. Le titre de noblesse de Bertram.

le dernier étage. Les quatre enfants y prennent leurs repas sous la garde de leur nanny et ne peuvent être témoins des scènes de ménage, mais la grosse voix d'Henry Hozier les terrifie. Clementine racontera que, du plus loin qu'elle se souvienne, elle avait peur de lui. Un jour, sa nanny l'a déposée dans la chambre de ses parents : « Ma mère, adorable et joyeuse, me tendait les bras. Je craignais de bouger car de l'autre côté du lit, il y avait la forme endormie de mon père qui m'effrayait. »

Bientôt, les deux aînées apprennent l'alphabet. L'après-midi, elles se promènent à Hyde Park avec mademoiselle Élise, bonne d'enfants suisse de seize ans que la timide Clementine adore. Chaque été, en juillet, leur mère loue une villa sur la côte puis elles vont en Écosse à The Netherton, dans la propriété de leur père. Quand le colonel est là, il les emmène en promenade dans la carriole tirée par deux poneys. Parfois, elles rendent visite à leur intimidante grand-mère qui depuis la mort de son mari s'est retirée à Airlie Castle et les reçoit toujours vêtue de sa robe noire boutonnée jusqu'au menton.

Clementine préfère les séjours chez sa grand-tante Maisie Stanley dans la grande maison d'Alderley Park, pleine de gaieté, où avec sa sœur Kitty elles retrouvent deux cousines de leur âge Sylvia et Venetia. Mais déjà son meilleur souvenir est lié à un voyage à Paris. Sa mère, pour les fêtes de Pâques, avait réservé des chambres dans un petit hôtel de la rue de Rivoli et les avaient emmenées s'amuser au Guignol des Tuileries.

Trois ans après la naissance des jumeaux, le couple Hozier explose à la suite d'une scène de vaudeville. Londres ne parle que du dernier esclandre de la jeune femme. Wilfrid Scawen Blunt écrit à la date du 29 mai 1891 : « Lord Napier me dit que le scandale de Blanche Hozier était public. Hozier a trouvé Ashmead-Bartlett dans la chambre à coucher de sa femme et a aussitôt jeté celle-ci dans la rue. Lady Gregory qui était ici hier me raconte la même histoire et ajoute que Blanche a eu neuf autres amants. » À la date du 2 juin, il note que lady Carlisle est très sévère au sujet de sa nièce Blanche qui se vante de ses adultères *à qui veut l'entendre*[1].

Dans cette Angleterre puritaine, deux choses sont impardonnables : tricher au jeu pour un homme et, pour une femme, être accusée publiquement d'adultère. Ce que l'actrice, Mrs Patrick Campbell, future Eliza du *Pygmalion* de George Bernard Shaw, traduit joliment : « Une lady est libre de faire ce qu'elle veut à condition que ce ne soit pas dans la rue et que cela n'effraie pas les chevaux. » Un divorce constitue « le » scandale suprême et lord Londonderry, ancien vice-roi d'Irlande, préfère garder sous son toit sa femme qui le trompe quitte à ne plus jamais lui adresser la parole.

Le colonel Hozier, lui, est bien résolu à en finir. À l'automne 1891, il n'a aucun mal à convaincre les juges écossais des infidélités de son épouse. Au grand dépit de Blanche, il obtient la garde des deux aînées et lui laisse celle des jumeaux dont il est certain de ne pas être le père. Elle doit se contenter d'une maigre pension. Son frère, lord d'Airlie, tente bien d'obliger le mari à se montrer plus généreux en l'accusant d'avoir été le premier à tromper sa femme. Sans succès. Henry Hozier, excédé, menace de révéler le nom de tous les amants de Blanche et de lui faire perdre le peu d'honorabilité qui lui reste.

Clementine a six ans. Une nouvelle nanny, Rosa Stevenson, la prend en charge avec Kitty. Sa première tâche est de leur acheter une jolie garde-robe, car, pour leurs premières vacances, leur père les emmène à Hombourg, la station thermale allemande à la mode. L'impératrice Vicky, fille aînée de la reine Victoria, y fait chaque année une cure en compagnie de son frère Bertie, le futur Edward VII.

Émerveillées, les deux sœurs découvrent la vie de palace. Chaque matin, elles prennent leur *breakfast* avec leur père mais s'aperçoivent bientôt que chaque soir il rejoint sa maîtresse dans un autre hôtel. À leur retour à Londres, Henry

1. En français dans le texte.

Hozier, trop occupé par ses affaires et ses liaisons, les expédie à Berkhamsted, où Rosa Stevenson a sa maison.

Cette petite ville, proche d'Oxford, est réputée pour la qualité de ses écoles. Tante Mary, vieille fille et sœur du colonel, fait régulièrement des visites pour juger du progrès de ses nièces. Elle constate, outrée, qu'elles restent trop souvent à la maison à faire le ménage avec leur nanny. Après les vacances en Écosse, le colonel décide de les inscrire à Édimbourg dans une école tenue par Herr Fröbel et ses trois filles qui enseignent la nouvelle méthode de leur célèbre parent, Friedrich Fröbel, créateur en Allemagne des premiers « jardins d'enfants ». Le pédagogue préconise une très grande liberté afin que les jeunes élèves trouvent en eux-mêmes leur équilibre.

Les deux sœurs y découvrent surtout la sévérité prussienne et la solitude des interminables dimanches de pensionnaires. Jamais à court d'idées, Kitty décide qu'elles doivent écrire la vérité à leur père et le supplier de venir les chercher. Clementine rédige la lettre que l'aînée met à la poste sans se faire voir au cours d'une promenade. Le colonel répond aussitôt : « Mes chers enfants, si vous êtes malheureuses, je viendrai tout de suite vous retirer. Votre père affectionné. » Mais il n'en fait rien et leur situation empire. Une des filles Fröbel, qui a lu la lettre, les accuse de trahison.

Blanche est furieuse d'apprendre que son ex-mari s'occupe si mal de ses filles. Elles lui manquent tant ! Surtout la fantasque Kitty qui a hérité de son tempérament et la fait se tordre de rire ! Laissant les jumeaux à Airlie Castle sous la garde de sa mère, elle s'installe à Édimbourg juste en face de l'école.

Quand il a amené ses filles, le colonel a donné au directeur des instructions précises : ne jamais laisser entrer son ex-femme de peur qu'elle ne les enlève. Mais lady Hozier a vite fait d'amadouer élèves et directeur. Et puisque son ex-mari, dont le travail le conduit au bout du monde, n'a visiblement pas une minute à consacrer à ses filles, un nouvel arrangement est décidé à l'amiable : il accepte qu'elles retournent quelque temps vivre chez leur mère. Pour bien montrer que c'est « sa » décision, il les attend à Londres à la descente du train pour les conduire lui-même à Bayswater.

Depuis sa séparation, Blanche loue dans ce quartier excentré une petite maison meublée, le comble de la déchéance même si elle y déploie tous ses talents de décoratrice, ajoutant un paravent, une paire d'appliques, des housses blanches sur les chaises hideuses choisies par la propriétaire – elle en a toujours deux sets pour pouvoir les changer – et surtout des voilages immaculés : « Je ne me rappelle jamais l'adresse exacte de lady Blanche, dit une de ses amies. Mais peu importe, il me suffit de marcher dans la rue et de regarder les fenêtres. »

À dire vrai, elle se fiche de ne plus être invitée dans la bonne société, ayant toujours préféré la compagnie de ses amis artistes aux *garden parties* trop guindées. Mais elle craint que ses filles n'en souffrent. Et la pension du colonel est bien maigre pour leur offrir ne serait-ce qu'une jolie robe. Pour arrondir ses fins de mois, elle écrit des articles de cuisine pour le *Daily Express.* Bientôt, elle commence à fréquenter les tables de jeu.

En aucun cas, elle ne veut priver ses enfants du bon air de la mer. À Seaford, elle loue chaque année deux petites maisons contiguës appartenant à deux vieilles sœurs, l'une pour les filles et leur gouvernante Melle Gonnard, l'autre pour elle et ses deux griffons belges : Fifinne et Gubbins. Et comme la vie y est moins chère, ses enfants y restent souvent quatre mois pendant que Blanche fait des allers et retours à Londres. Kitty prend des cours de guitare et Clementine de français, une langue qu'elle adore plus encore que l'allemand : « Une femme qui ne parle pas français se sentira toujours en état d'infériorité », ne cesse de répéter lady d'Airlie.

Après sa villégiature à Florence, la vieille dame vient les rejoindre et prend une chambre à l'hôtel. Blanche les emmène souvent chez son amie, Minnie, richissime américaine mariée au général Paget qui possède une propriété dans l'arrière-pays.

Lady Paget remarque vite que lady Hozier ne s'occupe que de Kitty. Souvent, elle invite la cadette à rester plusieurs jours chez elle. Clementine dira quelques décennies plus tard : « Elle a été ma première amie. »

Après la mer, les vacances se terminent à Airlie Castle où la grand-mère ne veut surtout pas entendre parler de bicyclette pour les filles. Elles doivent les cacher en revenant de la pêche. La sévère comtesse n'aime pas non plus qu'elles jouent au croquet, nouveau jeu à la mode, que Clementine adore mais qui risque d'abîmer la pelouse devant le château.

Dans ce décor majestueux, les enfants de lady Blanche découvrent vite qu'ils ne sont pas aussi riches que leurs cousins dont la vie est bien réglée entre leurs grandes maisons de Londres, les bals des filles, Eton et Harrow où les garçons suivent leurs études avant d'aller à Oxford. Pendant les dîners, l'oncle Bertram Mitford, qui a hérité du vieux château de sa famille à Batsford, raconte qu'il va le démolir pour reconstruire un manoir plus confortable avec cinq escaliers. Dans le parc, il y aura un pavillon japonais et un grand bouddha en bronze. Ses jardiniers s'activent déjà à planter bambous et autres plantes exotiques.

Henry Hozier, lui, a disparu depuis cinq ans. Et sa pension est loin de subvenir aux besoins des quatre enfants qui ne savent jamais où ils iront vivre à la rentrée. Pas question pour le jeune Bill d'entrer dans une école privée que sa mère serait bien incapable de payer. Et encore moins pour les filles de s'offrir une robe de chez Worth, le couturier anglais qui vient d'ouvrir une boutique rue de la Paix, à Paris, où les tantes se rendent deux fois par an.

À quinze ans, la ravissante Kitty ne s'en préoccupe guère. Elle a déjà des soupirants et nul ne doute qu'elle n'aura aucun mal à se trouver un mari. Clementine a moins confiance en elle et demande souvent à Dieu de leur venir en aide. En novembre 1898, en pleine crise de mysticisme, elle fait sa confirmation dans l'église de Kirriemuir et sa chère lady Paget assiste à la cérémonie.

Au printemps suivant, Blanche Hozier n'a plus un sou. Malade pendant plusieurs semaines, elle a dû arrêter sa rubrique de cuisine. Furieuse, lady d'Airlie contacte son ex-gendre et lui demande de remplir ses devoirs. Henry Hozier répond d'un ton sec que si son ex-épouse lui rend les deux aînées, il peut l'assurer qu'elles ne manqueront de rien. Mais celle-ci n'a pas l'intention de se séparer de ses filles. Une nouvelle fois, sa famille se cotise. Blanche inscrit Bill à Summerfields, une bonne école préparatoire, et, en juillet 1899, prend le ferry pour Dieppe avec ses trois filles et les chiens.

Dans un premier temps, elles se cachent à Puys, une petite plage isolée de la grand-route par un chemin en lacets qui monte et dévale les falaises. À la ferme des Colombiers, madame Balle leur loue des chambres. La journée, elles se baignent, vont à la pêche aux crevettes, se régalent de fraises à la crème. Depuis sa sortie de prison, Oscar Wilde a trouvé refuge à quelques kilomètres à l'Hôtel de la Plage de Berneval.

De l'autre côté de la rivière, Dieppe, sous son ciel capricieux, est la patrie des nouveaux peintres. Ses grandes maisons en briques et pierres datent de Louis XIV et durant l'été les Parisiens viennent en train y passer plusieurs semaines dans les palaces, face à la mer. La station s'enorgueillit de posséder l'un des premiers golfs de France et de proposer des concerts dignes de ceux de Vichy. Sur la plage, un grand casino, bâti comme un palais mauresque avec des coupoles de cuivre vert, accueille des essaims d'Anglais.

Le peintre Walter Sickert y a passé toute son enfance et vit dans le quartier des pêcheurs, chez une veuve rousse et plantureuse, madame Villain, dont il a fait son modèle et sa maîtresse. Lady Blanche devient vite son amie. Elle est si heureuse en Normandie qu'elle décide d'y passer l'hiver. Ici, au moins, elle peut s'habiller selon sa fantaisie d'une robe de coton bleue et sortir sans chapeau avec une mantille sur ses cheveux longs tressés en natte. Les légumes, les fruits, le beurre y sont moins chers qu'en Angleterre et les filles, bien que protestantes, sont accueillies au couvent de l'Immaculée Conception où l'école est presque gratuite.

Elles s'installent dans une petite maison, située 49 rue du faubourg de la Barre, et deviennent vite populaires auprès de leurs voisins. Kitty se met à la fenêtre, joue de la guitare et chante de sa voix mélodieuse. La sportive Clementine s'initie au hockey, ce que déplore Sickert qui la peint avec sa crosse pour lui montrer à quel point ce sport lui fait perdre sa féminité.

Souvent, il plante son chevalet dans les vieilles rues où l'adolescente le rencontre lorsqu'elle fait les courses. Un jour, il l'invite à prendre le thé. Quand elle arrive, il n'est pas là et madame Villain la fait entrer dans la chambre du peintre où traîne une assiette avec une grosse arête de poisson. En l'attendant, Clementine donne un coup de balai et fait la vaisselle, ce qui provoque la colère amusée de l'artiste qui avait conservé le hareng pour une nature morte. Il a acheté des brioches tièdes et madame Villain apporte une bouteille de cidre qu'ils boivent tous les trois.

Avec consternation, Clementine s'aperçoit que les ardoises s'allongent chez les commerçants sans que sa mère songe à les payer. Lady Blanche emprunte parfois de petites sommes à des amis de passage et, chaque soir, elle s'installe autour du tapis vert du casino. Après avoir lu dans *The Citizen* un article sur la colonie anglaise de Dieppe, mentionnant sa passion pour le jeu, le colonel prévient lady d'Airlie de son désir de reprendre Kitty et Clementine.

Malgré la neige, il débarque le soir du 16 décembre 1899. Lady Blanche et ses trois filles dînent avec Walter Sickert. Un bon feu éclaire la petite salle à manger dont les fenêtres donnent sur la rue. Les rideaux ne sont pas tirés et soudain Clementine aperçoit le visage d'un homme qui scrute l'intérieur de la maison. Paniquée, sa mère pousse ses deux filles sous la table. La cloche de la porte d'entrée résonne impérieusement. Dans un silence de mort, elles entendent deux enveloppes tomber dans la boîte aux lettres.

Le colonel, descendu au Royal, le palace de Dieppe situé sur le front de mer, invite ses deux filles, l'une à dîner, l'autre à déjeuner. Kitty, très excitée, parle déjà d'acheter une ceinture bleue pour sa robe blanche. Clementine est plutôt effrayée. Mais lady Blanche décide qu'elles s'y rendront sous la garde de Justine, leur petite bonne.

Le lendemain, Kitty, revenue ravie de son dîner, raconte que son père lui a promis un chien et un poney si elle revient vivre avec lui. Le jour suivant, l'affaire tourne mal pour Clementine. Lorsque Justine annonce à *Monsieur le colonel* qu'elle a ordre de venir la prendre à 14 heures, celui-ci la renvoie en disant qu'il reconduira lui-même sa fille. Devant le regard implorant de l'adolescente, d'un clin d'œil, la bonne lui fait comprendre qu'elle sera là comme prévu.

Henry Hozier commande une omelette et des brochettes d'alouettes, mais Clementine, devant son assiette, peut à peine répondre à ses questions. Le sévère Écossais est furieux d'apprendre que ses filles sont inscrites dans une école catholique et lorsque sa fille avoue qu'elle y est très heureuse, il lance : « Je suppose que ta mère t'a dit qu'à l'avenir tu vas vivre avec moi ! » Elle secoue la tête et, tout à trac, bredouille que plus jamais sa mère n'acceptera de se séparer ni d'elle ni de Kitty.

Son regard suit anxieusement les aiguilles de la pendule. À deux heures moins cinq, elle commence à enfiler ses gants et, à l'apparition de Justine, se lève pour dire au revoir à son père. Mais celui-ci repousse la bonne hors de la salle à manger en lui mettant une pièce d'or dans la main.

Affolée, Clementine cherche le moyen de s'enfuir. Lorsque le colonel se lève pour aller chercher un cigare, elle bondit jusqu'à la porte, traverse l'entrée, retrouve Justine et toutes les deux prennent leurs jambes à leur cou. Henry Hozier tente bien de les rattraper mais le pavé enneigé le fait glisser et l'oblige à rebrousser chemin. Le lendemain, il est parti. Lady Blanche apprend qu'il avait bel et bien retenu deux places sur le ferry pour emmener sa seconde fille. Ce coup de force paternel laissera toute sa vie, à Clementine, un souvenir douloureux.

Deux mois plus tard, Kitty tombe malade. A-t-elle attrapé la typhoïde au couvent dont l'hygiène laisse à désirer comme lady Blanche le suppose ? Le médecin se révèle impuissant à faire tomber la fièvre et le cher Walter Sickert ne peut que monter tous les quarts d'heure des carafes d'eau glacée pour soulager la malade. L'état de la jeune fille devient si critique que lady d'Airlie envoie d'urgence une infirmière avant de faire elle-même la traversée.

Pour éviter la contagion si redoutée, Clementine et la petite Nellie doivent prendre le premier bateau et se rendre chez leur tante lady Griselda Cheape. En quelques heures, elles rassemblent leurs vêtements et montent dire au revoir à leur sœur. À la porte de la chambre, leur mère leur fait enlever leur chapeau pour ne pas inquiéter la malade prostrée dans ses draps blancs. Puis Walter Sickert les conduit jusqu'au port où elles embarquent seules pour un long voyage jusqu'en Écosse.

Le 5 mars 1900, Kitty est morte. Lady Blanche, brisée de chagrin, demande à sa sœur de pouvoir l'enterrer dans le petit cimetière du village de Batsford où les Mitford ont leur propriété. À quinze ans, pour Clementine, c'est la fin du bonheur, de l'insouciance. Et même si l'impétueuse Kitty la traitait parfois de haut et l'accusait d'être trop sérieuse, elle ne garde d'elle que le souvenir de leurs escapades et de leurs fous rires.

Désormais, c'est elle l'aînée et elle sait que rien, jamais, ne pourra consoler Blanche Hozier : « Elle était paralysée par la douleur, écrit Mary Soames. Clementine était très liée à sa mère mais, à la différence de Kitty, elle n'avait pas son caractère. Le remords d'avoir toujours fait de son aînée sa favorite ajoutait encore à la douleur de Blanche Hozier et à la réserve que Clementine éprouvait à son égard. Toutes les deux pleurèrent beaucoup mais chacune de son côté. »

L'été suivant, Henry Hozier réapparaît. Il ne pardonne pas à Blanche la mort de son aînée et souhaite avoir une conversation avec Clementine. Un rendez-vous est pris et lady Hozier accompagne sa fille à North Audley Street où il habite désormais. En apercevant son ex-femme, le colonel entre dans une rage folle. Sur le pas de la porte, il l'injurie et crie qu'il ne veut plus jamais avoir affaire à elle. Elle réplique que ce n'était pas dans son intention d'entrer. Devant cette scène incroyablement violente, un sentiment de honte envahit leur fille. Dans le salon, Clementine et son père sont incapables de surmonter leur embarras. C'est la dernière fois qu'elle le voit avant sa mort, à Panama, sept ans plus tard.

Désormais, il n'est plus question de retourner en France. La famille s'installe pour quatre ans à Berkhamsted que Clementine a connu autrefois avec sa sœur lorsque le colonel les a envoyées toutes deux chez leur nanny Rosa. Comme son ex-mari, Blanche ne transige pas sur les études. La bonne école de High Street est à portée de ses finances. À deux pas, elle déniche une ravissante maison XVIIIe dont le grand jardin s'étend jusqu'à la colline. Elle fait venir une Dieppoise pour la cuisine : « Ma mère avait des goûts très simples mais très sûrs pour sa table », dira Clementine.

À l'automne, c'est la rentrée scolaire et les deux filles, habituées aux déménagements, s'adaptent très vite. Avec son bon niveau en langues, Clementine peut même sauter une classe de français. L'adolescente se prend de passion pour les idées nouvelles de la directrice, miss Harris, qui milite pour le droit de vote des femmes et leur indépendance financière. Lorsqu'elle viendra, en 1947, faire un discours pour l'anniversaire de l'école, elle dira :

> J'ai commencé mes études dans la vieille école de High Street. Beaucoup en parlaient comme d'un endroit sinistre. J'avais l'impression là de découvrir la vraie vie, d'être enfin débarrassée

> des petites tâches domestiques, comme faire un bouquet, plier les journaux ou taper sur les coussins, et du souci permanent de ma mère de ne pas avoir les pieds mouillés et de ne pas attraper un rhume.

Elle aime aussi discuter avec sa grand-tante Maud Stanley chez qui elle se rend à Londres. Farouche féministe comme toutes les femmes de la famille, cette vieille célibataire a créé le premier club des *Working Girls*. À leur contact, Clementine prend de l'assurance, se forge une personnalité généreuse et passionnée de justice sociale. Lorsqu'en 1903, elle obtient brillamment ses diplômes de fin d'études en français, allemand et biologie, miss Harris lui propose de venir à l'école durant les mois d'été afin de préparer son entrée à l'université. Mais lady Blanche ne veut pas en entendre parler. Elle sermonne sa fille. Pas question qu'elle suive la voie de l'austère tante Maud.

À dix-huit ans, Clementine n'a pourtant rien d'un « bas-bleu ». Depuis la mort de Kitty, elle a beaucoup grandi, est pleine d'entrain et son sourire ne laisse aucun homme indifférent. Winston Churchill n'est pas le premier à être foudroyé. Sir Alan Lascelles, futur secrétaire privé de George VI et d'Elisabeth II, raconte sa première impression :

> C'était aux vacances de Noël en 1903, j'avais seize ans et je faisais un séjour chez le juge Ridley qui avait organisé une série de représentations théâtrales. Nous étions nombreux. Et un midi, lady Ridley nous a annoncé : « La belle miss Hozier arrive pour la représentation de ce soir. Elle sera là dans l'après-midi. » Vers 5 heures, nous étions tous assis dans le hall à prendre le thé. Soudain, le maître d'hôtel ouvrit la porte et annonça (comme s'il était sur la scène de Covent Garden) : Miss Clementine Hozier. Il y eut un instant (de quoi l'intimider, la pauvre) de silence, car cette apparition était si radieuse que même aujourd'hui, après 61 ans, mon œil toujours à l'affût, toujours aigu, n'a jamais rien vu qui soit comparable.

Chapitre III

ÉDUCATION POLITIQUE

Épouser un homme politique est un sacerdoce. Après Blenheim, le jeune couple, étonné du bonheur qui le submerge, s'en va à Baveno sur les rives romantiques du lac Majeur. Les ruelles de la petite ville sont charmantes et la vue sur Isola Bella, tout simplement idyllique. Le 20 septembre, le marié écrit à sa mère : « Nous ne faisons rien d'autre que paresser et nous aimer. Une bonne et sérieuse occupation dont l'histoire nous fournit de respectables précédents. »

Il est pourtant loin d'observer ce séduisant programme ! Dès son voyage de noces, Clementine réalise que Winston, doté d'une énergie monstrueuse qu'il tient, paraît-il, de son grand-père américain, n'a jamais l'esprit en repos. En plus de son valet, son secrétaire privé Eddie Marsh l'accompagne en permanence pour prendre en note une idée, rédiger une lettre dictée par le ministre ou lui tendre une dépêche arrivée de Downing Street. Dans l'eau fumante de ses deux bains quotidiens, Winston étudie les dossiers les plus chauds de la rentrée parlementaire : salaires dans l'industrie, production dans les chantiers navals et nouvelles allocations de retraite. Il prend aussi le temps de corriger la nuit les épreuves de son livre sur son récent voyage en Afrique de l'Est !

La parenthèse enchantée s'achève à Venise où, au grand regret de Clementine, le jeune marié évite la traditionnelle promenade en gondole des voyages de noces. En revanche, il a accepté de se rendre en Autriche, chez son ami d'enfance, le baron de Forest dont le château d'Eichhorn, au sud de Vienne, domine de magnifiques forêts peuplées de cerfs, faisans, lièvres, perdreaux auxquels nul chasseur ne peut résister.

Winston adore ce genre d'héritier doré sur tranche et à la personnalité hors du commun. Car le baron n'a pas toujours été une des plus grosses fortunes d'Europe. Artistes de cirque américains installés à Paris, ses parents sont morts d'une épidémie de typhoïde lors d'une tournée dans l'Empire ottoman. À sept ans, le jeune Maurice a été adopté par une richissime baronne juive belge. Son nouveau père, un des fondateurs de la Banque des Pays-Bas, a créé la Compagnie des chemins de fer de l'Orient pour relier Istanbul à l'Europe. Il a fait passer des juifs chassés de Crimée et de Turquie et a acheté pour eux des terres en Argentine. Il a aussi son écurie de course en Angleterre et Maurice a été élevé à Eton. Les mauvaises langues affirment, bien sûr, qu'il est le fils naturel du baron.

Comme Winston, le jeune aristocrate de vingt-huit ans est passionné d'aviation. Il a aussi participé aux premières grandes courses automobiles : Paris-Vienne et Paris-Madrid. Ce qui ne l'empêche pas de s'intéresser à la politique. Dans les grands salons du château, au milieu de la foule de ses invités, tous membres de la *jet-set*, le descendant du duc de Marlborough est comme un poisson dans l'eau. Après les chasses et les dîners il passe ses nuits à discuter, boire, jouer aux cartes en fumant de gros cigares, habitude qu'il a prise à son école militaire de Sandhurst. Clementine préférerait l'avoir encore rien qu'à elle ! Mais en voyant à table tous les convives écouter bouche bée le ministre du Commerce raconter avec humour des anecdotes sur ses récents exploits, elle doit bien convenir que son mari est un animal politique et ces sortes d'animaux-là ne font que se regarder le nombril. Après quelques jours, elle n'a qu'une envie : rentrer à Londres.

Une mauvaise surprise l'attend à Bolton Street dans la maison de Winston. Leur mariage a été si rapide qu'elle n'a pas eu le temps de trouver un domicile conjugal. Elle découvre avec agacement que pendant leur absence, sa belle-mère a transformé la chambre de célibataire de son fils en une bonbonnière de mauvais goût avec une débauche de coussins, de satin, de mousseline et de gros nœuds.

Jennie en fait toujours trop. À New York, son père l'a habituée à la prodigalité. Leonard Jerome a gagné des fortunes qu'il s'est empressé de perdre et de regagner à la Bourse. Fou d'opéra, il a construit à Madison Square une résidence princière de quatre étages avec un théâtre pour y accueillir les grandes divas. Il possédait aussi les plus belles écuries de la ville, et l'exubérante Jenny l'accompagnait dans sa voiture jusqu'au champ de courses qu'il avait créé, le Jerome Park, où elle s'asseyait à la place d'honneur laissant éclater sa joie quand les couleurs paternelles, bleu et blanc, l'emportaient. En 1867, madame Jerome a emmené ses trois filles à Paris pour les marier. Jennie a toujours regretté d'être trop jeune pour être admise, comme sa sœur aînée Clara, aux bals de l'impératrice aux Tuileries, mais elle a commencé à se constituer un carnet d'adresses aux dimensions d'un patrimoine. Après la chute de Napoléon III, la famille Jerome a loué, pour la saison, une propriété à Cowes, capitale d'été de l'Europe, où lors d'un bal lord Randolph, le père de Winston, est tombé fou amoureux de la belle Américaine.

Jennie est ainsi devenue la première de la longue série de ces « *dollar princesses* » vouées à redorer le blason de l'aristocratie anglaise. Son mariage n'a été conclu qu'après deux ans d'âpres négociations entre les deux pères sur le montant de la dot et les 10 000 livres sterling que Leonard Jerome s'engageait à verser chaque année au jeune couple pour assurer son train de vie. Le duc de Marlborough, peu convaincu de la solidité financière de l'aventurier américain, n'a, pas plus que la duchesse, assisté à la cérémonie célébrée à Paris à l'ambassade d'Angleterre et considérée par la presse française comme le mariage de l'année.

Clementine ne ressemble en rien à son éclatante belle-mère qui continue de dépenser à tort et à travers pour remplir sa maison de bibelots et son dressing des derniers escarpins à la mode. Chaque jour, des grooms livrent une montagne de paquets assortis de factures que lady Randolph empile sur son bureau sans songer à les payer. Elle a été la première à installer l'électricité dans ses maisons. Son seul souci est de continuer à être, dans tous les salons, la plus belle, la plus admirée, la plus enviée.

Sa belle-fille trouve ridicule et vulgaire qu'à plus de cinquante ans, elle se soit remariée avec un homme plus jeune que Winston. Elle lui reproche de trop s'occuper de son fils aîné qui porte désormais toutes ses ambitions. Depuis qu'il est adolescent, elle ne cesse d'organiser chez elle des dîners pour lui faire rencontrer des personnalités européennes et bien sûr américaines toutes susceptibles de servir un jour sa carrière. À New York, son père a créé le Jockey Club et elle connaît le monde entier.

Mais voilà ! Jennie a tout de suite su que Clementine serait la meilleure des épouses pour son fils. Elle possède des qualités essentielles pour la compagne d'un homme politique : l'élégance, le sérieux qui lui permettra de tenir tête à son mari et le bon sens pour orienter ses choix. Quand Winston lui a annoncé qu'il était amoureux, sa mère, qui rêvait déjà de le voir Premier ministre, n'a pas une minute songé à émettre des réserves.

Sa belle-fille a pourtant un défaut capital pour accompagner un homme lancé dans une grande carrière d'État. Elle n'a pas un sou. L'Américaine Nancy Astor qui, après quatre ans de mariage, a divorcé du milliardaire Robert Gould pour épouser Waldorf Astor, héritier d'un empire de presse britannique, n'a pas mâché ses mots : « La fille que Winston Churchill a choisie est belle [...] mais aussi pauvre qu'un rat. Tout le monde disait qu'il se marierait par ambition. Il prouve le contraire. » À Dieppe, aussi surprise, madame Villain, l'amie du peintre

Sickert, est montée sur une caisse de harengs pour claironner : « En voilà des nouvelles ! Vous vous souvenez de notre petite Clementine, la fille de la dame en bleu ! Eh bien, elle va épouser un ministre anglais, millionnaire et décoré ! » En cadeau, elle a envoyé un grand turbot avec un citron dans la bouche.

Hélas, Winston est loin d'être millionnaire ! Son père, second fils du duc de Marlborough n'a pas hérité d'un shilling. Et cela fait longtemps que sa mère, avec ses extravagances, a croqué sa dot. Pas plus qu'elle, il ne songe d'ailleurs à payer ses dettes et encore moins à réduire ses dépenses : « Je me contente de peu, dit-il, mais toujours du meilleur. »

Pour lui, l'argent n'est jamais un souci ! S'il en manque, il écrit un article très bien rétribué. Quand son jeune frère Jack lui a annoncé ses fiançailles avec Goonie, ravissante mais, issue comme Clementine, d'une famille d'aristocrates désargentés, il s'est écrié : « Au moins, ce n'est pas une de ces idiotes qui ne songe qu'à plumer leurs maris ! » Sa rupture avec son premier amour, Pamela Plowden, qui lui a préféré le richissime lord Lytton, lui a peut-être laissé un peu d'amertume. Il connaît aussi les ravages qui peuvent naître d'un mariage avec une héritière trop fortunée. Séparé de Consuelo Vanderbilt qu'il n'a jamais aimée, après onze ans d'une vie conjugale orageuse, son cousin Sunny vit et parcourt l'Europe seul et triste à la poursuite de la fantasque Gladys Deacon.

Mais dans l'Angleterre de ce début du XXe siècle, les députés aux Communes ne sont pas rémunérés et doivent eux-mêmes financer leurs campagnes électorales. Le jeune couple ne peut compter que sur le traitement ministériel de Winston. Heureusement, s'y ajoutent des droits d'auteur qui grimpent chaque année. Depuis ses expéditions comme journaliste en Inde et surtout ses exploits en Afrique du Sud où il s'est échappé d'un camp de prisonniers pendant la guerre des Boers, il est devenu un écrivain à succès.

La première tâche de Clementine est de faire les comptes, habitude prise très jeune avec sa mère. Elle raye toutes les dépenses superflues à la cuisine et découvre, effarée, que les seules factures des sous-vêtements et vestes de pyjama en soie rose que son mari achète Victoria Street dans la luxueuse boutique Army & Navy Stores s'élèvent à 85 livres par an. Il affirme que sa peau très délicate, blanche et sans tâche de rousseur, ne supporte rien d'autre.

Elle trouve une maison à Pimlico, un quartier moins chic que Mayfair. Le 33 Eccleston Square ressemble à toutes ses voisines avec un porche à deux colonnes et quatre étages. Elle n'a pas de jardin mais les fenêtres du salon et des chambres donnent sur les arbres du square. Winston s'en contente parce que son grand ami Frederick Smith est presque leur voisin.

À la différence de son mari, Clementine n'a jamais vécu dans une maison aussi grande et les travaux l'occupent à plein temps. Le ministre veut du marbre noir et blanc pour l'entrée et un bureau au premier étage, à côté du salon. Elle commande un tapis vert comme de la mousse pour la bibliothèque et une peinture crème pour rendre plus lumineuse la salle à manger du rez-de-chaussée. Dans sa chambre se mélangent les tons orange, bruns et verts. Comme il est d'usage dans les grandes familles aristocratiques, ils ne partagent pas la même. Winston y tient. Il ne peut pas non plus se passer de son valet ni d'un maître d'hôtel. Elle engage une bonne cuisinière et un homme à tout faire. Désormais, elle aussi a sa femme de chambre qui la suivra dans tous ses voyages jusqu'à la fin de sa vie. Mais elle se contente de cinq personnes. Un minimum. Dans leur maison de Cavendish Square qu'ils ont quittée pour s'installer à Downing Street, les Asquith ne comptaient pas moins de quatorze domestiques.

Dès novembre, Clementine est enceinte et il faut prévoir à l'étage des domestiques une nursery où la nanny aura sa chambre. Comme les travaux s'éternisent, elle part mi-avril passer une quinzaine de jours à Blenheim avec Goonie qui attend, elle aussi, son premier bébé. Avec ses grands yeux bleus comme des myosotis dans un visage de madone, la jeune femme de Jack séduit tout Londres par son élégance et sa gentillesse. Le Premier ministre Asquith adore l'avoir comme partenaire au bridge. Les deux belles-sœurs s'entendent à merveille. Notamment pour critiquer leur envahissante belle-mère. Jennie a voulu choisir le papier peint de la chambre de Winston. Quand elle est partie à Paris commander sa nouvelle garde-robe chez Worth, elle n'a rapporté pour chacune de ses belles-filles qu'un petit chapeau cloche, acheté au Bon Marché, soi-disant beaucoup plus seyant pour des jeunes femmes que ses coûteuses capelines.

C'est la première fois que Winston est séparé de Clementine et il lui écrit le 21 avril : « Ma chérie, tu m'as beaucoup manqué. Ta chambre est toute vide. Le pauvre Pug piaule sans pouvoir se consoler. [...] Je vais dîner avec Mamma, qui a également invité Frederick Smith. En retard comme d'habitude. Et donc avec l'amour le plus tendre, un bouquet de baisers bien choisis et judicieusement placés à ma douce et bien-aimée Clemmie-cat. Crois bien que je suis ton mari dévoué qui t'aime. » Dès le début de leur vie conjugale, Winston, qui a un bon coup de crayon et adore les animaux, ponctue ses tendres billets d'un dessin représentant les surnoms qu'il s'est donné « Pug » qui signifie carlin et qu'il transforme souvent en « Pig », cochon. Il adore cet animal tout rose qui ne le regarde jamais de haut. Et comme il l'appelle « Cat » ou « Kat », elle répond par une belle chatte veillant sur la maison.

Fin mai, ils sont enfin installés dans leurs meubles. Chaque jour ou presque, Winston amène collaborateurs et amis pour déjeuner et dîner, le plus souvent à la dernière minute. Le soir, les femmes s'habillent, les hommes sont en smoking et les repas de trois services sont toujours arrosés de champagne, de grands bordeaux et de cognac. Les soirées se terminent à la table de jeu, ce que redoute toujours l'anxieuse Clementine : « Frederick Smith était un grand flambeur. Mais il était aussi avocat. Et il pouvait regagner le lendemain ce qu'il perdait la nuit, ce qui n'était pas le cas de Winston avec son salaire de ministre », explique leur petit-fils Nicholas Soames.

Eccleston Square a l'avantage d'être situé non loin du parlement de Westminster ce qui est bien commode car le Premier ministre Asquith demande souvent à son ministre du Commerce, excellent débatteur, de le remplacer aux Communes. Sa femme ne se contente pas de lire le compte rendu de ses interventions dans le *Times*. Elle soutient ardemment la bataille féroce que le gouvernement libéral mène contre la Chambre des lords.

Le nouveau ministre de l'Échiquier, David Lloyd George, plaide pour un « budget du peuple », de justice sociale, taxant les plus hauts revenus et alourdissant les droits de succession. Le peuple, Lloyd George en fait réellement partie. Son père, professeur dans la cité ouvrière de Manchester, est mort lorsqu'il avait un an. Sa mère, gouvernante dans une grande maison, l'a confié, avec son frère, à un oncle cordonnier au pays de Galles. Peu après son élection aux Communes, à vingt-sept ans, le jeune député a confié à un journaliste que, petit, son seul luxe était de manger un demi-œuf le dimanche matin. Son père adoptif a payé ses études de droit et lui a transmis ses convictions socialistes. Même lorsqu'il sera Premier ministre, Lloyd George refusera de se reconnaître comme membre de cette élite britannique, héritière de châteaux et d'équipages de chasse, qui dépense sans compter, ne paie guère d'impôts et qu'il surnomme « *The Dukes* ».

En 1904, Winston a traversé la Chambre des communes passant des rangs conservateurs aux adversaires libéraux plus progressistes qui défendent le libre-échange et les réformes sociales. Beaucoup, dans son ancien parti, n'admettent pas cette hérésie. Et s'il garde quelques amis d'autrefois comme le duc de Westminster, Arthur Balfour ou Frederick Smith, de nombreux salons lui ferment leurs portes.

Désormais son épouse aussi porte le poids de sa « trahison ». Quand elle se promène dans Londres, certains conservateurs traversent la rue pour ne pas la saluer. La jeune Mrs Churchill en tire une grande fierté. Lorsque plus tard on lui demandera d'évoquer ses souvenirs, elle répondra sans hésiter que cette période a été la plus heureuse de sa vie : « Le zèle réformateur du gouvernement libéral élu triomphalement en 1906 répondait aux aspirations nobles et puritaines de sa personnalité », affirme sa fille Mary Soames.

Le « budget du peuple » prévoit de donner des allocations familiales à toutes les femmes qui n'ont pas les moyens d'élever leurs enfants, de créer une assurance contre la maladie et le chômage ainsi qu'une pension de retraite sur le modèle de celle instaurée en Allemagne par Bismarck en 1885.

Ce droit à une retraite digne, Winston y est très attaché. Lorsqu'il était enfant, le grand amour de sa vie s'appelait Mrs Everest : « Ma confidente, c'était ma gouvernante. C'était Mrs Everest qui me soignait et s'occupait de moi. C'était à elle que j'allais confier tous mes ennuis quand j'étais enfant et plus tard quand j'allais au collège. » Jusqu'à sa mort, il lui a versé une pension. Il a passé trois jours à son chevet quand elle était au plus mal et il a payé tous les frais de ses obsèques. Depuis, il garde toujours sa photo sur son bureau d'Eccleston Square.

Le 11 juillet 1909, dans leur maison, Clementine donne naissance à leur première fille, Diana. Toute rousse, elle ressemble à Winston. Ses parents, qui la surnomme « *Puppy Kitten*[1] », en sont fous. Au mois d'août, pour la remettre de ses fatigues, lady Blanche emmène sa fille en voiture, avec Nellie, passer dix jours dans le Sussex où Wilfrid Scawen Blunt lui prête souvent un cottage dans sa propriété de Southwater. Le bébé reste à Londres sous la garde de la nurse Mrs Hodgson et le regard de Winston qui envoie des bulletins de santé attendris.

En septembre, Clementine s'en va chez sa tante Maisie Stanley à Alderley Park. Cette fois, Diana et Mrs Hodgson sont du voyage. Le 12 septembre 1909, elle y fête sans Winston son premier anniversaire de mariage. Il est à Strasbourg, en Allemagne,

1. « Petit chaton ».

l'invité de l'empereur Guillaume II. Il assiste à des manœuvres militaires qu'il lui décrit avec une certaine appréhension :

> Cette armée est un engin terrifiant. Elle parcourt parfois 55 kilomètres en une journée. Ses effectifs sont aussi nombreux que les grains de sable de la mer et avec tous les moyens modernes. Il y a un divorce complet entre les deux camps de la vie en Allemagne : les impérialistes et les socialistes. Rien ne les unit. Ils constituent deux nations différentes. [...] Ici tout est noir et blanc [les couleurs de la Prusse]. La guerre a beau m'attirer et fasciner mon esprit par ses retournements de situation, je mesure chaque année davantage quelle folie et quelle barbarie viles et perverses tout cela constitue.

Clementine se passionne plutôt pour la bataille libérale. À Birmingham, le Premier ministre doit tenir un grand meeting sur le « budget du peuple ». La jeune femme s'y rend avec sa tante Maisie. Elle en sort enthousiasmée. Alors qu'elle monte dans sa voiture, un organisateur crie : « C'est Mrs Churchill ! » La foule applaudit et deux jeunes travailleurs lancent : « Dites-lui que nous l'aimons. » Elle écrit à Winston : « Ces pauvres gens t'aiment et croient en toi. Je me suis sentie si fière ! »

En revanche, elle est consternée d'apprendre que bien que veuf et remarié, le chef du gouvernement envoie des lettres enflammées à Venetia Stanley qui a trente-cinq ans de moins que lui. Sa cousine lui confie que le malheureux Asquith ainsi que son ministre de l'Intérieur Herbert Gladstone ont le corps couvert de bleus à la suite de coups donnés par des suffragettes.

Car le pays s'enflamme aussi pour un autre débat : le droit de vote des femmes. Aux Communes, le Premier ministre s'est déclaré contre le *Women's Enfranchisement Bill* et, en 1908, son adoption a une nouvelle fois été rejeté. Depuis, la jolie Emmeline Pankhurst, porte-drapeau des suffragettes, pousse les feux de la révolte avec ses deux filles Christabel et Sylvia.

En 1898, à la mort de son mari, un avocat socialiste connu pour ses idées féministes, cette mère de cinq enfants a créé The Women's Social and Political Union (WSPU) dont le siège est à Manchester où elle est née quarante ans plus tôt. Manchester ! Winston s'y est présenté à deux reprises. À chaque fois, ses meetings ont été le théâtre d'échauffourées avec des militantes. La publicité qui en a résulté a tellement ravi les Pankhurst, mère et filles, que depuis, elles suivent le jeune ministre à la trace.

Sur ce vote des femmes, le couple Churchill a des positions diamétralement opposées. Depuis la fin de ses études, Clementine est convaincue que les femmes doivent être traitées à l'égal des hommes. Et lorsque sa cousine Venetia affirme qu'elles peuvent jouer un rôle plus important derrière la scène politique, elle lui rétorque que cette influence est limitée à quelques privilégiées, filles, épouses ou maîtresses d'hommes éminents.

Son mari est loin de partager son avis. Il a toujours vu sa mère, passionnée de politique, être farouchement opposée au vote des femmes. Jennie, pourtant, a joué un rôle prépondérant dans la carrière de lord Randolph. Lors des élections de 1885, quand son mari était trop occupé comme ministre des Colonies, elle a mené seule la campagne, rendant visite à tous les électeurs de la circonscription de Woodstock, pour leur demander de voter pour son mari. Le jour de sa victoire, l'heureux élu lui a envoyé un télégramme de remerciement : « Brillant succès, que je dois presque entièrement à Vous. » Winston lui cite aussi l'exemple de Margot Asquith qui, comme Jennie, critique l'action des suffragettes mais épaule son mari dans toutes ses réformes sociales. Quant à Violet, qui a si bien défendu sa cause auprès de son père, il n'y a pas de jours où elle ne lui donne pas son avis ! Très souvent, il passe la voir dans son petit salon de Downing Street.

Est-ce à cause de ces trop nombreux rendez-vous ? Des longs apartés que le bouillant ministre de l'Intérieur a toujours avec Violet lorsqu'ils vont dîner chez le Premier ministre ?

Clementine fait à son mari une crise de jalousie, dont on ne connaît pas l'origine mais seulement la longue et belle lettre que Winston lui écrit le 10 novembre 1909 :

> Ma chérie, [...] cela me préoccupe beaucoup que tu sembles entretenir ces soupçons complètement fous qui sont tellement déshonorants vis-à-vis de tout l'amour et de toute la fidélité que je manifeste envers toi et que je continuerai à manifester – plaise à Dieu ! – jusqu'à mon dernier souffle : ils sont indignes de toi et de moi. Et ils remplissent mon esprit de sentiments d'embarras que je n'ai pas connus depuis mes années d'écolier. Je sais bien qu'ils émanent du grand amour que tu me portes, et donc ils m'inclinent à la tendresse à ton égard et à la volonté de toujours mériter ce bien le plus précieux de mon existence. Mais en même temps, ils me blessent et me dépriment et cela sans raison. Nous ne vivons pas dans un monde de petites intrigues mais d'affaires sérieuses et importantes. Je n'imagine pas que je pourrais forger d'autres liens sentimentaux que ceux sur lesquels j'ai fondé le bonheur de ma vie ici-bas. Et cela heurte ce qu'il y a de meilleur en moi de te voir donner libre cours – contre ta nature véritable – à des émotions de petitesse et à des doutes qui laissent des plaies. Il faut que tu me fasses confiance, car je n'aime et n'aimerai jamais aucune femme au monde en dehors de toi.

Elle lui reproche aussi de ne pas s'engager publiquement pour le vote des femmes comme l'a fait avec courage le ministre des Affaires étrangères sir Edward Grey. Elle ne comprend pas que le parti libéral ne porte pas le projet en tête de ses priorités. Mais l'ordre du jour, c'est de faire passer le « budget du peuple ». En votant conservateur aux futures élections, les femmes pourraient renverser la majorité et faire échouer ce beau projet progressiste.

Une semaine plus tôt, après un débat historique, Lloyd George a enfin obtenu la majorité aux Communes. Mais le combat n'est pas fini. La Chambre des lords, forte de son droit de veto, sonne le tocsin et bat le rappel de tous les propriétaires de châteaux qui s'empressent de voter contre. C'est l'épreuve de force. Le 30 novembre, le Premier ministre dissout le parlement. Ces nouvelles élections sont baptisées d'une formule révolutionnaire : « Les pairs contre le peuple. »

Pour la première fois, Clementine accompagne Winston dans sa tournée électorale. Partout, les débats sont interrompus par les cris des suffragettes. À Bristol, une délégation du parti libéral les accueille sur le quai de la gare lorsqu'une jeune femme déchaînée fend la foule avec une cravache et menace le ministre. Pour l'immobiliser il lui saisit les poignets. Mais la suffragette se débat et le repousse vers la voie alors que le train démarre. Affolée, Clementine se précipite, enjambe des valises, et lui sauve la vie en le retenant de toutes ses forces par la ceinture de son manteau.

Au fil de ces réunions, tous les deux mettent un peu d'eau dans leur whisky. Si elle reste une farouche féministe, elle s'avoue choquée par le fanatisme des suffragettes prêtes à tout et même à tuer pour faire aboutir leurs revendications. De son côté, il est sensible à ses arguments. Toute sa vie, elle lui dira ce qu'elle pense et il en tiendra compte. Ces discussions cimentent leur couple. Dans son journal, lord Esher écrit le 1er décembre 1909 : « Dîné hier chez les Churchill… Nous étions six… Ils ont passé toute la soirée sur le même canapé et il lui tenait la main. Je n'ai jamais vu deux personnes aussi amoureuses. »

À Noël, ils sont à Blenheim où ils se détendent en famille, avec le contingent habituel d'invités, autour du sapin qui occupe le gigantesque hall. Winston et Sunny restent très liés même si, à la Chambre des lords, le duc de Marlborough s'est violemment opposé au « budget du peuple ». Clementine, plus intransigeante, fait difficilement la part des choses entre ses convictions et les très riches cousins et amis de son mari. Elle sera toujours du côté des déshérités.

Une fois encore, le parti libéral sort vainqueur des élections. Churchill est nommé ministre de l'Intérieur. À trente-cinq ans, il est le plus jeune homme politique à occuper ce poste depuis quatre-vingts ans. Il est responsable de la police et des prisons.

Le 21 février 1910, le Tout-Londres se bouscule au théâtre à la première de *Justice* de John Galsworthy, le plus grand écrivain de l'époque. Le décor est une cellule dans laquelle un prisonnier, squelettique, est perpétuellement tenu en éveil par une lumière électrique braquée sur lui. Quand le rideau se baisse, le public reste un long moment silencieux. Jennie, enthousiaste, recommande aussitôt à son fils d'aller voir avec Clementine cette pièce qui dénonce l'aveuglement des pouvoirs publics. Et bien sûr, elle organise un dîner avec les Galsworthy.

Depuis son évasion spectaculaire pendant la guerre des Boers, Winston s'intéresse aux conditions de vie dans les prisons. Une de ses premières mesures est de les améliorer. Mais à dire vrai, il n'est pas très à l'aise dans son nouveau costume de ministre de l'Intérieur. L'étude des dossiers des condamnés à mort provoque chez lui de vraies crises de « *black dog* », qu'il décrira plus tard à son médecin : « Pendant deux ou trois ans, c'était comme si toute lumière avait disparu. Je faisais mon travail, je siégeais aux Communes mais une noire dépression s'installait en moi. Cela m'a aidé d'en parler à Clemmie. » Sa fille Mary ajoute : « Il dira à Diana que cette sorte de dépression était causée par l'angoisse qui l'étreignait dans l'exercice de ses fonctions de ministre de l'Intérieur quand il fallait étudier les condamnations à mort et prendre la fatale décision. » Dans la moitié des cas, il recommande la grâce.

Mais la presse critique violemment la cruauté dont il fait preuve lors de l'affaire de Sydney Street : trois cambrioleurs ayant trouvé refuge dans une maison qui prend feu, il ordonne aux pompiers de ne pas intervenir : « Il m'a semblé préférable de laisser brûler la maison plutôt que de sacrifier de bonnes vies britanniques pour sauver ces féroces canailles », se défend-il le lendemain sans convaincre les journalistes.

Clementine lui conseille de se pencher sur le sort des suffragettes arrêtées, ce que son prédécesseur Herbert Gladstone n'a jamais fait. Lors d'un meeting au Queen's Hall de Londres, Constance Lytton – belle-sœur du premier amour de Winston, Pamela Plowden – fait sensation en racontant le traitement inhumain infligé, dans les prisons, aux militantes qui font la grève de la faim. Pour les nourrir de force, une geôlière leur maintient la bouche ouverte et les gave comme des oies en leur enfonçant un tube dans l'estomac. Pour les empêcher de se débattre, un médecin s'assied sur leurs genoux. Constance Lytton n'invente rien, puisque elle-même a été arrêtée et emprisonnée à Liverpool. Lord Lytton, son père, qui a pris la tête de la croisade pour les droits des femmes, est nommé à la présidence d'une commission parlementaire chargée de proposer des mesures pour faire cesser une situation qui commence à émouvoir le royaume.

Le 6 mai 1910, la mort subite d'Edward VII, après neuf ans d'un règne heureux, endeuille l'Angleterre. Jusqu'à son enterrement quinze jours plus tard, la vie s'arrête à Londres où les murs se couvrent de tentures noires. Mais la politique, elle, ne connaît pas de pause. Aussitôt après, Clementine fait ses débuts sur les tréteaux libéraux. Un cousin Marlborough, Henry Guest, se présente à une élection partielle. Winston, débordé, lui demande d'aller lire son discours à sa place. Excitée, elle lui fait un compte rendu après une journée épuisante mais non dénuée de succès : « Beaucoup de monde… Ta Kat a lu ton discours avec panache… Le seul problème est qu'il a été imprimé et diffusé dans toute la circonscription. Je vais donc maintenant devoir me creuser la cervelle pour trouver de nouveaux mots et de nouvelles idées. »

Cet été-là, ils vont passer quelques jours au Pays de Galles chez leur grand ami Lloyd George. Sur la côte, près du village où il a grandi chez son oncle cordonnier, le chancelier de l'Échiquier possède, à Criccieth, une confortable maison où vit son épouse. Fille d'un fermier de la région, Margaret aime cette campagne galloise qu'elle ne veut plus quitter pour suivre son mari à Londres. Trois ans plus tôt, en 1907, leur fille Mair est morte à dix-sept ans. Elle se consacre désormais à l'éducation de ses quatre autres enfants et cultive son jardin. Clementine ne partage pas cette conception du couple. Elle est heureuse de retrouver Londres et de partager les combats de son mari.

En mai, la Chambre des lords a finalement voté le « budget du peuple » mais le gouvernement libéral veut aller plus loin et supprimer définitivement le droit de veto de cette assemblée par une nouvelle loi : le *Parliament Act*. Une commission réunissant tous les partis étudie cette réforme fondamentale. Et comme les discussions n'aboutissent à aucun accord, le 28 novembre 1910 le Premier ministre Asquith décide à nouveau de dissoudre les Communes, huit mois seulement après les dernières élections.

Les suffragettes tiennent aussitôt un grand meeting à Parliament Square. Le ministre de l'Intérieur donne l'ordre d'arrêter la meneuse, Mrs Pethick Lawrence, grande amie de Constance Lytton. À la fin de la journée, le bilan est désastreux : cent vingt militantes sont en prison, beaucoup d'autres ont été agressées verbalement et même physiquement par des policiers qui n'ont pas hésité à les saisir par les seins pour les plaquer contre les murs. Dans la presse, Winston Churchill apparaît comme le grand responsable de ce « vendredi noir ».

Et encore, ces revendications féministes ne pèsent pas grand-chose face à l'éruption de violence au Pays de Galles où les mineurs se mettent en grève. Pour maintenir l'ordre, le chef de la police locale réclame l'aide de l'armée. Winston refuse et se contente d'envoyer des renforts de police. À droite, les conservateurs dénoncent son manque de fermeté. À gauche, les travaillistes sont outrés des brutalités commises contre des mineurs non armés. À nouveau, la presse se déchaîne et le *black dog* assombrit une fois encore la vie du couple.

Seule bonne nouvelle, Clementine est enceinte. Et cette fois, elle est certaine que c'est un garçon. Ensemble, ils l'ont déjà surnommé « *Chumbolly* », un mot persan dont ils ne connaissent pas bien la signification mais qui leur plaît parce qu'il évoque un bébé plein d'entrain.

Cette grossesse ne l'empêche nullement de suivre son mari dans sa seconde campagne : « *Les pairs contre le peuple.* » Dans sa circonscription de Dundee, en Écosse, les électeurs sont en majorité des paysans, des ouvriers des chantiers navals, des tissages de lin et de jute et d'une usine de confiture à l'orange pour laquelle la bourgade est réputée. À chacun des discours de Winston, elle se tient assise à côté de lui. Sur les estrades, le candidat libéral affirme qu'il n'est plus contre le principe du vote des femmes. Il est élu.

Ravie, elle rentre à Londres retrouver sa fille Diana pendant que Winston prolonge son séjour à Alderley Park chez la tante Maisie Stanley. Il a pour sa femme enceinte des folies de soupirant. Le 19 décembre, alors qu'elle ouvre les yeux après sa sieste, elle découvre sa chambre transformée en un jardin : « Imagine ma surprise et ma joie, lui écrit-elle émerveillée… Des chrysanthèmes roses dans un énorme vase, des dorés dans un autre, du mimosa odorant, du muguet, de grands et gros œillets roses, des branches de lilas, des myosotis bleus, des jacinthes blanches diaphanes et des violettes parfumées couvrent chaque table. » À côté de son lit, il y a même un melon ! En plein hiver !

Chapitre IV

L'ENCHANTERESS

Comme son père, le bébé se fait attendre. Il naît avec quinze jours de retard le 28 mai 1911 dans leur maison d'Eccleston Square. Hourrah ! C'est bien un fils, un héritier. Blond avec de grands yeux bleus, il est splendide. Winston, tradition oblige, lui donne le prénom de son père : Randolph.

Pour une fois, il n'est pas pressé de partir à Blenheim pour les manœuvres annuelles de son régiment. Il supplie Clementine de le tenir au courant des progrès du bébé. Chaque jour, il téléphone, envoie lettres et télégrammes. Comblée, la jeune mère décide d'allaiter son fils et elle raconte leurs moments de tendresse : « Juste quand je l'embrassai, il s'est jeté sur mon nez et a commencé à le sucer, croyant sans doute que c'était une autre partie de ma personne. »

Avec six tétées par jour, elle doit, à son grand regret, refuser l'invitation à la cérémonie du couronnement de George V dans l'abbaye de Westminster où les invités piétinent plusieurs heures avant l'arrivée du cortège. En apprenant sa déception lors d'une audience privée avec Winston, le souverain demande qu'on envoie le 22 juin, à la dernière minute, de Buckingham, une voiture à la jeune Mrs Churchill. Elle reçoit aussi un billet pour être assise dans la loge royale d'où elle est discrètement exfiltrée afin de ne pas manquer la tétée suivante. Mais le lendemain, jour du défilé, elle traverse Londres dans la voiture découverte du ministre de l'Intérieur !

Pour l'été, lady Blanche a loué, comme autrefois, deux maisons meublées à Seaford pour recevoir sa fille, ses deux enfants et les nurses. Clementine initie Diana, qui fête ses deux ans, aux joies de la mer. Winston, bloqué à Londres par une grève des marins et des dockers, fait semblant de s'en plaindre : « Pas de *Cat* ! Pas de *Puppy Kitten* !! Pas de *Chumbolly* !!! Tous partis. Vous avez tous décampé pour aller où ? Que complotez-vous contre moi ? Quelle cabale avez-vous montée ? Soyez gentils, soyez fidèles, revenez vite, bien gras, bien forts et tout beaux et je pardonnerai cet exode. »

En réalité, il ne regrette en rien l'expédition à Seaford. À la différence de sa femme, il s'ennuie vite à la plage. De sa vie, il n'a mis les pieds dans une maison meublée et préfère mille fois se rendre à la soirée donnée à Grosvenor House par son ami Bendor, le duc de Westminster, l'homme le plus riche d'Angleterre. À Londres, il a aussi les dîners de l'hôtel Savoy où, en mai, il a lancé avec Frederick Smith, The Other Club pour concurrencer The Club, fameux cercle libéral créé au XIXe siècle qui refuse de l'accueillir, jugeant sa conversion au socialisme trop peu fiable. Le 10 juillet, il passe la soirée avec ses cousins Alice et Ivor Guest. Le 13 et le 14 juillet, il est au pays de Galles sur le yacht royal *Victoria and Albert* en compagnie de George V et du prince de Galles avant de lézarder à Penrhos chez les cousines Stanley avec le Premier ministre Asquith. À son retour, il invite Lloyd George au Café Royal, ouvert en 1865 dans Regent's Street par un couple de Français et réputé pour avoir la meilleure cave du monde. Le chancelier de l'Échiquier, sensible à la flamme libérale de Clementine, déclare à son collègue ministre qu'elle est sa « grande chance ». En levant leur verre de Chablis, ils renouvellent pour sept ans leur traité d'alliance politique contre la Chambre des lords. La presse les baptise « les divins jumeaux de la réforme sociale ».

Rentrée à Londres, Clementine décide de sevrer son fils et d'aller marcher dans les Alpes bavaroises avec Goonie et Jack. Leur périple se termine dans la villa suisse de sir Ernest Cassel, banquier et financier de la famille qui possède en pleine montagne, à Riederfurka, une maison à tourelles que l'on ne peut atteindre qu'à dos de mule. Quand les autorités ont voulu lui construire une route, sir Ernerst s'est écrié : « Certainement pas, sinon, je ne viendrai plus ! » Sa fille unique, Maud, vient de mourir à trente-trois ans et il est heureux d'accueillir ses jeunes amis qui l'ont bien connue. Winston a promis de les rejoindre. Mais, à la dernière minute, il est retenu à Londres par une grève des cheminots qui paralyse le pays.

Début septembre, enfin ! ils passent quelques jours ensemble à Broadstairs, chez Pamela Lytton, ancienne amoureuse et toujours amie du ministre de l'Intérieur. Son beau-frère, Neville Lytton, n'est pas insensible aux charmes de Clementine. Il écrit à son amie Nellie :

> Winston est parti bâtir des châteaux de sable pendant que nous allions nous baigner. Il faisait torride et la mer était divine. Clemmie est arrivée, telle une réincarnation de Vénus entrant dans l'onde. Ses formes étaient splendides. Je n'avais jamais remarqué qu'elle avait un aussi beau corps. Avec Victor Lytton, je jouai au water polo et elle se joignit à nous, ensuite j'ai longtemps nagé avec elle en ayant une conversation animée entre les vagues.

Chaque automne, le roi invite les membres du gouvernement à se rendre à Balmoral pour des conversations informelles. Clementine prend le train avec Winston et en profite pour aller embrasser sa grand-mère à Alderlie Castle. Après quelques parties de pêche avec les Mitford, elle voit arriver son mari tout fier, dans sa nouvelle voiture, une imposante Napier rouge, folie qui a coûté 610 livres et qu'il a commandée pendant qu'elle était en Autriche. Montague Napier, dont le grand-père était un ingénieur écossais, vient d'inventer le volant qui a remplacé la barre de direction et la firme a livré le nouveau modèle à Balmoral. Clementine l'étrenne lorsqu'ils partent passer quelques jours près d'Édimbourg chez le Premier ministre Asquith qui a loué à son beau-frère sa magnifique propriété d'Archerfield.

Avec sa première femme décédée, le chef du parti libéral élevait des poules dans le jardin de sa maison pour nourrir ses cinq enfants. En épousant Margot, la snobissime fille de lord Tennant[1], il est entré dans un autre monde. À vingt ans, miss Tennant faisait partie de la coterie des « *Souls* » qui ne s'occupait que de beauté. En 1908, elle a provoqué un scandale en faisant danser à Downing Street la danseuse Maud Allan à peine vêtue de quelques voiles. Avec Asquith, elle a eu deux enfants mais elle assume le train de vie de toute la tribu, remplissant les innombrables chèques pour la décoration et l'entretien des maisons, les réceptions, les voyages à l'étranger ou les vacances à Archerfied.

Une longue allée de tilleuls conduit au vieux manoir en pierres grises. Dans le salon, décoré d'un trompe-l'œil reproduisant les ruines de Pompéi, les larges fenêtres offrent une vue spectaculaire sur la mer du Nord survolée par des escadrilles de mouettes. Comble du luxe, la propriété possède son golf de neuf trous.

Pour Clementine, l'heure n'est pas au sport. Son mari est si malheureux à l'Intérieur, ce ministère de l'ordre où il n'y a que de l'impopularité à récolter, qu'elle espère pour lui sa nomination à l'Amirauté[2]. Un poste qu'il convoite depuis longtemps et qu'Asquith lui a proposé une première fois lorsque lord Tweedmouth, accusé d'avoir correspondu avec l'empereur Guillaume II sur les projets de la marine britannique, a dû donner sa démission à l'automne 1908. À l'époque, Winston avait répondu que lord Tweedmouth était son oncle, qu'il avait perdu sa femme, la charmante lady Fanny d'un cancer quatre ans plus tôt, que toute la famille Churchill et

1. Le mannequin écossais Stella Tennant est sa petite-nièce.
2. Ministère de la Marine.

même tout Londres avait pleuré à son enterrement, et qu'il était impossible qu'il lui succède. En 1909, le pauvre lord Tweedmouth est mort à son tour d'une dépression nerveuse. Depuis, Reginald McKenna occupe l'Admiralty House.

Mais un autre candidat que Winston est sur les rangs : lord Haldane, secrétaire d'État à la Guerre. Et cet Écossais célibataire, fervent admirateur de Schopenhauer dont il a traduit *Le Monde comme volonté et comme représentation,* est le plus vieil ami d'Asquith. À deux reprises, il arrive de son château de Cloan, près de Perth, pour des visites-surprises et tous les deux s'enferment dans le bureau du Premier ministre.

Au ministère de la Guerre, Haldane a réduit les effectifs de seize mille hommes et multiplié par dix les économies. Il propose de suivre la même politique d'austérité à l'Amirauté. Winston, obsédé par le péril allemand depuis l'incident d'Agadir[1], prône la politique inverse : il veut augmenter le nombre de cuirassés et préparer la Marine à la guerre. À son habitude, Asquith n'a qu'une recette politique : ménager la chèvre et le chou.

Dans le salon, Clementine prend le thé avec l'élégante Margot dont Winston ne supporte pas les persiflages. Il se réfugie dans la bibliothèque où il a de longues conversations avec sa chère Violet. Elle a déjà plaidé sa cause auprès de son père mais le Premier ministre lui a répondu qu'elle n'était pas objective : « Tu ne penses qu'à la joie de Winston… Tu ne penses pas aux risques d'une véritable mutinerie dans les rangs de la Marine… ni à la réaction des amiraux… Je lui répondis qu'ils accueilleraient plus chaudement Winston qu'Haldane… Je suis sûre que c'est là qu'il donnerait le meilleur de lui-même », notera-t-elle dans ses mémoires. L'enjeu est tel que la sportive épouse les laisse même jouer ensemble au golf : « Je

1. En juin, l'empereur Guillaume II a envoyé un navire de guerre au large d'Agadir pour intimider la France, ce qui avait valu un sévère avertissement de Lloyd George, pourtant pacifiste convaincu.

me souviens d'un très amusant match à trois avec mon père », écrira encore Violet.

Un soir, à bout de nerfs, Clementine ouvre la grande bible posée sur sa table de chevet. Après quelques minutes de lecture, elle s'écrie : « Je suis sûre que tu auras l'Amirauté », et elle lui récite les versets du psaume 107 sur lesquels elle est tombée : « Eux qui naviguent sur la mer, qui font du commerce dans les eaux profondes... » Pour tromper son impatience, Winston part deux jours dans sa circonscription de Dundee. À son retour, le Premier ministre l'invite après le déjeuner à faire une nouvelle partie de golf. L'histoire ne dit pas qui a gagné. Elle a juste retenu qu'à la fin de la partie, il est premier lord de l'Amirauté : « Winston était radieux, écrit Violet. Vous voulez du thé, ai-je demandé ?... – Je ne veux pas de thé. Je ne veux rien. Rien d'autre au monde. Votre père vient juste de m'offrir l'Amirauté... Jamais avant ni depuis, ajoute-t-elle, je ne l'ai vu aussi complètement heureux. »

Ce soir-là, avant de se coucher, c'est lui qui ouvre la bible et lit à sa femme le chapitre IX du Deutéronome : « Écoute Ô Israël : Aujourd'hui, tu vas passer le Jourdain et iras prendre possession de nations plus grandes et plus puissantes. » Sans plus attendre, dès le 24 octobre 1911, il commence par prendre possession de l'Admiralty House. Le grand palais blanc donne sur Whitehall et la caserne les Horse Guards. Dans les salons, les meubles dorés décorés de dauphins datent de l'amiral Nelson vainqueur de Trafalgar. Derrière le fauteuil de son bureau, il fait accrocher une grande carte de la mer de Nord où sont indiqués tous les ports où mouille la flotte allemande et le nombre des bateaux. Avant sa retraite, l'amiral Fisher a rénové la marine de guerre et lancé les premiers cuirassés. Il le fait revenir de Suisse. Il prend pour adjoint le prince Louis de Battenberg qui a épousé la petite-fille préférée de la reine Victoria, et comme conseiller privé le contre-amiral Beatty qu'il a connu en Égypte lors de la bataille d'Omdurman.

Quant aux fonctionnaires qui logent à l'Amirauté, ils doivent désormais être joignables jour et nuit !

Deux jours plus tard, le 26 octobre, le baptême de Randolph est célébré dans la crypte de la chapelle des Communes. La charmante lady Ridley, cousine Marlborough, est sa marraine. Les parrains sont Frederick Smith et sir Edward Grey, grand ami de Clementine. Marié, sans enfants, passionné par la vie des oiseaux, le ministre des Affaires étrangères possède près de l'Écosse un cottage comme elle les aime où ils font ensemble de longues balades à bicyclette.

Le 18 novembre, à Plymouth, le plus grand port du pays, elle lance *Le Centurion*, premier d'une série de nouveaux cuirassés qui doivent sortir des chantiers navals de Davenport. Si elle accepte avec joie ses nouvelles fonctions officielles, elle refuse de s'installer dans les grands appartements de l'Admiralty House. Sa maison est tellement plus pratique avec de enfants en bas âge ! En plus, il lui faudrait engager une demi-douzaine de domestiques supplémentaire et elle craint que cela ne les entraîne dans des dépenses trop coûteuses.

Et d'ailleurs pour quoi faire ? Winston n'est jamais là. Le premier lord de l'Amirauté dispose en effet d'un yacht de grand luxe, l'*Enchanteress.* Ce bateau à vapeur, témoin des fastes de l'ère victorienne, compte un équipage de soixante hommes et porte bien son nom. Dès le premier jour, il enchante Winston qui en fait son second bureau et même son second domicile. Bien qu'il soit loin d'avoir le pied marin, en trois ans, il y passera huit mois à contrôler, tel Napoléon devant la grande armée, chaque navire, chaque équipage, chaque canon. La Royal Navy est la première flotte du monde et il entend bien qu'elle le reste face aux ambitions du belliqueux empereur d'Allemagne.

À Noël, ils sont à Blenheim où Clementine prolonge son séjour. Depuis longtemps Sunny lui vante les plaisirs de la chasse à courre au renard. Elle vient d'apprendre qu'elle est enceinte, mais elle est en pleine forme et a envie de se mettre à ce nouveau sport. Excellente cavalière, elle trotte chaque jour dans Rotten Row en amazone. Le 3 janvier 1912, elle écrit enthousiasmée à Winston :

> Mon chéri, je reviens juste d'une longue journée de chasse. [...] C'était absolument formidable. Sunny m'a prise en charge et m'a guidée pour sauter les murs de pierre. Tout de suite nous avons trouvé et nous avons livré une merveilleuse course dans la vallée. Sunny était charmant et pense que la petite jument baie est une excellente sauteuse. [...] Derrière lui, j'ai franchi tous les obstacles.

Les jours suivants, elle chasse à Burley Hall chez les cousins Freddie et Amy Guest et encore chez d'autres voisins : « Beaucoup de haies, et une longue course. Aujourd'hui j'étais fatiguée mais j'espère chasser demain... Hélas, il commence à geler. » Winston la met en garde : « Ne fais rien de stupide. »

Le premier lord de l'Amirauté doit partir défendre le *Home Rule*[1] à Belfast. Clementine tient à participer à ce voyage. Elle espère qu'une présence féminine limitera les violences dont son mari pourrait être la cible. Car depuis quelques mois l'Irlande est une poudrière. À Buckingham, George V ne veut pas plus entendre parler d'indépendance que sa grand-mère Victoria. Pour défendre l'union, le député anglo-irlandais sir Edward Carson a levé une véritable armée sous la bannière orangiste : les *Ulsters Volunteers*.

Le 23 janvier 1911, Winston écrit à sa femme :

> Ma bien-aimée chérie, Il y a du nouveau dans la situation à Belfast, les orangistes ont obtenu la salle la veille et vont évidemment tenter de la conserver jusqu'au 8. Le ministère de la Guerre a prévu trois brigades (2 irlandaises et 1 anglaise) pour maintenir l'ordre. Cela ne me plaît pas et j'ai suspendu les ordres. Je suis tout à fait prêt à laisser les orangistes cuire dans

1. Projet de création de parlements séparés.

> leur jus dans leur salle pendant que nous aurons un cortège triomphal de 6 kilomètres à travers le quartier nationaliste et je prendrai la parole au St Mary's Hall... Lord Pirrie [l'actuel lord lieutenant] est arrivé aujourd'hui très perturbé. Il conseillerait l'abandon de la réunion publique. Je lui ai dit que coûte que coûte, je commencerai ponctuellement à 8 heures, le 8 février, à m'exprimer sur le *Home Rule* à Belfast.

Winston a demandé à son cousin et député libéral Freddie Guest de les accompagner. Prudent, celui-ci s'arme d'un revolver. Tous les trois montent dans le train qui démarre sous une pluie glaciale. Sur le quai de Stranraer, en Écosse, les suffragettes les attendent une fois de plus avec leurs pancartes. D'autres sont déjà montées à bord du ferry. Les vagues noires et déchaînées de la mer d'Irlande ne les empêchent pas de passer la nuit à hurler « *Vote for Women* » en tapant des pieds sur le pont et en frappant sur les hublots de Clementine et Winston qui ne peuvent fermer l'œil de la nuit.

À Belfast, les vitres de leur voiture ont été retirées pour éviter qu'elles ne volent en éclat. Précaution justifiée... À peine, le chauffeur a-t-il démarré que les manifestants orangistes tentent de renverser le véhicule. La police est obligée de leur frayer un chemin à coups de bâton. Dans leur chambre d'hôtel, ils entendent les unionistes crier leurs slogans dans la rue. Le vacarme redouble lorsque Winston écarte le rideau et il les voit mettre le feu à son effigie.

C'est la première fois que Clementine affronte une telle violence. Il lui suggère de rester se reposer à l'hôtel. Elle répond qu'elle n'est pas venue, malgré sa grossesse, pour le laisser seul. Elle monte avec lui dans la voiture qui les conduit, sous bonne escorte de la police, jusqu'au Celtic Park où il doit prononcer son discours.

Autrefois, son père, fervent unioniste, a lancé une formule célèbre : « L'Ulster combattra et l'Ulster aura raison ! » Ce soir-là, Winston s'écrie : « C'est dans un sens différent que j'utilise la formule de lord Randolph ! L'Ulster doit se battre pour la dignité et l'honneur de l'Irlande. Pour la réconciliation des races et le pardon des erreurs passées. Pour l'unité et la consolidation de l'Empire britannique. Pour la charité, la tolérance et la compréhension entre les hommes. Pour tout cela, l'Ulster doit se battre et l'Ulster aura raison ! »

Le soir-même ils reprennent le ferry. À son retour, elle est si épuisée qu'elle doit rester au lit des journées entières. Est-ce dû aux chasses à courre ou au stress du voyage en Irlande ? Quatre semaines plus tard, elle perd son bébé. Winston passe en coup de vent. Le gouvernement doit faire face à une grève des mineurs. Et d'importantes manœuvres navales se déroulent au large de l'île de Portland d'où il lui écrit le 24 mars : « Ma Clemmie bien aimée, Ma chérie, j'espère que tu ne t'impatientes pas et que tout se passe bien. C'est vraisemblablement mieux comme cela… » Mais, seule, dans son lit, elle éprouve un grand chagrin : « C'est vraiment étrange de ressentir les mêmes sensations que celles que l'on a après avoir eu un vrai bébé mais sans le résultat. J'espère que cela ne m'arrivera plus jamais. »

Surtout, elle reste très fatiguée. Trop pour envisager son déménagement à l'Admiralty House. Mais pas assez pour ne pas prendre la défense des femmes. Le 28 mars, dans le *Times*, une tribune de sir Almroth Wrights la fait bondir. Se prévalant de son expertise, ce bactériologiste écrit que les femmes étant, à cause de leur physiologie, incapables de s'intéresser à la politique, ce serait une grave erreur de leur donner le droit de vote.

Deux jours plus tard, elle lui répond à la manière de Swift qui, dans *A Modest Proposal*, conseillait aux familles pauvres irlandaises de régler leurs problèmes en vendant leurs enfants pour nourrir les riches ladies. Sa longue lettre est intégralement publiée :

> Après avoir lu l'exposé passionnant et très documenté de sir Almroth Wrights sur les femmes, la question, semble-t-il, n'est

> plus : Les femmes doivent-elles avoir le droit de vote ? Mais : Ne faut-il pas supprimer à tout jamais les femmes ?... Grâce à lui, nous apprenons que les jeunes filles souffrent de déséquilibre mental, voire de folie ou d'hypersensibilité... Plus tard, elles sont sujettes à de graves désordres mentaux et bien qu'elles ne soient pas toutes démentes, il faut, à tout prix, les empêcher d'émettre un quelconque jugement. Ainsi, le monde n'irait-il pas mieux et ne serait-il pas plus heureux si seulement, on pouvait le purger des femmes ?... Est-ce vraiment sans espoir ? La science ne peut-elle nous donner l'assurance, ou au moins l'espérance que nous sommes sur le point de réaliser la plus grande découverte de tous les temps, je veux dire, maintenir la race des hommes par des moyens purement scientifiques ? Et ne pourrait-on voir le couronnement des nombreux travaux de sir Almroth Wrights dans la délivrance de l'humanité d'une espèce parasite, folle et immorale qui a infesté le monde depuis si longtemps ?

Elle y gagne en popularité. Même Margot Asquith, pourtant loin d'être favorable au vote des femmes, la félicite : « Beaucoup de lettres ont été écrites mais aucune n'égale la vôtre. »

Ce succès lui redonne le moral et elle décide d'accompagner Rosie Ridley, marraine de Randolph, qui part passer quelques jours à Paris avec son mari et Ethel Beatty, épouse américaine du contre-amiral. Hélas, à leur arrivée le 14 avril 1912, le monde est en deuil. Les journaux annoncent que le paquebot anglais le *Titanic* a coulé en trois heures. Parmi les mille cinq cents morts, beaucoup de leurs amis ont perdu un proche. Le *Daily Mail* organise une collecte pour les survivants. Clementine est si bouleversée qu'elle envoie immédiatement 15 livres sur les 60 prévues pour les distractions de son voyage.

De toute façon, elle se sent à nouveau si mal en point qu'elle doit s'aliter dès son arrivée à l'hôtel Bristol. Rosie lui cherche un bon gynécologue qui le lendemain vient l'examiner dans sa chambre. Son diagnostic est sévère : jamais son médecin n'aurait dû autoriser ce voyage à Paris. Il prescrit le repos absolu pendant un mois si elle ne veut pas subir une nouvelle opération qui la rendrait stérile. Aussitôt, elle envoie un télégramme à Winston :

> Je ne suis pas bien. Je rentre... J'en veux amèrement au Dr Phillips. Il était de son devoir de nous avertir. Si j'ai la chance d'avoir un autre bébé, je me passerai de ses services... J'arrive à Victoria à 7 h 10 demain soir. Si tu en trouves le temps, viens m'attendre... Je serai à nouveau heureuse quand je te reverrai mon chéri. Ta Clem qui t'aime.

Elle est accueillie par une gerbe de fleurs. Winston est sur son *Enchanteress*. Presque déjà en guerre. Dans un discours au Reichstag, l'incorrigible Kaiser Guillaume II a annoncé une augmentation des effectifs de son armée et de sa marine : « C'est mon devoir et ma charge de maintenir et de renforcer sur terre et sur mer le pouvoir de défense du peuple allemand qui ne manque pas de jeunes hommes pour porter les armes. » Sur-le-champ, le premier lord de l'Amirauté a riposté à Glasgow : « Notre île n'a jamais manqué et ne manquera jamais de courageux marins entraînés depuis l'enfance à la dure loi de la mer... La flotte est pour nous une nécessité, alors que pour le peuple allemand, elle relève du luxe. Pour nous, c'est notre existence, pour eux, l'expansion. » Une formule qui a le don d'exaspérer Berlin.

Le 8 mai, à Portsmouth, il préside une grande revue navale et écrit à sa femme : « Le roi est venu en sous-marin accompagné d'un petit *Puppy Kitten* de prince[1] et je leur ai fait faire une plongée sur deux miles... Nous avons fait le tour de la flotte sur le yacht et les navires étaient magnifiques. Le ciel plein d'aéroplanes, la mer noire de cuirassés. » Le 12 mai : « Quatre destroyers torpilleurs doivent faire feu au galop. J'ai fait des choses importantes aujourd'hui, viré Briggs, nommé Moore à

1. Le futur George VI âgé de quinze ans.

sa place et un nouveau contre-amiral chargé des destroyers et un nouveau directeur de l'intendance navale. »

Dix jours plus tard, Clementine l'accompagne enfin lorsqu'il part inspecter la flotte de Méditerranée. Jennie et lady Blanche viennent les embrasser à la gare devant la voiture Pullman où les attend déjà une montagne de dossiers, journaux, lettres et bouquets de fleurs. Le Premier ministre Asquith et sa fille Violet, Goonie, Nellie et Eddie Marsh sont aussi du voyage. À Paris, Winston a retenu au Ritz, le seul hôtel qu'il connaisse. Le temps de prendre un bain chaud, ils vont dîner chez Voisin.

L'*Enchanteress* les attend à Gênes avec à bord le premier lord de la mer, Louis de Battenberg et le contre-amiral Beatty. Elle découvre enfin les nombreuses cabines des invités avec leurs salles de bains décorées de cuivre et d'acajou. Elle n'a à s'occuper de rien. L'équipage est aux petits soins. Première escale : l'île d'Elbe où toute l'équipée grimpe jusqu'à la petite maison de l'Empereur. Winston la juge décevante mais se recueille, ému aux larmes, devant le masque mortuaire conservé dans l'église. Le 24 mai, à Naples, Clementine dévalise les boutiques de gants et de chapeaux de soleil. Lord Fisher monte à bord.

Pompéi, Paestum, Syracuse… partout, le yacht britannique est accueilli par une nuée de vice-consuls et d'officiels. Avant le *breakfast*, Clementine se baigne avec Winston puis elle visite les ruines avec le Premier ministre, qui cite Thucydide, son guide Baedeker à la main suivi d'Eddie Marsh tout aussi passionné d'histoire. Le soir, ils jouent au bridge pendant que Violet valse avec lord Fisher.

Une flottille de bateaux salue leur arrivée à Malte. Lord Kitchener, consul général d'Égypte, est arrivé du Caire. Les discussions sérieuses peuvent commencer avec l'amiral Poe commandant en chef de la flotte de Méditerranée. Le premier lord de l'Amirauté veut absolument augmenter le nombre de ses cuirassés. Déjeuner et dîner se succèdent puis il y a bal. Le lendemain, départ en chaloupes pour la petite île de San Antonio où le général Ian Hamilton et sa femme Jean les accueillent dans un jardin paradisiaque. Le vendredi est consacré à une fausse bataille navale avec tirs au canon, dont malheureusement aucun n'atteint son but ce qui met Winston en rage. Le samedi, il préside une revue militaire et le bal du soir avant de serrer la main de lord Kitchener qui repart pour l'Égypte.

Le lendemain, l'*Enchanteress* est à Bizerte où le ministre anglais ne pose qu'une question en français à l'amiral : *Où sont vos sous-marins* ? Clementine, à nouveau épuisée, doit renoncer à la visite de Tunis et à la magnifique fantasia. En a-t-elle à nouveau trop fait, trop vite ? Après un dernier arrêt à Gibraltar, elle n'est pas mécontente de retrouver sa maison d'Eccleston Square où l'attendent Diana et Randolph. Mais elle en a plus qu'assez de ne plus pouvoir faire trois pas sans être brisée de fatigue.

Sir Ernest Cassel lui recommande un médecin qui paraît-il fait des miracles. Après une fausse couche, une de ses nièces a subi un curetage qui l'a complètement remise sur pied. Elle suit aussitôt son conseil. Après l'intervention, extrêmement douloureuse, Clementine doit encore rester allongée. Winston ne résiste pas à un week-end chez sa richissime amie Pamela Lytton. Pour se faire pardonner, il lui fait porter des fleurs et un panier de pêches. Heureusement, Goonie et Venetia arrivent pour raconter les derniers ragots. Sa cousine annonce que le Premier ministre, de plus en plus amoureux, l'emmène chaque vendredi après-midi pour de longues promenades en voiture avec le chauffeur. Clementine écrit à Winston avec humour : « Si j'étais toujours jeune et libre, je partagerais mes promenades avec un soupirant moins vieux. »

Elle vient de fêter ses vingt-sept ans et applaudit, toujours en pasionaria, au nouveau succès libéral : le vote de l'*Insurance Act* qui permet à tous, employeurs et employés, de profiter de la Sécurité sociale, une loi que Winston a initiée lorsqu'il était ministre de l'Intérieur. Elle le félicite :

> C'est un véritable triomphe. Je suppose que c'est probablement la toute première fois que chaque personne dans ce pays sera contrainte de se conformer à une loi du Parlement... Mon Amber Pug adoré, ne te laisse pas aveugler par l'attrait de l'élégance et du raffinement... Ces gens charmants que tu rencontres ne représentent plus le torysme d'autrefois. Ils ne sont que la surface de la crème. Ignorants, vulgaires, pleins de préjugés, ils ne supportent pas l'idée que les classes inférieures puissent être indépendantes et libres. Ils veulent qu'elles suent sang et eau pour eux lorsqu'elles sont en bonne santé et se contentent d'une couverture et d'un bouillon clair lorsqu'elles tombent malades, qu'elles saluent et fassent la révérence quand les grands de ce monde viennent à croiser leur chemin.

Déménager à l'Amirauté, il n'en est toujours pas question ! L'état de leurs finances est déplorable. Et la dernière tocade de sa belle-mère lui fait craindre le pire. Après avoir écrit et mis en scène une comédie, *His Borrowed Plumes*, Jennie s'est mise en tête de construire, à Kensington, un théâtre national avec un conservatoire où les acteurs pourraient apprendre leur métier : « Plus je vois l'état de nos théâtres, plus je me dis que nous avons besoin d'une vraie école nationale. » Après tout, quand elle était petite fille à New York, son père n'avait-il pas lui aussi un théâtre dans leur maison ? Pour récolter des fonds, elle a organisé un grand bal Tudor qui a été un succès. Mais la foule a boudé l'exposition sur Shakespeare, les tavernes, la procession de chevaliers et le tournoi qui, comble de malheur, s'est déroulé sous une pluie battante. Son second et jeune mari, George Cornwallis-West n'est plus là pour régler les factures. Il l'a quittée pour la fameuse Mrs Patrick Campbell, que Jennie a justement choisie, ironie du sort, pour jouer dans sa pièce.

Pas plus que Goonie, Clementine n'a envie de passer ses vacances chez sa belle-mère à Salisbury Hall. Le manoir avec tous les bibelots, que Jennie continue à acheter pour se consoler des escapades de son mari, est loin de convenir à leurs jeunes enfants. Lady Astor, qui, elle, a plus d'une propriété, lui propose de profiter de son cottage, Rest Harrow, qu'elle vient de faire construire près de la charmante ville moyenâgeuse de Sandwich.

En fait de cottage, la grande villa possède quinze chambres qui lui permettent de recevoir sa belle-sœur et ses enfants, Neville Lytton, Bill et Nellie, plus belle que jamais à vingt-quatre ans. Mais Clementine lui reproche de ne songer qu'à papillonner avec les jeunes intellectuels branchés de Cambridge et d'Oxford. Héritiers des *Souls* de Margot, ils se sont baptisés *La Coterie*. Ils boivent, dansent, fument de l'opium, avant de plonger la nuit dans la piscine de l'Automobile Club.

Winston la rejoint quand il peut se libérer de la bataille budgétaire aux Communes où il tente de faire passer un budget de la Marine en forte augmentation. Mi-août, l'*Enchanteress* les emmène pour une nouvelle croisière au large de l'Écosse. Lady Blanche et Nellie, baptisée par Winston « Nellinita », sont du voyage. Elles adorent sa bonne humeur et sa fantaisie.

Seule ombre au tableau, la visite dans la circonscription de Dundee est perturbée par des suffragettes de plus en plus agressives. À Londres, le Premier ministre a été aveuglé par une poignée de poivre jetée dans sa voiture et la chambre de la maison de Lloyd George a été soufflée par une bombe. Heureusement, ce soir-là, le chancelier de l'Échiquier était en voyage. Pour avoir commandité l'attentat, Mrs Panckhurst est condamnée à trois ans de prison. Elle entame aussitôt une grève de la faim.

Winston reçoit des lettres de commandos menaçant d'enlever ses enfants. Un matin, pendant leur promenade quotidienne à Green Park dans le double landau, une suffragette tente de kidnapper Randolph et la nurse n'a que le temps de repousser violemment la militante féministe. Désormais, un policier en civil veille sur les promenades. Clementine a ordre de ne pas ouvrir de colis suspect.

Elle se résigne à déménager à l'Amirauté. Son ami Edward Grey reprend le bail d'Eccleston Square. Mais, par souci d'économie, elle refuse d'occuper les grands salons d'apparat au premier étage du palais. Ce qui provoque quelques scènes de ménage. Winston entend profiter de ce cadre magnifique pour donner de grandes réceptions comme leurs amis. Même Frederick Smith a acheté une demeure somptueuse à Grosvenor Gardens.

Toutes ces idées de grandeur effraient Clementine. Où vont-ils trouver l'argent nécessaire à ce nouveau train de vie ? Lloyd George vient d'être accusé de délit d'initié dans l'affaire Marconi. Le gouvernement libéral a passé avec la firme un gros contrat pour qu'elle dote le pays d'un réseau national de radiodiffusion. Quelques jours avant sa signature, le chancelier de l'Échiquier a acheté des actions et Winston a dû défendre son ami aux Communes.

Elle craint que, couvert de dettes, il ne se compromette lui aussi dans un scandale financier. À l'Amirauté, elle tient à se contenter de neuf domestiques au lieu des quatorze prévus. Pour meubler son appartement privé, elle se plonge dans le catalogue du service des domaines que dirige son ancien amoureux Lionel Earle mais sans rien trouver à son goût :

> Peut-être que si j'avais épousé Lionel, le mobilier des catalogues serait plus joli, mais cela ne me servirait à rien car je n'aurais pas à habiter l'Amirauté ! Je suis toutefois persuadée que ce sera très confortable. Winston mon doux chéri, je t'aime tellement. Ce que je veux et qui me remplit de joie est que tu te plaises avec moi et que tu te sentes tout à fait bien.

Le mercredi 9 avril 1913, ils y dorment ensemble pour la première fois.

Le mois suivant, c'est la croisière annuelle à Malte : « Clemmie est plus douce et sereine et délicieuse et plus belle que jamais », écrit Violet Asquith à bord avec son père. Cette année, Margot les accompagne. Winston a aussi invité sa mère qui, à cinquante-huit ans, est plus blessée qu'elle ne l'avoue par son divorce. Dès la première minute, Jennie et Margot, qui supportent mal de vieillir, font assaut d'élégance et de vacheries. Elles ne s'adresseront pas la parole de la croisière.

Après Venise, le yacht longe la côte Dalmate et ses splendeurs : palais de Dioclétien à Split, remparts de Dubrovnik alors appelée Raguse, monastères des Bouches de Kotor, Athènes enfin avec son Parthénon... Après le dîner à l'ambassade, Clementine et Winston aident Margot à monter les marches de l'Acropole :

> Heureusement pour moi, ils s'arrêtaient de temps en temps, écrira-t-elle dans son livre de mémoires. Durant l'une de ces pauses, Clemmie redressa le chapeau de son mari. Agacé, il recula la tête en repoussant sa main. Sur-le-champ, elle partit comme une flèche. Winston qui ne voulait pas m'abandonner lui criait de s'arrêter mais elle ne se retourna pas. Tout en haut, sa jolie silhouette dansait devant le ciel étoilé. J'ai dit à Winston de me laisser. Il s'est mis à courir vers elle avec un dernier Clemmie !!! Il la prise dans ses bras et j'ai été presque choquée d'être témoin d'un baiser passionné.

Le premier lord de l'Amirauté se désole devant le nombre de colonnes gisant sur le sol. Il se propose de faire venir une brigade de marins pour les relever ! Il regrette de ne pouvoir le faire immédiatement.

Un matin, en se rendant à la cuisine, Clementine découvre une grosse tortue nageant dans une baignoire. Ses yeux sont si beaux qu'elle exige que les marins relâchent leur volumineuse prisonnière. Tant pis pour la soupe à la tortue dont le premier lord raffole. Margot, conquise, écrit à Materston-Smith, le secrétaire de Winston : « Elle n'est pas du tout ce que les petites perruches du monde croient. Elle ne materne pas du tout son mari. Elle a un fort tempérament... Elle a plus de *self-control* qu'on n'imagine. Quand Winston revient d'une partie de pêche ou d'une inspection, sa première question est : Où est Clemmie ? Et s'il ne la voit pas, son visage s'assombrit. »

À Londres, une nouvelle vie commence pour l'épouse du premier lord de l'Amirauté. Le matin elle a de longues conférences avec son chef de cuisine. Quand son mari est sur l'*Enchanteress*, elle le remplace aux cérémonies et aux dîners. Lors d'une réception chez ses amis lord et lady Crewe, elle rencontre lord Kitchener et suggère à Winston de l'inviter à déjeuner. Il approuve : « Soyons juste à trois. » Il n'a pour elle aucun secret politique.

Dans la galerie de la Chambre des lords, elle suit les débats sur le *Home Rule* en compagnie des autres femmes de ministres. En face d'elles, se tiennent les épouses des parlementaires unionistes dont certaines ont fait le voyage de Belfast pour cette occasion historique : « Pourquoi les Irlandais n'auraient-ils pas le droit de s'occuper de leurs propres affaires ? » questionne à la tribune le premier lord de l'Amirauté. Hélas, depuis trente ans, le parti libéral échoue régulièrement sur cette question du *Home Rule*.

Seul contre tous, Winston défend aussi son budget de la Marine qui atteint la somme astronomique de 50 millions de livres : « Nous aurons bientôt la plus grande flotte de navires de guerre de toute l'histoire de la marine britannique… Durant les prochains dix-huit mois, un super-cuirassé, du dernier modèle, au coût le plus élevé, sera livré tous les 45 jours. »

En septembre, ils voguent encore sur l'*Enchanteress* mais, cette fois, ils remontent vers l'Écosse par la côte ouest. Son mari n'est jamais aussi heureux que sur son yacht princier à préparer la guerre.

En 1905, les quarante-cinq navires de la flotte russe ont été détruits par des canons japonais permettant des tirs à très longue distance. L'année suivante, sur le premier cuirassé anglais commandé par lord Fisher, la bouche des canons faisait dix pouces. Il veut qu'elles atteignent quinze pouces. Il veut aussi passer du charbon au mazout et prendre une participation majoritaire dans l'Anglo-Persian Oil Company pour le ravitaillement de ses navires.

Dès son arrivée à l'Amirauté, il a organisé l'aéronavale. Lors du dernier conflit dans les Balkans, un avion grec a lancé des bombes, le 6 février 1913, sur un navire turc dans les Dardanelles. Il est persuadé que la prochaine guerre se jouera aussi dans les airs. Il n'hésite pas à prendre les commandes des nouveaux hydravions. Le 22 octobre, il échappe pour la deuxième fois à un accident. Le lendemain, sur la base aéronavale de l'île de Sheppey, il entreprend, avec ses officiers, une série d'essais et pilote même un dirigeable. Clementine est folle d'inquiétude et de colère. Au volant de leur Napier, son mari est déjà un piètre conducteur. Dans les airs, elle craint le pire. Elle lui envoie un télégramme comminatoire : « Arrête de voler. » Il n'en fait rien.

Elle est à Blenheim où elle perfectionne son revers sur le nouveau court en terre battue de Sunny en compagnie de Goonie, Nellie et Margaret Smith. Un matin, dans la bibliothèque, sa sœur ouvre le *Daily Mail* et lit à haute voix le discours prononcé la veille par Lloyd George sur les conditions déplorables dans lesquelles vivent encore les paysans. Il décrit si bien la pauvreté de leurs masures qu'elles en ont les larmes aux yeux ! Durant le déjeuner, le duc de Marlborough ne se prive pas de se moquer de ce gouvernement libéral avec son Premier ministre Asquith qui arrive parfois ivre mort aux débats des Communes.

Un valet apporte à Clementine un télégramme du chancelier de l'Échiquier exigeant une réponse immédiate. Elle se dirige vers la table où sont disposés stylos et enveloppes. Comme elle commence à répondre à Lloyd George, Sunny lui lance : « *Please*, n'utilisez pas le papier à lettres de Blenheim pour écrire à cet horrible petit bonhomme. » Ulcérée, elle monte dans sa chambre et demande à la femme de chambre de faire sa valise. Dans le hall, le duc affirme qu'il ne voulait en rien la choquer. Elle refuse ses excuses et monte dans le train pour

Londres. Intransigeante, elle a toujours du mal à prendre un peu de recul. Apprenant l'incident, Winston parle d'une « tempête dans une tasse thé ». Elle lui écrit : « Mon cher et tendre *Pig*, je me sentirais la plus misérable des femmes si je t'avais mécontenté par mes sautes d'humeur. »

Dans le palais de l'Amirauté, les enfants grandissent sous la garde de leurs nurses. Le soir, ils descendent dans la salle à manger pour se montrer et saluer les invités. Le beau Randolph est la fierté de son père. Mais à deux ans, son héritier ne songe déjà qu'à faire des bêtises. Il espère peut-être attirer l'attention d'une mère qui a trop peu de temps à lui accorder. Plus que jamais, la priorité de Clementine, c'est Winston.

Chapitre V

LE NAUFRAGE DU PREMIER LORD

À Madrid, une seule adresse pour Winston : l'hôtel Ritz, construit en 1906 pour héberger les têtes couronnées invitées au mariage du roi Alphonse XIII. Ils y passent les fêtes de Pâques. Et comme le premier lord de l'Amirauté doit rentrer à Londres, sir Ernest Cassel, bienfaiteur de la famille, invite Clementine à poursuivre son voyage avec Mrs Alice Keppel et sa fille Violet qu'il emmène visiter Séville, Grenade, Cordoue dans sa Roll's Royce. Le programme lui convient à merveille : visites des musées, églises, alhambras et, le midi, pique-nique de poulet froid au milieu des orangers en fleurs. Elle refuse juste d'assister à une corrida et s'en félicite en voyant revenir ses deux amies malades d'écœurement.

Le généreux sir Ernest, que ses affaires rappellent à Londres, leur propose de poursuivre leur voyage dans son appartement de Paris. Dans cette ville-lumière où elle est venue si souvent avec son ancien amant le roi Edward VII, Alice Keppel conseille sérieusement à la belle Mrs Churchill de prendre elle aussi un chevalier servant riche et influent qui servira la carrière de son mari. Le conseil semble tomber à pic.

Pour une fois, Winston a fait ses comptes et lui a écrit : « Nos finances sont dans une situation qui exige une sérieuse et prompte attention. Les dépenses du premier trimestre avec notre voyage d'agrément sont stupéfiantes. L'argent semble disparaître dans la nature. » Elle lui répond du tac au tac : « Je n'ai dépensé qu'une toute petite partie de l'argent que tu m'avais donné car sir Ernest a refusé de me laisser payer quoi que ce soit. J'espère que *lui* ne sera pas ruiné. »

Grand bonheur, elle est à nouveau enceinte. Et cette fois, elle veut se ménager. Plutôt que de rentrer à Londres, elle s'en va à Dieppe où sa mère est revenue vivre dans une maison champêtre au 16 rue des Fontaines. Et comme les enfants réclament leur mamma, Winston les envoie avec leurs nurses, profiter aussi du bon lait normand : « J'ai demandé ce matin à Randolph s'il voulait que tu reviennes et pourquoi et il a répondu : "Pace que je l'adaure". »

Ravie, lady Blanche prend ses petits-enfants avec elle dans la maison. Clementine émigre avec Nellie dans la remise à voitures, très confortablement arrangée par sa mère pour les amis de passage. Elles passent leurs journées à la plage et se rendent même à Puys où elles ont vécu autrefois. Le matin, Clementine va au marché : « La vie ici est si calme et si paisible que les jours passent sans qu'on s'en aperçoive. On pourrait devenir vieux sans avoir jamais ressenti de sensations fortes ni de plaisir ni de douleur », écrit-elle à son mari.

Seule angoisse, il tient à passer son brevet de pilote. Elle le supplie d'arrêter. Il promet de ne plus voler jusqu'à la naissance du « chaton ». Un week-end, à la grande joie des enfants, le premier lord de l'Amirauté arrive à bord de l'*Enchanteress.* Une fois de plus, Clementine s'agace en le voyant partir au casino en compagnie de sa belle-mère toujours aussi assidue à la table de jeu. Les deux flambeurs s'entendent à merveille. Rien de son gendre ne choque lady Blanche alors qu'une Dieppoise, ancienne amie de Clementine, Simona Pakenham, raconte que les dames font un détour pour éviter de le voir lisant le *Times* sur la plage son maillot de bain découvrant une « stupéfiante montagne de viande rougie par le soleil ».

En juillet, elle repart avec les enfants profiter du temps radieux de cet été 1914 sur la plage d'Overstrand, au nord de Londres. Avec Goonie, son élégante belle-sœur, elles ont loué deux cottages voisins : Le Poirier et La Ruche. Le temps heureux des croisières sur l'*Enchanteress* est bien révolu !

À Cowes, pour la première fois, le prince Henry de Prusse, frère du Kaiser, annule sa participation aux régates. En visite privée à Buckingham Palace chez son cousin George V, il a évidemment évoqué l'assassinat, en juin, de François-Ferdinand, héritier du trône d'Autriche. Clementine a rencontré l'archiduc, il y a un an, venu signer, après une nouvelle guerre des Balkans, le traité de Londres qui supprimait à la Serbie toute ouverture sur la mer en créant l'Albanie. George V déclare que son gouvernement fera tout pour maintenir l'Angleterre en dehors d'un conflit en Europe. Mais à une condition : que l'Allemagne respecte la neutralité de leur autre cousin, le roi des Belges.

Le 26 juillet 1914, Winston, venu passer quelques heures à Overstrand, rentre en urgence à Londres. L'Irlande est au bord de la guerre civile. Les Allemands ont livré des armes aux cent mille volontaires recrutés par l'unioniste Edward Carson. Au cours des combats, trois civils ont été tués à Dublin par des soldats anglais. Sur le continent, la tension monte d'un cran dans les états-majors. Le premier lord de l'Amirauté écrit à sa femme : « On se dirige vers la catastrophe. Je suis intéressé, remonté à bloc et content. N'est-ce pas épouvantable d'être ainsi fait ? »

Après l'Autriche et la Russie, le 1er août l'Allemagne entre à son tour en guerre. En 1870, Bismarck a pris l'Alsace et la Lorraine. L'avide Guillaume II espère bien cette fois-ci s'emparer de la Belgique, d'une partie de l'empire colonial de la France et consolider son emprise sur les Balkans. Son armée compte désormais 870 000 hommes et peut atteindre le chiffre astronomique de 5 millions avec les réservistes. Sur tous les murs de Berlin fleurissent de grandes affiches : « Le jour est venu ! Enfin ! »

Le 3 août, la France est elle aussi en guerre. Tous les hommes sont rappelés sous les drapeaux et, à Londres, les cuisines de l'hôtel Savoy où officie Escoffier se vident. Le 4 août à quatre heures du matin, les troupes du Kaiser franchissent la frontière belge. L'ultimatum anglais expire à 23 heures. À Downing Street, Asquith et ses ministres écoutent sonner le dernier coup de Big Ben dans un silence de mort. Abasourdis, ils ne peuvent parler pendant dix minutes. Personne, en Angleterre, ne veut la guerre. Le premier de lord de l'Amirauté arrive avec le sourire : « J'ai décrété la mobilisation de la Marine. »

Deux jours plus tard, les premières troupes embarquent pour la Belgique. Sur la côte, au grand désappointement des hôteliers, les touristes font leurs malles. Les deux belles-sœurs ne quittent pas leurs cottages. Randolph et ses cousins rentrent de la plage, déçus de ne pas avoir vu de cuirassés allemands. Les autorités locales de la ville voisine font passer un avis sur l'écran du cinéma : « Visiteurs, pourquoi quittez-vous Cromer ? Mrs Winston Churchill et ses enfants sont en villégiature dans les environs. Si l'endroit est assez sûr pour elle, il l'est assurément aussi pour vous. » Clementine s'inquiète quand même pour sa mère et demande à sa sœur d'aller la chercher à Dieppe.

Lady Blanche arrive seule au Poirier. Nellie est déjà partie aider Nancy Astor à transformer son royal château de Cliveden en campement pour les Canadiens. Clementine est furieuse, et plus encore d'apprendre que sa sœur s'en va jouer les interprètes en Belgique avec son amie Angela Manners dont les parents ont financé une équipe médicale de six infirmières avec un chirurgien : « Nellie n'a aucune formation, elle ne sera qu'une bouche de plus à nourrir dans ce pauvre petit pays qui dans quelques jours sera le théâtre d'horreurs. »

Enceinte de sept mois, elle dort mal et se serait bien passée d'avoir lady Blanche en plus des enfants sur les bras : « Nellie sait bien que même quand je suis en forme, devoir m'occuper de maman me tape sur les nerfs. » Seule une lettre de sir Robert Houston la met en joie. Député conservateur et riche armateur, il lui écrit pour la féliciter de l'efficacité du premier lord de l'Amirauté qui a réussi, en un temps record, à transporter toute l'armée sur le continent. Il y a joint une bague de diamant avec une émeraude qui fait pâlir de jalousie Goonie. Clementine la renvoie aussitôt : « Le monde est mal fait. J'ai la chance d'avoir un *Pig* qui est un génie... et on me fait cadeau d'un bijou, alors que si j'avais eu un mari sans intérêt, je n'aurai rien eu, rien de rien ! » *Tatler,* le magazine de la bonne société, publie un grand article titré « Bravo Winston ! » avec une photo du premier lord de l'Amirauté et en médaillon un portrait de sa femme.

Elle brûle ses lettres quand elles contiennent des informations secrètes. Il va nommer l'amiral Jellicoe à la tête de la flotte à la place de l'amiral Callaghan qu'il juge trop vieux. En lot de consolation, il veut le faire décorer par le roi. Elle lui conseille d'agir avec plus de tact :

> Ce serait un mauvais cataplasme et même une insulte pour un homme fier et sensible... Je t'en prie reçois-le toi-même, prends-le par la main et offre-lui un siège au conseil (ou crées-en un pour lui) ou si c'est impossible donne-lui un quelconque poste de conseiller à l'Amirauté... Il ne pourra plus rien dire et sa femme non plus. Ne considère pas cette affaire comme insignifiante. En ce moment, tu as besoin de tous les cœurs et de toutes les âmes. Il faut éviter que même une petite clique de retraités puissent ressentir de l'amertume et se mettent à jacasser. Si tu lui accordes un poste d'honneur ou de confiance, toute la marine reconnaîtra qu'il a été traité aussi bien que possible vu les circonstances et qu'on lui a épargné toute humiliation. Cela empêchera les gens qui sont maintenant au sommet de l'arbre de penser : « Dans quelques années, c'est moi qui serai jeté comme une vieille chaussure. Jellicoe, Beatty, Warrender et Bayly qui sont actuellement la fine fleur du ministère n'ont que quelques années de moins que Callaghan. »

Son mari s'empresse de suivre ses avis. Mais il piaffe d'impatience. Comme rien ne se passe sur mer, il veut participer aux opérations terrestres. À nouveau, elle le met en garde :

> Je veux que tu avertisses le Premier ministre de la visite que tu projettes de faire à sir John French [commandant en chef de l'armée britannique]. Sinon le voyage aurait l'air d'une escapade de week-end et non d'une mission. Tu serais surpris et furieux si Kitchener[1] filait voir Jellicoe sans consulter qui ce soit… C'est vraiment pervers de ta part de ne pas être fier d'être premier lord de l'Amirauté dans la plus grande guerre depuis l'origine du monde… Aussi grands et glorieux qu'aient pu être les résultats de notre armée, elle reste petite, 1/8e des forces alliées. Alors que tu diriges cette gigantesque marine qui, en fin de compte, décidera de l'issue de la guerre.

Comme la naissance est imminente, elle rentre à l'Amirauté. En Belgique, la situation est désespérée. Le 2 octobre, dans son bureau du Foreign Office, Edward Grey réunit le premier lord de l'Amirauté et lord Kitchener. Si Anvers tombe, tous les ports de la Manche sont menacés, on peut même craindre un débarquement en Grande-Bretagne. Il faut absolument persuader le souverain belge et son gouvernement retranchés dans la place-forte de tenir sous les bombardements. Winston, toujours en quête de gloire militaire, se porte volontaire.

De son lit, Clementine le voit, avec angoisse, partir le soir-même. Elle trouve ridicule qu'il aille jouer les chefs de guerre en Belgique. Sur place, devant les tranchées désertées, il s'écrie : « Où sont-ils ces foutus soldats ? » Elle juge aussi puéril le télégramme qu'il envoie deux jours plus tard au Premier ministre Asquith disant qu'il est prêt à démissionner de l'Amirauté et à prendre le commandement de la défense d'Anvers pourvu qu'on lui donne l'autorité militaire et les pleins pouvoirs. À Downing Street, les ministres éclatent de rire. Seul lord Kitchener prend cette offre au sérieux et se propose de le nommer général. Mais Asquith déclare que la marine a besoin de son chef.

---

1. Lord Kitchener, ministre de la Guerre.

Le 7 octobre 1914, seule dans son grand palais blanc et doré, Clementine donne naissance à une deuxième petite fille, rousse comme Winston. Elle est triste et blessée de voir qu'il court d'abord à Buckingham rendre compte de sa mission au roi avant de venir l'embrasser. Le premier lord de l'Amirauté tient à ce que sa fille s'appelle Sarah en souvenir de la première duchesse de Marlborough. Mais il est bien loin de partager la gloire de son ancêtre !

Le 10 octobre, les Allemands entrent dans Anvers. La presse et les conservateurs condamnent son intervention brouillonne et hurlent contre l'incurie du gouvernement. Jennie demande à son ami le décorateur Philip Sassoon de prêter sa grande maison de Lympne, dans le Kent, à ses deux belles-filles. Elles y partent avec leurs enfants. Nellie, qui les rejoint, décrit la brutalité des soldats allemands et les atrocités dont elle a été témoin en Belgique. Le 19 novembre, Goonie apprend avec soulagement que Jack, après trois mois de tranchées, est nommé à l'état-major du général French, commandant en chef des troupes britanniques. Winston n'a pas une minute pour venir, et d'ailleurs, cette fois, sa femme le conjure de n'en rien faire.

Car, sur mer comme sur terre, les Allemands mènent une guerre impitoyable. La Royal Navy déplore la perte de plusieurs cuirassés coulés en mer du Nord et dans la Pacifique. Winston nomme l'amiral Fisher premier lord de la mer en remplacement du prince Henri de Battenberg, qui doit angliciser son nom en Mountbatten, comme la famille royale transforme celui de Saxe-Cobourg-Gotha en Windsor.

God Save the King ! Le 8 décembre, dans les îles Falkland, au large de l'Argentine, la flotte remporte une victoire écrasante qui met fin au rêve du Kaiser de contrôler les mers. Le royaume ne déplore que dix morts alors que deux mille marins allemands ont été tués. Winston déclare au Premier ministre que la partie navale de la guerre est pratiquement « une affaire réglée. »

Mais le tsar, attaqué dans le Caucase par les Turcs, appelle à l'aide. Pour éviter que les Allemands n'écrasent les Russes et ne ramènent leurs troupes sur le front ouest, mais aussi pour sécuriser l'approvisionnement en pétrole roumain, l'Amirauté projette de lancer une opération navale dans les Dardanelles. Il s'agit de coupler une expédition sur mer et sur terre pour s'emparer des dernières possessions européennes de la Turquie sur la presqu'île de Gallipoli tout en faisant basculer la Grèce, la Bulgarie et la Roumanie dans le camp allié. Et pourquoi pas de pousser jusqu'à Constantinople ? Lord Fisher établit le détail des opérations que Winston défend avec enthousiasme. Le 13 janvier 1915, le plan est accepté en Conseil des ministres.

Un mois plus tard, le roi passe en revue la division navale sur le départ. Début mars, Clementine et Winston souhaitent bonne chance à leur ami le général Ian Hamilton qui prend la tête des forces terrestres alliées. Des fenêtres de l'Amirauté, les enfants regardent défiler des régiments sur la place des Horse Guards. Ils demandent où ils vont. Isabelle, la nounou écossaise, répond : « Aux Dardanelles. » Le soir, Diana et Randolph ajoutent à la fin de leurs prières : « Dieu protège papa et maman. Dieu protège les Dardanelles. »

Hélas, Dieu semble avoir abandonné le premier lord de l'Amirauté. Le 18 mars, deux navires britanniques et un français sautent sur des mines dans le détroit des Dardanelles. Au lieu de poursuivre sa route, l'amiral de Robeck donne l'ordre à la flotte de se retirer. Sur terre, les effectifs, notoirement insuffisants pour affronter les forces turques, se replient. Et comme si cela ne suffisait pas, le 7 mai 1915, le *Lusitania*, paquebot de la Cunard qui reliait New York à Liverpool, est coulé par un sous-marin allemand au large de l'Irlande, avec ses mille deux cents passagers. Il aurait dû être protégé par un croiseur retiré à la dernière minute par Winston et lord Fisher. Une vague d'émotion et de colère submerge le royaume. Une semaine plus tard, lord Fisher démissionne et se cache au Charing Cross Hotel après avoir déclaré qu'il était, depuis le début, opposé à l'opération des Dardanelles.

Depuis longtemps, Clementine se méfie de celui que Winston considère comme un « volcan de science et d'inspiration » mais que ses subordonnés jugent imprévisible, orgueilleux et dépassé par les événements. Chaque fois, que son mari part en France rencontrer le haut commandement allié, il recommande à sa femme : « En mon absence, occupe-toi du vieux. » À chaque fois, elle invite à déjeuner l'amiral de soixante-quinze ans. Un après-midi, elle l'a rencontré furetant dans un couloir de son appartement privé. En bredouillant il a tenté de lui révéler le « vrai » motif des voyages de son mari : « Il a une maîtresse à Paris. » Avec mépris, Clementine a crié : « Ne soyez pas stupide et sortez. » Quand elle en a parlé à Winston, mettant en doute la loyauté et la santé mentale de l'amiral, il a haussé les épaules.

Hélas, le fiasco des Dardanelles déclenche une féroce campagne de presse et une nouvelle tempête aux Communes où le leader de l'opposition réclame la tête du premier lord de l'Amirauté. Car cet échec vient s'ajouter à une série de coûteuses défaites sur le continent où près de cent mille Anglais ont déjà perdu la vie dans les tranchées. Et l'on ne compte plus le nombre des blessés. Dès l'aube, les capes bleu marine des infirmières bénévoles peuplent les rues de Londres qui désormais ressemble à un immense hôpital. Le *Times*, propriété du très conservateur lord Northcliffe, révèle « Le scandale des obus » : en Artois, à Neuve-Chapelle, une attaque a échoué en raison du manque de munitions.

Acculé à la démission, le Premier ministre propose à ses adversaires de former un gouvernement d'union nationale. Le parti conservateur accepte à condition que ni Winston Churchill, ni lord Haldane, qui pendant sept ans a occupé le ministère de la Guerre sans la préparer, ne gardent leurs fonctions. Herbert Asquith s'incline. Lloyd George laisse tomber son ami et se pose en homme fort de la nouvelle équipe. À côté du ministre de la guerre, lord Kitchener, il prend la tête d'un nouveau ministère de l'Armement censé apporter la victoire. Aux Communes, Violet Asquith rencontre un premier lord de l'Amirauté déchu et livide : « Il m'emmena dans son bureau et s'assit sur une chaise silencieux, désespéré… il me dit simplement : je suis fini… J'ai senti de grosses larmes sur mes joues et il y en avait dans ses yeux également. »

Pour défendre son mari, Clementine, dans un de ses magnifiques emportements, écrit au Premier ministre, le 20 mai 1915, une lettre qui fait le tour des ministères et des salons :

> Mon cher Mr Asquith. Durant presque quatre ans, Winston a travaillé pour maîtriser chaque détail de la marine royale. Personne dans ce pays ne possède la même connaissance et la même énergie. S'il s'en va, la perte sera irréparable pour l'Amirauté et cela ne peut pas être une bonne chose pendant la guerre. Pourquoi vous séparez-vous de Winston ? Avez-vous perdu confiance dans son travail et dans ses capacités ? Je sais bien que cela ne peut pas être la vraie raison. Ce n'est pas non plus pour regagner la confiance du public. Je crois que la chute de Winston restaurera plutôt la confiance en Allemagne. Il n'y a pas de désir ici pour un tel changement. Il a été voulu par la presse de façon délibérée. Mais ce n'est pas pour vous rendre service. Tout ce que vous avez à faire est de vous ranger aux côtés de Winston, de l'Amirauté et de l'amiral en chef de la flotte, sir Arthur Wilson. Si vous jetez Winston par-dessus bord, vous commettez un acte de faiblesse et votre nouveau gouvernement de coalition ne sera plus une machine de guerre comme l'actuel gouvernement. Winston a peut-être commis des fautes mais il a des qualités que bien peu possèdent dans votre équipe : la puissance, l'imagination, le courage pour combattre les Allemands. Si vous le mettez à un autre poste, il ne sera plus au combat et en perdant cette arme de guerre vous ferez un grand tort au pays.

Elle sait que depuis une semaine Herbert Asquith a perdu la tête. Le 11 mai, Venetia, son grand amour, lui a écrit pour lui annoncer qu'elle allait se marier avec son secrétaire particulier à Downing Street, Edwin Montagu. Le lendemain, le Premier ministre a envoyé trois lettres à la sœur de Venetia, Sylvia, depuis toujours la meilleure amie de Clementine : « Je ne crois pas qu'il y ait au monde deux personnes, chacune à sa façon, qui me soient plus dévouées qu'elle et Montagu et par une tragique ironie, elles se sont alliées pour me porter un coup mortel. »

Le nouveau fiancé Montagu rencontre Clementine dans un couloir de l'Amirauté : « Elle était adorable mais très malheureuse et en larmes », écrit-il à Venetia. Incapable de lui dire toute sa compassion, il lui envoie un petit mot :

> Ma chère Mrs Winston, Mon cœur saigne de vous voir si malheureuse et dès mon retour de cette visite, je vous écris dans l'espoir de me faire pardonner mon incapacité à m'exprimer de vive voix devant vous. Vous vivez des jours cruels et il est vrai que Winston a souffert dans son prestige, sa réputation et son bonheur qui comptent par-dessus tout. Tout cela est vrai mais il est aussi indiscutable que Winston a une trop forte personnalité pour en rester là. Il a un courage énorme, son génie est reconnu même par ses ennemis et je suis sûr qu'il va réapparaître comme je suis sûr que le soleil se lèvera demain. Je comprends que vous soyez malheureuse aujourd'hui mais ne vous méprenez pas sur l'avenir. Je suis certain, moi, que Winston n'a aucun doute et je sais que dans votre cœur et malgré votre chagrin vous avez la même confiance dans l'homme que vous aimez.

Le 23 mai, lord Balfour s'installe dans le bureau à dauphins dorés de Winston. Cinquante ans plus tard, Clementine dira au biographe officiel de son mari, Martin Gilbert : « J'ai cru qu'il allait mourir de chagrin. » Ancien Premier ministre conservateur, le brillant Arthur est un ami. Il propose au couple de rester quelques jours encore avec leurs enfants dans leur appartement privé. La jeune femme refuse avec indignation. Mais sir Edward Grey occupe toujours leur maison. Sans domicile fixe, ils en sont réduits à accepter la proposition de Freddie Guest qui leur prête sa grande demeure d'Arlington Street derrière l'hôtel Ritz. Ils n'y restent qu'une quinzaine de jours.

Depuis le départ de Jack pour les Dardanelles, Goonie trompe son angoisse en faisant de l'aquarelle. Dans le charmant quartier de South Kensington, sa maison du 41 Cromwell Road est bien trop grande pour elle toute seule. Les deux belles-sœurs inséparables décident de mettre en commun leurs ressources. Dans la nursery, Diana, Randolph et la petite Sarah âgée de neuf mois sont accueillis par leurs deux cousins Johnny et Peregrine. Après les leçons, la nanny Isabelle les emmène l'après-midi se promener à Hyde Park et quand il pleut, en face, au Musée d'histoire naturelle, admirer les squelettes de dinosaures et les collections de papillons.

Le 30 juin, Clementine prend la parole dans sa vieille école de Berkhamsted qui vient de s'agrandir où elle retrouve sa chère directrice miss Harris : « Je crois qu'en ce moment une des choses les plus merveilleuses est le grand courage avec lequel les femmes endurent des peines insoutenables. Je crois que nous sommes toutes capables de mettre de côté nos chagrins personnels car nos forces et nos pensées sont concentrées sur une seule idée : comment gagner cette guerre. Comment remporter la victoire pour obtenir la paix. »

Autour d'elle, le nombre d'épouses et de mères en deuil s'accroît chaque jour. Courageusement, elles participent à l'effort du pays comme infirmières bénévoles dans les hôpitaux. Partout les grandes demeures sont transformées en maisons de convalescence, des volontaires récoltent livres et magazines pour distraire les malades, répartissent les tonnes de laine envoyées par les Américains et tricotent des chaussettes pour éviter que les soldats n'attrapent des engelures dans les tranchées. D'autres traversent la Manche. Au Touquet, la duchesse de Westminster, épouse de leur ami Bendor, a transformé sa villa[1] en hôpital. Venetia Stanley soigne les blessés à Wimereux, Diana Manners est partie à Hardelot.

Après la mort de son fils Norman, tué dès les premiers jours du conflit, tante Leonie Leslie s'est rendue, avec sa sœur Jennie, au ministère de la Guerre pensant que puisqu'elles parlaient couramment le français, lord Kitchener leur confierait un travail dans un bureau. On les a dirigées vers la gare Victoria où une cantine sert des repas aux soldats en partance pour le front. Tante Leonie, qui n'avait jamais accompli la moindre tâche domestique, a finalement réalisé que donner un peu de réconfort à ces jeunes volontaires avant qu'ils ne montent au feu était le meilleur moyen de sublimer sa douleur. Après quelques semaines de cet humble travail, elle est partie ouvrir, dans son immense propriété d'Irlande un campement pour les réfugiés belges fuyant l'occupation allemande. Jennie préfère, elle, user de son entregent pour demander à ses riches amis américains de financer un *American Women's War Relief Fund*. Pendant la guerre des Boers, elle a équipé un navire hôpital et, à la tête d'une équipe d'infirmières bénévoles, est partie en Afrique du Sud soigner les blessés. Ce nouveau fonds fournit des ambulances pour le front, des vêtements et de la nourriture pour les Belges.

La féministe Consuelo Vanderbilt, ex-femme de Sunny, a ouvert des ateliers de couture et de blanchisserie pour que les femmes des soldats puissent gagner leur vie. Dès les premières heures du conflit, les suffragettes ont donné pour consigne à leurs troupes de stopper les violences et de se mettre aussi au service de la nation. Dans les usines d'armement, elles prennent la place des hommes qui partent sous les drapeaux. Pour les nourrir, le YMCA[2] crée des réfectoires à côté de leurs ateliers. Clementine se porte volontaire pour gérer une de ces

1. Aujourd'hui casino de la Forêt.
2. Young Men Christian Association.

cantines située à Enfield Lock au nord-est de Londres dans des vieux bâtiments en briques rouges datant des guerres napoléoniennes. Elle doit s'occuper des achats, gérer l'équipe de cuisine, recruter des volontaires pour servir à table et faire la vaisselle. Cette nouvelle responsabilité l'occupe à plein temps.

Le soir, elle retrouve Winston qui a hérité du titre de chancelier du duché de Lancastre, un ministère sans portefeuille qui gère les biens de la Couronne. Cette sinécure de 4 300 livres, un demi-salaire de ministre, a été accordée aussi à son père quand il avait donné sa démission de chancelier de l'Échiquier. Il n'accepte que parce qu'il siège au Comité des Dardanelles d'où il peut suivre les opérations. Cinq divisions alliées sont désormais en route pour reprendre aux Turcs la presqu'île de Gallipoli. Lord Kitchener, avec l'accord du Premier ministre et de lord Balfour, a demandé à Winston de s'y rendre afin lui faire un rapport sur la poursuite de l'offensive.

Le 17 juillet, il écrit une lettre à transmettre en cas de décès à Mrs Churchill :

> Je souhaite vivement que tu prennes possession de tous mes papiers, surtout ceux qui ont trait à mon action à l'Amirauté. Je t'ai désignée comme seule exécutrice testamentaire littéraire. Masterton-Smith t'aidera à rassembler tout ce qui est nécessaire pour rédiger un état complet de la question. Il n'y a pas urgence : mais un jour, j'aimerais que toute la lumière soit faite. Randolph reprendra le flambeau. Ne me pleure pas à l'excès. J'ai un esprit sûr de ses droits. La mort n'est qu'un incident et pas le plus important qui nous arrive dans notre existence terrestre. Dans l'ensemble, en particulier depuis que je t'ai rencontrée, j'ai été heureux, et tu m'as appris quelle noblesse un cœur de femme pouvait avoir. S'il existe un autre monde, je t'y rechercherai. En attendant va de l'avant, sens-toi libre, profite de la vie, chéris les enfants, préserve ma mémoire. Dieu te bénisse. Au revoir. W.

Au dernier moment, les ministres conservateurs s'opposent farouchement à son départ. La dépression, ce fameux *black dog* qui ne l'a pas quitté lorsqu'il était ministre de l'Intérieur, le ronge à nouveau cruellement. Et Clementine craint toujours pour sa vie.

Pour les distraire, Goonie invite à dîner le peintre John Lavery qui habite la rue voisine. Depuis qu'il a fait le portrait de l'élégante jeune femme, l'Irlandais est devenu son ami. Sa première épouse est morte de la tuberculose alors que leur petite fille n'avait que quelques mois. Depuis trois ans, il s'est remarié avec une beauté américaine, peintre elle aussi. Winston et Clementine visitent son studio qui regorge de toiles de femmes éclatantes sur la plage, allongées au creux d'une barque, jouant au croquet par un bel après-midi... Depuis la guerre, les teintes sont devenues plus sombres, à l'unisson du moral de l'Angleterre.

Pour l'été, les deux belles-sœurs ont loué dans le Surrey une ravissante maison, Hoe Farm, où les enfants peuvent courir et construire des cabanes dans le jardin. Un après-midi, Goonie s'installe sur la pelouse pour faire de l'aquarelle. Comme Winston la regarde, elle l'incite à prendre un pinceau et à s'y mettre à son tour. Mais comme il l'écrira en français dans son livre *Painting as a Pastime :* « La peinture à l'huile est bien difficile mais c'est beaucoup plus beau que la peinture à l'eau. » Sa femme, ravie de voir son œil enfin s'éclairer, se précipite à Goldaming, le bourg voisin, où elle dévalise le marchand de couleurs. Mais elle oublie la térébenthine. Le résultat est déplorable. Devant la mine déconfite de son mari, elle téléphone à John Lavery. L'artiste saute dans une voiture pour en apporter. Il guide le pinceau de Winston pour obtenir les bons tons de vert. La toile représente Hoe Farm et son jardin. Elle est charmante. Winston est conquis. Il est sauvé !

Chapitre VI

FEMME DE GUERRIER

Dans les Dardanelles, la situation devient critique. Comme Clementine l'a justement prédit dans sa lettre au Premier ministre, pour la conduite de la guerre, le nouveau gouvernement est encore plus mauvais que le précédent. Sur la presqu'île de Gallipoli, les Turcs ont eu tout le loisir de se réorganiser et les nouvelles offensives mal coordonnées se terminent par autant de bains de sang. Des bateaux entiers de jeunes Australiens et Néo-Zélandais sont fauchés à peine ont-ils débarqués. Au total, l'opération coûte cent cinquante mille morts à l'Empire britannique. En octobre, Asquith rebaptise le Comité des Dardanelles en Conseil de guerre. Il en exclut le chancelier du duché de Lancastre.

Le 11 novembre 1915, Winston envoie sa lettre de démission : « Je ne peux continuer de rester dans une inactivité bien payée... Je suis un officier et je me place à la disposition des autorités militaires. » Le peuple salue la bravoure de ce ministre qui renonce à une indemnité annuelle de 4 300 livres pour partir au front.

À Cromwell Road, c'est le branle-bas de combat, comme le note son grand ami le magnat de la presse Max Aitken, futur lord Beaverbrook, venu lui rendre visite : « Toute la maison était sens dessus dessous pendant que le gentleman-soldat astiquait son épée. Mr Eddie Marsh, son fidèle secrétaire était en larmes... À l'étage lady Randolph était désespérée à l'idée de voir son fils si brillant relégué dans les tranchées.

Mrs Churchill semblait être la seule à rester calme et efficace. » Elle n'a d'ailleurs pas le loisir de s'apitoyer sur son sort. Winston lui a donné une liste impressionnante d'objets à emporter pour combattre la boue des tranchées. Tendrement, elle ajoute un petit oreiller.

Trois jours plus tard, un épais brouillard flotte sur Londres. Devant le 41 Cromwell Road, une nuée de photographes attend que le major Churchill apparaisse sur le perron. À Boulogne, une voiture envoyée par sir John French l'emmène au quartier général, un beau château de Saint-Omer où, ce soir-là, il ne manque ni de bains chauds ni de champagne… Le 19 novembre, il est affecté au 2e bataillon des grenadiers de la Garde où a servi son ancêtre. Il commence sa lettre à son épouse par un pompeux : « Ma chère âme » comme le faisait le grand-duc de Marlborough quand il était en campagne aux Pays-Bas. Elle répond :

> Mon chéri… je suis si fière de toi. J'espère que tu auras bientôt une brigade mais pas trop tôt par crainte d'assombrir le halo de gloire qui a accompagné ton départ du pays. Où que j'aille, je rencontre des gens pleins d'admiration pour ton sacrifice. J'ai reçu une charmante lettre du général French me disant qu'il allait veiller sur toi… Ton amoureuse et bien seule Clemmie. »

Dès le lendemain, il passe 48 heures dans des tranchées. Le 21 novembre, elle reçoit une nouvelle liste à envoyer d'urgence : 1) un gilet chaud en cuir marron, 2) une paire de bottes, pied en cuir marron et jambe en toile imperméable montant jusqu'à la cuisse, 3) un périscope (extrêmement important), 4) un sac de couchage en peau de mouton qui pourra soit contenir mon barda soit me servir pour y dormir, 5) deux pantalons kaki, 6) une paire de mes brodequins marron à boutons, 7) trois petits gants de toilette. Il ajoute : « Ton petit oreiller est une bénédiction et un petit trésor. » Le 23 novembre : « Pourrais-tu désormais m'envoyer régulièrement chaque semaine un petit colis de nourriture pour compléter les rations ? Des sardines, du chocolat, du corned beef et toute autre chose qui pourrait te venir à l'idée. Commence dès que possible. » Il lui faut aussi un nouveau stylo Onoto car il a bêtement perdu le sien. Le 25 novembre :

> Veux-tu maintenant m'envoyer 2 bouteilles de mon vieux cognac et une bouteille d'alcool de pêche. Il serait bon que cet envoi se répète à intervalles de dix jours. » Le 27 novembre : Je veux encore 2 paires de chaussettes (moelleuses) et 2 caleçons et tricots de peau épais de chez Jaeger, 2 autres paires de gants de cuir marron (chauds), 1 autre paire de bottes de campagne (comme celles de chez Fortnum & Mason) seulement à partir du quatrième œillet depuis le bas, il faudrait des crochets solides et de bonne qualité au lieu d'œillets pour les lacer plus vite. Une taille au-dessus des dernières. Également une autre paire de brodequins de Fortnum & Mason qui ne monte pas plus haut que la cheville avec des crochets dès le rang du bas (celles-ci de même taille qu'avant).

Dans le *Daily Mirror*, elle a découpé sa photo en uniforme prise au moment où il quittait la maison : « Ta silhouette est floue et imprécise et c'est comme cela que je te vois, disparaissant dans le brouillard et la boue des Flandres sans espoir de retour avant très longtemps. » Le matin, elle se lève à 5 heures pour lui écrire sa première lettre. Car elle se rend en métro dans sa cantine d'Enfield Lock et son trajet aller et retour lui prend presque la moitié de la journée. Pour faire des économies, elle a vendu leur belle Napier rouge. Jennie habite aussi avec ses belles-filles et contribue pour 40 livres aux dépenses quotidiennes. Winston leur réclame des racontars londoniens. Et comme le Premier ministre Asquith adore sa belle-sœur qu'il invite souvent à Downing Street, il ajoute avec humour : « Goonie peut elle aussi m'écrire des ragots sur Downing Strasse. » Margot est en effet l'objet d'une violente campagne du *Globe* qui l'accuse de jouer au tennis avec des officiers allemands prisonniers. Comme nombre d'intellectuels d'Oxford et de Cambridge, elle ne cache pas son amour de la musique et de la littérature germaniques découvertes à Dresde à la fin de ses études.

Le 30 novembre, Violet épouse Maurice Bonham Carter principal collaborateur de son père. Les mariés sortent sous une haie d'honneur d'officiers blessés. Randolph est garçon d'honneur. Dans son petit costume russe garni de fourrure, il fait sensation. Des dizaines de jolies femmes le prennent dans leur bras pour l'embrasser. Cinq jours plus tard, il porte avec Diana et leur cousin Johnny la traîne de Nellie. Le nouveau beau-frère, Bertram Romilly, revenu du front après une blessure à la tête, est officier des grenadiers de la Garde, le régiment de Winston. Une fois encore, la bonne lady St Helier organise la réception de mariage dans ses salons de Portland Place et Clementine est émue : « Il y a sept ans et presque trois mois, c'étaient toi et moi qui quittions cette maison pour Blenheim. »

Presque chaque jour, le *Daily Mail* dont l'ami Max Aitken est le propriétaire l'appelle pour avoir des nouvelles du major Churchill. Elle lui écrit : « Major Churchill sonne bizarrement mais je suis plus fière de ce titre que de n'importe quel autre. » Pourtant, chaque jour, elle redoute toujours un télégramme fatal. Sa cousine, Helen Mitford lui a rendu visite. Elle n'a que vingt-cinq ans mais ses cheveux sont devenus blancs le jour où elle a appris la mort de son mari. Celui de Clare Sheridan, autre cousine, a été fauché en s'élançant à l'assaut des lignes ennemies le 25 septembre à la bataille de Loos : « Il *faut* que tu reviennes, mon aimé. »

Au grill de l'hôtel Berkeley, lord Esher, de retour de France, lui apprend que le général French a déclaré qu'il voulait confier une brigade à Winston pour lui épargner les tranchées où il risque d'être tué :

> Je suis rentrée à la maison sur les genoux, totalement accablée et le cœur brisé. Mon amour chéri je vis jour après jour dans l'incertitude et l'angoisse. La nuit quand je mets au lit, je me dis Merci mon Dieu, il est toujours vivant. Les 4 semaines de ton absence me semblent 4 ans... Je peux tout juste supporter la situation en pensant que tu es vraiment heureux. J'ai cessé d'avoir des ambitions pour toi. Reviens tout juste vivant. C'est tout.

Pour Noël, il est là trois jours pendant lesquels il trouve le temps de rencontrer le Premier ministre et Lloyd George. Il leur a rédigé un rapport sur la nécessité de renforcer et changer l'armement. Prophète, comme de Gaulle au même moment en France, il considère que la victoire appartiendra aux blindés. Le 29 décembre, après son départ, elle le supplie : « Envoie-moi une lettre d'amour, je suis dans l'impossibilité de t'écrire des choses agréables avant d'avoir reçu une lettre. Je t'aime tant. » Le soir, un flot de larmes la submerge. Elle prend le train pour fêter la nouvelle année, chez sa tante Maisie à Alderley Park où l'air de la campagne la remet sur pied.

Winston lui demande d'inviter Lloyd George à déjeuner. Elle répond :

> Je te garantis qu'il descend en droite ligne de Judas Iscariote. En ce moment bien que je haïsse le Premier ministre, s'il me tendait la main, je pourrais la saisir (en la lui tordant méchamment) mais avant de saisir celle de Lloyd George, il faudrait que je me protège par des charmes, des exorcismes en touchant du bois et en me signant... je ne parviens pas à retenir son regard fuyant.

Elle déjeune pourtant avec le ministre de l'Armement : « Il m'a demandé si tu accepterais de rentrer et de t'occuper du département artillerie lourde à son ministère. » Le major Churchill la félicite : « Tu es une chatte d'une grande sagacité. J'ai le sentiment que ma collaboration avec Asquith est terminée. J'ai trouvé en lui un chef mou et déloyal... Lloyd

George est sans doute comme tu le décris mais ses intérêts ne divergent pas des miens et dans ces circonstances nous pouvons collaborer. »

Le 5 janvier, à Ploegsteert, il prend la tête du 6e bataillon des fusiliers royaux écossais, un régiment pathétique : « Les jeunes officiers sont tous des petits bourgeois, très courageux et pleins de bonne volonté et intelligents mais bien sûr tous absolument ignorants de la chose militaire. Tous les anciens et tous les soldats de carrière sont tombés au combat. » Ses troupes menacent de se mutiner, il les reprend en main : « J'ai fait défiler mon bataillon ce matin et j'ai conduit moi-même l'exercice d'ensemble. Ils ne l'avaient jamais fait et je tiens à leur inculquer l'esprit de corps et le sentiment que c'est bien sous mes ordres qu'ils sont. » Il s'occupe des masques à gaz, organise des marches, des après-midi de sport, une chorale pour restaurer le moral des combattants : « C'est bizarre que personne n'ait mis ça sur pied auparavant. Nous avons réussi à avoir un piano. » Il apprend à lancer des grenades et à manger ses œufs au bacon sous les bombes. Il installe même son chevalet pour peindre les trous d'obus.

Mais son esprit est toujours aux Communes. Le 10 janvier :

> Je ne vois pas de cas où les intérêts d'Asquith lui feraient avoir besoin de moi… Si j'étais tué, cela le désolerait mais cela renforcerait ses atouts politiques. Inversement, cela ne désolerait pas Lloyd George mais cela ne renforcerait pas ses atouts politiques. C'est uniquement ce facteur qui compte dans la cruelle vie politique d'aujourd'hui. P.-S. Jamais je ne montre autre chose qu'un visage souriant aux milieux militaires : un détachement et un contentement complets de bon aloi. C'est donc un soulagement de t'ouvrir mon cœur.

Elle répond : « La patience est la seule qualité qui te manque… Mon chéri, je suis contente que tu me racontes tout ce que tu ressens. Je veux tout savoir. Moi aussi je montre au monde un visage détaché et souriant. J'ai Goonie pour soupape de sûreté. »

Souvent, elles traversent la rue et vont dîner chez les Lavery. Comme sa belle-sœur, elle pose pour le peintre irlandais. Les deux portraits se ressemblent. Toutes deux se tiennent droites et dignes dans leur robe sombre. Une autre toile, ravissante, la montre allongée sur un sofa en robe bleue avec un chapeau rose et sur les genoux, Sarah, gros bébé aux boucles couleur de feu.

En l'absence de leur père, elle s'occupe aussi de Diana et Randolph avec un plaisir accru :

> Les enfants deviennent vraiment adultes et intelligents. Ils seront d'une très douce compagnie et j'attends avec impatience le moment où tu me reviendras et nous aurons un petit nid quelque part dans la campagne où nous nous blottirons tous ensemble lorsque ton travail le permettra et nous serons si heureux. Ma seule crainte est que tu deviennes trop célèbre ou n'aies plus de temps pour ces joies champêtres ! Tu dois me promettre qu'à l'avenir quels que soient ta charge de travail et tes projets, tu réserveras une heure par jour et un jour par semaine et six semaines par an pour les petites choses de la vie. Des choses comme peindre, jouer au grizzly, t'asseoir sur l'herbe avec moi, bref les loisirs avec un grand L.

Depuis Noël, elle a ouvert deux nouvelles cantines. Avec fierté, elle lui explique que les gens qui l'aident sont surpris de son efficacité : « Je dois te dire que pour avoir vécu avec toi et t'avoir observé pendant sept ans, j'ai assimilé tes méthodes et tes habitudes de travail. »

Le 3 février 1916, dans la nouvelle unité d'armement de Ponderes End, Lloyd George est à ses côtés pour l'inauguration d'un grand réfectoire pouvant accueillir cinq cents personnes : « Mon chef cuisinier était là en toque, resplendissant dans sa tenue blanche. Les hommes, environ 2 000, étaient debout très silencieux, entassés comme des sardines. Ils n'ont pas acclamé Lloyd George… Ils m'ont applaudi très chaleureusement. »

Les directeurs de l'usine lui offrent un grand bouquet de fleurs et un chèque de 100 guinées (pour les cantines). Plus inattendu, les ouvriers lui ont fabriqué une jolie broche en forme d'obus qu'ils ont placée dans une boîte en or incrustée de turquoise, de perles et de diamants :

> J'ai travaillé dur mais je vais devoir redoubler mes efforts pour mériter tout cela. Je crois qu'il va falloir que je serve des poulets bien dodus… Certains des hommes avaient envisagé d'offrir à Lloyd George des boutons de manchette en forme d'obus de 150 mais hier ils ont changé d'avis et ont décidé qu'il fallait t'envoyer ce cadeau à toi dans les Flandres. Lloyd George est au courant de la chose car je lui avais annoncé qu'il allait recevoir un cadeau.

Nouvelle madone des cantines, elle n'en perd pas pour autant son sens vindicatif de la politique :

> Lloyd George a fait un discours assez médiocre et ce minable petit rustre n'a même pas mentionné ton nom bien qu'il ait annoncé qu'il venait juste de rentrer du front… Alors que nous rentrions en silence dans la nuit, il était très blanc, miteux et fatigué et je me sentais jeune, forte et pleine de vie, et je t'imaginais là-bas jeune, fort et plein de vie et j'ai pensé, et je sais qu'il en est conscient.

Le 2 mars, elle accueille Winston à Douvres pour une permission de dix jours. Après une nuit au Lord Warden Hotel, où elle prend avec son guerrier un repos bien mérité, à nouveau ils sont happés par le grand tourbillon de la politique. Il a prévu d'aller deux fois au théâtre avec elle, de dîner trois fois à la maison, un soir avec sa mère, et une autre fois « entre hommes ». Mais James Louis Garvin rédacteur en chef de l'hebdomadaire dominical *The Observer*, Max Aitken et Frederick Smith le poussent à prendre la parole au grand débat sur la marine.

Clementine est furieuse. Et encore plus quand lord Fisher fait sa réapparition lors d'un déjeuner à Cromwell Road : « Arrêtez de vous accrocher à mon mari. Vous avez ruiné sa carrière une fois. Maintenant, laissez-le tranquille », dit-elle avec colère. Sans l'écouter, Winston prépare son discours. Le 7 mars 1916, aux Communes, sur le banc de l'opposition, il attaque violemment l'inefficacité de l'Amirauté et réclame un nouveau plan de construction navale. Les députés l'écoutent avec attention mais lorsque l'orateur réclame le retour de lord Fisher comme premier lord de la mer, les quolibets fusent. Le lendemain, le brillant lord Balfour répond par un discours cinglant.

À Douvres où elle le reconduit, elle tente de panser ses plaies et de le convaincre d'attendre avant de revenir dans le débat politique. Il est parti en soldat, il doit rentrer en soldat sans donner l'impression de fuir l'uniforme. Mais sur le quai, Winston lui remet une lettre pour le Premier ministre demandant à être relevé de son commandement militaire. Après une longue route en voiture sous la pluie le lendemain pour regagner Londres, elle a l'heureuse surprise d'apprendre qu'il a envoyé un télégramme à Downing Street demandant à Asquith de ne pas tenir compte de sa lettre.

Soulagée, elle la range dans un tiroir mais craint toujours, après une journée harassante, de trouver à la maison un autre télégramme annonçant sa mort. Devant l'hémorragie qui vide les régiments de l'aristocratie, Asquith se décide à faire voter, lors d'une session secrète du Parlement, la « conscription », le service obligatoire.

Pour la défendre, Winston rentre à Londres, fait son discours le 27 avril 1916 et repart dès le lendemain, appelé par un télégramme l'informant que son bataillon monte à l'assaut. Elle écrit : « Je prie ardemment pour que Ploegsteert soit épargné… Mon chéri, je meurs d'angoisse. »

Chapitre VII

LA RÉVOLUTION DES FEMMES

Durant cette nouvelle offensive allemande sur la Lys, le carnage est effroyable. Le régiment écossais de Winston est décimé. Il y a tant de morts que les malheureux survivants de trois bataillons n'en forment plus qu'un. À sa tête, le haut commandement place un officier plus ancien que lui. Le colonel Churchill est relevé de ses fonctions. Le 6 mai 1916, à Armentières, il offre à ses officiers un déjeuner d'adieu. Quelques jours plus tard, il rentre à Cromwell Road. Au milieu des enfants, Clementine le serre dans ses bras. Chaque soir, elle se dit qu'elle est comblée par la chance. Jack, lui, est toujours sous les drapeaux.

En cette année 1916, l'Angleterre aborde la phase la plus cruelle de la guerre. Tant d'hommes sont déjà morts. Depuis le vote de la conscription, ce flot de sang ne semble devoir jamais s'arrêter. Jennie et Consuelo ont même convaincu leur ami Paris Singer, fils de l'inventeur américain des machines à coudre, de transformer en hôpital militaire son splendide château du Devonshire. Désormais, dans les salons et la galerie des glaces copiée sur celle de Versailles, sous les plafonds peints par Le Brun, deux cent cinquante rescapés de l'enfer allemand profitent du bon air de l'océan. Jamais à court d'idée, Jennie organise des tournées pour remonter le moral des blessés. Au piano, elle accompagne son amie la soprano Maud Warrender. Un jour, elle croise un survivant du Royal Flying Corps si atrocement brûlé que les médecins désespèrent de le sauver. Avec son énergie et sa vitalité, lady Randolph le remet sur pied et lui dit : « À la prochaine élection, n'oubliez pas de voter pour Winston Churchill ! »

Clementine, jusqu'ici plutôt réservée devant les extravagances de sa belle-mère, admire à présent son enthousiasme indestructible. Et surtout son humour dont son fils a hérité et qu'il n'a plus guère le cœur à manifester. Pour le colonel Churchill la guerre est finie. Mais pour l'homme politique, le combat continue. Aux Communes, sur les bancs de l'opposition, Winston est toujours au supplice. Fort de son expérience dans les tranchées, il dénonce les fautes d'un état-major qui se prélasse dans les châteaux français et l'incurie du gouvernement qui a perdu sa suprématie aérienne au bénéfice des Allemands. Mais chaque fois qu'il ouvre la bouche, il se fait conspuer aux cris de « Dardanelles ! Dardanelles ! ». La peinture, seule, lui permet de tenir. Souvent, il se rend chez John Lavery pour travailler avec lui. Le week-end, Jennie les entraîne à la campagne chez des amis et il passe ses après-midi derrière son chevalet.

Sa raison de vivre est de blanchir sa réputation mise à mal par le désastre. Comme lui, sa femme veut que toute la lumière soit faite sur les responsabilités collectives du gouvernement, les incohérences du ministère de la Guerre et les retards dans l'envoi des troupes sur place. Il ne doit plus être le bouc émissaire.

Le Premier ministre Asquith accepte d'abord de publier tous les documents avant de se raviser. Pas question de dévoiler l'incompétence du gouvernement au moment où le pays continue de subir bien d'autres revers. Le 1er juin 1916, au lendemain de la bataille du Jutland, lord Balfour annonce d'une voix morne, qu'après deux jours de terribles combats non loin de la côte danoise, la Royal Navy a perdu six croiseurs et huit torpilleurs.

Une semaine plus tard, le pays apprend avec stupeur la disparition du ministre de la Guerre, l'imposant lord Kitchener, parti en Russie s'entretenir avec le tsar. Au large de l'Écosse, son croiseur a heurté une mine tout juste posée par un sous-marin ennemi et a sombré avec son équipage. Sur 655 marins, 643 ont péri. On ne retrouvera jamais le corps du plus célèbre chef militaire anglais depuis Wellington. Avec sa morgue, sa puissante carrure, sa spectaculaire moustache, lord Kitchener incarnait à lui seul l'invincibilité de l'Empire britannique hérité de Victoria.

Le 1er juillet 1916, commence la bataille de la Somme destinée à soulager l'armée française à Verdun. Après huit jours de pilonnage intensif des lignes allemandes, les régiments britanniques montent à l'assaut. Mais les batteries ennemies n'ont pas été totalement détruites. Dès le premier jour, on compte 20 000 morts et 60 000 blessés. Cet épouvantable massacre se prolonge quatre mois. Et toute cette boucherie pour gagner cinq miles ! Aucune famille n'est épargnée. Raymond Asquith, fils aîné du Premier ministre qui se destinait à être avocat fait partie de la longue liste des tués. Accablé, son père plonge de plus belle dans l'alcool. Le 3 décembre, Goonie assiste chez Venetia et Edwin Montagu à une soirée où il joue au bridge avec elle plus ivre que jamais. Le surlendemain, Lloyd George, soutenu par le *Times*, prend sa place à Downing Street.

Aussitôt Frederick Smith organise pour Winston un dîner « entre hommes » avec Max Aitken et le nouveau Premier ministre. Clementine le voit partir enthousiaste à Grosvenor Square. Lloyd George va sûrement lui proposer le ministère de la Guerre ! Et pourquoi pas l'Amirauté qu'il rêve toujours de retrouver ? Il rentre accablé et lui raconte que son ancien allié du Café Royal n'a jamais aussi bien porté le surnom de Judas Iscariote dont elle l'affuble. Il a donné les Affaires étrangères à lord Balfour pour faire basculer les conservateurs dans son camp. Et ceux-ci restent fermement opposés au retour de Churchill au gouvernement.

Seule bonne nouvelle, Edward Grey, qui a perdu son ministère des Affaires étrangères, libère la maison d'Eccleston

Square que Clementine a toujours regrettée. Le bail court encore un an jusqu'au printemps 1918. Et elle organise avec bonheur son déménagement.

Jennie décide de vendre sa grande demeure proche de Hyde Park où des cambrioleurs lui ont dérobé tous ses bibelots. À son neveu Seymour qui s'apitoie, elle déclare : « Écoute, ces voleurs m'ont délivrée de ma passion. Pendant toutes ces années, j'ai dû acheter maisons sur maisons de plus en plus grandes, pour caser toutes mes collections. Je lui en suis presque reconnaissante. »

Désormais, une plus petite lui suffit. Avec les économies réalisées, elle aide Clementine à chercher une maison à la campagne où, le week-end, Winston pourra peindre tranquillement. Lullenden est un petit manoir de conte de fées avec des colombages dont certaines parties datent du XVIIe siècle comme l'indique la date de 1627 gravée sur le linteau de l'immense cheminée dans laquelle on pourrait presque faire cuire un bœuf ! Le grand salon au plafond voûté occupe tout le rez-de-chaussée de la maison qui compte neuf chambres. Il y a aussi une ferme, une grange et surtout un somptueux jardin comme les Anglais du Sussex en ont le culte. Leur voisine, Margaret Beale, femme d'un avoué, est connue pour ses arbres et ses fleurs qu'elle renouvelle tous les ans.

À son exemple, Winston et Clementine vont faire le tour des serres des environs et achètent un magnolia, une azalée du Japon, des rhododendrons rouges et un cerisier qui, au printemps, se couvre de fleurs blanches. Devant ce décor éblouissant, le peintre installe son chevalet, ouvre ses tubes de couleurs. Du manoir de Lullenden, il reste deux tableaux de la main de Churchill, avec la maison au fond du jardin. L'un d'eux est un ravissement. Peint au printemps avec les arbres en fleurs, il a atteint la cote de 344 000 livres dans une vente aux enchères à Londres en 2005 alors qu'il n'était estimé qu'à 40 000. John Lavery a confié à Jennie que « Winston aurait pu devenir un professionnel mais qu'il se servait de la peinture comme d'un opium ».

En mars 1917, après des semaines de controverses et des mois d'auditions secrètes, une Commission royale des Dardanelles le blanchit partiellement en reconnaissant qu'il n'est pas l'unique responsable de l'échec de cette malheureuse expédition sur la route de Constantinople.

En France, dans les tranchées, la liste des pertes et des reculades ne cesse de s'allonger. En juillet, Edwin Montagu donne sa démission du ministère de l'Armement et Lloyd George offre à Winston de prendre sa place. Depuis des semaines, aux Communes, le colonel Churchill répète qu'au lieu d'envoyer des soldats au front comme chair à canon, le pays ferait mieux de produire des tanks et des canons à longue portée.

Mais avant d'occuper son bureau de ministre, il doit affronter le suffrage universel et se faire réélire à Dundee. Avec énergie, Clementine se lance dans la bataille à ses côtés. Elle sait ce que cette nomination représente pour son mari toujours miné par son échec. Financièrement, ce sera aussi une vraie bouée de sauvetage car, à part quelques articles dans le *Sunday Pictorial* payés 250 livres, leurs ressources se sont taries.

À trente-deux ans, elle a pris de l'assurance. Elle n'est plus la jeune femme qui au début de son mariage se tenait timidement sur les tribunes, derrière le candidat. Depuis le début de la guerre et grâce à son travail dans les cantines, elle a de fréquentes occasions de parler en public et de nombreuses discussions avec les ouvrières des usines d'armement qui, souvent, se sont battues pour être acceptées par les hommes dans les ateliers. Elle connaît leurs salaires, comprend leurs revendications. Quand Winston est retenu à Londres, elle n'hésite plus à prendre la parole en son nom comme le raconte le journal local, le *Dundee Advertiser*, le 27 juillet 1917 : « Il pleuvait à verse mais, sous son parapluie, elle affrontait les perturbateurs. Elle en invita un à venir plus près pour qu'elle puisse entendre ce qu'il avait à lui dire. Au moins deux d'entre eux s'avancèrent et Mrs Churchill les écouta pendant que le reste de l'assistance se bagarrait. » Une nouvelle fois, elle lui porte bonheur. Il est réélu avec plus de cinq mille voix d'avance sur son adversaire. Il n'est plus question de peinture dans le jardin idyllique de Lullenden !

Le 28 juin 1917, la première division d'infanterie américaine débarque à Saint-Nazaire. Et la guerre prend une dimension mondiale. Quand il n'est pas en France à discuter avec les chefs alliés de leurs besoins en armement, Winston parcourt les usines d'où sortent désormais tanks et avions.

Les zeppelins, monstrueux dirigeables de plus de cent cinquante mètres de long inventés par un Allemand, le comte von Zeppelin, survolent le ciel de Londres. Ils peuvent transporter jusqu'à neuf tonnes de bombes. Randolph trouve très excitant d'être réveillé au milieu de la nuit par les sirènes et de descendre enveloppé dans une couverture dans la cave où les adultes terminent leur dîner.

Mais, à la fin de l'été 1917, Clementine décide que les enfants resteront à Lullenden sous la garde de l'efficace Isabelle, leur nanny écossaise. Lorsque Goonie loue sa maison de Cromwell Street pour se procurer un revenu, les cousins Johnny, huit ans, et Peregrine, quatre ans, viennent les rejoindre. Les deux plus grands sont inscrits dans l'école voisine. Ils s'y rendent dans la voiture attelée d'un poney qui sert à tous les déplacements de la famille.

Cette nouvelle organisation oblige la jeune femme à de nombreux allers et retours à Londres. Parfois, il lui arrive de passer une ou deux semaines sans avoir le temps de venir voir les enfants. Avec Winston aux commandes, les usines d'armement tournent à plein régime. L'unité de Ponderes End fabrique cent mille obus par mois. Cinq cents femmes viennent d'être embauchées et Clementine doit créer pour elles un second réfectoire, à côté de celui des hommes. La nuit, dans les ateliers, des volontaires poussent des trolleys avec du thé chaud et des biscuits. Pour la première fois de sa vie, elle a l'impression et surtout la satisfaction de réaliser une tâche vraiment utile.

Quand il rentre à Lullenden, Winston a besoin de s'isoler pour lire ses dossiers. Quand il travaille ou écrit, il ne supporte pas un bruit. Et Randolph est un vrai diable. À l'école, il a compris qu'il n'était pas un enfant comme les autres quand il a demandé à un élève : « Veux-tu être mon ami ? » Le garçon lui a répondu : « Non, ton père a fait mourir le mien dans les Dardanelles. » Désormais, il joue au dur et multiplie les bêtises, laissant peu de place à sa sœur aînée Diana qui se console avec ses poupées. Quant à la petite Sarah, il a failli la tuer avec son cousin Peregrine en leur faisant dévaler une colline dans une petite voiture. Heureusement, les deux enfants s'en sont sortis avec quelques égratignures. Même l'indulgent Winston, qui ne peut s'empêcher de rire aux exploits de son fils, s'est mis dans une colère noire quand il l'a vu à une fenêtre en train de renverser un pot de chambre sur la belle chevelure argentée du Premier ministre Lloyd George assis juste en dessous sur un banc.

Clementine décide de convertir la grange en maison pour les enfants. Des travaux énormes, car il ne s'agit pas seulement de créer et décorer les nouvelles chambres, il faut faire venir l'eau pour qu'ils aient leur propre salle de bains. Et comme tous les hommes sont au front, trouver un plombier ou un électricien devient mission impossible !

Mais les fêtes de Noël avec les après-midi de luge dans la neige, le pudding brûlant et tous les cadeaux autour du grand sapin restent un merveilleux souvenir pour les cousins, leurs parents et Jennie. Au printemps, Clementine est à nouveau enceinte. Et dans la jolie campagne du Sussex, cette grossesse la remplit de joie. Elle se sent en accord avec le renouveau de la nature qui, autour d'elle, fait éclater les bourgeons des rhododendrons, sortir de terre crocus, jonquilles et narcisses.

Autre immense satisfaction, pour une fois Lloyd George tient sa parole. Le 28 mars 1918, les femmes obtiennent enfin ce droit de vote qu'elles attendent depuis des années et dont le Premier ministre a, il est vrai, toujours été un fervent partisan. Mais c'est le député écossais, Cecil Henderson, chef du parti travailliste, qui a été à la pointe du combat parlementaire.

Ancien ouvrier fondeur et fils d'une domestique, il a exigé, lors de la révision du Code électoral décidée par le gouvernement, que le Parlement tienne compte enfin des revendications des suffragettes. Jusqu'ici, pour avoir le droit de voter, tout individu de sexe masculin devait justifier de l'occupation d'un logement de manière ininterrompue pendant douze mois. En partant se battre en Europe ou en rejoignant les usines de munitions dans d'autres régions du pays, plusieurs millions d'hommes ont cessé de remplir cette obligation de résidence. La nouvelle loi baptisée *Represention People Act* doit leur permettre de voter où qu'ils soient. La clause IV prévoit que les femmes pourront aussi mettre leur bulletin dans l'urne mais sous certaines conditions : être âgées de trente ans, propriétaires terriennes, diplômées d'université ou avoir un loyer annuel supérieur à 5 livres. Compte tenu du nombre de morts pendant la guerre, il est impensable qu'elles soient plus nombreuses à voter que les hommes.

Aux Communes, Cecil Henderson exige que le texte soit voté en bloc. À la Chambre des lords, la loi passe avec une surprenante majorité de soixante voix. Les plus farouches conservateurs sont bien obligés de reconnaître que les femmes rendent un grand service à la nation dans les usines. À Manchester, fin mars, alors que les hommes se mettent en grève dans les ateliers, elles refusent de les suivre.

Même Jennie a changé d'avis sur les femmes. Dans une interview au *New York Times*, elle déclare que la guerre va aussi bouleverser leur place dans la société. Elle ne craint aucune révolution. Comme tout le monde, elle a remplacé maîtres d'hôtel et valets par des femmes qui, jusqu'ici, dans les belles maisons de Mayfair, restaient cantonnées dans les lingeries ou les cuisines du sous-sol. À ses amies qui s'en plaignent, elle déclare : « C'est beaucoup mieux ainsi. » Elle leur a dessiné une nouvelle tenue avec queue de pie, chemise blanche, cravate et une jupe qui a raccourci laissant entrevoir les chevilles. Quand il les a aperçues la première fois Winston s'est écrié : « Est-ce que ce sont ces créatures de rêve qui vont servir le rôti de bœuf à table ? »

Toujours incroyablement séduisante à soixante-sept ans, sa mère se marie pour la troisième fois. Le nouvel heureux élu est grand, beau et encore une fois, plus jeune que son fils aîné. Montagu Porch a quarante ans et elle l'a rencontré en 1913 au mariage de son neveu Hugh Frewen à Rome. Administrateur civil au Nigeria, il est devenu officier de renseignement pendant la guerre. À sa première permission, il l'a demandée en mariage. Elle lui a répondu qu'elle ne porterait jamais son nom et qu'elle n'irait jamais vivre en Afrique. Trop de ses amis sont morts des suites de maladies provoquées par des piqûres de moustiques !

Lorsqu'elle écrit à Jack pour lui annoncer son intention de se remarier, il répond : « Pendant que je suis en guerre en France, vous ne pensez qu'à ça ! » Comme lui, Clementine et Goonie sont très choquées mais le ministre de l'Armement évite toute espèce de déclaration qui ferait polémique dans les journaux. Le 1er juin 1918, il signe le registre comme témoin et félicite chaleureusement son jeune beau-père : « Je sais que vous ne regretterez jamais de vous être marié avec elle. » Souriante, un grand bandeau de dentelle blanche dans ses cheveux gris, Jennie fait la couverture de *Tatler* avec Montagu en médaillon.

En septembre, Clementine et Winston célèbrent, eux, leurs dix ans de mariage. Comme d'habitude, ils ne sont pas ensemble et il lui écrit de Paris : « Penses-tu que nous avons été moins ou plus heureux que la moyenne des couples mariés ? Je me fais souvent le reproche de ne pas avoir été davantage à toi. Mais au moins, au cours de ces dix années, nous ne nous sommes jamais endormis sur une querelle entre nous. » Il ajoute : « Je crois que tu vas trouver un réel épanouissement dans le monde nouveau qui s'ouvre aux femmes. » Pour la première fois, elle ne lui répond pas. Trois jours plus tard, il lui envoie quelques mots de reproches : « À ce jour, je n'ai toujours aucune lettre de toi. Ce n'est vraiment pas gentil... Ton toujours dévoué bien que cruellement négligé *Pig.* »

Enceinte de sept mois, elle est exténuée. Par ses déplacements dans Londres où désormais elle dirige neuf cantines. Par ses navettes à Lullenden où, en l'absence de Winston et de Goonie qui mène à Londres une vie sociale agitée, elle supervise seule l'éducation de la tribu Churchill. Par Sarah qui s'est débattue une matinée entière pour échapper à une opération sur la table de la cuisine au cours de laquelle le médecin lui a retiré les glandes atteintes de tuberculose qui la rendent malade en permanence. Par la mise en culture des champs recommandée par le ministère de l'Agriculture pour lutter contre la pénurie de pain, de sucre et de viande. Pour désherber, tracer des sillons et planter des pommes de terre, elle emploie trois prisonniers allemands d'un des nombreux camps situés dans le sud. Ils dorment dans la ferme. Mais les voisines se plaignent. Sans leurs maris à la maison, elles craignent d'être agressées par des Allemands, des ennemis ! L'expérience s'arrête après quatre mois. Clementine se contente désormais d'un vieux jardinier qui avec l'aide de deux garçonnets, vient tailler les haies et ramasser les feuilles.

En cette fin d'été, elle déprime à l'idée de ne pas savoir où elle va mettre au monde son bébé. Les frais dans une maternité sont si élevés qu'elle ne peut les envisager ! En mai, le bail d'Eccleston Square est arrivé à son terme. Comme d'habitude, elle a dû effectuer seule le déménagement. Depuis, elle est à nouveau sans domicile à Londres. Winston a établi son quartier général sur le front, à Verchocq. Et quand il rentre, il dort dans son bureau du ministère installé à l'hôtel Metropole.

Dans un premier temps, la jeune femme trouve refuge chez les Hamilton. Après l'expédition de Gallipoli, le général Hamilton a, lui aussi, été relevé de son commandement. Et les deux couples se sont beaucoup vus au moment des auditions de la Commission royale des Dardanelles. Jean, grande amoureuse des jardins et peintre elle aussi, est tombée sous le charme de Lullenden.

À cinquante-sept ans, elle déplore de n'avoir pas d'enfants et Mary Soames relate une conversation surréaliste que lady Hamilton aurait eue chez elle à Londres avec Clementine, le soir où elle lui annonce qu'elle songe à adopter un petit Harry de seize mois abandonné à la crèche dont elle est présidente. Ce 21 juin 1918, Jean écrit dans son carnet :

> Clemmie [...] me conseilla fortement de ne pas adopter Harry... et elle me demanda si je voulais son futur bébé. Évidemment, je lui ai répondu que je le voulais et lui demandai quand elle l'attendait. Elle dit : en novembre et je lui proposai d'accoucher ici comme elle me disait qu'à la maternité on lui facturait 25 livres par jour pour une chambre seule et qu'elle ne pouvait pas payer une telle somme. Elle dit que si elle avait des jumeaux, elle m'en donnerait un ! Je ne pense pas que j'aimerais avoir un fils de Winston. Petit, je serai obligée de lui donner des fessées pour lui inculquer les bonnes manières dont Winston est affreusement dépourvu, même si je pense qu'il a un très bon cœur.

Finalement Jean Hamilton adopte Harry. Et Clementine passe les deux derniers mois de sa grossesse chez leurs amis Horner. Dans le grand hôtel particulier de Berkeley Street à Mayfair, hélas, toutes les chambres sont vides. Au début de la guerre, Frances Horner a vu mourir son fils de seize ans, Mark, de la scarlatine. En 1916, son gendre, Raymond Asquith, mari de sa fille Catherine, a péri dans la bataille de la Somme. À la fin de 1917, son fils aîné Edward, promis à une brillante carrière d'avocat a, lui aussi, perdu la vie à vingt-huit ans dans la bataille de Cambrai. Le 15 août, Clementine a vu leurs deux épées accrochées dans la petite chapelle de Mells, la propriété de campagne des Horner sur la Tamise. Très amis,

Edward et Raymond faisaient, comme Nellie, partie de *La Coterie*. De leur petit groupe, il ne reste aucun homme à part Duff Cooper, retenu loin du front au ministère des Affaires étrangères.

Dans ce contexte bouleversant de Berkeley Street, le 17 septembre, elle écrit enfin :

> Mon Winston chéri, tu es parti depuis si longtemps… Il me semble qu'il s'est passé des années depuis cette soirée où tu as disparu, telle une hirondelle dans le crépuscule de l'autre côté de la mer. Tu es parti trop tard dans la soirée : il faisait déjà sombre et froid et cinq minutes après que tu aies quitté le sol, un orage terrible a éclaté. J'étais vraiment très inquiète et je suis restée éveillée toute la nuit à attendre et à redouter qu'un message ne me parvienne… Je t'en prie reviens vite – cela fait presqu'un mois que tu as passé loin de Londres avec ces deux missions – vilain vagabond que tu es. La prochaine fois, j'en profiterai pour faire un aller et retour en Amérique. Je reviendrai juste à temps pour que tu me trouves en train de sommeiller devant la cheminée de Lullenden… Baisers de Clemmie. »

À quinze jours de la naissance, elle ne rêve que de paix et de bonheur :

> Les ouvriers de l'Armement ne pourraient-ils pas créer d'adorables jardins publics et détruire les taudis dans des villes comme Glasgow, Leeds, etc. ? Les femmes dans ces usines ne pourraient-elles fabriquer des meubles pour les enfants, des berceaux, des armoires, etc. Reviens vite, arrange-moi tout ça.

Enfin c'est l'armistice ! Le 11 novembre 1918, elle court retrouver son mari à l'hôtel Metropole pour écouter Big Ben sonner les onze coups de onze heures et célébrer avec lui cette journée de victoire et de fierté. Londres chante, danse et boit. Au milieu d'une foule surexcitée, ils vont dîner à Downing Street avec Lloyd George et Frederick Smith avant d'aller dormir chez tante Cornelia Wimborne. C'est chez elle, dans son hôtel particulier de Tenderlen Street, que quatre jours plus tard, elle donne naissance à une troisième petite rousse, prénommée Marigold, affectueux clin d'œil à l'ami Archie Sinclair qui a tout partagé, le meilleur et le pire, avec le major Churchill dans les tranchées. Au début de l'année, il s'est marié avec Marigold James-Stewart. La petite fille est, une fois encore, le portrait de son père mais Lloyd George déclare : « Tous les bébés ressemblent à Winston ! »

Sunny les a invités à passer Noël à Blenheim où de fastueuses réceptions célèbrent la majorité de son fils aîné. Après une course au trésor à cheval, les cuisiniers font rôtir un bœuf entier et un gigantesque feu de joie est allumé. On y brûle l'effigie du Kaiser.

En juillet, à Ekaterinenbourg, le tsar a été fusillé avec son épouse Alix de Hesse, petite-fille de la reine Victoria. En Russie, un monde s'est écroulé. Et Clementine pense depuis longtemps que l'aristocratie anglaise, cousine de la russe, vit dans un luxe qui n'est plus de cette époque. Pour la première fois, comme huit millions de femmes de plus de trente ans, elle a glissé son bulletin dans l'urne le 14 décembre 1918, jour des élections.

Incroyable ! deux femmes ont été élues. La première, Constance Markievicz n'est pas inconnue de Winston. Irlandaise, peintre, comédienne on la surnomme « la comtesse rouge ». C'est son père, explorateur de l'Arctique qui l'a éveillée à la justice sociale. Lors de la famine de 1879 en Irlande, il a toujours veillé à distribuer pain et soupe chaude à tous ceux qui vivaient et travaillaient sur son domaine. Amie du poète Yeats, la jeune Constance est partie étudier l'art à Londres, puis à l'académie Julian. À Paris, elle s'est mariée avec un portraitiste, le comte polonais Casimir Markievicz propriétaire de milliers d'hectares en Ukraine où il est reparti à la veille de la révolution bolchevique. Depuis, Constance milite à Dublin pour le *Home Rule* et le vote des femmes. À plusieurs reprises, elle est venue à Manchester perturber les réunions électorales du candidat Churchill. Un jour, elle a fait son apparition dans une voiture tirée par quatre chevaux blancs et alors qu'un homme lui lançait : « Savez-vous au moins faire la cuisine ? », elle a répondu : « Et vous, savez-vous conduire un attelage de quatre chevaux ? »

En 1911, elle a été arrêtée une première fois pour avoir protesté contre la venue de George V en Irlande. Lors de l'insurrection des autonomistes en 1916, elle a enfilé un pantalon et, revolver à la main, elle a dirigé une brigade féminine et a été incarcérée à la prison de femmes d'Aylesbury. Après l'armistice, elle est rentrée triomphalement à Dublin où elle s'est présentée sous l'étiquette *Sinn Fein*[1]. Elle a obtenu 66 % des suffrages mais est à nouveau sous les barreaux, cette fois pour avoir violemment contesté l'incorporation des Irlandais dans l'armée britannique.

L'autre élue, Nancy Astor, amie de Clementine, est ainsi la première femme à entrer à la Chambre des communes. Députée de Plymouth à trente-neuf ans, elle a repris la circonscription de son mari, émigré à la Chambre des lords. Américaine, elle a toujours mené sa vie comme elle l'entend et possède un sens de la répartie qui fait rire les salles et laisse ses adversaires politiques pantois. Dans ce grand port du sud, elle a mené une violente campagne contre les ravages de l'alcoolisme qui détruit la santé de tant de jeunes marins. Elle veut faire voter une loi élevant l'âge de consommer de l'alcool dans les pubs de quatorze à dix-huit ans. Mais elle critique aussi sévèrement les hommes de la bonne société qui, dans leurs clubs, boivent sans modération champagne, porto et brandy. C'est elle qui un jour, à Blenheim, a lancé à Winston : « Si j'étais votre femme, je mettrais du poison dans votre café. » Ce qui lui a valu cette réponse cinglante : « Et moi, Nancy, si j'étais votre mari, je le boirais ! »

1. « Nous-Mêmes. »

Chapitre VIII

L'ANNÉE NOIRE

Désormais ministre de la Guerre, Winston passe des semaines entières avec Lloyd George à Paris pour préparer le traité de Versailles qui doit fixer les nouvelles frontières de l'Europe, du Moyen-Orient et de l'Afrique. À Londres, il règle avec succès le redoutable problème de la démobilisation avec ses inévitables inégalités qui provoquent souvent des mouvements de révolte. Il est aussi ministre de l'Air. Une nouvelle fois, Clementine lui reproche sa boulimie politique. Le 9 mars 1919, avec humour mais sagesse, elle lui écrit :

> Chéri, ne crois-tu pas qu'il serait préférable d'abandonner l'Air et de continuer à te concentrer sur le ministère de la Guerre ? Ce serait un signe d'abnégation qui susciterait l'admiration. Vouloir cumuler deux fonctions est une faiblesse. En fait, tu n'en assumes qu'une. Si tu persistes à vouloir dévorer les deux, tu en attraperas de violentes indigestions ! Assurer les deux serait un tour de force comme de maintenir en l'air un grand nombre de balles en même temps. Après tout, tu as vocation d'être un homme d'État, non un jongleur.

En décembre 1918, elle a été faite commandeur de l'Empire britannique en récompense de l'incroyable énergie qu'elle a déployée pour les cantines des usines d'armement. Elle éprouve une grande nostalgie du travail qu'elle a accompli pendant la guerre. Hélas, ils n'ont plus de maison à Londres…

Désormais, elle vit à Lullenden où sa petite dernière est venue rejoindre les trois aînés sous la garde de leur nurse écossaise. En ce début d'année, l'épidémie de grippe qui fait rage dans le monde entier frappe aussi le village. La nanny Isabelle est atteinte à son tour. La progression de la maladie est fulgurante. Dans une crise de délire, la nurse tire Marigold de son berceau et la prend avec elle dans son propre lit.

Épouvantée, Clementine essaie d'appeler un médecin mais il y a tant de malades qu'elle n'en trouve pas. À l'aube, la pauvre Isabelle est morte. Le bébé et sa mère ont toutes les deux de fortes poussées de fièvre. Par miracle, elles évitent la mortelle contagion. À son retour de Paris, Winston trouve refuge chez son cousin Sunny. La grippe espagnole fera 150 000 morts en Angleterre, s'ajoutant aux 900 000 victimes tuées sur le front.

En août 1919, le ministre de la Guerre part inspecter les troupes britanniques en Rhénanie. Pour une fois, Clementine l'accompagne. Durant quatre ans, l'Allemagne n'a souffert d'aucune destruction à la différence de la Belgique et du nord de la France où les obus ont rayé des villes entières de la carte et même frappé la cathédrale de Reims. Dans la Ruhr, les usines ont continué à produire canons et obus. Les vainqueurs réclament des réparations. Les Allemands ont dû livrer tout leur matériel militaire en bon état. Et aussi leur flotte, prisonnière dans la rade écossaise de Scapa Flow. Mais l'amiral von Reuter a donné l'ordre à ses subordonnés de se saborder plutôt que de se rendre.

Le traité de Versailles a divisé la Rhénanie en trois zones d'occupation dont la durée est conditionnée par le paiement de colossales dettes de guerre. À Cologne, Winston et sa femme sont accueillis par le maire Konrad Adenauer. Pendant la guerre, ce fervent catholique a gagné la sympathie de ses concitoyens en leur donnant des recettes de pain sans farine. Et Clementine est loin de partager la rage des autres épouses anglaises contre cette population allemande qui, elle aussi, a souffert de la faim et compte plus de morts que la France et la Grande-Bretagne. Comme Winston, elle est convaincue que le mépris et la haine ne peuvent développer chez les vaincus qu'une dangereuse soif de revanche.

Pour cette première année de paix, ils ont prévu de fêter ensemble leur anniversaire de mariage en Écosse chez le duc de Westminster dans son relais de chasse paradisiaque de quarante-quatre pièces au bord du Lochmore. Mais une fois de plus Winston est à Paris et Clementine accepte une autre invitation dans une de ces résidences princières qui désormais jalonnent son existence.

Avec ses colonnes, ses rotondes et ses statues d'ancêtres, Wyniard Park est une impressionnante folie XVIIIe en pierre blanche dont la trentaine de portes-fenêtres s'ouvrent sur un parc, son lac et un obélisque commémorant la visite du duc de Wellington au lendemain de Waterloo. Le propriétaire, Charles Vane-Tempest-Stewart, 7e marquis de Londonderry, est un cousin de Winston. Il y a six mois, à son retour de la guerre, il a hérité du domaine de son père, avec fortune, titre et chiens.

Dans ce décor somptueux, Clementine en oublie même la date de son mariage. Elle écrit à son mari, le 14 septembre, une fois rentrée à Lullenden : « Mon Winston chéri, tôt le matin du 12 septembre à Wyniard, je me suis réveillée et je me suis soudain rappelée l'importance de ce jour… Mon chéri, tu as été le grand événement qui a marqué ma vie… Depuis le début, j'ai été chaque année plus heureuse. »

Seule ombre à ce beau roman d'amour, ils n'ont pas la fortune de leurs riches amis. Certes, elle adore sa propriété de Lullenden, mais elle supporte de moins en moins la tyrannie d'un nouveau fermier qui réclame machines, semences et têtes de bétail pour transformer la propriété en exploitation agricole.

Clementine s'effraie de ces investissements. Surtout, elle n'a aucune envie de rester isolée à la campagne. Elle veut être à Londres près de Winston pour partager ses batailles politiques. Le couple Lloyd George est loin d'être pour elle un exemple. Célèbre pour son tableau de chasse féminin, le Premier ministre partage depuis deux ans sa vie entre son épouse au pays de Galles et sa secrétaire à Londres.

Au printemps 1920, Lullenden est louée puis vendue à leurs amis Hamilton. Les Churchill émigrent une fois encore chez l'accueillant cousin Freddie Guest qui vient de s'installer à Roehampton dans la banlieue chic de Londres. Son épouse américaine Amy, autre « *princess dollar* », a voulu que sa nouvelle maison possède piscine, court couvert, écuries de polo... Les enfants montent à cheval. Clementine initie ses enfants à la natation et au tennis et monte à cheval avec eux dans le Richmond Park voisin. Les week-ends, Winston peint avec Freddie au milieu d'un tourbillon d'invités. Frederick Smith, nouveau ministre de la Justice, n'a d'yeux que pour Clare Sheridan.

Pour oublier la mort de son mari à la guerre, la belle cousine s'est jetée dans la sculpture. Deux délégués des Soviets, Kamenev et Krassin, venus à Londres discuter d'une reprise des relations entre la Russie soviétique et l'Angleterre, lui ont commandé un buste. Ils en sont si satisfaits qu'ils ont proposé à l'artiste de venir à Moscou réaliser ceux de Lénine et de Trotski. Elle a aussitôt accepté à la consternation de la famille.

Clare Sheridan n'est pas la seule femme acquise à la révolution bolchevique. Depuis qu'elles ont obtenu le droit de vote, les suffragettes se tournent vers de nouvelles causes et luttent contre d'autres injustices. La Worker's Suffrage Federation, dirigée par Sylvia Pankhurst, fille d'Emmeline, adhère au socialisme international. La syndicaliste Ellen Wilkinson fonde le parti communiste avant de participer à Moscou au premier congrès de l'Internationale. Clementine en suit régulièrement les comptes rendus dans les journaux.

Randolph, qui vient de fêter ses neuf ans, se contente de lire chaque jour les gros titres du *Times* sous l'œil de sa gouvernante. Pour la rentrée, ses parents l'ont inscrit à Sandroy, dans le Surrey, où il sera pensionnaire. Sa mère a commandé chez Billings & Edmonds le trousseau rituel : costume avec pantalon rayé, un autre avec pantalon de golf et évidemment le haut-de-forme noir dont son fils, qui jusqu'ici n'a porté que des shorts, se montre très fier : « Avec ces jolis vêtements, c'était un plaisir pas une terreur d'aller à l'école », écrit-il dans ses mémoires. Une photo le montre une fleur à la boutonnière, souriant à côté de sa mère le jour de la rentrée : « Il a l'air d'une petite crevette en pantalon et avec son grand col rabattu d'écolier », écrit-elle à Winston parti chasser le sanglier dans les Landes chez son ami Bendor.

Désormais, elle n'a qu'une hâte : s'installer dans une nouvelle et grande maison trouvée par Jennie à Sussex Square. Gros avantage, Hyde Park est à deux pas, tout le quartier monte à cheval et il y a au fond de la cour une écurie qui fera un magnifique atelier pour Winston. L'infatigable belle-mère s'est reconvertie dans l'achat de biens immobiliers qu'elle revend après les avoir décorés. Dans les salles à manger, elle remplace les longues nappes victoriennes par des sets posés directement sur les tables en acajou et lance la mode des rideaux jaunes qui ensoleillent les salons. Elle est très fière d'avoir gagné 15 000 livres, une somme colossale, en une seule transaction.

À Sussex Square, les devis sont astronomiques mais après six années exténuantes, Clementine est enfin dans ses meubles avec ses trois filles. Elle garde un si bon souvenir de ses années à Berkhamsted qu'elle décide d'inscrire les deux aînées à la fameuse Notting Hill High School où Emily Ward a été professeur avant de créer la fameuse école de nannies, Norland School. Une petite révolution pour l'époque car c'est une école publique. Les cousines Mitford, qui rêvent désespérément de liberté, restent à la campagne sous la tutelle de leur gouvernante.

Le 1er janvier 1921, Winston est nommé ministre des Colonies en charge du Moyen-Orient, de l'Inde, de l'Afrique… vaste empire sur lequel « le soleil ne se couche jamais » et qu'il faut désormais faire évoluer. Avant son entrée en fonction, sir Ernest Cassel les invite à passer deux semaines à Nice, à l'hôtel Regina, un palace sur la colline de Cimiez inauguré et très apprécié par la reine Victoria. Le banquier y a pris un grand appartement avec sa petite-fille Edwina qui l'année prochaine se mariera avec le prince Louis Mounbatten, futur et dernier vice-roi des Indes. Tout Londres se retrouve pour profiter du soleil de cette Côte d'Azur, elle aussi, véritable colonie britannique. Un midi, ils s'en vont pique-niquer avec le peintre John Lavery et sa femme Hazel. Jennie, en route pour Rome, est descendue à l'hôtel du Cap-d'Ail.

Le 27 janvier, Winston retourne prendre possession de son ministère à Londres et Clementine prolonge son séjour chez leur amie Adèle Essex. Belle et naturellement riche américaine, elle est l'héritière du roi des locomotives et sa fortune est bien utile pour entretenir, au nord de Londres, le gigantesque château de Cassiobury où Winston a été reçu en 1902 en compagnie d'Edward VII. Pour cette occasion historique, le duc a offert à son épouse un diadème en diamants. En 1916, il est mort à cinquante-huit ans, renversé par un taxi londonien. Et la séduisante veuve passe ses hivers dans sa propriété de Saint-Jean-Cap-Ferrat, Lou Mas, où déjeuners et dîners se succèdent à un train d'enfer. Clementine discute avec James Louis Garvin, le directeur de l'*Observer* : « Il croit beaucoup en toi », écrit-elle à Winston.

Elle reste la plus enthousiaste de ses partisanes et lui prodigue tendrement ses conseils politiques. Sur les colonies :

> Si tu parviens à remettre l'empire « en vedette », cela rendra tous les Anglais très heureux, ils seront en paix les uns avec les autres (plus ou moins) et ils pourront renouer avec notre dédain hautain bien qu'inconscient des étrangers.

Sur l'Irlande :

> Je t'en prie, mon chéri, use de ton influence pour promouvoir une forme de modération ou du moins de justice en Irlande.

Sur une commande d'articles sur la peinture pour le *Strand Magazine* :

> Tu vas écrire sur quoi ? 1) L'art en général, je pense que les professionnels seraient vexés et diraient que tu n'y connais pas grand-chose. 2) Sur tes propres tableaux, le danger me semble là que l'on considère la démarche comme naïve ou prétentieuse... Je suis aussi désireuse que toi d'empocher ces 1 000 livres... Mais en ce moment je ne pense pas qu'il soit sage de t'engager sur une voie qui puisse faire de toi l'objet de débats somme toute futiles. S'il doit y avoir discussions que ce soit à propos de ta capacité à être un bon ministre de l'Empire.

À force de jouer au tennis, elle se sent si bien que le soir, elle s'aventure en enfer, dans les salles de jeu. En observant les tables, elle trouve une martingale qui, reconnaît-elle, ne marche pas à tous les coups : « Hier j'ai eu une journée désastreuse à Monte-Carlo, tout d'abord dans les salons privés, une vilaine vieille dame m'a chipé deux louis que je venais de gagner et que j'avais laissés sur le tapis pour augmenter mes gains... puis je me suis rendue au Sporting Club plus sélect où j'ai perdu tout l'argent que j'avais gagné. »

Elle en rirait presque, car Winston vient d'hériter d'un frère de sa grand-mère, lord Herbert Vane-Tempest, mort dans un accident de train, d'une grande propriété rapportant environ 4 000 livres par an. Elle s'installe à l'hôtel Bristol de Beaulieu où le soir elle dîne d'un œuf poché, son plat préféré, après avoir passé une bonne partie de ses journées au lit à contempler la mer avec la délicieuse perspective de ne plus s'angoisser pour les fins de mois. Winston a déjà prêté 500 livres à Nellie qui veut ouvrir une boutique de chapeaux. Clementine lui demande de prévoir aussi 100 livres par an pour lady Blanche.

Au Caire, il doit présider une conférence d'experts pour organiser la *pax britannica* sur le Moyen-Orient en traçant les frontières de l'Irak et de la Jordanie. Il lui propose de l'accompagner : « Nous aurons une belle cabine. Je voyage aux frais du gouvernement mais évidemment je paierai tous tes frais. Si la mer est démontée, je me cacherai loin de toi. » Elle le retrouve à Marseille avec Bessie, sa femme de chambre, sa raquette de tennis, et ses malles pleines de robes blanches qui lui vont si bien.

Sur *Le Sphinx,* elle fait connaissance de Lawrence d'Arabie que Winston s'est empressé d'enrôler. Au Caire, ils retrouvent Gertrude Bell, écrivain, archéologue et petite-fille d'un richissime maître de forges anglais. Comme le colonel Lawrence, elle soutient la révolte arabe en Mésopotamie. Elle est la seule femme à la table de conférence.

Pendant un mois, Clementine explore les musées et les souks. Elle joue au tennis. Elle est l'étoile du grand bal donné par le haut-commissaire, lord Allenby, où elle danse sans s'arrêter jusqu'à minuit. Quand la conférence se termine, avec Winston, Gertrude Bell et Lawrence d'Arabie, elle découvre la magie des Pyramides et le barrage sur le Nil, financé par le tout-puissant Ernest Cassel.

Le voyage se poursuit à Jérusalem où Winston réunit délégués arabes et juifs et pose les fondations de l'État d'Israël. Le 2 novembre 1917, lord Balfour a envoyé du Foreign Office, une lettre à Lionel de Rothschild, chef de la communauté juive anglaise :

> Le gouvernement de Sa Majesté envisage favorablement l'établissement en Palestine d'un foyer national pour le peuple juif, et emploiera tous ses efforts pour faciliter la réalisation de cet objectif, étant clairement entendu que rien ne sera fait qui puisse porter atteinte ni aux droits civils et religieux des collectivités non juives existant en Palestine, ni aux droits et au statut politique dont les Juifs jouissent dans tout autre pays.

À peine sont-ils rentrés qu'elle doit repartir. À trente-quatre ans, son frère Bill s'est suicidé d'un coup de pistolet dans une chambre d'hôtel à Paris. Avec Nellie, Clementine saute dans le premier ferry pour retrouver sa mère à Dieppe. Comme lady Blanche, Bill fréquentait trop les tables de jeu. Winston qui l'aimait beaucoup lui avait fait promettre de ne plus toucher une carte. Cette promesse a-t-elle conduit son beau-frère à la mort comme il se le reproche déjà ? « Le mystère restera entier », écrit Mary Soames. Le compte en banque du malheureux joueur ne signale aucun retrait mais au contraire un versement de 10 000 francs.

Les deux sœurs prennent une chambre à l'hôtel car Sydney Mitford passe ses vacances avec son fils Tom et ses filles chez tante Natty :

> Ma pauvre maman est tellement courageuse et digne mais je ne crois pas qu'elle puisse jamais se remettre du choc... Elle m'a dit : personne jamais ne doit jamais savoir. Winston s'arrangera pour que les journaux n'en parlent pas, n'est-ce pas ?... Je suis sûre que notre pasteur ici ne l'enterrera pas. Cela m'est égal qu'il refuse mais si c'est le cas, il faudra que Bill soit enterré dans le jardin de ma maison sous l'orme... Oh mon cher Winston, je t'en prie viens demain et honore de ta présence ce pauvre enterrement de suicidé.

Par une grâce de la Providence, la sévère comtesse douairière d'Airlie est morte quatre mois plus tôt. Les petites Mitford sont envoyées en excursion avec leur nanny pour ne pas assister à l'enterrement que le pasteur Hodgson accepte de célébrer après avoir reçu une lettre du ministre des Colonies affirmant que le lieutenant William Hozier a été un héros pendant la guerre. Winston arrive juste à temps à l'église.

Deux mois plus tard, nouveau drame au chevet de Jennie ! À son retour d'Italie, elle a glissé chez ses amis Horner en descendant le grand escalier du manoir de Mells, avec aux pieds une nouvelle paire d'escarpins achetée à Rome. Le médecin a plâtré la cheville cassée et elle est rentrée chez elle en ambulance.

Hélas, quelques jours plus tard, la gangrène gagne la jambe et il faut l'amputer au-dessus du genou. Sa sœur, Leonie Leslie, est affolée. Winston et Clementine annulent un aller et retour à Paris où Sunny se marie avec Gladys Deacon. Courageusement, Jennie refuse qu'on en fasse toute une histoire. D'Afrique, Montagu Porch a écrit qu'il l'aimera quoiqu'il arrive. Le 23 juin, Winston télégraphie au jeune mari : « Danger définitivement écarté. » Mais six jours plus tard, une hémorragie lui est fatale.

Son fils, qui essaie de résoudre la crise turque dans son lit, a juste le temps d'enfiler un manteau sur son pyjama. En vain. Il arrive trop tard et s'écroule en pleurs au pied du lit, inconsolable. Sa mère a toujours été son pygmalion bien aimé. Même Clementine se sent terriblement orpheline. Il ne se passait pas de jour sans que Jennie passe à Sussex Square, organise un dîner ou téléphone pour raconter le dernier ragot qui fait rire la gentry.

Devant les kiosques à journaux de Trafalgar Square, fleurissent des affichettes : « La mort de lady Randolph. » Pendant que le Tout-Londres politique et mondain assiste à une messe célébrée à St Margaret's church, un wagon spécial amène le cercueil à Blenheim. Winston tient à ce que Jennie soit enterrée avec tous les honneurs réservés aux Marlborough dans la chapelle de Blandon où repose son premier mari. Le troisième, Montagu Porch, a envoyé une couronne mais n'arrive pas à temps. En l'absence de Sunny qui a donné congé à tous les domestiques, un pique-nique réunit cousins et amis dans le parc du château.

Heureusement, il y a les enfants ! Le 11 juillet 1921, Diana fête ses douze ans. Sarah travaille très bien mais elle est trop bavarde. Randolph est toujours aussi beau mais ses carnets sont déplorables : « Il répond aux questions avant de réfléchir », se plaint son professeur principal. À son retour de pension, il raconte à sa sœur aînée qu'un jour, un de ses jeunes maîtres lui a demandé de le caresser. La nanny qui surprend la conversation en informe Clementine. Elle demande à Winston de parler à son fils : « Un matin, raconte Randolph, mon père m'a fait venir dans sa chambre. Encore au lit, il prenait son petit déjeuner et m'a demandé la vérité sur cette histoire. Je lui ai raconté la vérité comme je l'ai toujours fait. Je ne crois pas l'avoir jamais vu si furieux. Il sauta de son lit, demanda la voiture et prit le volant pour se rendre à l'école. En tout nous avons fait 300 km. » Winston exige que le coupable soit immédiatement renvoyé et fait promettre à Randolph de ne jamais recommencer.

Marigold, la petite dernière, très gaie, chantonne toute la journée mais elle est souvent sujette à des rhumes et des bronchites. Rien de tel que le bon air de la mer pour chasser les miasmes de l'hiver ! Début août, les quatre enfants partent à Broadstairs sous la surveillance d'une nouvelle gouvernante française, Melle Rose. Après quinze jours de plage, elle les emmènera en Écosse rejoindre leurs parents à Lochmore, le ravissant pavillon de chasse du duc de Westminster.

Dans le Cheshire, Clementine participe à un tournoi de tennis dans une autre somptueuse propriété de Bendor, Eaton Hall, où Randolph, le 2 août, lui écrit une lettre attendrissante :

> Chère maman, j'espère que vous allez très bien. J'ai des coups de soleil sur les jambes. Elles sont devenues toutes rouges. L'autre jour, Falkner nous a prêté un grand filet à crevettes et nous en avons attrapé beaucoup. Dimanche, nous avons fait une sortie dans un canot à rames. C'était super. Marigold a été malade mais cela va déjà beaucoup mieux aujourd'hui. Nous sommes tous très bien ici mis à part nos jambes. Avec beaucoup d'amour. Randolph.

Sarah parle aussi de la petite sœur : « Baba est très mignonne et va beaucoup mieux maintenant. Nous nous amusons beaucoup ici. Nous nous baignons chaque jour. » Mais le 14 août, Marigold tousse tant que la propriétaire de la maison où logent les enfants conseille à Melle Rose de faire venir la maman.

Clementine accourt au chevet de la petite malade qui n'a que deux ans et neuf mois. Le médecin lui annonce que la gorge s'est infectée et que la bronchite se transforme en septicémie. Hélas, le bactériologue écossais Alexander Fleming ne découvrira la pénicilline qu'en 1928 et il n'y a rien à faire. Winston arrive de Londres avec un spécialiste qui se déclare tout aussi impuissant.

Pendant dix jours Clementine retient ses larmes au chevet de sa petite fille qui se meurt. Le matin du 22 août, ouvrant les yeux, Marigold implore : « Chantez-moi the *Bubbles...* » Rassemblant ses pauvres forces, sa mère entonne la comptine qu'elle lui a apprise et qu'elles ont chantée tant de fois ensemble. Mais la mourante, qui a du mal à respirer, pose sa petite main sur son bras et murmure : « Nous finirons demain. »

En la voyant rendre son dernier soupir, Clementine qui, depuis dix jours, n'a voulu montrer qu'un visage souriant à sa fille hurle sa douleur. Winston ne pourra oublier ses cris de mère foudroyée. Elle ne se pardonnera jamais son absence cet été-là à Broadstairs. On ne se console pas de la mort d'un enfant. Elle écrit aux aînés que leur petite sœur est très, très malade... La sérieuse Diana lui répond : « Ma chère maman, nous avons reçu votre lettre hier soir et je suis très triste pour la pauvre petite Marigold. Nous avons eu une année très malheureuse... Beaucoup d'amour et de baisers de Diana. »

Après l'enterrement à Londres, les parents, épuisés de chagrin par ce deuxième deuil en un mois, partent en train rejoindre leurs enfants à Lochmore. Les promenades à cheval dans la lande couverte de bruyères, les parties de pêche au saumon et les balades dans la petite île d'Handa couvertes d'oiseaux sauvages adoucissent un peu leur peine.

Déjà, il faut préparer la rentrée des classes. Clementine retourne à Londres avec Diana, Randolph et Sarah. Elle écrit à Winston resté à Dunrobin chez les Sutherland : « Dimanche, j'ai emmené les enfants sur la tombe de Marigold et, peux-tu le croire, lorsque nous nous sommes agenouillés un petit papillon blanc… qui voltigeait est venu se poser sur les fleurs qui poussent maintenant dessus. Nous avons cueilli quelques petits bouquets. Les enfants étaient très silencieux sur le chemin du retour. » Avec eux, elle trouve la force de survivre et même de rire à nouveau : « Nous avons loué une voiture, nous avons tous escorté Randolph triomphalement jusqu'à son école… Nous nous sommes arrêtés en chemin pour un splendide pique-nique et une partie de cache-cache et nous sommes arrivés à Sandroy échevelés et les vêtements déchirés… Aujourd'hui, c'était le tour de Diana et de Sarah, et maintenant je peux me reposer. »

Mais elle n'en a pas fini avec cette épouvantable année. Le 21 septembre, leur voisin, le bon sir Ernest Cassel décède dans sa maison de Brook Street de l'autre côté du square et elle court déposer un bouquet sur son cercueil : « J'ai traversé tant d'épreuves ces derniers temps que je ne croyais vraiment plus être capable de sentiments. Mais j'ai pleuré pour notre cher vieil ami. Il faisait partie de notre vie. »

Ranger les vêtements et les jouets de Marigold est un crève-cœur. Les aînés racontent que, petits, ils ont souvent été maltraités pendant les longues absences de leurs parents. Un jour de pique-nique, Randolph voulait goûter de la moutarde. Sa nanny lui a enlevé le pot des mains et comme il en réclamait une seconde fois, elle lui a enfourné une pleine cuiller dans la bouche en raclant si fort ses dents de lait que deux ont sauté. Traumatisée, leur mère veut désormais avoir à la maison quelqu'un de stable sur qui elle peut compter. Une fille de sa tante Maude Whyte sort de Norland School, la fameuse école de nannies créée par Emily Ward. Elle a vingt-six ans et besoin de gagner sa vie. En octobre 1921, Maryott Whyte, vite surnommée « Moppet » par la famille et « Nana » par les enfants, arrive pour diriger la nursery. Son lieutenant s'appelle Gladys, une jeune et charmante femme de chambre engagée en janvier.

La vie reprend avec ses tracas et ses joies. Winston, ministre des Colonies débordé, tente de régler le statut de l'Irlande qui devient dominion. L'Ulster reste anglais et la situation y est si explosive qu'il dort avec un pistolet à portée de la main. Et cela ne va guère mieux en Irak, au Kenya ou en Palestine.

Après cette année noire, ils fêtent Noël à Sussex Square avec Jack, Goonie et leurs trois enfants. Car une petite Clarissa est née. Le lendemain, Winston part avec Lloyd George sur la Côte d'Azur. Clementine doit le retrouver à la fin des vacances scolaires. Mais la grippe s'invite à la maison. Randolph et les deux femmes de chambre, Bessie et Gertrude, sont cloués au lit avec une forte fièvre. Le spectre de la nanny Isabelle morte il y a deux ans de la grippe espagnole la hante à nouveau. Pour éviter toute contagion, Moppet propose d'emmener Diana et Sarah chez sa mère. Mais le lendemain, il faut déjà rapatrier l'aînée qui a attrapé le virus.

Avec quatre malades et deux infirmières, Clementine a l'impression de diriger un petit hôpital. Le soir, elle s'effondre de fatigue. Sa tension est si basse, que le médecin lui ordonne de rester une semaine au lit. Elle écrit avec humour à Winston : « Je songe à une publicité : 2 lits vides pour riches patients au 2 Sussex Square, 50 guinées la semaine. Cela nous paierait tout. » Il lui répond : « Quel cataclysme ! Pauvre chérie, tu es passée par des moments affreux. Mais comme toujours tu as été à la hauteur, et ta lettre a des accents napoléoniens. »

À Cannes, il est à l'hôtel Mont-Fleury et donne un dîner au Ciro's pour Adèle Essex, Philip Sassoon, Consuelo Vanderbilt et son mari Jacques Balsan. Une nouvelle loi votée aux Communes a enfin permis à l'héritière américaine de divorcer de Sunny et d'épouser l'homme qu'elle aime. Lady Blanche, installée à Monte-Carlo, est venue lever son verre à leur nouveau bonheur. Winston avoue qu'il s'est rendu avec elle au casino : « Cela m'excite tant de jouer… Folie de papillon de nuit. » Ce soir-là, il a porté chance à sa belle-mère. Elle a gagné 400 francs.

Le 7 janvier, il est à Londres. À la fin du mois, Clementine lui passe le relais des enfants et part à son tour pour Cannes avec Venetia Montagu. L'hôtel Mont-Fleury a les meilleurs courts de tennis de la Côte d'Azur. Avec son partenaire, Mrs Chuchill gagne la coupe du double mixte du tournoi de Cannes. Chaque soir, elle envoie un télégramme pour raconter ses exploits à Winston qui s'inquiète : « Rappelle-toi ma douce que tu as une nouvelle tâche que nous deux sommes les seuls à connaître et qui sollicitera le meilleur de toutes tes énergies. » Elle est enceinte ! Une surprise. Après la mort de Marigold elle a déclaré à plusieurs reprises qu'ils ne voulaient plus d'enfants. Et si ce futur bébé ne peut effacer le souvenir de la petite disparue, elle est à nouveau pleine d'entrain : « Ne te fais pas de soucis pour ma santé. Je me sens vraiment très bien vu les circonstances… J'évite le casino, sa chaleur et la fumée du tabac sans parler des dangers financiers. Ta pauvre chatte a perdu 10 livres au chemin de fer et en est très fâchée. »

À Gênes, les trente-quatre pays ayant participé à la Première Guerre mondiale se sont réunis, sans les États-Unis, pour rétablir l'étalon-or. La France réclame à la Russie bolchevique les 12 milliards de francs prêtés au gouvernement tsariste pour moderniser son industrie. Beaucoup de petits porteurs sont ruinés par ces emprunts russes qui ne valent plus rien. Clementine les défend : « Les hommes politiques français sont exaspérants mais les Français eux-mêmes sont si courageux et durs à la tâche qu'à mon avis, nous ne devrions pas leur donner des raisons de se quereller avec nous… Oh mon doux *Pig* chéri, j'ai tellement envie que tu sois ici… Embrasse nos chatons roux pour moi. Je me demande si le prochain aura aussi les cheveux roux. Qu'est-ce qu'on parie : "rouge ou noir ?" »

Chapitre IX

UN MANOIR PRINCIER

Pour la première fois en quatorze ans de mariage, Clementine peut se croire trahie. Winston est subjugué et sa maîtresse s'appelle Chartwell. Il a fait la connaissance de ce domaine dans le Kent et il ne cesse d'en rêver. Quand il était enfant, sa nanny Mrs Everest chantonnait que cette région où elle était née était le jardin de l'Angleterre, que les fraises et les framboises y poussaient au milieu des fleurs et que l'été, il n'y avait rien de plus beau au monde : « J'ai toujours voulu une maison dans le Kent », répète Winston.

Depuis qu'un héritage leur est tombé du ciel, ils cherchent tous les deux une résidence de campagne où ils pourraient mener une vie de famille exemplaire. Clementine y partagerait ses journées entre ses enfants, le tennis et les roses. Winston entre la peinture et l'écriture de ses mémoires sur la grande guerre *The World Crisis* pour lesquelles il a signé un beau contrat avec l'éditeur Butter Worth. La disparition de Jennie a encore renforcé ce désir de passer leurs vacances avec Jack et Goonie dans une maison bien à eux.

Seul problème, elle adore la mer alors que Winston n'oublie jamais qu'il appartient à la lignée du grand Marlborough. Après deux jours avec ses enfants à construire des châteaux de sable sur la plage, il tourne en rond. Il se sent comme un lion prisonnier. Il veut pouvoir jouer au *gentleman farmer* et au polo comme tous ses cousins. Et désormais planter son chevalet dans un parc de rêve comme celui qui entoure la maison en briques de Venetia et Edwin Montagu à Breecles, le château des Astor à Hever ou le manoir de Crowhurst que Consuelo Vanderbilt a transformé en un charmant repaire de week-ends. Il les a tous peints. Il garde toujours en mémoire le ravissant vallon planté d'arbres fruitiers de Hoe Farm où, pour la première fois, il a ouvert ses tubes de couleurs : « Nous y menions une existence très simple mais avec tous les agréments d'une vie intelligente et confortable : des bains chauds, du champagne bien frappé, des petits pois nouveaux et un vieux cognac. »

Clementine reconnaît qu'il lui arrive aussi d'envier les massifs de lupins et de pivoines de Venetia qui, depuis son mariage, s'est prise de passion pour le jardinage. L'année précédente, elle a disputé un tournoi de tennis en Cornouailles chez ses amis Horner qui avaient loué Menabilly dont Daphné du Maurier tombera bientôt amoureuse[1]. Elle a été subjuguée par le jardin tropical et le potager où les pois de senteur côtoient les rangées d'artichauts. Elle a même écrit à son mari : « J'adorerais vivre à la campagne... Mais personnellement, diriger une ferme me fait peur après notre expérience à Lullenden qui maintenant coûte très cher à nos pauvres amis Hamilton. Mais je ne veux pas être butée à ce sujet. »

Winston a visité sur la côte une maison mise en vente par le duc de Devonshire que d'après les photos Clementine juge décevante. Leur agent immobilier Knight Frank & Rutley a aussi signalé un manoir nommé Chartwell appartenant à des Écossais, les Colquhoun, et situé dans le Kent à 10 kilomètres au sud de Lullenden. La propriété comporte 32 hectares de terre, une ferme, huit dépendances, un lac et plusieurs bassins alimentés par une source qui descend de la colline vers la vallée. Leur ami le général Hamilton y a acquis des droits de chasse et la connaît bien.

1. L'écrivain s'en servira pour la description du manoir de Manderley dans son best-seller *Rebecca*.

La demeure en briques de la région est endommagée par l'humidité mais, construite sur une colline, elle offre une vue éblouissante qui enthousiasme Winston. Si elle ne se compare pas à celle de Blenheim, elle donne à Chartwell Manor des allures de résidence princière. Fin juillet 1921, Clementine a jeté, à son tour, un coup d'œil sur ce manoir à l'occasion d'un tournoi de tennis dans le Kent. Sa première impression de Chartwell est très favorable. Elle écrit : « Mon chéri, je ne peux m'empêcher de penser à cette colline paradisiaque couronnée d'arbres. On a comme une vue d'avion de là-haut. J'espère vraiment que nous pourrons l'avoir. Si c'est le cas, je crois que nous y passerons beaucoup de temps et que nous y serons très très heureux. »

Un mois plus tard, la mort de Marigold a mis un terme à ce rêve churchillien. Winston envisage d'acheter un château dans cette Écosse qui a su si bien apaiser leur chagrin. Ils seraient proches de sa circonscription de Dundee. Il pourrait pêcher le saumon et chasser la grouse avec ses amis pendant que sa femme se baignerait avec les enfants. Leur ami Philip Sassoon leur apprend aussi qu'une propriété est en vente à Odham près de chez lui. Clementine parle de celle de Wilfrid Scawen Blunt qui est mort en septembre.

Mais en 1922, son mari revient à la charge : « Pendant qu'ils visitaient d'autres maisons, le charme de Chartwell restait présent à son esprit et dans son cœur », écrit Mary Soames. Sa femme, elle, a changé d'idée. Après avoir visité plus sérieusement une seconde fois le manoir, elle en voit tous les défauts : sous le lierre qui a envahi la façade, la moisissure a rongé les briques. Elle les a tellement abîmées qu'il faudra restaurer profondément les murs. Seule la niche du chien est épargnée ! Et puis il est très près de la route, une colline élevée le prive des rayons du soleil. Par-dessus le marché, cette colline et toute la propriété sont couvertes de rhododendrons mauves, une couleur qu'elle déteste. Surtout elle est affolée par les travaux nécessaires pour y vivre avec des enfants en bas âge. Une fois encore, elle craint de se lancer dans une aventure ruineuse !

Enceinte, elle a plutôt envie d'une maison de poupée au bord de la mer. En juillet 1922, elle a loué avec Goonie, une charmante villa à Sainton Sands dans le Devon. Et au mois d'août, à Frinton-on-Sea, une autre très moderne, où elle accueille sa sœur Nellie Romilly avec ses deux fils. Dans cette station à la mode, les enfants ont beaucoup d'amis sur la plage. Diana et Randolph participent à un tournoi de tennis. Sarah, elle, est folle de ses deux petits cousins Giles et Esmond Romilly.

Winston est ailleurs, à Deauville où, au casino, il voit le shah de Perse « se délester de l'argent de ses sujets que lui tend son Premier ministre paquet par paquet. » Puis il s'en va à Woolsack, la fabuleuse propriété de son ami le duc de Westminster dans les Landes. En son absence, Clementine visite avec Nellie une maison de dix chambres et deux salles de bains qui est en vente à Frinton-on-Sea, et qu'elle juge idéale. Le 3 août, elle lui écrit :

> J'adore cet endroit et si nous avons un petit quelque chose de permanent ici, je pourrais m'en servir pour mes week-ends de tennis et les enfants chaque fois qu'ils sont malades… Et nous serions sûrs de pouvoir le louer s'il nous prenait l'envie d'aller à Deauville ou à Biarritz.

Le lendemain, elle lui demande même la permission de faire une offre :

> Je suis sûre qu'on pourrait l'avoir pour 4 000 livres.

Elle lui propose d'en payer la moitié en vendant quelques actions qu'elle détient personnellement et certains de ses bijoux. Quatre jours plus tard, elle insiste :

> Je suis vraiment si heureuse ici. C'est un endroit exquis et si confortable. Je ne sors que rarement du jardin dont je pro-

> fite à plein. Les enfants gambadent partout autour… Je lis Shakespeare à Diana et Randolph : ils adorent ce qui me fait plaisir mais me surprend un peu… Je suis toute excitée par l'arrivée d'un nouveau chaton. Encore cinq semaines et un nouvel être, un génie peut-être… J'espère chéri qu'il sera comme toi.

Mais lorsqu'il la rejoint mi-août pour dix jours à Frinton-on-Sea, le génie ne prend même pas la peine de visiter la villa qui plaît tant à sa femme. Il ne lui reparle pas non plus de Chartwell Manor dont elle peut croire que le sujet n'est plus d'actualité.

Pourtant, au printemps, Winston y a emmené Philip Tilden, l'architecte de leur ami Sassoon qui vient de construire pour Lloyd George une magnifique villa dans le Surrey. Tilden a été emballé et a tout de suite vu le parti qu'ils pouvaient en tirer. Sur la façade, il suffit de supprimer les ajouts victoriens pour que cet ancien manoir Henri VIII retrouve toute son élégance.

À la fin de l'été, la propriété n'est toujours pas vendue et, début septembre, l'agent immobilier fait une nouvelle proposition à 5 500 livres. Le 15 septembre 1922, le jour-même où, dans leur maison de Sussex Square, Clementine met au monde leur dernière fille Mary, Winston, sans oser lui en parler, fait une offre à 5 000 livres. Une semaine plus tard, elle est acceptée.

Il ne sait toujours pas comment annoncer la nouvelle à son épouse. Sarah raconte :

> Un jour, alors que ma mère se reposait après la naissance de Mary, on nous dit à Diana, Randolph et moi que mon père allait nous emmener à la campagne. Un grand jour ! Nous nous sommes entassés dans la vieille Wolseley et nous voilà partis avec mon père au volant. Sur la route, il nous expliqua que le but de l'excursion était d'inspecter une maison qu'il pensait acheter dans le Kent. Il voulait notre avis… Chartwell était envahie par la végétation et délabrée mais elle avait le charme de ces demeures mystérieuses depuis longtemps inhabitées. Nous avons fait le tour de la maison, de la ferme et des prairies, mon père ne cessant de demander anxieusement – cela reste très

présent dans mon esprit – alors, vous l'aimez ? Si on l'aimait ? Nous en étions fous ! Oh achetez-la, achetez-la ! Mais il n'a pas voulu répondre. Nous étions tous si excités qu'au moment de repartir, mon père n'arrivait plus à faire démarrer la voiture. On demanda de l'aide et un nombre impressionnant de gens sont venus nous pousser... Je remarquais que leurs visages étaient très rouges. Mais les nôtres devinrent plus rouges encore quand on s'aperçut que le contact n'était pas mis et le frein à main pas desserré... C'est en arrivant à Parliament Square que mon père nous annonça qu'il l'avait achetée. Notre excitation était grande et la sienne devait l'être autant parce qu'il a pris la place dans le mauvais sens et il a été arrêté tout de suite par un policier. Nous avions l'air si désolés qu'il nous a laissés repartir.

Clementine est anéantie par le rapport des enfants. Mary écrit :

Ma mère m'a raconté qu'au cours de leurs cinquante-sept années de mariage, ce sera la seule fois où mon père n'a pas été d'une franchise totale envers elle... Winston n'était pas indifférent à ce que disait Clementine, au contraire il recherchait son approbation pour toute décision majeure dans leur vie. Mais il ne doutait pas qu'il parviendrait à lui faire partager son enthousiasme pour un endroit qui l'avait tant séduit.

Pour le moment, il y a plus urgent que de se disputer au sujet de Chartwell. Le vent est en train de tourner pour les libéraux. Après avoir été accusé de délit d'initié dans l'affaire Marconi il y a dix ans, le Premier ministre Lloyd George est à nouveau mis à mal aux Communes avec un scandale de décorations vendues en échange de dons aux caisses du parti libéral. Le 19 octobre 1922, dans une réunion historique au Carlton Club, les conservateurs décident de quitter le gouvernement de coalition. Lloyd George laisse sa place à Bonar Law, chef du parti conservateur qui dissout aussitôt la chambre des Communes pour se trouver une nouvelle majorité. Les nouvelles élections sont fixées pour début décembre.

Deux jours plus tôt, Winston s'est fait opérer en urgence de l'appendicite. Il ne peut même pas se rendre dans sa circonscription de Dundee. Et c'est Clementine qui, avec son bébé de sept semaines, entre à sa place dans une campagne fiévreuse. Dès le lendemain, le journal local fait paraître une photo d'elle et Mary avec une légende pleine de fiel : « Mrs Churchill et son enfant non baptisé arrivent à Dundee. »

Outrée et bien décidée à défendre la réputation de son mari, elle se lance dans la bataille. Elle lui écrit :

> J'aurais le cœur brisé si tu n'es pas élu… Il me semble que ce que l'on te reproche c'est d'être un « belliciste » mais je te dépeins comme un ange de paix avec de petites ailes ébouriffées de part et d'autres de ton visage rebondi. Je pense que la ligne à suivre n'est pas tant d'écraser les travaillistes du Labour Party que d'essayer, avec ton talent, d'apporter une solution au problème du capital et du travail… La misère ici est effarante. Il y a des gens qui donnent l'impression de mourir de faim.

Elle prononce cinq discours enflammés mais une femme lui crache à la figure. Leur ami, le général Pears s'exclame : « Clemmie a été magnifique, comme une aristocrate conduite sur une charrette à la guillotine. »

Le 11 novembre, Winston arrive dans une chaise roulante pour clore la campagne. Le dernier jour, toute la famille traverse la ville dans une voiture tirée par quatre chevaux : en pure perte. Les travaillistes arrivent en deuxième position derrière les conservateurs. Après vingt-deux ans de vie parlementaire, le député Churchill battu garde son humour : « Je me retrouvai sans siège, sans fonction et sans appendice », écrira-t-il dans ses *Mémoires.*

En cette fin d'année 1922, tous les deux sont physiquement épuisés mais, pour une fois, à flot financièrement. Pour les cinq tomes de *The World Crisis* Winston a reçu une première avance de 9 000 livres[1]. En outre, il doit toucher une

1. 180 000 livres actuelles.

autre avance de 5 000 livres pour les droits américains et encore 5 000 livres pour qu'ils paraissent en feuilleton dans le *Times*. À l'époque, leurs revenus annuels nets d'impôts sont de 17 000 livres[1].

Ils décident de passer Noël avec les enfants sur la Côte d'Azur et louent une villa, Rêve d'Or, située sur les hauteurs de Cannes avec un grand jardin et une vue splendide sur l'Estérel. Ils y sont si bien qu'ils mettent leur maison de Londres en location et restent six mois dans ce paysage paradisiaque.

L'emploi du temps est invariable : le matin, promenade en mer sur le yacht de lord Beaverbrook, déjeuner ou dîner avec les Lavery ou les Balsan qui ont acheté un grand terrain sur la colline d'Èze à côté de la villa de la mère de Consuelo. L'après-midi Winston peint et fait un petit tour au casino après le dîner, puis il dicte ses mémoires à deux secrétaires en buvant quelques whiskies-soda jusqu'à deux ou trois heures du matin. Clementine s'occupe du bébé, organise des balades avec les enfants, les emmènent jouer au tennis ou rendre visite à lady Blanche installée à Monte-Carlo.

Fin janvier, Winston reconduit Randolph dans son école en Angleterre avant de rejoindre Londres, où il descend au Ritz. À Chartwell, les grands travaux ont commencé. L'architecte a dégagé la façade et ils ont décidé de construire plein sud une nouvelle aile sur quatre niveaux qui accueillera la salle à manger, puis au-dessus le grand salon, la chambre de Clementine, et au dernier étage la nursery. Côté ouest, toutes les fenêtres bénéficieront de la vue sur l'incroyable vallée qui les a tous séduits.

Pour l'instant, le rez-de-chaussée du vieux manoir n'est qu'un vaste de chantier mais Winston se pose déjà en châtelain : « Le plafond de la bibliothèque est à nu et c'est vraiment un très beau plafond à charpente apparente en chêne comme à Blois. On peut donc en faire une pièce de réception

1. 340 000 livres actuelles ou 474 000 euros.

supplémentaire dans le prolongement du salon et du boudoir. Lorsque toutes leurs portes sont ouvertes dans l'alignement, la longueur totale atteint presque 25 mètres. Tilden y tient beaucoup. Goonie et Jack viennent voir avec moi demain », écrit-il à sa femme. Toujours pratique, elle répond : « J'espère que la salle de couture n'a pas disparu dans le nouvel aménagement de la tour. À ne pas confondre avec la lingerie... Deux ou trois femmes de chambre y feront chaque jour de la couture. »

À Cannes, Mrs Churchill remporte une nouvelle fois le tournoi de tennis en double mixte organisé par la ville. Le *Times* publie une photo d'elle faisant un revers impeccable dont Winston la félicite. Dans la revue de presse concoctée par son secrétaire, il a vu aussi de ravissantes photos de Diana et Sarah prises lors de la bataille des fleurs au carnaval de Nice. Dans son lit, il travaille sur son livre dont il a pratiquement terminé le premier volume :

> J'ai tellement à faire que je ne quitte guère le Ritz que pour les repas... Demain je déjeune à New Court [la banque Rothschild] pour régler des affaires dans la City. Je vais me rendre dans les bureaux de Jack pour la première fois. Jeudi le prince de Galles déjeune avec moi au Buck's Club avec aussi Freddie Guest et Jack Wodehouse pour parler polo et politique.

À leur retour, début juillet, le « Rêve d'Or » de Cannes est bien terminé. Chartwell est toujours éventrée mais les travaux n'avancent guère. Manque de chance, dans le Kent, l'été est pourri. Ils doivent louer une maison à Westerham, la bourgade voisine typique avec ses pubs, sa grand-rue et ses cottages blancs et noirs bordés de fleurs. Hosey Ridge, vite rebaptisée « The Rosy Pig » surplombe le manoir ce qui permet de surveiller les allers et venues des maçons. Les enfants vont jouer dans le parc. Les vieilles écuries victoriennes accueillent déjà les chevaux de polo de Winston et ils peuvent aussi monter à cheval sous l'œil vigilant de Mr Best, le cocher des anciens propriétaires écossais qui restera à Chartwell jusqu'à sa retraite en 1932.

Depuis la mort de Marigold, ils ont mis au point un système de relais pour que les enfants ne restent jamais sans un de leurs parents. En août, Clementine dispute un nouveau tournoi de tennis à Cromer. Début septembre, son mari s'en va jouer au polo à Biarritz. Il fait la traversée à bord du *Flying Cloud*, splendide yacht de son ami Bendor qui une fois de plus le fait rêver : « Imagine un navire de commerce à quatre mâts, entièrement aménagé en chêne sculpté comme un petit manoir avec des portes d'entrée, des escaliers, et des tableaux ravissants. [...] Il peut loger seize invités. Nous sommes amarrés dans le port de Bayonne avec aujourd'hui un ciel radieux qui attend mon pinceau et ma boîte de peinture. »

Pendant ce temps-là, à Westerham, une pluie diluvienne stoppe encore les travaux et Clementine enrage devant les retards, l'incompétence de l'architecte et les devis beaucoup plus chers que prévus. À bout de nerfs, elle lui demande comment ils vont faire pour payer toutes les factures. Il tente de la rassurer :

> Ma bien-aimée, je te supplie de ne pas te faire de souci pour l'argent ni d'avoir un sentiment d'insécurité. Au contraire, les dispositions que nous prenons visent avant tout à la stabilité. Chartwell sera notre foyer. Il nous aura coûté 20 000 livres et en vaudra au moins 15 000. Nous devons nous efforcer d'y demeurer pendant de longues années et de le transmettre ensuite à Randolph... Si tu fais un rejet de Chartwell ou perd confiance ou proteste contre ton quotidien ou ton *pig* alors, cela ne peut que mener à davantage d'instabilité, à une remise à plat des projets et à de nouvelles dépenses et nouveaux soucis.

Sans se démonter, elle répond : « Ils n'ont même pas commencé à travailler sur la nouvelle aile avec la nursery, pas même un geste comme de planter des piquets pour la délimitation. Ma dernière visite remonte à dix jours et le seul progrès notable est l'arrachement des lauriers. »

Seule satisfaction, le premier tome de *The World Crisis* paru à l'automne 1923 connaît un énorme succès. Et pour payer les honoraires de l'architecte et les travaux colossaux, Winston écrit des tas d'articles sur tout et n'importe quoi : « Les dangers qui menacent l'Europe », « Comment j'ai échappé aux Boers », « Mes journées épiques avec le Kaiser », « Les stratèges devraient-ils opposer leur veto au tunnel sous la Manche ? »...

Mais à Downing Street, la valse des Premiers ministres continue avec ses inévitables nouvelles élections. Il décide de se présenter à West Leicester près de Birmingham. Clementine veut l'en dissuader. Il ne l'écoute pas. C'est la débâcle. Il arrive en troisième position après le conservateur et le travailliste. Partout les libéraux sont distancés.

À Noël, lord Derby leur prête son appartement parisien et ils s'en vont faire découvrir la ville-lumière aux enfants. Ensuite, Winston part chasser à Mimizan et Clementine découvre à Èze la splendide maison de Jacques et Consuelo Balsan que six frères italiens, tous maçons, ont construite en moins d'un an. Ses amis l'ont baptisée tout simplement *Lou Sueil*, qui signifie « le foyer » en provençal. Pour les plans, l'architecte Camille Duchêne, qui a travaillé à Blenheim, s'est inspiré de l'abbaye cistercienne du Thoronet, édifiée dans le Var au XIIe siècle, dont il a même reproduit le cloître. La vue époustouflante s'étale de Toulon jusqu'à l'Italie. Et dans le jardin en terrasses, cyprès, amandiers, prunus, arbres de Judée au feuillage écarlate et bronze se mélangent aux fleurs pour dessiner à chaque saison une ravissante tapisserie.

À Chartwell, les travaux n'avancent toujours qu'à la petite semaine même si Winston envoie à son habitude un communiqué de victoire :

> Le salon a ses deux couches de plâtre et la corniche est fixée. La salle à manger a reçu sa première couche et la pose des vitres est terminée sur toutes les portes-fenêtres… Dehors, le mur de l'allée est achevé… Les porcs, poneys et vaches se portent bien. La nouvelle truie va très vite mettre bas et j'espère pouvoir annoncer une grande famille. Vingt-quatre poussins ont éclos et d'autres sont attendus pour bientôt.

Une nouvelle fois, il est battu en mars 1924, lors d'une élection partielle dans la circonscription de l'abbaye de Westminster, place forte du parti conservateur. Pourtant Clementine, rentrée d'urgence, a envoyé à chaque électeur une lettre dans laquelle elle a écrit fièrement : « Excepté Mr Lloyd George, aucun homme politique n'a fait autant avancer les lois sociales que Mr Churchill. » Hélas, son adversaire conservateur l'emporte de 43 voix.

Enfin, à Pâques, ils peuvent déménager à Chartwell. Mais Winston s'y installe seul avec les enfants. Sa femme s'en va à Dieppe chez sa mère en compagnie de sa sœur Nellie et de son beau-frère Bertram Romilly :

> Il est sans doute extrêmement significatif, écrit Mary, que Clementine se soit absentée, à un moment où la plupart des femmes auraient considéré leur présence comme totalement indispensable et auraient été incapables de renoncer à l'émotion et à l'excitation d'emménager dans une nouvelle maison. Elle avait travaillé dur à superviser et à suivre les travaux et cela avait sans aucun doute également contribué à son épuisement mais son refus fondamental de croire au rêve de Chartwell a certainement joué un rôle au plus profond d'elle-même dans son absence à ce moment-là.

Le 17 avril, Winston dort pour la première fois dans son royaume. Plutôt, il campe car seul le gros œuvre est achevé. Peu importe, il est heureux et il ne le cache pas :

> C'est la première lettre que j'écris de cet endroit et c'est normal qu'elle te soit destinée… Le temps étant délicieux, nous passons toute la journée dehors à travailler dur dans des vêtements sales et ne prenons un bain qu'avant le dîner… Je bois du champagne à tous les repas et des tonnes de bordeaux et d'eau de Seltz entre les deux et la cuisine bien que simple est excellente. Le soir nous mettons le gramophone et faisons des parties de mah-jong avec ton jeu de pacotille… Tes marches sont presque finies au centre de la terrasse. Le parquet du salon est achevé et à demi-raboté… Tout s'épanouit maintenant que ce beau temps tant attendu est enfin là.
>
> *Rien ne manque dans cette verdure sereine*
> *Hormis la Chatte qui en est la reine.*
>
> J'espère bien ma chérie que tu passes de bons moments et que tu récupères vraiment. Comme j'aimerais que tu sois ici…

Elle répond :

> Mon Winston chéri, ta longue lettre décrivant tout ce que tu es en train de faire à Chartwell m'a fait extrêmement plaisir. Je l'ai lue et relue et elle m'a donné envie d'être là-bas avec toi. Si à l'avenir tu peux y passer des jours heureux et paisibles, cela compensera tous les efforts que tu y as investis. J'ai reçu de gentilles lettres de tous les enfants… Ils sont merveilleusement heureux. Ils vont s'attacher énormément à la maison et ce serait triste d'avoir à s'en séparer. Je ferai tout ce que je peux pour t'aider à la conserver.

Pendant l'été, elle s'en va quand même avec sa belle-sœur Goonie et les enfants respirer l'air de l'océan au pays de Galles, dans l'île d'Anglesey où ses cousins Stanley ont aussi une maison. Elles ont loué Tan-y-Graig, une grande bâtisse victorienne en granit gris aux boiseries et parquets sombres, avec des bonnes cheminées pour se réchauffer le soir et beaucoup de chambres pour loger tous les enfants et les nannies. Elle est surtout à proximité d'une longue plage de sable doré comme Clementine les adore.

À son retour, enfin elle s'attelle à la décoration de Chartwell. Et avec son goût exquis, elle métamorphose le vieux manoir en maison de famille. Pour les murs du rez-de-chaussée elle choisit comme d'habitude un ton uniforme, crème, lumineux. De grands tapis, de profonds canapés, des rideaux à fleurs rendent le salon extrêmement confortable. Dans la salle à manger, la table est ronde pour permettre à chacun de participer à la discussion. Et les fauteuils ont des bras pour qu'elle puisse se prolonger. Les bibliothèques du couloir sont pleines de ses livres français et parmi eux les romans populaires d'Hector Malot et de George Ohnet.

Au premier étage, les murs bleu pâle de sa chambre s'accordent parfaitement avec la couleur feu des rideaux en soie de son lit à baldaquin. Sur tous les murs, elle dispose des portraits ou des fusains de ses enfants. Et sur son bureau, une photo de sa chère Marigold avec un chapeau de soleil et une pelle à la main, prise une semaine avant sa mort, sur la plage de Broadstairs. De la petite disparue, elle ne parle jamais mais, souvent, elle se rend seule dans le grand cimetière. Sur la tombe, elle a fait ériger une jolie croix en pierre par le sculpteur Eric Gill qui en 1913 a réalisé les stations de chemin de croix de la cathédrale catholique de Westminster.

Avec sa large coiffeuse juponnée, sa chambre ressemble à un grand boudoir propice aux conversations avec ses filles. Mais le cœur de Chartwell bat dans le bureau de Winston. Au-dessus de la cheminée, trône évidemment une immense toile du château de Blenheim. En face, l'écrivain prolifique a placé une grande table de travail avec les photos de ses parents et de sa nanny Mrs Everest. Contre le mur de droite, un long pupitre lui permet d'écrire debout face au beau portrait de Clementine en manteau et chapeau sombre réalisé en 1915 par leur ami Lavery. À droite, une petite porte conduit à sa chambre spartiate de soldat. De l'autre côté de la cheminée, un escalier mène à la nursery.

Pour la première fois, à la grande joie des enfants, ils fêtent Noël à Chartwell au milieu de la neige avec un gros pudding, de bons feux de cheminée et des parties de cartes comme Winston en raffole : Goonie et Jack sont arrivés avec les trois cousins, Nellie et Bertram avec leurs deux fils. Dans la bibliothèque, Moppet, déguisée en Père Noël, allume les bougies du grand sapin entouré des cadeaux. Brendan Bracken, l'attaché parlementaire à la tignasse rousse et l'éloquence tumultueuse, anime avec Winston les dîners où les bouteilles de champagne se vident à toute allure. Les mauvaises langues disent qu'il est son fils naturel. L'ambitieux Irlandais ne dément rien, ce qui a le don d'exaspérer Clementine. Elle lui interdit de l'appeler Clemmie, diminutif qu'elle réserve à ceux qu'elle aime vraiment.

Pour le jour de l'an, arrive une nouvelle fournée d'invités : l'avocat irlandais sir Edward Carson et sa femme Ruby, l'ancien Premier ministre Arthur Balfour, Philip Sassoon et la vieille amie de Winston, Ethel Desborough, arbitre des bonnes manières et qui a malheureusement perdu ses deux fils Julian et Billy pendant la grande guerre. Premiers d'une longue liste d'amis et de célébrités qui au fil des années inscriront leurs noms dans le livre d'or : Lawrence d'Arabie, Charlie Chaplin, Léon Blum, le général Montgomery, le président Truman…

En parfaite maîtresse de maison, Clementine aime qu'il y ait des fleurs dans chaque pièce. Elle est attentive au moindre détail. Sans ménager sa peine, elle dirige une équipe de cinq personnes : maître d'hôtel, cuisinière, valet et deux femmes de chambre. Sans oublier Moppet aidée de la charmante Gladys dans la nursery, les deux secrétaires, le vieux cocher aux écuries, Mr Hill, le chef jardinier avec ses deux aides et les fermiers qui s'occupent du bétail. *Thank's God !* En cette fin d'année 1924, les tableaux de Winston représentant des vues de la Côte d'Azur sont exposés dans une galerie parisienne sous le nom de Charles Morin et six d'entre eux sont vendus un très bon prix.

Mais Clementine ne s'est pas trompée. Chartwell est une lourde charge tant du point de vue financier que physique. Si son mari en est l'heureux seigneur et maître, elle en est, à quarante ans, le laborieux chambellan. Lorsque, aujourd'hui, on visite le domaine, on réalise qu'être la femme de Winston Churchill est une tâche surhumaine.

Chapitre X

UNE FAMILLE BIEN ANGLAISE

Début janvier 1925, Clementine n'échappe pas à un nouveau déménagement. La famille s'installe au 11 Downing Street où Winston a été nommé chancelier de l'Échiquier par le Premier ministre conservateur Stanley Baldwin. Un ministère qui ne se refuse pas et que son père avait autrefois occupé avant de démissionner.

Après trois échecs sous l'étiquette libérale, ses trois amis conservateurs, Brendan Bracken, lord Beaverbrook et Frederick Smith devenu lord Birkenhead, « *The Three Terrrible B* » comme elle les appelle, l'ont poussé à se présenter à Eping dans un fief conservateur sans candidat conservateur en face de lui. Le 29 octobre 1924, il a été brillamment élu avec 9 700 voix d'avances. Au grand regret de sa femme, il est redevenu conservateur : « Tout le monde peut retourner sa veste, écrit le nouvel élu, mais il faut une certaine adresse pour la remettre à l'endroit. »

Clementine n'a même pas besoin de dépenser un penny pour acheter la robe d'apparat rouge bordée d'hermine du lord chancelier. Jennie a toujours refusé de vendre celle de lord Randolph, assurée que son fils la porterait un jour. Elle ne se plonge pas non plus dans le catalogue du mobilier de la Couronne. Car, nouveau crève-cœur, ils ont décidé de se séparer de leur belle maison de Sussex Square. Le bail est cédé pour 10 750 livres au commandant Harold Swithinbank, beau-père du futur ministre travailliste Stafford Cripps et heureux propriétaire d'un bateau à vapeur, le *Venetia,* sur lequel il salue l'équipage chaque fois qu'il y met le pied et entonne le *God Save the King*, quand il y donne un concert. Une partie des meubles partent à Chartwell, les autres au 11 Downing Street.

Le premier charme de cette maison toute simple en briques sombres est de jouxter la résidence du Premier ministre. Les fenêtres donnent sur le grand jardin du n° 10 et au-delà sur la place dédiée aux parades de la Garde à cheval. Comme dans toutes les maisons de la bonne société, la nursery est au second étage pour ne pas perturber les réceptions des parents. St James Park, à deux pas, est un merveilleux terrain de jeu pour Sarah, dix ans, et Mary, deux ans, qui vont nourrir les canards sous la garde de Moppet.

Au printemps 1925, Clementine emmène pour la première fois les deux aînés, Diana, quinze ans, et Randolph, treize ans, écouter leur père aux Communes. Une photo les montre tous les trois dans la rue. Sous leurs chapeaux-cloches, la mère et la fille se sourient gaiement. Randolph, en manteau et chapeau melon noirs, marche fièrement à leurs côtés. Car le budget proposé par le nouveau chancelier de l'Échiquier n'a rien de conservateur et tout pour plaire à sa femme : réduction de 10 % de l'impôt sur le revenu pour les plus défavorisés, baisse de l'âge de la retraite à soixante-cinq ans, la Sécurité sociale pour le plus grand nombre. Ces avancées seront financées par une augmentation des droits de succession et de douane. Winston veut aussi revenir à l'étalon-or symbole de la prospérité victorienne de l'Angleterre, ce qui lui vaut les critiques acerbes de l'économiste-star de l'époque, John Maynard Keynes, et les applaudissements enthousiastes de ses collègues conservateurs.

Ironie de l'histoire, malgré son salaire de 5 000 livres, le chancelier de l'Échiquier a bien du mal à payer ses impôts. Ce nouveau ministère auquel il avoue ne rien connaître lui donne tant de travail qu'il a dû arrêter la rédaction de ses mémoires. Hélas, avec les mois d'hiver, l'humidité fait déjà des ravages à Chartwell. Les cheminées fument, le toit fuit et il pleut dans la nursery, ce qui provoque des courts-circuits. Les experts convoqués sont effarés par l'état des murs où réapparaissent des taches de moisissure, plaie des anciens propriétaires.

Clementine s'en va retrouver le soleil à Èze dans la maison de Consuelo et Jacques Balsan où il ne manque ni un tapis d'Aubusson, ni un impressionniste au-dessus des cheminées. Elle ne cesse de répéter que c'est le paradis. Mais ce qu'elle apprécie par-dessus tout c'est la tendresse qui unit ce couple marié depuis quatre ans. Consuelo est une de ses grandes amies et confidentes. Malgré son immense fortune, la milliardaire américaine reste attentive aux exigences du progrès social. Avant guerre, elle a organisé chez elle une réunion au cours de laquelle, pour la première fois, douze ouvrières sont venues parler de leurs conditions de travail. Depuis 1919, elle fait partie du Conseil de Londres où elle s'occupe des logements insalubres d'un quartier de banlieue défavorisée. À Lou Sueil, les conversations sont toujours passionnantes. Le matin, Clementine va se promener dans les ruelles du village où les vieilles femmes portent encore leurs paniers de légumes sur la tête. L'après-midi, elle part avec ses amis visiter un musée dans l'arrière-pays.

De Londres, Winston, qui mène une guérilla épuisante avec ses défaillants fournisseurs de Chartwell, lui envoie un S.O.S le 15 mars 1925 : « Ma chérie… je suis fatigué et ai plutôt mal à la tête… Quand penses-tu être de retour ?… Je me sens moins vulnérable aux soucis et à la dépression quand tu es avec moi et que je peux m'ouvrir à ton tendre cœur… Tu es un roc. Je dépends de toi et me repose sur toi. Reviens-moi donc dès que tu pourras. »

Mais alors qu'une semaine plus tard sa femme de chambre boucle les valises, Clementine reçoit un télégramme de Dieppe, l'informant que sa mère est au plus mal. Elle se précipite. À son chevet, elle retrouve Nellie. Après la mort de Kitty et l'enterrement de Bill, la ville normande est pour la troisième fois témoin de son chagrin. À la différence de la bonne société anglaise qui a fermé ses portes à la volage lady Blanche, Winston s'est toujours amusé de l'originalité et du tempérament de sa belle-mère. Il écrit à Clementine une longue et tendre lettre :

> Quand je repense à tout le courage et à toute la ténacité et à toute l'abnégation dont elle a fait preuve au long de ces dures années où elle se débattait pour t'élever avec Nellie et Bill, je constate quelle authentique mère et quelle femme d'exception elle s'est révélée et j'en suis d'autant plus heureux et fier de penser que son sang coule dans les veines de nos enfants.

Lady Blanche ne possédait rien, à part deux petites maisons qu'elle louait pour assouvir sa fringale d'émotions autour du tapis vert. Dans son testament, elle les lègue aux Romilly, l'une à Nellie, l'autre à son fils aîné Giles afin qu'il paye les frais de ses études. Son gendre Bertram Romilly, blessé à la tête pendant la guerre, ne supporte aucun bruit et a dû interrompre sa carrière militaire.

À Chartwell, les ennuis continuent. L'électricité est complètement à revoir et l'entreprise Hopes & Sons est incapable de concevoir pour la salle à manger de plain-pied avec le jardin une porte qui s'ouvre à la fois de l'intérieur et de l'extérieur. Le patron Henry Hopes finit par se rendre à Downing Street pour en faire le dessin avec le chancelier de l'Échiquier. Depuis huit mois que Winston est ministre, le manoir n'a pratiquement pas été occupé. Dans chacune de ses lettres il affirme qu'il n'a qu'une envie : être à Chartwell mais la vérité est qu'il n'a pas une seconde pour s'y rendre.

Clementine, excédée, envisage très sérieusement de louer la propriété pendant les mois de juillet et d'août 1925, 70 guinées la semaine, à un certain McCormick qui paraît intéressé. Elle suggère à Winston de la mettre dans les mains de leur agent immobilier ce qui lui permettrait de passer l'été en France dans une grande villa à Dinard comme les Grant Forbes, leurs voisins de Westerham, d'aller visiter les châteaux de la Loire et pourquoi pas Venise et Florence. De vraies vacances, enrichissantes pour les enfants !

Finalement, elle passe l'été à Chartwell où défile un flot ininterrompu de cousins, d'amis et de voisins qui viennent déjeuner ou dîner : les Astor sont à Hever, Victor Cazalet, parrain de Mary, arrive de Fairlawne House pour jouer au tennis, Frederick Smith amène son fils qui a l'âge de Randolph... Sans compter les habitués : Eddie Marsh, Brendan Bracken, lord Beaverbrook et Frederick Lindemann, un physicien d'Oxford pour lequel Winston s'est pris de passion et que tout le monde appelle « le Prof ».

Jusqu'à sept ans, enfants et cousins prennent leur repas sur une table séparée avec leurs nurses. Puis ils sont admis à la table des grands où déjeuners et dîners s'éternisent. Winston, dont la mémoire est prodigieuse, récite des poèmes ou de longs passages de l'historien Macaulay. Les enfants ont le droit de parler mais chacun à son tour et en s'exprimant correctement. Diana et Sarah, intimidées, ouvrent rarement la bouche. Randolph, lui, ne cesse d'interrompre la conversation des grands par des réflexions qui font la joie de son père.

Chaque été, Clementine fait venir une gouvernante française pour leur enseigner la grammaire. Et chaque après-midi, quand ils prennent le thé, le français est de rigueur. Elle tient à ce qu'ils soient parfaitement bilingues, comme il est de tradition dans sa famille. Mary se souvient de l'impatience de sa mère lorsqu'elle lisait avec elle un livre en français. Ce jour-là, pour la seule fois de sa vie, elle a reçu une gifle.

Toujours impeccable, Clementine aimerait tant que tout soit parfait. Elle s'énerve de voir que Diana ne range jamais sa chambre et que Randolph ne songe qu'à séduire les sœurs de ses amis. Elle voudrait que ses enfants fassent plus de sport. Elle organise des randonnées à cheval, des tournois de tennis. Elle tente de mettre les deux aînés au golf, dépense une fortune pour l'inscription et les clubs. En pure perte. Ils ne s'y rendent jamais. Sarah, elle, passe ses journées avec son cousin

Peregrine dans une cabane construite par son père au milieu d'un grand chêne.

Winston a adopté la combinaison bleue des terrassiers. Il ne cesse d'agrandir un cottage, planter des arbres fruitiers, acheter de nouveaux animaux pour la ferme. Par-dessus tout, il adore défricher et, quand il a fini, il organise des grands feux de joie. Moppet apporte des pommes de terre qu'elle fait cuire sous la cendre au milieu des animaux : chevaux, chiens, chats, cygnes, canards, oies, poules, perruches, agneaux que Mary nourrit au biberon : « Mon père adorait les animaux… ma mère les tolérait », dit-elle. Clementine déteste que les chiens lui sautent sur les genoux et salissent ses robes blanches. Ses enfants la surnomment « *The Goddess* », la déesse. Même pour aller dans le jardin, elle s'habille, porte une robe à manches longues et un chapeau pour se protéger du soleil.

Dans ses mémoires, Mary Soames raconte que la journée de sa mère commence tôt le matin par la lecture du *Times* avec des gants blancs pour ne pas se salir les mains avec l'encre des journaux :

> Une succession de visiteurs faisaient leur apparition. Sa femme de chambre, une secrétaire avec un message, ou papa arrivant sans cérémonie simplement vêtu d'une veste de nuit en soie (extrêmement mini), tenant sa copie du *Times* et généralement protestant sur le contenu d'un article. Il en discutait avec Maman (qui habituellement avait déjà repéré le passage offensant), avant de repartir en coup de vent… Plus cérémonieuse était la conférence quotidienne avec la cuisinière, qui en tablier blanc immaculé, portant le livre des menus, approchait une chaise pour s'asseoir près du lit.

La conversation avec Margaret dure parfois si longtemps que Mary part se cacher dans la grande armoire au milieu des robes de soie et de taffetas délicieusement parfumées que la femme de chambre prend grand soin de repasser et d'étaler sur le lit avant le dîner : « Ma grand-mère était la femme la plus élégante que j'ai jamais vue », affirme son petit-fils Nicholas Soames. Clementine s'achète parfois un ensemble chez Molyneux, son couturier préféré, ou prend rendez-vous chez Norman Hartnell, l'étoile montante de la mode. Mais le plus souvent, elle dessine elle-même les patrons qu'elle fait coudre dans la lingerie, comme les robes des filles, par les femmes de chambre.

En tout, Moppet est sa fidèle adjointe. C'est elle qui trouve une solution pour que l'été les deux dernières profitent quand même du bon air de la mer. Sa mère possède à Buck's Mills, un village de pêcheurs au bord de la côte sauvage du Devon, deux cottages accrochés à la falaise. Quand elle y part en vacances, elle y emmène Mary et Sarah qui souffre toujours de la gorge. Les fillettes adorent les grandes promenades dans le vent mouillé d'embrun, suivies d'un chocolat chaud. Et le soir, bien que la maison ait l'électricité, la douche dans le tub devant la cuisinière.

Dès qu'elle le peut, Clementine se met au volant de sa voiture pour les rejoindre. Comme il n'y a pas de lit pour elle, elle se rabat sur une chambre à l'hôtel Buck's Cross dans la rue principale. Moppet et les deux filles passent la prendre le matin et elles partent pour de grandes balades sur la falaise, des baignades dans la mer. Parfois, elle les emmène déjeuner chez son ami parlementaire George Edward Stucley, propriétaire d'Hartland Abbey, une fameuse abbaye du XIIe siècle. Les filles enfilent une jolie robe et doivent se tenir correctement à table. Elles préfèrent de loin aller à Clovely, un petit port avec une rue tellement en pente que seules les voitures à âne sont permises. La promenade se termine chez le marchand de glaces.

À l'automne, rien ne s'arrange à Chartwell où la nouvelle aile menace maintenant de s'écrouler. De grandes fissures sont apparues dans le plafond du salon. À l'étage supérieur, dans la salle de bains, le bidet de Clementine s'est fendu dans toute sa longueur. Le 26 janvier 1926, l'architecte Tilden écrit à ses experts : « Mrs Churchill qui a une très grande influence sur Mr Churchill pense que la maison est en train de s'écrouler. » Cette fois Winston s'alarme vraiment car cette nouvelle aile mesure 10 mètres de haut. Il met le dossier dans les mains d'un avocat. Mais l'architecte accuse le mauvais travail du charpentier local Wallace qui en retour met en doute la qualité des fondations.

Au printemps, après son séjour annuel à Èze, Clementine s'offre une escapade à Rome en compagnie de Goonie. Les deux belles-sœurs logent à l'ambassade où lady Sybil Graham leur organise un thé privé avec Mussolini, homme fort de l'Italie depuis quatre ans. Le bellâtre dédicace à Mrs Winston Churchill, une photo dont toutes les femmes de l'ambassade sont jalouses et qu'elle garde précieusement avec l'intention de la poser en bonne place dans le salon de Chartwell : « Lorsqu'il est entré tout le monde s'est levé (y compris les femmes) comme si c'était un roi. Impossible de faire autrement… Il vous remplit d'une terreur agréable. Vous avez immédiatement l'impression qu'il vous faut absolument faire quelque chose pour lui ou, tout au moins, vous empresser d'exaucer ses vœux. » Elle va même l'écouter au milieu de cinquante mille Italiens hystériques lors d'un meeting en plein air. Winston lui répond : « C'est sans aucun doute l'un des hommes les plus extraordinaires de notre temps. Je suis content que tu l'aies rencontré et aies pu te faire une opinion personnelle de lui. » Pour une fois, l'instinct de Clementine l'a fourvoyée. Elle est tombée sous le charme du « César de carnaval » comme le qualifiera le futur chef du gouvernement français Joseph Paul-Boncour. Les Churchill changeront d'ailleurs d'avis en 1935 lorsque leur « grand homme » envahira l'Éthiopie. Clementine jettera alors la photo au fond d'un tiroir.

Durant trois semaines, elle passe à Rome des vacances comme elle les aime avec chaque jour une passionnante visite des thermes de Caracalla, du Forum, de la chapelle Sixtine… Avec Goonie, elle escalade le mont Palatin, dîne avec le ministre des Finances Giuseppe Volpi et sa femme qui le lendemain les emmènent à Tivoli visiter la Villa d'Hadrien. Le 1er avril, elle fête ses quarante et un ans et ses quatre enfants lui ont écrit. À Chartwell, Mary fait rire toute la famille en s'écriant devant son oncle Jack : « Maman en avait assez de moi, alors elle est partie en Italie. »

À son retour, le pays est au bord de la guerre civile. Les mineurs refusent une diminution de salaire qu'exige le patronat. Pour les soutenir, une grève générale paralyse l'industrie et les transports. Le royaume peut se croire à la veille d'une révolution d'octobre. Mais Londres n'est pas Moscou. Des milliers de volontaires retroussent leurs manches pour conduire trains, métros et assurer les services vitaux du pays. Winston fait imprimer une *British Gazette*, journal de crise distribué à plus de deux millions d'exemplaires et rédigé par une petite équipe de volontaires. Clementine ouvre pour eux une cantine. Après neuf jours, les syndicats acceptent les conditions d'un médiateur et chacun retourne à son travail.

À Chartwell, rien n'est réglé, loin de là. Dans la nouvelle aile, des plaques de plâtre se détachent des murs. L'une d'elles tombe du plafond alors que la veille trois femmes de chambre cousaient au même endroit. La cuisinière se plaint aussi d'une humidité anormale. Mais finalement les conclusions des experts dûment convoqués par l'architecte et Winston sont rassurantes. Les fondations sont impeccables, les fissures proviennent du plâtre qui a mis du temps à sécher. L'humidité qui a sévi tout l'été de la construction de la nouvelle aile n'a rien arrangé. Des travaux sont exécutés. Mais un autre problème se pose. Qui va payer les factures ? D'autant que les honoraires de l'architecte qui réclame 7,5 % sur les constructions neuves, ce que Winston juge exorbitant, ne sont toujours pas réglés.

Durant tout l'été 1926, la maison ne désemplit pas. Diana et Tom Mitford sont venus rejoindre le peloton des cousins, oncles et tantes. Les Churchill les préfèrent aux Romilly, Giles et Esmond, que tante Nellie s'obstine à toujours appeler « Mes chers anges Gy-gy et Ese-wee ». Comme Randolph, Tom étudie à Eton. De trois ans son aîné, il est censé avoir une influence bienfaisante sur son cousin déjà amoureux des yeux bleus impérieux de l'ensorcelante Diana que Winston, amusé, surnomme « Dynamite ».

En comptant les domestiques, pas moins d'une quarantaine de personnes prennent chaque jour leurs repas qui comportent invariablement une entrée, un poisson, un plat de viande, des fruits et du fromage servi avec un verre de porto. À l'heure du thé, Alfred, le valet, apporte des jattes de fraises à la crème comme en Normandie.

Hélas, les quelques cochons de la ferme vendus au boucher de Westerham sont loin de compenser les livraisons quotidiennes de rôtis, bacon et saucisses. Chez leurs fournisseurs, les Churchill ont la réputation d'être de mauvais payeurs au grand agacement de Clementine. Un chancelier de l'Échiquier ne devrait-il pas être le premier à montrer l'exemple ?

À la demande de sa femme, à la fin de l'été 1926, Winston établit pour Chartwell un plan draconien d'économies :

> Plus aucune invitation sauf Jack, Goonie et leurs enfants en septembre. Plus d'achat de champagne. Sauf instructions particulières seul du vin blanc et du vin rouge ou du whisky-soda seront servis au déjeuner ou au dîner. Le registre de cave me sera montré toutes les semaines. On n'ouvrira plus de porto sans autorisation spéciale. La consommation de cigares sera réduite à quatre par jour. Aucun ne sera mis sur la table sauf ceux qui seront sortis de mon étui. Il est très courant de n'offrir que des cigarettes. Aucun fruit ne sera commandé. Pas de crème sauf autorisation spéciale. Quand nous sommes seuls nous n'avons pas besoin de poisson. Le fait que nous fassions ces économies devrait permettre d'instaurer un régime plus strict dans la salle à manger des domestiques. Les frais de blanchisserie peuvent sans aucun doute être diminués… Deux chemises blanches par semaine devraient parfaitement me suffire pour dîner à la campagne.

Évidemment un plan aussi ambitieux reste lettre morte. Clementine a juste gagné sur un point : il n'est plus question de s'adonner à des activités agricoles. Le gros bétail de la ferme est vendu ainsi que les chevaux de polo qui s'en vont avec le garçon d'écurie. Mais elle ne se fait aucune illusion. Les seules factures de porto, cigares et champagne Pol Roger dont Winston ne peut se passer à table équivalent au total des dépenses ménagères.

En juillet 1926, Diana a fêté ses dix-sept ans. À son âge, Clementine passait quelques mois à la Sorbonne. Comme lady Blanche, Sydney Mitford a loué une maison à Paris avec ses filles. Clementine n'en a guère les moyens. Et puis, comment abandonner Winston, ses dîners et réceptions du 11 Downing Street ? Mais pendant quatre mois, Diana va vivre dans une famille, les Bellaigue, qui la reçoivent en *paying guest*.

Pour commencer sa mère l'emmène à Dinard chez les Grant Forbes. Puis elles passent trois jours merveilleux à arpenter le Louvre, Montmartre et Montparnasse où règnent désormais les surréalistes. Tradition oblige, un soir, elles vont dîner chez Voisin : « Une fois l'école finie, Clementine se sentait plus proche de ses filles, explique Mary. Elle les emmenait en voyage et c'est au cours de ces vacances que notre mère était la plus gaie car elle adorait visiter. Avec elle, cela restait toujours un plaisir car elle prenait garde à ne jamais rester trop longtemps dans les galeries ou les musées. » Ensemble elles découvrent ce Paris des années folles qui tente avec insouciance de tourner la page de la Grande Guerre. En 1922, Victor Marguerite a publié son roman *La Garçonne*, une femme indépendante aux cheveux courts que la nouvelle prêtresse de la mode, Coco Chanel, habille de longs pulls en jersey et de jupes au mollet.

À son retour, Clementine adopte cette coiffure crantée qui met en valeur son visage parfait. Et c'est tellement pratique ! Nul besoin de passer cent coups de brosse pour faire briller les cheveux, ni d'une femme de chambre pour le chignon sophistiqué du dîner, ni de toutes ces épingles qui donnent mal à la tête. Diana écrit :

> *Darling Mummy*, je viens de recevoir une lettre de Randolph qui m'a appris une nouvelle intéressante : que vous avez coupé vos cheveux. Alors Mummy, vous devez absolument me laisser aussi couper les miens… Tout le monde à Paris m'a persuadée de le faire car ils disent presque tous qu'ils sont trop longs pour ma petite taille… Et aussi, je souffre le martyre avec mes chapeaux, même le nouveau… En ce qui concerne papa, je suis sûre que cela lui importe peu. Je lui écrirai pour lui demander mais je suis sûre que vos arguments seront meilleurs que les miens.

Sur l'éducation de ses enfants, Winston reste ultraconservateur. Il s'occupe personnellement de Randolph qu'il élève comme un fils de duc et il s'avoue très attaché aux longues boucles cuivrées de ses filles. En 1928, il s'abstiendra lors du scrutin accordant aux femmes le droit de vote comme aux hommes, à vingt et un ans. Clementine pensera que c'est une erreur dont ses électrices lui tiendront rigueur. Et bien sûr, elle autorise Diana à se couper les cheveux. Quatre jours plus tard, nouvelle lettre : « Tous disent que je suis beaucoup plus jolie. J'ai juste dit *good night* à mon ancienne queue de cheval et quand je la regarde, je me sens devenir poète. Je viens juste de composer un poème qui commence par : "*Goodbye my Golden Glory*". »

Pour la première fois, Clementine et Winston ne passent pas les fêtes de Noël ensemble. Il est à Blenheim. Mais elle supporte mal les extravagances de Gladys Deacon, nouvelle duchesse de Marlborough, qui a transformé le grand hall du palais en chenil pour son élevage d'épagneuls. Pour une fois, c'est elle qui préfère rester à Chartwell avec les enfants. Il y a tant de neige qu'ils font de la luge et construisent un igloo. Début janvier 1927, Winston part avec son frère Jack et leurs deux fils en croisière à Malte. Ils visitent Naples, Pompéi,

Rome où ils rencontrent Mussolini. Randolph accompagne son père à l'audience du pape.

Au printemps, Diana fait son entrée dans le monde. Comme toutes les jeunes filles de la bonne société, elle doit se rendre à Buckingham Palace. Dans le salon du 11 Downing Street, avec trois plumes dans ses cheveux crantés et un drap blanc sur les épaules en guise de traîne, elle répète sa révérence devant sa sœur Mary qui pouffe de rire. Clementine joue les chaperons, un rôle qui ne l'enchante guère. Diana a un joli visage mais elle est loin d'être un boute-en-train comme sa sœur Sarah. Elle voudrait s'inscrire dans une école de théâtre, ce que Clementine trouve ridicule compte tenu de son caractère effacé. Lors d'un séjour en Irlande, la jeune fille se plaint à sa tante Leslie de n'avoir pas encore de soupirant attitré. Sa cousine Diana Mitford, pourtant d'un an plus jeune, ne les compte plus, à commencer par le doux et blond Brian Guinness, fils de leur ami Walter Guinness et héritier à vingt-deux ans d'une des plus grosses fortunes du royaume.

Pour lui donner de l'assurance, sa mère l'emmène découvrir le monde. À Venise, elles descendent au Grand Hôtel du Lido. L'eau est délicieuse et elles se baignent chaque jour. À Florence, elles visitent les musées dont Clementine connaît tous les chefs-d'œuvre pour les avoir vus à maintes reprises avec sa mère et sa grand-mère d'Airlie. Elles se rendent chez Alice Keppel qui habite Villa dell'Ombrellino où Galilée étudiait le ciel. Le 30 octobre, chez le richissime Arthur Acton, elles déjeunent au milieu des cyprès et des statues Renaissance. Le collectionneur d'art a eu la bonne idée d'épouser la fille d'un banquier de Chicago. Leurs deux fils sont là. Harold, écrivain et poète, a fait ses études à Eton et à Oxford où il est devenu le meilleur ami d'Evelyn Vaugh qui lui a dédié son premier roman *Grandeur et Décadence*. Clementine les juge lui et son frère « déplaisants et inquiétants ».

Pour la nouvelle saison, elle entame avec Diana un nouveau round de réceptions dont elle se plaint amèrement. Pendant l'hiver, à la suite d'une mastoïdite, elle a subi une opération grave et très douloureuse et elle souffre encore affreusement de l'oreille. Faute de se trouver un mari, sa fille a fini par s'inscrire dans une école d'art dramatique.

En novembre, le *Times* annonce les fiançailles de Diana Mitford avec Bryan Guinness. Clementine envoie aussitôt une lettre de félicitations au père du fiancé, Walter qui travaille avec Winston au ministère des Finances. Le 30 janvier 1929, dans une robe blanche et lamée argent, Diana est demoiselle d'honneur au mariage de sa cousine Diana Mitford célébré à St Margaret's Church devant une foule immense et une nuée de photographes. Toute la famille assiste à la réception dans la nouvelle maison des Mitford au 26 Rutland Gate près de Hyde Park. La jeunesse dorée de Londres danse toute la nuit au milieu des valets en uniforme bleu.

Quatre mois plus tard, le royaume vote encore ! Clementine loue une maison à Eping, la circonscription de Winston. Pour la première fois, Randolph prend la parole à un meeting. Et les trois filles portent sur leurs chapeaux des rubans aux couleurs de leur père. Il est réélu mais le Premier ministre conservateur Stanley Baldwin n'a plus de majorité. Il laisse sa place au travailliste Ramsay MacDonald. Winston n'est plus chancelier de l'Échiquier.

La famille quitte le 11 Downing Street et Clementine organise le nouveau déménagement. Les meubles sont rapatriés à Chartwell. Winston, désormais sans salaire, décide de donner pendant trois mois une série de conférences très bien payées aux États-Unis et au Canada. Il part avec son frère Jack et leurs deux fils. Clementine, tout juste opérée des amygdales ne peut les accompagner. Elle passe l'été avec ses trois filles à Chartwell. Heureusement, entre une visite chez Philip Sassoon et une autre à Dieppe chez Nellie, les vacances passent comme un éclair. Une nouvelle gouvernante française est arrivée pour quatre semaines. Avec ses cheveux argent, l'élégante Mme L'Honoré ressemble à la marquise de Pompadour et fait l'unanimité chez les amis de Diana. Elle n'arrête pas de les faire rire à l'heure du thé.

Le 15 août, Winston écrit : « Montréal a acheté 600 exemplaires de mon *The World Crisis* et mon contrat prévoit que je touche 1 dollar sur chaque. Si cela continue, nous allons faire des bénéfices inattendus. » Avant de partir, sur les conseils de son ami le grand industriel Harry McGowan, il a négocié avec la Lloyd's une ligne de crédit de 9 000 livres pour spéculer en Bourse. Il a déjà gagné 5 000 livres. À New York il rencontre Percy Rockfeller. Son ami le banquier Bernard Baruch donne en son honneur un grand dîner avec cinquante personnalités de la Bourse qui tous boivent à la santé du futur *Millionaire*.

Un mois plus tard, Wall Street s'effondre provoquant le krach du « jeudi noir ». En une journée, le joueur Winston Churchill perd 40 000 livres, trois années de revenu. À Clementine venue le chercher à la gare, il annonce qu'ils sont ruinés.

Chapitre XI

UN MARI QUI ÉCRIT

Never surrender : Clementine sait bien que c'est la devise de Winston. Elle le restera jusqu'à la fin de leurs jours. La débâche de Wall Street exige d'adopter immédiatement une mesure de crise : la fermeture de Chartwell dont la chaudière, les mois d'hiver, engloutit des tonnes de charbon. Les canapés et les chaises sont recouverts de draps blancs. Moppet et Mary émigrent dans le cottage que Winston a construit pour y loger le maître d'hôtel. La fillette est inscrite à l'école voisine de Limpsfield. Sarah s'en va en pension à Broadstairs, la triste plage où Marigold est morte.

Pendant l'été Clementine a prévu de louer à Londres la maison de Venetia devenue trop grande pour sa cousine dont le mari Edwin Montagu est mort. Mais avec la crise, plus personne ne donne de grands dîners. Comme eux, beaucoup de leurs amis ont perdu leur fortune à la Bourse. Les Churchill ne la gardent que deux mois jusqu'en décembre 1929. Ils sont bien soulagés lorsque Alfred, le valet, leur annonce qu'il a demandé en mariage Gladys, la femme de chambre, et que tous deux partent s'occuper d'un zoo. Ils n'ont pas besoin de les licencier.

Désormais, ils descendent au Goring Hotel. Évidemment, ce n'est pas le Ritz. Mais il est central et permet d'aller facilement à Westminster. Lors des sessions parlementaires, ils louent un appartement meublé. Dans sa biographie, Mary Soames raconte qu'un jour, sans pouvoir dater avec précision l'épisode, sa mère s'est séparée d'une grosse chaîne donnée pour leur mariage par la tante Cornelia Wimborne. Clementine pensait qu'elle était sertie de pierres de lune, en fait c'étaient des diamants. Elle l'avait fait monter en collier avec un pendentif en rubis et diamant, cadeau de Winston. L'ensemble était absolument ravissant : « Dans un moment de panique financière, elle a vendu le collier pour régler les factures de la maison. Quand il l'a découvert, Winston s'est précipité chez le joaillier mais c'était trop tard. »

Le pays compte deux millions de chômeurs et leur nombre ne cesse d'augmenter. Au printemps, de nouvelles élections balaient les conservateurs du gouvernement. Churchill, qui a gardé son siège, fait partie du *Shadow Cabinet.* Mais très vite il désapprouve la position de son parti sur la grave question du moment : l'Inde. Le 12 mars 1930, Gandhi a entamé sa Marche du sel pour arracher l'indépendance. Dans tout le pays, les manifestations contre les fonctionnaires de la couronne britannique se multiplient. Le leader conservateur Stanley Baldwin est d'accord avec le Premier ministre travailliste Ramsay MacDonald pour ouvrir des discussions avec le *Raj.* Pour Winston, viscéralement attaché à l'empire qu'il a découvert, jeune militaire, dans toute sa splendeur victorienne, c'est évidemment inacceptable. En janvier 1931, il donne sa démission du *Shadow Cabinet.*

À Chartwell, son grand bureau est la seule pièce de la maison qui ne soit pas fermée. Désormais, il y passe ses journées et surtout ses nuits à écrire et dicter. Mrs Pearman arrive pour épauler sa secrétaire Margery Street. Car il a trois livres en train.

Sur les conseils de Lawrence d'Arabie, il s'est lancé dans une biographie de son ancêtre, le duc de Marlborough pour laquelle il a touché 6 000 livres d'à-valoir. Brendan Bracken qui dirige désormais la rédaction de *The Economist* lui a fait signer un contrat pour un sixième volume de *The World Crisis* concernant le front russe pendant la Grande Guerre. Il relit aussi les épreuves de *My Early Life* commencée deux ans plus tôt sur ses années en Inde, en Égypte, en Afrique du Sud.

Pour se détendre, il enfile sa tenue de terrassier et construit un mur autour du potager et ajoute même un petit cottage où Mary peut jouer à la dînette avec Moppet et ses amies d'école. À ses invités ébahis, il annonce avec son sourire angélique : « 2 000 mots et 200 briques par jour. » Durant l'été, leur ami Harold Nicholson vient leur rendre visite. Lui-même écrivain et journaliste, marié en 1913 avec la romancière Vita Sackville-West, grande amie de Virginia Woolf, il rend hommage à son rendement.

Dès septembre, *My Early Life* remporte un vif succès. Les lecteurs adorent ce charmant livre de mémoires dans lequel Winston déploie tout son talent et son humour pour faire revivre l'empire de sa jeunesse, et qui se termine par cette phrase : « Des événements ne devaient pas tarder à se produire dans le domaine fiscal qui allaient m'entraîner dans de nouveaux combats et absorber toutes mes pensées et toutes mes forces en tout cas jusqu'en septembre 1908, date à laquelle je me mariai, pour couler ensuite des jours heureux. »

Hélas, fidèle témoin de ce bonheur, son cher Frederick Smith meurt à cinquante-huit ans d'une cirrhose du foie le 30 septembre 1930. Avec sa femme, il a assisté à leur rencontre chez lady St Helier et à leurs fiançailles à Blenheim. Clementine envoie aussitôt un petit mot de condoléances à son épouse Margaret : « Winston a pleuré », écrit-elle.

Randolph ne cache pas non plus sa peine. Frederick Smith était son parrain et il a guidé ses pas à Oxford. Souvent, le grand avocat l'a reçu chez lui avec ses amis. Au cours de ces soirées très animées, il lui a appris, hélas, à boire et à jouer, mais aussi comment dompter un auditoire !

En octobre, à mi-parcours de ses études, le jeune homme, qui a hérité des talents d'orateur de son père et de son parrain, donne devant l'Oxford Union, une conférence stigmatisant la politique égyptienne du gouvernement travailliste. Comme toujours, il s'est contenté de reprendre les arguments de Winston entendus à la table familiale mais le *New York Times* en fait un compte rendu si dithyrambique que l'étudiant au patronyme célèbre est invité à faire une tournée de conférences aux États-Unis. Elle est très bien payée et il décide aussitôt d'accepter. Il a 700 livres de dettes de jeu.

Sa mère est loin d'être emballée par ce voyage. Clementine est certaine que s'il abandonne ses études, il ne les reprendra jamais. Elle déteste le côté hâbleur de son fils. Après avoir bu trop de champagne, Randolph a déclaré un soir qu'il serait bientôt le plus jeune Premier ministre de l'histoire de l'Angleterre… Mais il ne possède ni la culture, ni la phénoménale énergie, ni l'intelligence politique de Winston et ses grands discours contre le *Times* et les conservateurs provoquent souvent la colère de son père : « La seule chose dont je me souvienne de Randolph, à Chartwell, ce sont des éclats de voix et des portes qui claquent », écrit sa sœur Mary.

N'écoutant rien ni personne, l'étudiant obtient de son collège d'Oxford un congé d'un trimestre et, fin octobre, il embarque pour New York. Un mois plus tard, les journaux parlent déjà de ses fiançailles avec une certaine Kay Halle, une Américaine de Cleveland dans l'Ohio. Il a tout juste dix-neuf ans et ses parents sont atterrés. Winston demande à son ami Bernard Baruch d'enquêter sur la famille. Rivé à sa table de travail, il ne peut se déplacer. Son éditeur américain Charlie Scribner lui reproche déjà de n'avoir pas encore rendu le manuscrit de son *Duc de Marlborough*.

Clementine, toujours partante pour quitter Chartwell et découvrir le monde, écrit à son fils le 21 décembre :

> Papa m'a très gentiment proposé une toute petite voiture comme cadeau conjoint de Noël et d'anniversaire. Mais j'ai pensé que si l'idée te plaisait, je pourrais dépenser cet argent pour vous rendre une visite éclair à toi et à New York ?… J'adorerais venir

> t'écouter faire tes conférence. Je suis très impatiente et excitée rien qu'à cette pensée. Cela amuse papa, même s'il est plutôt outré à l'idée que je me rende en Amérique sans lui ! Mais je crois que je préfère y aller seule plutôt que dans les bagages d'un homme célèbre !

Bonne fée de leur bonheur, sa grand-tante, la chère lady St Helier, meurt à son tour le 25 janvier 1931. Et avec elle, se tourne définitivement une page de la vie de Clementine. Celle de la jeune femme timide et éblouie. Quinze jours plus tard, elle monte à bord du paquebot allemand *Europa,* lancé l'année précédente à Hambourg à grand renfort de publicité. Premier transatlantique à mazout, il a décroché, à la barbe des Anglais, le Ruban bleu pour sa traversée inaugurale en 4 jours, 17 heures et 6 minutes. Cette fois, une violente tempête dans le brouillard fait tanguer violemment et retarde le monstre d'acier mais laisse à Clementine tout le loisir d'étudier les pulsions de l'âme germanique. Avec ses longs favoris et sa barbe fournie le commandant est un sosie de l'amiral Tirpitz, créateur de la marine de guerre allemande. Un soir, elle dîne à sa table : « Je me demande ce qu'il a fait, lui, pendant la Grande Guerre, écrit-elle à Winston. Peut-être a-t-il coulé le *Lusitania.* » Elle n'ose pas lui poser la question. Elle se contente d'écouter une certaine baronne von Hindenburg, cousine du maréchal von Hindenburg, ancien chef d'état-major des armées du Kaiser et désormais président d'une République démocratique qui croule toujours sous ses dettes, annoncer qu'elle se rend en Amérique pour une tournée de conférences sur « l'Allemagne moderne ». Aux élections de septembre, les nazis sont devenus le deuxième parti du Reichstag avec à leur tête un certain Adolf Hitler qui veut remettre son pays au centre de l'Europe : « À mon avis, on ne devrait jamais recommencer à affronter les Allemands. Je suis certaine qu'ils gagneraient. En fait, on ne les a pas battus en 1918. Ils ont juste été étouffés par le nombre », écrit Clementine.

Dès son arrivée à New York, Randolph monte à bord tout heureux de revoir sa mère. Moins de deux heures plus tard, alors qu'ils se rendent à l'hôtel, il lui parle déjà de son désir de se marier en octobre avec Kay. Quelques jours plus tard, Clementine rencontre la jeune fille au milieu des nombreux amis de son fils. La veille, Bernard Baruch l'a appelée pour lui dire que Mr Halle est juif, riche, qu'il possède un grand magasin à Cleveland, que la famille est respectable et les enfants bien élevés. Kay lui fait d'ailleurs plutôt bonne impression : « Elle est grande avec une silhouette magnifique, un visage intelligent et raisonnable sans être joli. Un beau teint clair, des cheveux blonds et de belles mains… Elle donne l'impression d'être sérieuse dans sa manière de voir les choses et quelque peu provinciale dans sa manière d'être. »

Quand sa mère lui demande pourquoi il s'est amouraché d'une Américaine de sept ans plus vieille que lui, Randolph répond qu'il ne peut se passer des femmes, qu'il n'aime pas les prostituées, qu'il s'ennuie avec les filles plus jeunes et donc qu'il n'a pas le choix puisque des aventures avec des femmes mariées le conduiraient immanquablement au tribunal des divorces. Clementine réussit à éviter les journalistes trop curieux qui ont déjà annoncé son arrivée pour mettre fin à la romance.

À New York, la crise sévit mais tout la ravit. Seul bémol : la nourriture qu'elle trouve très mauvaise et horriblement chère. Heureusement pour ses finances, ils sont invités partout. Un banquier juif d'origine allemande tient même à lui prêter une Rolls Royce : « Je ne suis pas sûre de beaucoup l'apprécier mais c'est malgré tout très aimable de sa part. »

Les hôtes américains de Randolph lui ont demandé de faire trois séries de conférences : 1) Pourquoi je ne suis pas un socialiste ? 2) Un jeune peut-il être conservateur ? 3) L'Empire britannique face au progrès. Clementine le suit dans sa tournée au milieu de salles combles et enthousiastes ce qui ne l'empêche pas de juger le manque de rigueur de son fils avec sévérité. Elle écrit à Winston :

> Franchement ce n'était pas bien *du tout* et c'est *très mal* de sa part car s'il voulait bien se donner un peu de peine, il pourrait être vraiment bon… Il fait la même conférence partout, aussi devrait-elle être parfaite maintenant. Il y a des passages extrêmement drôles et même spirituels et il a une élocution et une présence des plus fascinantes. Le public semble envoûté mais je crois que cela est surtout dû à son physique et à son monumental aplomb.

Au cours de leur périple, elle est pourtant enchantée de découvrir un nouveau Randolph. Loin de Winston, son fils n'est plus le même. Il n'a pas besoin de se mesurer à plus fort que lui. Il est moins vantard et très attentionné à son égard. Il est fier d'avoir sa mère rien que pour lui. Jusqu'ici, il n'avait peut-être pas réalisé à quel point elle était belle. Il voit son charme opérer en toutes circonstances pour nouer de nouvelles relations. Et pour une fois, ce n'est pas son père qui en profite mais lui. Ensemble, ils vivent une « véritable lune de miel », écrit-elle à son mari. Depuis la naissance de son fils qui lui a causé tant de joies, c'est sans doute la première fois qu'elle est aussi heureuse avec lui.

À Palm Beach, ils découvrent ensemble les somptueuses plages de Floride. À Washington, ils déjeunent à l'ambassade et aussi chez la très drôle Alice Longsworth, fille de Théodore Roosevelt, avec une foule d'invités. Ils y rencontrent l'actrice anglaise Viola Tree, en tournée en Amérique qui les invite à voir son spectacle le soir même et ensuite à souper avec elle. Bernard Baruch, qui devait les retrouver dans la capitale, ne donne plus signe de vie car l'incorrigible Randolph a déjà séduit une de ses maîtresses en titre ce qu'il n'a pas du tout apprécié d'autant qu'elle a raconté au jeune homme hilare toutes les prouesses financières et physiques du banquier.

Peu importe, Clementine rentre à New York et loge au très chic Ambassador où le propriétaire lui fait une remise de 50 %. Les fenêtres de sa chambre donnent sur dix-huit gratte-ciel : « On ne devrait pas les appeler d'un nom aussi horrible. Je pense qu'ils sont tout à fait magnifiques. » Un soir, elle dîne avec Mrs Cornelius Vanderbilt, grand-mère de Consuelo, qui a construit la plus grande maison de New York puis elle va à l'opéra. Début avril, elle reprend la mer, mission accomplie. Randolph n'épousera pas sa jeune provinciale de l'Ohio. À Cleveland, elle a rencontré la très convenable famille Halle. Si convenable que miss Kay elle-même comprend qu'à vingt-sept ans, il n'est pas décent de se marier avec un Anglais à peine sorti de l'adolescence.

Clementine a tant aimé New York qu'elle y repart neuf mois plus tard, en décembre 1931, cette fois pour une tournée de Winston. Diana qui a du mal à s'imposer dans son école d'art dramatique est du voyage. En septembre, à Chartwell, l'apprentie actrice a eu un avant-goût du cinéma américain en déjeunant avec Charlie Chaplin que Winston et Randolph avaient rencontré à Hollywood lors d'une première tournée de conférences. À la fin du repas, l'acteur, saisissant une canne et un chapeau, a donné un aperçu de son génie. Clementine serrant tendrement la main de Diana a posé avec le reste de la famille et le héros du jour devant la porte du manoir.

Le lendemain de leur arrivée, après une première conférence, Winston enfile son manteau de fourrure pour rendre visite à leur ami Baruch. Mais en traversant la 5e avenue, il regarde du mauvais côté et se fait renverser par une voiture qui le projette sur le trottoir où il retombe sur son épaule droite. Sans son épais manteau, il serait mort. Une ambulance le transporte aussitôt au Lennox Hill Hospital où sa femme et sa fille le retrouvent en état de choc, avec deux côtes cassées et de multiples contusions.

Comme elles, Cecil Beaton loge au Waldorf Astoria. À vingt-huit ans, le photographe anglais travaille pour *Vogue*. Entre deux visites à l'hôpital, Clementine fait sa connaissance et accepte de poser pour lui. Il immortalise sa beauté de femme de quarante-six ans, son profil de statue grecque, son long cou, qu'il féminise avec un châle de dentelle drapé sur ses épaules et ses bras, ne laissant émerger qu'un poignet d'une finesse aristocratique.

Après dix jours d'hôpital, Winston doit encore rester deux semaines supplémentaires au lit. Mais dans sa chambre d'hôtel, il ne tient plus en place. Il passe ses journées devant la cheminée à ruminer au fond d'un grand fauteuil. Clementine l'emmène terminer l'année et sa convalescence au soleil des Bahamas. À Nassau, elle aime tellement la plage bordée d'une mer revigorante et les maisons coloniales qu'elle rêve déjà d'en acheter une. Winston, lui ne pense qu'à reprendre le fil de sa tournée. Il ne veut surtout pas renoncer aux émoluments qu'elle lui rapporte : 10 000 livres au total soit le double du salaire annuel d'un chancelier de l'Échiquier. Mais son épaule et ses bras le font toujours souffrir et il ne peut même pas tenir un pinceau. Un soir, il confie tristement à sa femme qu'il a subi coup sur coup trois terribles pertes : d'abord, sa fortune dans le krach de 29, puis sa position au sein du parti conservateur et maintenant ce terrible accident qui l'handicape pour écrire et peindre. Elle répond que dès sa première conférence, il retrouvera sa fameuse énergie.

Quinze jours plus tard, Winston parle devant deux mille personnes à Brooklyn. Hourrah ! C'est un triomphe. Pendant un mois, il prend la parole chaque jour dans une ville différente. Mi-février, rassurée sur son appétit recouvré, elle le laisse sous la garde de Diana et embarque sur le *Berengaria*, un paquebot de la Cunard « vieux mais confortable avec des stewards extrêmement gentils et attentionnés ». Comble du luxe, ils la surclassent dans une suite somptueuse : « L'unique chose qui me manque, c'est un peu de compagnie car je me sens très seule au milieu de toute cette splendeur. »

Avec Randolph, hélas, la lune de miel américaine n'est qu'un lointain souvenir. Comme Clementine l'a prévu, son fils n'a pas daigné reprendre ses études à Oxford. Winston a cédé à condition qu'il gagne sa vie. Et à vingt ans, il la gagne très bien. En attendant d'entrer au Parlement, il est journaliste et couvre tous les grands événements politiques. Mais très souvent il se contente d'exploiter son nom de Churchill. Clementine, qui a toujours refusé les interviews et préservé l'intimité de sa famille, lit avec consternation un article évoquant les relations de Winston avec son fils dans les pages du *Sunday Graphic*, un magazine hebdomadaire à gros tirage.

Rien à voir avec le prévenant Brendan Bracken au sujet duquel elle a changé d'avis : « Je renonce à ma vendetta contre lui ! » Dès la nouvelle du grave accident, aidé du fidèle Archie Sinclair, il a fait une collecte auprès de leurs amis et a acheté une Daimler digne de la famille royale que Winston découvre, ravi, à sa descente de bateau à Plymouth.

Un cadeau bien utile car ils ont à nouveau une base à Londres. En novembre, Frances Stevenson, la secrétaire et maîtresse de Lloyd George, leur a cédé pour 380 livres par an, le bail d'un duplex situé au 11 Morpeth Mansions dans le quartier de Pimlico que Clementine a toujours aimé et où habite aussi Nellie. L'immeuble en briques rouges est élégant et toutes les fenêtres donnent sur la cathédrale catholique de Westminster. L'appartement emballe toute la famille. Au cinquième étage, il y a deux salons, la salle à manger, la cuisine et deux chambres pour les filles avec une salle de bains. Au-dessus, les deux chambres des parents sont séparées par une autre salle de bains. Et le bureau de Winston fait sept mètres de long en plein sud. En outre, il pourra se rendre à pied aux Communes dont on aperçoit les toits de la terrasse.

Cette fois, un nouvel architecte, Charles Goodwin prend en charge les travaux. On peut encore agrandir le bureau en annexant un couloir. Clementine désire moderniser la salle de bains, notamment la baignoire où son mari passe chaque jour de longues heures à réfléchir dans l'eau chaude ! Winston fait aussi vérifier toute l'électricité dont on lui a signalé le piteux état. Ces dernières factures donnent lieu à un procès qui s'éternisera deux ans. En tout, la remise en état de l'électricité avec ses expertises, contre-expertises, frais de justice leur coûtent 257 livres : *A very bad business !* s'exclame le mauvais payeur qui, dès son retour des États-Unis s'attelle à sa grande biographie de Marlborough, réclamée par ses éditeurs. Deux diplômés d'Oxford, William Deakin et Maurice Ashley fouillent pour lui les archives de Blenheim et des Pays-Bas aidés dans leurs recherches par un vétéran de la Grande Guerre, le colonel Charles Holden.

À la fin de l'été 1932, les champs de bataille sont repérés sur place par une brigade familiale de choc : Clementine, Randolph, Sarah, le Prof et un historien militaire, le lieutenant-colonel Pakenham-Walsh. Sous la conduite de Winston, ils font à rebours, de Bruxelles à Blenheim au sud de Vienne, la chevauchée du grand Marlborough qui a duré cinq ans. À l'époque, Louis XIV a mis sur le trône d'Espagne son arrière-petit-fils. L'enjeu, c'est la domination de l'Europe par un royaume de France qui s'est emparé de la Flandre espagnole, ce que les voisins anglais et hollandais ne peuvent tolérer. Le 23 mai 1706, l'armée du maréchal de Villeroy est défaite à Ramillies, près de Cambrai. Le 11 juillet 1708, à Oudenaarde, l'ancêtre profite d'une mésentente entre le valeureux duc de Vendôme et le jeune duc de Bourgogne, dont c'est le baptême du feu, mais à qui tout ce qui est français doit obéir car il est le petit-fils du Roi-Soleil. Enfin, le 11 septembre 1709 à Malplaquet, il repousse les Français à l'intérieur de leurs frontières. L'expédition familiale se termine à Blenheim où pourtant tout a commencé. Ils découvrent que ce petit village sur le Danube s'appelle en réalité Blindheim, déformé en Blenheim par les militaires de l'époque.

À Munich, Randolph tombe sur le responsable du parti nazi pour la presse étrangère, Herr Hanfstaengl, qu'il a rencontré aux États-Unis : « Il nous fit un tableau des plus intéressants des activités et des opinions d'Hitler », raconte Churchill dans ses mémoires sur la Seconde Guerre mondiale. Herr Hanfstaengl propose même un rendez-vous pour le lendemain avec le nouveau chef du parti nazi :

> Je n'avais alors aucun préjugé contre Hitler. Je connaissais mal sa doctrine et sa carrière et pas du tout son caractère. J'admire les hommes qui prennent la défense de leur pays dans la défaite même si je suis de l'autre bord... Au cours de ma conversation avec Herr Hanfstaengl, je lui demandai : pourquoi votre chef est-il si violent envers les Juifs ?... Comment peut-on combattre un homme du seul fait de sa naissance ? Sans doute rapporta-t-il ces propos à Hitler car le lendemain vers midi, il m'annonça que le rendez-vous qu'il avait fixé avec le führer ne pourrait avoir lieu.

Comme sa femme, ce voyage l'a conforté dans ses convictions. Le péril allemand menace à nouveau l'Europe. À son retour, il déclare aux Communes : « Tous ces groupes de jeunes allemands vigoureux qui parcourent l'Allemagne animés du désir de se sacrifier pour la mère patrie [...] veulent des armes, et lorsqu'ils auront ces armes, croyez-moi, ils exigeront qu'on leur restitue les territoires et les colonies qu'ils ont perdus et cela ne manquera pas de faire trembler jusque dans leurs fondations, et même d'anéantir tous les pays. »

À peine revenus à Chartwell, ils sont arrachés à l'histoire, celle d'hier et celle de demain, par Diana. Enfin, elle est amoureuse ! Elle a jeté son dévolu sur le fils aîné de sir Abe Bailey. John a passé toute son enfance en Afrique du Sud et elle l'a rencontré chez des voisins de Chartwell. Winston a connu son père pendant la guerre des Boers, ils sont même revenus ensemble à Londres sur le *Dunottar Castle*. Grand ami de sir Cecil Rhodes, sir Abe Bailey a fait fortune en Rhodésie où il possède une mine de diamants. Il est aujourd'hui à la tête d'une collection de plus de quatre cents œuvres d'art. Grand, avec des cheveux noirs plaqués et une raie impeccable, John Bailey serait un gendre idéal s'il n'avait pas, comme Randolph et tant de jeunes et riches enfants gâtés de la gentry, un penchant déplorable pour la fête, la boisson et le jeu. Clementine se demande déjà comment la trop douce Diana pourra tenir tête à un mari qui ne pense qu'à son plaisir. Mais sa fille ne veut rien entendre ! Elle veut un beau mari !

Les fiançailles sont annoncées dans la presse le 8 novembre 1932 et la cérémonie a lieu un mois plus tard à St Margaret's church, l'église où, vingt-quatre ans plus tôt, Winston a dit oui à Clementine. Comme sa mère, l'attendrissante Diana tient à la main un missel immaculé. Mary fait partie des six demoiselles d'honneur qui ressemblent à des mariées miniatures avec leurs robes blanches, leurs petites couronnes et leurs voiles que soulèvent les bourrasques. Sous son chapeau-cloche, Clementine, au bras du richissime sir Abe Bailey, sourit bravement à la foule, si dense pour admirer le cortège que la Garde à cheval est obligée de la repousser.

Pour la réception, le généreux Sunny a proposé sa maison de Carlton Terrace. Mais déprimé par l'échec de son second mariage avec Gladys Deacon, il n'est pas présent et laisse la nouvelle duchesse jouer les maîtresses de maison. Ce jour-là, la mère de la mariée fait un effort surhumain pour surmonter l'antipathie qu'elle ressent pour cette ex-amie de Consuelo qui désormais à Blenheim garde un pistolet à portée de main pour tenir son duc à distance.

À vingt ans, John, l'aîné des cousins Churchill, termine une école de peinture et se spécialise dans l'art de la fresque. Winston l'invite à décorer, à Chartwell, les murs du cottage que Clementine a eu l'idée de construire au-dessus du lac pour prendre le thé en profitant de la vue. En écoutant la famille faire le récit de leur tournée des champs de bataille, John décide de peindre l'épopée de l'illustre guerrier. Cela lui prendra un an au terme duquel le cottage sera pompeusement baptisé « Pavillon Marlborough ». Dans ses mémoires, il avoue avoir été, pendant son long séjour, agacé par les monologues politiques pessimistes de son oncle et impressionné par l'impeccable organisation mise au point à Chartwell par sa tante Clementine qu'il compare à un quartier-maître dans la marine.

Car le flot des convives, interrompu par le krach de Wall Street, reprend de plus belle. Amie de cœur de Clementine, Horatia Seymour, toujours célibataire, loue depuis 1931 le cottage où les Churchill ont vécu pendant deux ans. Libérale, elle adore venir discuter de la politique du gouvernement travailliste. Il y a aussi les cousines Venetia Montagu et Sylvia Henley désormais veuves toutes les deux. Et puisque Chartwell n'est qu'à une heure de Londres, de nombreux amis font l'aller et retour : les Bonham Carter, les Archie Sinclair, les Lavery, lord et lady Camrose, Duff et Diana Cooper…

Les jours de grands dîners, Mrs Landemare vient aider en cuisine Margaret et son aide, Elisabeth. Clementine s'entend merveilleusement avec elle. Georgina a été formée à la meilleure des écoles. Elle a débuté au Ritz où elle est tombée amoureuse du chef, un Français, Paul Landemare. Depuis la mort de son mari, en 1932, elle fait des « extras » en Écosse à la saison de la chasse, et à Newmarket chez les propriétaires des châteaux des environs comme les Astor à Cliveden qui organisent de grands déjeuners avant de se rendre aux courses avec leurs invités.

Filets de sole à la Dugléré, tournedos aux champignons, choux farcis, petits pois à la parisienne, céleris braisés, poires à la Condé, crème d'abricot, soufflé de fraises… Georgina sait comme personne accommoder les poissons et les viandes avec les bons légumes du potager et elle a mille recettes de dessert. Ses menus n'ont rien à envier à ceux des grands restaurants français.

À la grande joie de sa mère, Sarah est revenue enchantée de ses six mois de *finishing school* à Paris. À la fin de ses études à Broadstairs elle est partie comme pensionnaire chez les sœurs

Ozanne, trois vieilles filles protestantes qui ont ouvert une maison près de la tour Eiffel. Elle a décrété qu'elle n'avait jamais été aussi heureuse de sa vie. Elle parlait mieux français que la plupart des autres élèves et a découvert la mode. Elle est d'ailleurs beaucoup plus facile à habiller que Diana. Clementine s'entend mieux avec elle qu'avec sa fille aînée.

Comme elle, Sarah est une lève-tôt. Et souvent elle la rejoint dans sa chambre où elles prennent leur *breakfast* à deux avant que le reste de la maison ne soit réveillé. Sa fille a hérité de la gaieté de Winston, de son côté artiste. Elle peint, elle écrit des lettres très drôles. Et si elle ne parle pas beaucoup en présence de son père et de ses prestigieux invités, elle a toujours des histoires à raconter à sa mère.

L'année précédente elle a fait son entrée dans le monde et au printemps Clementine part avec elle pour une nouvelle série de bals. Le 9 juin 1933, elle écrit à Margery Street, la délicieuse secrétaire qui après avoir passé de nombreuses années au service des Churchill a pris sa retraite au printemps en Australie pour soigner une sœur malade : « Nous sommes à la moitié de ce qu'on appelle *la saison* et vraiment nous n'attendons qu'une chose : que ce soit terminé. Sarah arrive à surmonter sa timidité et a de nombreux partenaires mais elle se fait peu d'amis. Elle est toujours d'accord pour rentrer à la maison à deux heures du matin aussi je ne me couche pas trop tard. » Car le pire, ce sont les longues soirées en compagnie des autres mères : « Elles forment une épouvantable tribu de langues de vipères et je dois rester assise avec elles des heures sur le *banc des chaperons*. J'ai parfois envie d'emmener à ces bals un livre de cuisine. J'y chercherais des plats savoureux que Margaret et Elisabeth pourraient essayer au lieu d'écouter tous leurs ragots. »

Un soir, horrifiée, elle découvre sa fille en train de jouer aux cartes dans les toilettes avec sa cousine Unity Mitford ! Mais Sarah ne veut surtout pas se marier avec un fils de lord. Elle a toujours aimé la comédie. Gamine, pendant des heures, elle jouait dans la nursery à la chasse au renard avec Mary. À califourchon sur le bras d'un vieux sofa, elle était la belle lady Helen, en tenue de chasse cintrée et haut-de-forme à voilette, qui galopait fièrement devant sa dame de compagnie, la ridicule Mrs Podgy. Avec son cousin Peregrine Churchill, elle se transformait au contraire en secrétaire bornée d'un grand détective. Lorsqu'à Noël 1928, Clementine a organisé à Chartwell des pièces de théâtre avec les enfants et les cousins, Sarah a fait pleurer de rire toute la famille.

Désormais, elle passe ses journées à danser devant le phonographe que lui a légué Diana. Elle met le son à fond, ce qui a le don d'exaspérer Winston qui, dans son bureau, ne supporte pas d'entendre le moindre bruit quand il dicte ses mémoires. Un sifflement, une quinte de toux ou un simple murmure l'empêchent de se concentrer. Souvent Sawyer, son valet, frappe à la porte : « Miss Sarah, votre père se plaint du bruit. »

Clementine est lasse de toutes ses obligations accumulées : les exigences de son mari, Chartwell qui ne lui laisse pas un jour de répit, ses enfants qui ne veulent jamais l'écouter ! Comme elle l'a prévu, Diana est revenue désenchantée après ses trois semaines de voyage de noces à Madère. Et elle ne supporte déjà plus d'attendre son mari des nuits entières et de devoir le mettre au lit parce que John est trop soûl pour pouvoir se déshabiller tout seul.

Alors qu'il rentre à Londres avec sa tante après un week-end explosif à Chartwell, John Churchill l'entend s'écrier qu'elle en a « plus qu'assez ! ». Sa mère, Goonie, a même confié à son frère Peregrine que tante Clementine songeait à divorcer.

Le 12 septembre 1933, avec Winston, elle va fêter leurs vingt-cinq ans de mariage. Pour ces noces d'argent, leurs amis ont demandé au peintre William Nicholson de les mettre en scène ensemble. Fils de parlementaire, portraitiste et paysagiste, il a étudié à Paris à l'académie Julian. Il s'installe à Chartwell plusieurs semaines et réalise chaque jour des esquisses au fusain dans la maison ou le jardin. Quand il repartira, Clementine les achètera toutes : « sur mon argent de poche », précisera-t-elle.

La présence du peintre est pour elle comme une bouffée d'air frais. Un jour, en voyant danser Sarah, il l'interroge : « Mais pourquoi ne l'inscrivez-vous pas dans l'école de danse où va ma petite fille ? » Sarah revient emballée de sa première visite dans les salles de répétition de la De Vos School of Dancing. Elle a trouvé sa voie : « Je regardais fascinée. Outre leur indéniable talent, c'est l'expression du visage de chaque danseur qui aiguisait mon imagination. À la fois pleins de sérénité et très distants. J'ai senti soudain des larmes monter en moi. Je venais enfin de trouver la réponse à ce que je cherchais », écrit-elle dans *Beyond the Tapestry*.

Nicholson finit par peindre Clementine et Winston en tête à tête dans la salle à manger. Ils y prennent leur *breakfast*. Winston a un journal à la main et la mascotte de la maison, un chat roux nommé Tango, est assis au milieu de la table. Une scène délicieuse, baignée par le soleil qui entre largement dans la pièce par les larges portes-fenêtres. Mais, bizarrement, qui ne correspond en rien à la réalité. Winston a toujours désiré qu'ils aient chacun leur chambre et prennent le matin leur petit déjeuner séparément dans leur lit respectif. Il répète même que c'est « le secret de la longévité de leur couple ».

Blanche Hozier à 32 ans, un an avant la naissance de Clementine, sa seconde fille, qui n'héritera pas du tempérament volage et frivole de sa mère.

Avec l'aimable autorisation du Master and Fellows of Churchill College, Cambridge.

Le colonel Henry Hozier, mari de lady Blanche. De l'aveu de sa femme, il n'est pas le vrai père de Clementine ni, sans doute, d'aucun de ses enfants.

Churchill Archives Centre, The Papers of Clementine Ogilvy Spencer-Churchill, Baroness Spencer-Churchill of Chartwell, CSCT.

Clementine, 23 ans, et Winston, 33 ans. Ils ont tous les deux été fiancés chacun de leurs côtés avant leur coup de foudre. En mars 1908, ils se rencontrent à un dîner auquel ils ne voulaient se rendre ni l'un ni l'autre. Ils s'aimeront toute leur vie et se le diront chaque jour.

© Hulton Archive/Getty.

12 septembre 1908, le mariage de l'année qui fait rêver tout le royaume. Winston est ministre et Clementine, du jour au lendemain, devient célèbre. Elle aussi adore la politique. Jamais elle ne reniera ses convictions féministes et libérales.

© Mansell/Mansell/The LIFE Picture Collection/Getty Images.

Avec lady Randolph Churchill, sa belle-mère, héritière américaine, personnage flamboyant, pygmalion et imprésario de son fils. Son troisième mari est plus jeune que Winston.

© Topical Press Agency/Getty.

Très sportive, Clementine est championne de tennis. Excellente cavalière, elle s'initie à la chasse à courre au château de Blenheim avec le duc de Marlborough, cousin de Winston.
© W.G. Phillips/Getty.

1910, Winston est ministre de l'Intérieur. Clementine accompagne son mari lors des campagnes électorales dans sa circonscription d'Écosse mais aussi lorsqu'il assiste aux manœuvres militaires à Aldershot. Toujours et partout, elle est d'une exceptionnelle élégance.
© Hulton Archive/Getty.

Ci-dessus : pendant la Grande Guerre, Winston est au front. Elle partage la maison de sa belle-sœur Goonie et pose avec sa fille Sarah pour le peintre John Lavery, leur voisin et ami, en 1916. C'est lui qui a initié Churchill à la peinture, le sauvant de la dépression.

Ci-contre : avec son fils Randolph, en uniforme d'Eton. L'héritier est très beau mais insupportable. Joueur, buveur, il s'intéresse plus aux femmes qu'à ses études. Il sera toute sa vie la grande déception de ses parents.

Chartwell, leur manoir dans le Kent entouré de 32 hectares. Winston l'a acheté en 1922 sans en parler à sa femme. Elle ne le lui pardonnera jamais. La propriété est un gouffre financier et elle aurait de loin préféré une villa en bord de mer. © The LIFE Picture Collection/Getty.

Midi et soir, amis et personnalités défilent à Chartwell. Ici, en 1931, avec Charlie Chaplin que Winston a rencontré lors d'une tournée de conférences aux États-Unis. De gauche à droite : Tom Mitford, Winston, Freddie Birkenhead, Clementine, Diana, Randolph et Charlie Chaplin. © Keystone/Getty.

Pendant la guerre, en 1942, l'épouse du Premier ministre est présidente du YWCA, association qui assure le logement des jeunes femmes engagées volontaires dans les usines d'armement. Jour et nuit, infatigable sous les bombes, elle s'est créée une coiffure pratique : bandana dans les cheveux qui sera adopté par les ouvrières.

En récompense de son engagement pendant la guerre, le Premier ministre travailliste Clement Atlee propose à la reine de nommer Clementine « Dame de l'empire britannique », la plus haute décoration civile. Elle sort de Buckingham accompagnée de ses deux filles : Sarah à sa gauche et Mary à sa droite qui portent fièrement les insignes de sa nouvelle distinction.

Avec Eleanor Roosevelt, elle participe à une émission de radio à Québec en 1944 lors de la dernière grande conférence des forces alliées après le débarquement. Les deux first ladies s'entendent à merveille. © PhotoQuest/Getty.

En bas à gauche : à près de cinquante ans, Clementine s'initie au ski en Autriche puis en Suisse. À l'époque, les remonte-pentes n'existent pas et il faut grimper avec des peaux de phoques. Ce sport deviendra pour elle une vraie drogue. Ici en 1937 à Saint-Moritz. © Imagno/Getty.

Ci-dessous : grande nageuse, Clementine adore la plage. À Hendaye en 1945, avec Winston, elle attend les résultats des élections. Il est le vainqueur d'Hitler et désormais l'homme le plus célèbre du monde. Jusqu'à sa mort, les paparazzi les suivront tous deux pas à pas. © Daily Heral Archive/Getty.

En 1960 avec Yvonne de Gaulle à la préfecture de Nice. À chacun de leurs déplacements, toutes les personnalités tiennent à leur rendre visite ou à les recevoir. Clementine aime beaucoup le général de Gaulle même si pendant la guerre, elle a gardé avec lui son franc-parler. © Keystone/Getty.

Les funérailles nationales du héros britannique. À l'intérieur de la cathédrale St Paul, la reine attend avec plus de cent chefs d'État l'arrivée du cercueil. Clementine, voilée de noir, est accompagnée de Randolph. Derrière elle, ses deux filles, son gendre et ses petits-enfants. Ses derniers moments avec son « Winston Chéri ». © Heritage Images/Leemage.

Chapitre XII

LA CHASSE AUX DRAGONS

Voilà bien longtemps que Winston et Clementine ne passent pas non plus leurs vacances ensemble. Depuis qu'il s'est mis à la peinture, il aime la belle lumière de la Côte d'Azur où il ne manque pas d'amis prêts à l'accueillir dans leurs propriétés avec vue sur la Méditerranée. Sur les hauteurs du Cap Martin, lord Rothermere est à La Dragonnière, Daisy Fellowes, fille du duc Decaze, aux Zoraïdes. En août 1933, il s'en va chez Maxine Elliott, vieille amie de sa mère, qui vient d'emménager à Golfe-Juan dans une immense villa flambant neuve.

Pour la construire, l'actrice américaine a choisi un compatriote, l'architecte Barry Dierks qui s'est admirablement servi de ce gros rocher coincé entre mer et chemin de fer. Toute en longueur, la somptueuse demeure de quatre étages que le magasine *Punch* décrira comme « Un palais blanc posé sur les eaux », a toutes ses fenêtres qui ouvrent sur la mer ce qui a conduit Maxine à baptiser sans complexe sa villa : Château de l'Horizon. Dierks a aussi conçu le rectangle immaculé de la piscine, et le jardin de rocailles qui descend en pente douce jusqu'au port privé. Randolph qui apprécie, au moins autant que son père, l'opulence des riches amis de la famille accompagne Winston. Diana, séparée de son mari, doit les rejoindre avec le Prof.

Avec Sarah et Mary, Clementine s'en va en Écosse où elle a retenu des chambres à Gosford House, une superbe bâtisse construite au sud d'Édimbourg par les frères Adam. Avec sa coupole, ses colonnes et deux doubles escaliers de pierre, le château pourrait rivaliser avec Blenheim. Pour en amortir les frais d'entretien, son propriétaire, Hugo Charteris, comte de Wemyss et parlementaire conservateur, l'a transformée en hôtel de campagne, ce qui provoque les commérages de la bonne société.

Clementine retrouve Margot Asquith, désormais veuve, avec qui elle joue au golf. Surtout, elle visite avec ses filles cette belle Écosse de ses ancêtres : « Ce qui me plaît énormément », assume-t-elle. À la question : ses grands-parents étaient-ils très différents ? leur petit-fils Nicholas Soames répond sans hésiter : « *Oh yes ! Very different !* Ma grand-mère n'aimait pas ces villas de la Côte d'Azur dont son mari raffolait. Elle s'y sentait comme dans une cage dorée, sans rien à faire qu'à parler avec des invités dont souvent elle ne partageait pas les idées. Winston, pendant ce temps-là, passait la matinée au lit, peignait l'après-midi et la nuit, il dictait ses livres. »

L'artiste prolifique profite de son séjour à Golfe-Juan pour se plonger dans une vie de Napoléon de l'historien français Henri Houssaye. En repartant, il veut emprunter la route suivie par l'Empereur déchu à son retour de l'île d'Elbe : « Il faut vraiment que j'écrive un Napoléon avant de mourir. Mais les tâches s'accumulent et je me demande si j'en aurai le temps et la force, répond-il avant de signer : Ton dévoué mari qui t'aime. »

Pour une fois, à la fin de septembre, le dévoué mari accepte de suivre sa femme sur le yacht de leur ami Walter Guinness. Depuis 1929 et la défaite des conservateurs, le député irlandais s'est retiré de la vie politique et a repris la direction des brasseries que son arrière-grand-père a créées à Dublin en 1759.

Après avoir transformé deux ferries en yachts de luxe à vapeur, le millionnaire vient d'en acheter un troisième, *Le Dieppe,* qu'il a rebaptisé le *Rosaura*. Il a modifié ce steamer datant de 1905 pour adapter ses machines au mazout et pouvoir faire ainsi le tour du monde. Ils embarquent à Marseille avec bien entendu le chevalet de Winston, ses toiles, ses chapeaux... Depuis qu'il peint, chaque voyage devient un vrai déménagement et dans l'entrée de Chartwell, son valet et son secrétaire privé entassent des jours à l'avance valises et paquets à ne pas oublier. La croisière sous le soleil de la Méditerranée doit durer un mois et l'artiste a aussi prévu de travailler sur le troisième tome de *Marlborough,* de faire le plan de son *Histoire des peuples de langue anglaise* et de jeter les bases d'un scénario sur la vie de George V pour le producteur Alexandre Korda : « Pour mon grand-père, les vacances signifiaient juste qu'il changeait de lieu de travail », explique sa petite-fille Celia Sandys dans son livre *Chasing Churchill.*

Après Athènes et Chypre, le yacht longe la sauvage côte turque avec ses villages haut perchés. De Beyrouth, Winston et Clementine partent visiter les ruines de Palmyre et Damas avec sa grande mosquée, son vieux souk et ses ruelles pleines d'échoppes où se pressent des grappes de femmes voilées de noir. Ils retrouvent leur ami Walter à Jérusalem et rejoignent avec lui le *Rosaura* à Alexandrie en traversant Jéricho, Aman, Pétra, Akaba et Le Caire où ils ont passé tant de bons moments avec Lawrence d'Arabie en 1921.

Ces longues vacances rappellent aussi le temps heureux de l'*Enchanteress.* Mais plus encore que sur le yacht de l'Amirauté, Clementine profite pleinement de ces vacances. Sur le *Rosaura,* il n'est pas question de visites officielles. Chaque escale est l'occasion de s'immerger dans la vie locale et d'approcher cette civilisation arabe, colorée et bruyante dont le maître mot est l'hospitalité. Ces quelques semaines lui permettent aussi de mieux connaître leur charmant ami dont elle apprécie tant le tact et la générosité. Il y a deux ans, Walter Guinness a légué à la nation irlandaise la grande maison blanche de son père avec toutes ses collections d'art. Aujourd'hui, il fait partie d'une commission parlementaire sur le logement qui se propose d'éradiquer les taudis de Londres.

Lorsque cet insatiable aventurier lui parle d'une expédition scientifique jusqu'en Nouvelle-Zélande et lui propose de l'emmener, elle n'hésite pas un instant. Pour Winston, il n'est pas question de quitter Chartwell pendant quatre mois alors qu'il termine la rédaction du dernier tome de la vie de son ancêtre Marlborough. Et puis, à dire vrai, il supporte mal l'idée d'être enfermé dans sa cabine au milieu des tempêtes que le *Rosaura* ne manquera pas d'affronter au cours de son long périple. Il préfère la mer quand elle est d'huile, comme sur ses tableaux.

Voir partir son épouse pendant une si longue période ne l'enchante guère. Mais depuis des années, c'est elle qui se sacrifie pour le rendre heureux à Chartwell. Elle y fait régner le silence nécessaire à l'écriture de ses livres. Il sent qu'il ne peut lui interdire cette aventure maritime, occasion unique de découvrir cet Orient de légende dont il ne cesse de vanter la beauté quand il lui raconte ses années indiennes.

Le 17 décembre 1934, Clementine prend le train à la gare de Victoria. Sur le quai, Winston et les enfants agitent leurs mouchoirs blancs pour lui souhaiter un bon voyage. Quatre jours plus tard, à Messine, elle monte à bord du *Rosaura*. Walter, qui doit retrouver le bateau à Rangoon avec sa maîtresse, la sportive Vera Broughton, a choisi avec soin ses compagnons de voyage.

Lee Guinness, son cousin, est un fou d'automobiles. Il a inventé la bougie qui a révolutionné le moteur des voitures, des bateaux, mais aussi des avions pendant la Grande Guerre. Pilote, il a été sacré champion dans plusieurs courses. Mais il y a dix ans, en 1924, il a eu un terrible accident au grand prix de San Sébastien où son mécanicien a trouvé la mort. Depuis il souffre de violents maux de tête ce qui l'empêche de courir les circuits mais non les océans. Après avoir vendu son usine, il a racheté un vieux dragueur de mine qu'il a lui aussi modernisé en yacht de luxe et baptisé *Ocean Rover*[1] sur

1. « Pirate ».

lequel il a participé à une chasse au trésor au large des îles Cocos, un archipel corallien de l'Australie. Sa femme Posy[1] porte un prénom bucolique qui ne traduit en rien son tempérament : « Elle a la langue acérée, elle est amusante, spirituelle, irrespectueuse et extrêmement intelligente », écrit Clementine.

Le troisième homme de la traversée est tout aussi intéressant. Terence Philip a vécu durant sa jeunesse en Russie où ses parents anglais ont émigré pour se lancer dans les affaires. Ils sont rentrés précipitamment lors de la révolution d'octobre pour échapper aux oukases assassins de Lénine. Très cultivé, parlant russe, il a été embauché par le célèbre marchand d'art américain Knoedler qui a ouvert une galerie à Londres. Célibataire, il a quelques années de moins de Clementine et remporte toujours dans les dîners un vif succès auprès de toutes les femmes qui rêvent d'un ami ou d'un amant. Il connaît la terre entière et a mille histoires à raconter.

Après une semaine, le *Rosaura* arrive à Aden, un des joyaux des possessions britanniques où les steamers font escale pour se ravitailler en charbon. Depuis le départ, le couple Lee Guinness a prévu de quitter le bateau à Ceylan, la prochaine étape, pour revenir en Angleterre où ils doivent tous les deux se faire opérer. Mais catastrophe, la malaria sévit dans l'île et le capitaine juge plus prudent pour eux de faire demi-tour à Aden :

> Ils ont décidé de débarquer ici et d'attendre le passage d'un bateau… Nous sommes descendus à terre pour nous renseigner auprès de l'agence maritime. Un paquebot était attendu l'après-midi même. Puis, littéralement à la dernière minute de la dernière demi-heure, ils ont annoncé qu'ils avaient décidé de rester sur le yacht après tout et qu'ils prendraient le chemin du retour à Rangoon ou à Singapour !

1. « Petit bouquet champêtre ».

À dire vrai, elle est un peu soulagée : « Bien que j'apprécie ce que j'ai pu voir de Mr Philip, je ne le connais pas bien du tout et passer dix jours en tête en tête avec un étranger est, je suppose, car je n'en ai jamais fait l'expérience, plus éprouvant que la solitude totale. » L'escale permet aussi de visiter le port débordant d'activité avec ses immeubles néo-victoriens, et d'admirer la beauté de la population locale et ses vêtements aux couleurs éclatantes.

Depuis, c'est la mer à perte de vue. Mais elle aime la vie à bord : « On a toujours l'impression qu'on a des tas de choses à faire. » Avant son départ, Venetia Montagu lui a donné une grande tapisserie. Elle l'a commencée mais l'a vite abandonnée pour se plonger dans un livre sur les dragons de Komodo. Et puis, il y a les parties de water polo dans la piscine, un grand bac de toile rectangulaire couvert d'une moustiquaire. Elle joue aussi au trictrac avec Posy qui est « diablement forte ».

À quatre, sur le *Rosaura*, ils ne s'ennuient pas. Compagne idéale, Clementine n'a jamais le mal de mer. Dès le départ, ils ont affronté une grosse tempête. Alors que Posy et les femmes de chambre étaient prostrées sur leurs couchettes et Lee Guinness incapable d'avaler une bouchée, elle allait de l'une à l'autre et, avec Terence Philip, faisait honneur aux menus. Le 31 décembre, dans l'océan Indien, il souffle à nouveau un vent de mousson très éprouvant :

> Je ne me suis pas laissée abattre mais il est difficile de dormir du fait des mouvements du bateau et du bruit assourdissant du vent et des vagues. La nuit dernière j'ai pris un médicament pour dormir, j'ai réussi à dormir cinq heures et ce matin, je me sens fraîche comme une rose. J'ai pris le petit déjeuner sur le pont avec de l'écume qui volait autour de moi et de temps en temps de gros paquets de mer qui s'abattaient sur le pont.

Cette nouvelle liberté l'enivre. Chartwell, où Winston a décidé de creuser un second étang et une piscine, Randolph et ses dettes de jeux, Diana et son divorce sont loin… Elle qui en Angleterre doit en permanence « recharger ses batteries » déborde d'une énergie qui tourne à plein régime. Le 1er janvier 1935, elle écrit à son mari : « Je t'ai beaucoup aimé », un verbe au passé significatif. La seule chose qui lui manque c'est de n'avoir aucune nouvelle de la politique anglaise.

À Madras, dont elle fait le tour en voiture, c'est un véritable éblouissement. Une photo la montre sur le pont du *Rosaura,* rayonnante dans sa longue robe blanche et coiffée d'un chapeau-cloche, auprès d'un Terence Philip très souriant et tout aussi élégant en costume et cravate. Avec leurs compagnons, ils visitent le bazar indigène, l'aquarium, les marchés, un énorme temple, la poste, avant d'être reçus au majestueux palais du gouverneur où une cohorte de serviteurs aux pieds nus les accueillent avec des colliers de jasmin. Partout, la misère se confronte à la beauté. Beauté des hommes vêtus de blanc, des femmes en sari aux couleurs flamboyantes. Face à cette dignité indienne, Clementine est choquée de voir la très blonde et blanche Jean Harlow s'étaler lascivement sur les grandes affiches de son dernier film *La Fille du Missouri* : « Je ne peux rien imaginer de plus dommageable au prestige de la Grande-Bretagne. » Le dernier soir, les quatre navigateurs s'offrent un mémorable dîner d'adieu au Spencer's, le grand restaurant du Taj Conemara, le palace local. « Puis Terence et moi sommes retournés seuls au yacht après avoir pris congé des Guinness qui vont s'acheminer à travers l'Inde jusqu'à Bombay pour prendre le bateau du retour. »

Le lendemain 9 janvier, ils doivent retrouver Walter à Rangoon. À 7 h 30 du matin, Clementine est debout sur le pont pour profiter de l'arrivée dans le port. Depuis la veille le vent est tombé, le soleil illumine les dômes dorés de dizaines de pagodes. « Nous venons de jeter l'ancre juste pour notre rendez-vous [...]. Dans quelques minutes, dès que j'aurai réussi à réveiller Terence Philip, nous partirons. » Ensemble, ils prennent le temps de parcourir la capitale birmane et de monter les marches de la grande pagode d'or avant de se rendre à l'aérodrome, à vingt-cinq kilomètres, pour retrouver leurs nouveaux compagnons de voyage.

Walter et Vera viennent de Londres en avion, ce qui, à l'époque avec toutes les escales, constitue encore une aventure pleine de périls. Enfin, avec une heure et demie de retard, ils arrivent ! Trente minutes plus tard, tous les quatre sont à bord du *Rosaura* qui aussitôt lève l'ancre. Désormais, la croisière n'est plus seulement d'agrément. Elle est scientifique. Mère de deux filles et mariée à un joueur de haut vol qui a dû vendre 14 000 hectares de ses terres pour régler des dettes de jeu, Vera Broughton est une extravagante comme on n'en rencontre qu'en Angleterre. Elle s'est prise de passion pour la pêche au gros et détient le record de la plus belle capture, un thon de 350 kg. Elle est aussi photographe et son amant n'a eu aucun mal à l'entraîner dans cette expédition scientifique destinée à fournir au zoo de Londres un légendaire dragon de Komodo, seule île au monde où cette espèce de lézard préhistorique vit encore en liberté. Dans la cale du bateau sont entreposés les cages ainsi que tout le matériel nécessaire à la pêche au gros.

Clementine entre dans le cœur de l'aventure. Pour commencer, elle est très fière d'attraper sur une île déserte, sept magnifiques papillons de collection. À Sumatra, le yacht accoste au port de Belawan construit il y a cent ans par les Hollandais pour exporter le caoutchouc, l'huile de palme ainsi que le tabac cultivé par les Chinois. Une voiture les emmène jusqu'au lac Toba que Vera ne veut manquer à aucun prix. Unique au monde, cet immense lac volcanique s'étend au milieu des collines à 900 mètres d'altitude. Pour y arriver, ils parcourent plus de deux cents kilomètres de paysages d'une variété infinie sur une route très bien entretenue, brillant ruban de bitume bordé d'herbe tondue comme tout Britannique en rêve :

> Sumatra mérite un « Wow » [...] D'abord la jungle la plus dense que l'on puisse imaginer avec des fleurs éclatantes qui res-

semblent à des orchidées en grands bouquets, puis des cultures très nombreuses et méticuleuses, des forêts de palmiers et d'hévéas et lorsque nous approchons du lac de vastes landes et des collines arrondies qui se succèdent comme dans le Yorkshire ou en Écosse. Nous avons vu des plantations soignées de riz, de tapioca, de thé, de café, de tabac.

Seul point noir : les indigènes mangent leurs chiens !

Le lendemain, ils sont en Malaisie, à Malacca, où le contraste désole Clementine qui s'indigne devant les tas d'ordures qui rendent le port minable. Et dire que nous sommes en colonie britannique ! Même déception à Singapour lorsque, sous une chaleur torride, ils font le tour des chantiers navals : « Il devait y avoir six cales les unes à côté des autres : une seule a été construite. Un bassin pour les petits navires a été terminé par une pente à mi-construction au lieu d'un mur en ciment de sorte qu'il ne contient que la moitié des bateaux qu'il était censé accueillir. Et avec cette économie de bouts de chandelle, on n'a gagné que cent mille livres ! » Elle note avec soin la moindre observation utile à la marine royale : « Le détroit entre l'île de Singapour et le continent peut accueillir l'intégralité de notre flotte car il est profond et n'a pas besoin d'être dragué. »

Consciencieuse, elle se rend aussi à la grande librairie locale où la version abrégée de *The World Crisis* s'est très bien vendue. Et le second volume de *Marlborough* mieux que le premier. Douze séries complètes ont été écoulées et cinq autres sont en commande : « Ce qui est plutôt bien si l'on tient compte du fait que c'est très cher. » Walter, lui, a acheté deux bébés kinkajou : « Des petits ours très drôles, maladroits mais plutôt charmants. Ils vous suivent partout sur le pont… Le singe les déteste et en est violemment jaloux. »

Le 22 janvier, ils sont à Bornéo où elle trouve une lettre de Sarah, sa fille complice : « *Darling, darling Mummy*, pendant que je vous imagine sous le ciel bleu, chassant gaiement les papillons et les dragons avec Mr Terence Phillip, haletant “pas si vite, je ne peux vous suivre”, ici la vie à Chartwell ne change pas sauf bien sûr que vous nous manquez beaucoup et dans des centaines de petits détails comme vous les aimez. » Un mois plus tard, sa fille écrira avec malice : « N’oubliez pas de revenir. Sans vous, Papa est malheureux et tout à fait insupportable. Pourtant vos enfants sont des modèles ! »

Imperturbable, le *Rosaura* poursuit sa route vers les îles Célèbes escarpées et couronnées de tristes nuages gris. En Nouvelle-Guinée, Clementine se sent l’âme d’une exploratrice. Le yacht remonte l’estuaire de la rivière Eilanden, un territoire pratiquement absent des cartes où hommes et femmes papous vivent nus. À Thursday Island dont les huîtres contiennent les plus belles perles du monde, un pilote monte à bord pour les guider le long de la barrière de corail qui n’est parfois qu’à 1,5 kilomètre de la côte : « Pas une ville, pas un village, pas une maison, pas une âme qui vive ! » Ils contemplent avec ferveur le récif de corail où le capitaine Cook s’est échoué. Le soleil tape dur. Il fait 30° à l’ombre sur le bateau et 45° au soleil.

Enfin, voilà Sydney. Elle peut serrer dans ses bras sa chère Margery Street. Sa sœur est décédée la semaine précédente. Mais cela permet à Clementine de consoler son ex-secrétaire et de visiter avec elle tous les recoins de la ville. Au zoo, elle achète deux cygnes noirs, deux wallabies et un opossum qui viennent rejoindre la ménagerie du yacht. La Nouvelle-Zélande, étape suivante, est le point le plus éloigné de l’Angleterre. À Wellington, ils déposent l’intrépide Vera qui s’en va assouvir sa passion pour la pêche au gros à Deep Water Cove, une anse du nord réputée pour ses eaux profondes. Le *Rosaura* part à la découverte des bras de mer de l’île du Sud, repaire des baleines. De retour à Wellington, une terrible tempête les oblige à rester à quai. Ils visitent en voiture le grand port et le zoo où ils cherchent en vain des animaux à acheter. Toujours enthousiaste, Clementine dispute une partie de tennis avec lady Bledisloe, la femme du gouverneur.

À la tombée de la nuit, la tempête fait toujours rage. Le capitaine déclare qu'il peut prendre la mer mais que cela risque d'être très « inconfortable » pour les passagers : « Aussi avons-nous voté et il a été décidé à l'unanimité de lever l'ancre sur-le-champ. La nuit a été absolument terrifiante ! L'hélice est sortie de l'eau à plusieurs reprises et le pauvre bateau tremblait de la proue à la poupe. » Mais il n'est toujours pas question de mal de mer. À l'aube, sous un soleil souverain, le yacht accoste dans le port de Napier. Quatre ans plus tôt, la ville a connu un terrible tremblement de terre qui a arraché les palmiers et détruit tous les bâtiments sauf ceux d'une seule rue. Walter a retenu une voiture pour aller voir la curiosité de cette île du Nord, des sources d'eau chaude entourées d'énormes rochers : « Les cours d'eau fraîche sont pleins de truites. Vous pouvez en attraper une et sans même la décrocher de l'hameçon la précipiter dans l'eau bouillonnante de l'un de ces chaudrons naturels pour la faire cuire... Je me suis assise sur le sol bouillant et j'ai eu l'impression de sentir au-dessous de moi la respiration d'un monstre titanesque prêt à s'échapper. » Ils dorment à Rotorua, ancien quartier général des Maoris et désormais station thermale avec un grand établissement à tourelles construit par les Anglais.

Le *Rosaura* les attend à Auckland. Après deux jours de navigation le long d'une côte « sauvage et désolée », le capitaine arrive en vue de Bay Islands où Cook et Darwin sont passés ainsi que le célèbre corsaire français Marion-Dufresne tué puis dévoré en 1772 par des Maoris encore cannibales. Dans la baie, depuis dix jours, Vera tente vainement de lancer ses lignes :

> Elle a du cran, mais nous l'avons retrouvée trempée et découragée. Il avait plu, plu et plu pendant dix jours, sauf deux jours où elle avait attrapé deux poissons, un espadon et un mako, mais de seulement 120 kg et 250 kg, ce qui paraît-il n'est rien du tout. L'endroit où elle dormait, une hutte isolée à flanc de colline, était infesté de rats, il n'y avait pas de verrou à la porte

> et elle entendait régulièrement des pas furtifs. Elle était très contente de retrouver le yacht. Je dois dire que c'est une femme courageuse et déterminée mais tout cela me semble une dépense d'énergie assez mal employée.

C'est au tour de Clementine de s'essayer à la pêche au gros sur une mer froide et houleuse. Accompagnée de Terence Phillip et munie d'un pique-nique, elle monte à bord d'une chaloupe. Hélas, dès que le moteur s'arrête au milieu de Deep Water Cove, c'est l'enfer ! « Mon cœur est tombé au fond de mes bottes, ou plutôt il s'est soulevé et est resté coincé dans ma gorge. Mais avec l'exemple de Vera Broughton et la mer pleine à ras bord de monstres marins sous la chaloupe qui roulait et tanguait, il n'était pas question que je baisse les bras. » Après trois heures à balloter sur les vagues grises, elle se sent défaillir. Terence et le marin pensent que prendre un peu de nourriture lui fera du bien : « Nous nous sommes rendus dans une petite baie où nous avons déjeuné. Mais j'étais si mal que je n'ai pu boire qu'un peu de bordeaux et sucer quelques bonbons à la menthe très forts. Nous avons recommencé ensuite. Mais sans succès. Des pluies torrentielles. Nous sommes rentrés à 16 heures, trempés et exténués. »

Le lendemain, Vera et Walter repartent dans leur canot. Clementine préfère jouer les Robinson Crusoé avec Terence Philip : « Nous avons réussi à pique-niquer sur une île déserte le seul jour où il y a eu des moments ensoleillés. Nous nous sommes baignés et avons ramassé des coquillages et lu, et c'était très agréable. » Pudiquement elle n'en dit pas plus. Pourtant, elle connaît ici un bonheur bien différent de ce qu'elle vit avec Winston. Terence Philip aussi est cultivé mais en plus si prévenant et attentif. Il la complimente sur sa coiffure, ses robes blanches qui mettent en valeur sa longue silhouette, son corps musclé de sportive qui, lorsqu'elle est en maillot de bains, suscite l'admiration générale comme sa curiosité constamment en éveil, sa générosité, son envie de toujours aider les plus défavorisés à mieux vivre. Dans les yeux de ce séduisant compagnon, elle se découvre une nouvelle femme, celle qu'elle a toujours rêvé d'incarner.

Trente ans plus tard, lorsqu'elle confiera ses souvenirs à sa fille, cette parenthèse enchantée restera très présente dans sa mémoire et Mary écrira : « Clementine avait cinquante ans, mais elle était toujours mince, gracieuse et exceptionnellement belle. Pendant ces longs mois, elle développa pour lui une passion romantique. » À la question : Terence Philip était-il amoureux ? Sa mère répond avec une prudence toute victorienne : « Il faisait en sorte que je l'apprécie. » Mary conclura : « Elle résuma les choses de manière ironique par une phrase qui semblait venir directement du monde édouardien de sa jeunesse : "C'était une vraie connaissance de ville d'eau". » Une phrase qu'elle prononce en français. Tout un symbole ! Lorsque Winston l'a demandée en mariage à Blenheim, déjà, elle lui a écrit : « Je t'aime passionnément. Je suis moins timide en français. » Sans nul doute, la langue de Marivaux évoque mieux que le banal *I love you* ou *I like you*, toutes les nuances des sentiments qu'une femme amoureuse peut éprouver pour un homme au cours de sa vie. Le soir, Vera, radieuse elle aussi, ramène deux nouveaux poissons, un espadon et un requin : « Le pauvre Walter n'a attrapé qu'un seul requin. Mais cela lui est égal, à lui. C'est l'homme le moins égoïste du monde et il ne pense qu'à faire plaisir à ses invités et à les distraire. »

Une aventure moins romanesque l'attend sur un îlot peuplé seulement de tuataras, des gros lézards de 60 cm de long. Walter Guinness a eu l'autorisation d'en capturer quelques-uns. Mais la végétation est si dense que l'on ne peut escalader qu'en file indienne en s'accrochant aux racines et aux aspérités. À mi-chemin, Clementine, fatiguée, déclare à ses compagnons qu'elle préfère redescendre et les attendre près des chaloupes :

> J'étais absolument certaine de pouvoir retrouver mon chemin mais je me suis rapidement aperçue que j'étais désespérément

> perdue. J'ai appelé, mais il n'y a eu aucune réponse. J'ai alors essayé de remonter vers l'endroit où j'avais quitté le groupe et je me suis rendu compte que je faisais des efforts en vain et que j'étais très fatiguée. Je me suis assise, j'ai réfléchi et je me suis reposée. Entre-temps, une grande tempête tropicale s'était approchée. Elle a éclaté au-dessus de l'île et j'ai rapidement été trempée en dépit du fait que je pouvais à peine apercevoir le ciel à travers le treillis de branches entremêlées… la tempête s'est éloignée et j'ai recommencé à errer à quatre pattes. Soudain, j'ai vu un des lézards tout près qui me regardait avec ses yeux d'agate. Il ne bougeait pas. Je me suis assise à côté de lui et nous nous sommes observés. Puis j'ai recommencé à appeler et j'ai pensé : « Le lézard va déguerpir » mais il n'a pas bougé. Ils sont sourds comme des pots… Peu après, j'ai entendu un fort craquement de branches et j'ai vu l'officier en second. Je l'ai presque embrassé. Il a donné un coup de sifflet : c'était le signal convenu pour qui me retrouverait en premier. Il y avait huit personnes à ma recherche. Walter est arrivé blanc comme un linge.

À Nouméa, devant les eaux turquoise du plus grand lagon du monde, Clementine ne peut s'empêcher de s'exclamer dépitée : « C'est français. Ils nous l'ont piqué ! » *Thanks God,* le capitaine ne s'écarte plus ensuite des possessions de l'empire : îles Salomon et Loyauté, New Britain, New Ireland… et Komodo, patrie des dragons pour lesquels cette fabuleuse et ruineuse expédition a été organisée.

L'équipage débarque l'énorme piège en pièces détachées avec la chèvre vivante qui doit servir d'appât. Il est essentiel que le dragon soit capturé avec toutes ses écailles sinon le zoo le refusera car elles ne repoussent jamais. La petite troupe d'indigènes compte une vingtaine de personnes dont deux officiers hollandais pour servir d'interprètes. La cage est dressée devant deux grandes cavernes, tanières des monstres, la chèvre tuée, placée au fond et la porte réglée pour tomber comme une guillotine : « Nous avons laissé un indigène derrière nous pour faire le guet.

Il doit se précipiter jusqu'à la plage dès qu'il verra ou entendra le piège se refermer. Il sonnera alors de la corne ou plutôt d'une énorme conque. La sirène du bateau hurlera et le groupe même dispersé apprendra la nouvelle en même temps que tous les indigènes de l'île. » Cinq jours plus tard, un télégramme apprend la victoire à Winston et aux enfants : « Deux dragons capturés. » Mission accomplie. Après les émotions fortes et les odeurs nauséabondes, Clementine peut, avec Terence Philip, profiter des délices de Bali, sanctuaire de l'hindouisme :

> Une île enchanteresse. Dans chaque village des temples ravissants enfouis dans le vert de la végétation. Des danseurs superbes. Les habitants y mènent une vie élyséenne. Ils travaillent environ 2 heures par jour. Le reste du temps, ils jouent sur des instruments de musique, dansent, font des offrandes aux dieux dans les temples, assistent à des combats de coqs et font l'amour ! Idéal n'est-ce pas ?

Sûrement elle en rêve. Pour en faire vivre le souvenir, elle achète une colombe au doux plumage rose qui, dans sa cage en osier, roucoule et s'incline avec une politesse toute orientale devant les personnes qui lui plaisent.

Après cette débauche de sensations délicieuses, Java apparaît plus fade et ouvre, hélas, la route du retour. À Batavia, Walter Guinness s'envole déjà pour Londres. Le 30 avril 1935, Clementine arrive à Chartwell. Une semaine plus tard, elle est happée par ses obligations d'État. Le roi George V et la reine Mary fêtent leur jubilé d'argent, l'occasion de grandes festivités. Bronzée, amincie, l'éblouissante Mrs Churchill attire tous les regards. Quatre mois plus tard, elle avoue à sa confidente Margery Street, restée en Australie : « C'est bon d'être de retour. Mais je n'ai qu'une terrible envie : repartir. Mr Pug est très gentil mais cette fois, il dit : NO. »

Chapitre XIII

DES ENFANTS INGOUVERNABLES

La brillante carrière de Winston, son ambition démesurée, sa volonté phénoménale d'incarner le destin de l'Angleterre, monopolisent toute la vie familiale. Mary dira plus tard : « Mon père passait en premier, puis en second, puis en troisième. » Depuis leur mariage, il est la priorité de Clementine. Il supporte mal qu'elle ne soit pas en permanence à ses côtés.

Pendant les quatre mois de croisière, Moppet a pris la relève à Chartwell. En 1933, la vieille fille a perdu sa mère et depuis elle consacre sa vie à la famille Churchill. C'est elle qui a accompagné Diana au tribunal pour son divorce prononcé le 12 février 1934. La procédure s'est déroulée selon la législation hypocrite de l'époque : le mari, en l'occurrence John Bailey, endossant en gentleman tous les torts en se faisant surprendre dans un hôtel avec une prostituée.

Moppet était aussi au premier rang avec Diana et Sarah lors de la première campagne électorale de Randolph, candidat à Wavertree, un quartier de Liverpool, sous l'étiquette « conservateur indépendant ». Alors que son père rêvait déjà d'entrer avec lui à Westminster, l'héritier de la famille n'a réussi qu'à diviser les votes de droite et faire élire le candidat travailliste. Après cet échec cuisant, le turbulent néophyte est reparti aussitôt au combat dans une élection partielle, à la fureur de Winston : « Randolph s'est lancé dans la bataille de Norwood avec un candidat à lui. Il a agi entièrement contre mon souhait et quitté ma table sous le coup d'une violente colère il y a trois jours… Mais on ne peut pas du tout lui faire entendre raison ni même lui parler et je vais le laisser se débrouiller. » L'infatigable Moppet, une fois encore avec Diana et Sarah, a collé les enveloppes et applaudi aux discours. En pure perte. À nouveau, le fanfaron a perdu la face. Ce n'est pas son candidat qui a gagné l'élection mais un élégant diplomate, Duncan Sandys, qui a été secrétaire d'ambassade à Berlin entre 1930 et 1933 et a quitté le Foreign Office pour se lancer dans la politique sous l'étiquette des conservateurs.

Seule consolation, pendant la campagne Diana est tombée sous le charme du séduisant vainqueur de Norwood. À son retour de croisière, Clementine fait la connaissance du nouveau futur gendre. Diana veut se marier dès le 16 septembre 1935, avant la rentrée parlementaire. Une fois encore Clementine trouve que sa fille ferait mieux de prendre son temps et de s'assurer que le très beau Duncan est vraiment un mari pour la vie ! À Oxford, il a acquis une solide réputation de play-boy. Il arrivait aux fêtes avec son serviteur indien en turban et large ceinture rouge.

Dans cette année fertile en passions amoureuses, Sarah, elle, n'a le cœur qu'à danser. Depuis deux ans, elle suit les cours de la De Vos School : « Au début, raconte-t-elle, j'étais si intimidée et gauche que j'ai dû prendre des cours particuliers. Je me suis retrouvée avec des débutantes qui n'avaient que dix ans. J'en avais près du double. Je me sentais un monstre énorme auprès de ces petites élèves. » À raison de cinq heures par jour d'entraînement très complet – ballet, danse moderne, claquettes et même un peu d'acrobatie – elle est devenue une des meilleures. Rien ne la rebute : « J'adorais les figures les plus dures… Un double ou un triple jeté parfaitement exécuté me transportait dans un autre monde. » Le soir, épuisée, elle loge dans un studio qu'elle partage avec sa camarade de danse, Jenny Nicholson.

Un jour, miss De Vos lui apprend que Charles B. Cochran, célèbre imprésario de revues à succès, fait passer un casting pour sa nouvelle production *Follow the Sun*. Elle lui conseille de s'y rendre : « Ce serait parfait pour vous, Sarah. Si vous obtenez le job, vous apprendrez beaucoup avec lui et il vous aidera à évoluer vers le théâtre. »

Cochran est associé à Noël Coward, le grand auteur de l'époque que Clementine adore. En 1931, elle a vu trois fois sa comédie musicale *Cavalcade* qui mettait en scène une famille bien anglaise, les Marryott, aux prises pendant trente ans avec l'actualité : guerre des Boers, mort de la reine Victoria, drame du *Titanic* et Grande Guerre. Depuis, Cochran a lancé, sur la scène londonienne, l'actrice et cantatrice française Yvonne Printemps, séparée depuis deux ans de Sacha Guitry. Face à elle, dans *Conversation* dont Coward a aussi écrit le texte et la musique, l'auteur jouait le premier rôle.

Dès sa première rencontre, Sarah est séduite par le grand imprésario :

> J'entrai dans son bureau et tout de suite, il m'a plu avec son regard spirituel dans une figure rubiconde et paternelle. Il a jeté un coup d'œil à la fiche qu'on lui tendait et sa première question m'a fait mal : « Votre père est-il au courant de votre présence ici ? – Non, il ne s'intéresse pas à la danse. – Alors je suis désolé mais tant que vous n'aurez pas sa permission, je ne pourrai vous auditionner. »

Cochran, Winston le connaît bien, il a produit autrefois un spectacle de sa mère. Mais avec cette revue, c'est une tout autre affaire : « Mes parents faisaient partie de cette génération qui pensait qu'une danseuse peut devenir duchesse mais qu'une lady ne devient jamais danseuse », écrit Mary. Devant l'insistance de Sarah, surnommée non sans raison « la Mule », son père finit par accorder son autorisation. Mais, dans sa lettre à Cochran, Winston spécifie quand même qu'il veut être informé des chances, pour sa fille, d'une carrière « honorable » dans le théâtre.

Avec son amie Jenny, Sarah Churchill fait désormais partie des vingt-quatre danseuses, les fameuses *Young Ladies* de Cochran. Et le spectacle *Follow the Sun* est programmé pour les fêtes à l'Adelphi, le grand théâtre de Manchester où la première a lieu à la mi-décembre 1935.

Son père n'y assiste pas. Il est au Maroc, avec Randolph, et découvre à Marrakech La Mamounia, le palace qui va tenir une si grande place dans sa peinture. La terrasse de sa chambre ouvre sur les neiges de l'Atlas : « L'hôtel dépasse tous ceux où je suis descendu sur la Côte d'Azur », écrit-il à sa femme. Les palmiers, la roseraie, les remparts rouges, les charmeurs de serpents, les cavaliers en turban et gandoura… chaque scène peut à elle seule faire l'objet d'un tableau !

À Manchester, où un épais brouillard digne de la réputation anglaise efface les lumières de l'Adelphi, Sarah fait ses débuts de danseuse. Et Clementine, dans la salle avec Diana, en fait à Winston un compte rendu enthousiaste : « Tu aurais vraiment été fier de Sarah. Les danses exécutées par la troupe étaient difficiles et compliquées et elle était certainement parmi les meilleures. Elle paraissait gracieuse et distinguée. » Après la représentation, elles dînent ensemble et sa fille, très excitée, leur présente la vedette autrichienne de la troupe, Vic Oliver, que sa mère trouve gentil mais horriblement vulgaire. Violoniste, pianiste, Vic, de son vrai nom baron Victor Oliver von Samek, a étudié au conservatoire de Vienne avec Mahler avant de devenir l'assistant du chef de l'opéra de Graz. Lors d'une tournée en 1926, il est resté aux États-Unis où il a gagné sa vie avec son violon avant de devenir comédien.

Changement de décor pour Noël ! Diana et son mari rejoignent Winston à La Mamounia. Clementine retrouve Mary à Blenheim où les a invitées Mary Marlborough. Elle s'entend très bien avec cette jeune duchesse, qui, depuis la mort de Sunny, fait souffler un esprit libéral sur le domaine. Surtout, elle a décidé d'emmener sa petite dernière de treize ans en Autriche à Zürs, une station proche d'Innsbruck où les pionniers pratiquent le ski sans remonte-pente[1] et il faut encore grimper les pistes sur des raquettes munies de peaux de phoque.

Elles sont une petite bande à vouloir s'y risquer. Goonie est là avec Clarissa, quinze ans, ainsi que Venetia Montagu et sa fille Judy, douze ans. Elles logent au grand hôtel Zürserof qui a une vue spectaculaire sur les sommets enneigés. Pleine d'entrain, après quelques leçons, Clementine s'élance à l'assaut de cette immensité immaculée :

> Hier, nous sommes allées en expédition… Nous avions un guide charmant qui portait notre nourriture, nos manteaux, une trousse de premiers soins, et, pauvre garçon, il a presque dû me porter moi aussi à la fin ! Je lui ai donné un beau pourboire qu'il a tenté de refuser et il m'a dit : « C'était un plaisir », ce qui me laisse penser que sa vie doit être plutôt monotone ! Tu aurais bien ri et tu aurais aussi été passablement en colère si tu nous avais vues toutes les deux accrochées sur les pentes abruptes comme des mouches sur un mur !

À cinquante et un ans, elle est conquise. Elle laisse repartir sa fille pour la rentrée des classes sous la garde d'Ada Jefferies, sa femme de chambre, et prolonge son séjour avec la sœur de Mary Marlborough, Victoria Cadogan. À la mi-mars, elle est toujours à Zürs : « Pour ce qui est du ski, j'en suis arrivée à la conclusion que ce n'est pas un plaisir mais un vice. Et j'en suis gravement atteinte. C'est incroyablement difficile et mon amour-propre est piqué au vif de ne pas progresser plus vite. »

Surtout, elle n'est pas pressée de gérer les nouvelles tempêtes déclenchées par les enfants. Le 10 février 1936, pour la troisième fois, Randolph a ridiculisé le nom de Churchill. Dans une élection partielle, il a décidé d'affronter, en candidat indépendant, le propre fils du leader travailliste et ancien

1. Le premier remonte-pente autrichien sera inauguré dans cette même station deux ans plus tard, en 1937.

Premier ministre, Ramsay MacDonald. Son père, furieux, n'a pu que constater le naufrage de son arrogant rejeton arrivé loin derrière Malcolm MacDonald et le candidat conservateur.

Et comme si cela ne suffisait pas, Sarah, qui, chaque soir, exhibe ses jambes devant les spectateurs enthousiastes de *Follow the Sun*, est tombée, à vingt et un ans, follement amoureuse de Vic Oliver. Et ils veulent absolument se marier. Dans sa lettre du 21 février à sa femme, Winston trace du futur gendre un portrait qui pourrait être celui de Jack l'éventreur : « Deux fois divorcé, dit avoir trente-six ans. Horrible bouche : infâme accent traînant austro-yankee. Je ne lui ai pas tendu la main… Je lui ai dit que s'ils se fiançaient, je serais contraint de faire immédiatement une déclaration publique qui serait douloureuse pour tous les deux. » Pour commencer, il veut retirer immédiatement sa fille de la revue. Clementine répond : « Ta lettre m'a clouée d'horreur ! » Avant d'ajouter, compatissante : « Mais je suis toujours du côté des plus faibles. »

Dans ses mémoires, Sarah raconte que bizarrement la troupe entière de *Follow the Sun* partage la rude opinion paternelle : « Tous, du chasseur à C. B. [Cochran] lui-même, me conseillaient de ne pas prendre cette histoire trop au sérieux. » L'imprésario est tellement dans ses petits souliers que Mrs Cochran s'est résolue à inviter la jeune irréductible. La vieille dame commence par verser maladroitement le thé à côté de la tasse puis par parler vaguement d'autre chose. Soudain, prenant son courage à deux mains, elle se lance dans une série de phrases de reproches : « Cocky est infiniment bouleversé à l'idée que vous puissiez vous marier avec Vic ! », « Vous êtes si jeune ! », « Au début de votre carrière ! », « La vie est si longue ! », « *My Dear*, il a dix-huit ans de plus que vous et a déjà été marié deux fois ! » La jeune fille boit son thé avec embarras : « J'étais prête à partager ses arguments quand, soudain, j'ai vu son visage s'éclairer : Évidemment, moi, je me suis enfuie de chez mes parents pour épouser Cocky et je ne l'ai jamais regretté. Je la gratifiais de mon plus beau sourire. »

Winston, lui, ne cède pas. Un jour, il fait venir « la Mule » dans son bureau de Morpeth Mansions et, durant une demi-heure, il énumère toutes ses bonnes raisons de refuser une telle union :

> N'étais-je pas en train de me trahir moi-même en voulant me marier si vite alors que je m'étais donné tant de mal pour faire carrière dans la danse… Je ne répondis rien. Il n'y avait rien à dire. Soudain, il se dressa, saisit son passeport britannique sur son bureau et me le mit sous les yeux : Je te demande une chose, ne te marie pas avec lui avant qu'il n'ait obtenu son passeport américain. Car s'il n'obtient pas cette nationalité américaine, dans trois ans, tu seras mariée à un ennemi. Et je ne pourrai rien pour toi, une fois que tu auras perdu cela. À nouveau, il tapa son bureau avec le passeport… Je lui promis.

Le rideau baissé une dernière fois sur *Follow the Sun,* Vic rentre aux États-Unis. Sarah doit rester un an sans le voir. À Chartwell, elle prend toujours son *breakfast* avec Clementine mais sans gaieté : « Un matin… ma mère me dit qu'elle savait combien j'étais malheureuse et qu'avec mon père elle le regrettait. Mais tous les deux ne pouvaient accepter ce mariage. »

De New York, Vic écrit qu'il est engagé pour un nouveau spectacle *Follow the Stars* et qu'il y a une place pour elle dans la troupe si elle arrive très vite. Dans une de ses lettres, il lui envoie un billet. Discrètement, elle retient une cabine sur le *Bremen* pour le 15 septembre 1936.

Ce jour-là Mary fête ses quatorze ans et Sarah charge sa sœur, très excitée par cette romantique aventure, d'assurer ses parents de tout son amour, malgré la peine que son départ va leur causer. Elle leur écrit aussi une lettre et demande à Jenny Nicholson de la leur remettre après son départ. Son amie l'accompagne à la gare Victoria où traînent toujours un ou deux photographes à l'affût des personnalités qui s'en vont aux États-Unis. Alors que Sarah monte dans le train, Jenny crie :

« Ne t'inquiète pas, je remettrai ta lettre. » Aux journalistes qui la pressent de question, dans son émotion, elle avoue : « Elle part se marier avec Vic Oliver. Je suis sa meilleure amie et elle m'a confié une lettre pour ses parents. »

Winston, une fois de plus, est en France et c'est Clementine qui, à Chartwell, supporte seule le choc : « Quand j'ai été convoquée dans la chambre de ma mère, je m'y suis rendue avec une grande appréhension, raconte Mary. Je l'ai trouvée dans un état de profonde détresse. » En peignoir, ses cheveux sous une serviette nouée en turban et le visage couvert de crème, elle tient à la main la lettre fatale : « De nombreuses fois, je l'avais vue en colère ou pleine d'indignation mais jamais, je ne l'avais vue pleurer. Là elle était secouée de sanglots. » Moppet se tient à côté d'elle. « Elle est partie malgré sa promesse », hoquète Clementine. Et voyant que Mary la regarde impassible : « Tu étais au courant ? »

Randolph doit couvrir aux États-Unis l'élection du président Hoover. Il prend le premier bateau pour New York avec pour mission d'empêcher l'irréparable. La presse britannique et américaine se délecte. Les paris sont ouverts : qui de la jeune femme sur le *Bremen* allemand ou de Randolph sur le *Queen Mary* anglais arrivera le premier à New York ? D'un paquebot à l'autre, le frère et la sœur s'échangent par radio des messages captés par les journalistes et aussitôt publiés. Clementine et Winston, hagards et vexés, en sont réduits à lire les comptes rendus dans le journal. Un passager suggère à Sarah de se déguiser en femme de chambre pour échapper, à son arrivée, aux flashes des paparazzi. Mais elle refuse de mettre le pied pour la première fois sur la terre de sa grand-mère Jennie en se cachant honteusement. L'Américaine lady Astor, elle aussi sur le bateau, partage son avis. À l'arrivée, la députée aide la jeune fille à affronter les questions indiscrètes de la presse.

Sarah, hélas, est loin d'être une exception dans la tribu des cousins. Après avoir eu deux enfants avec le fils de Walter Guinness la sublime Diana Mitford est tombée amoureuse du chef du parti fasciste anglais Oswald Mosley qui, par ailleurs, est marié avec la fille de lord Curzon, ancien vice-roi des Indes ! Son père et Walter sont allés voir Mosley pour leur intimer l'ordre de renoncer à la jeune femme. Il leur a ri au nez. Il n'a aucunement l'intention de quitter ni son épouse Cynthia dont il a trois enfants ni Diana qui a divorcé et attend désormais ses visites, seule dans sa jolie maison d'Eaton Square dont les Guinness ont la courtoisie de payer le loyer.

Sa sœur Unity, exacte contemporaine de Sarah, est partie terminer ses études à Munich où elle est littéralement folle d'Hitler. En août 1936, les deux sœurs ont été invitées aux jeux Olympiques. Le 6 octobre, à Berlin, dans la maison de Goebbels, ministre préféré du Chancelier et grand maître de la propagande nazie, Diana épouse Oswald Mosley, veuf depuis la mort brutale de sa femme d'une péritonite. Leur ami le Führer ne manque pas d'assister à la cérémonie qui fait la une de la presse. Winston et Clementine rompent toutes relations avec les Mitford. Seul Tom est encore invité à déjeuner à Chartwell.

Du côté des Romilly ce n'est guère mieux même si les conversions sont de l'autre bord. Esmond, qui déjà refusait de mettre une cravate pour dîner à Chartwell, est devenu communiste. Dans son collège de Wellington, il a créé, avec son frère Giles, une revue, *Hors Limites*, dans laquelle il critique le système éducatif anglais qui nourrit la morgue de l'aristocratie, fait l'éloge de la Russie soviétique et prône le pacifisme, bref tout ce que Winston combat à la Chambre des communes. Leurs prises de position ont suscité des échos dans la presse, trop contente de monter en épingle le « neveu rouge » de Churchill. Le 7 juin 1934, armé d'un coup de poing américain, Esmond est allé perturber le meeting de l'Union fasciste qu'Oswald Mosley a tenu dans le grand hall de l'Olympia à Kensington. Une nuit, avec son ami Philip Toynbee, fils du grand écrivain Arnold Toynbee, il est arrivé complètement ivre à la porte de la maison de Nellie. Il a sonné et fait tant de tapage que sa mère affolée a appelé la police. Au tribunal, elle a refusé de lui parler et le juge a été horrifié d'apprendre que le jeune garçon de quinze ans a vécu plusieurs mois sans revenir une seule fois sous le toit familial. Son ami n'a écopé que d'une amende tandis qu'Esmond a été envoyé en maison de correction. Diana, sa cousine au grand cœur, est la seule à être venue lui apporter quelques douceurs pour Noël. À sa sortie, « le voyou », comme le surnomme tout Londres, s'est refugié chez une cousine, Dorothy Allthusen, fille de l'accueillante tante St Helier. Elle a perdu son fils unique de maladie et traite le jeune rebelle comme s'il était son propre enfant. Mais Esmond une fois encore s'est enfui. Il a traversé toute la France à bicyclette pour rejoindre les Brigades internationales en Espagne. Clementine, qui naguère reprochait à sa sœur de ne pas être assez sévère avec Esmond, ne peut que la plaindre. Aux Communes, le Premier ministre répète à Winston la réflexion de son épouse : « Nos enfants sont comme autant de grenades dégoupillées. On ne sait jamais quand ni où elles vont éclater. »

Car le palais de Buckingham est le théâtre d'un scandale d'une tout autre ampleur. George V est mort subitement le 20 janvier 1936. Et son fils le prince de Galles est monté sur le trône sous le nom d'Edward VIII. Pendant toute son adolescence, le jeune roi de trente-cinq ans, a tenté de se forger une personnalité en s'opposant à son père. Sa maîtresse en titre, Freda Dudley Ward, était mariée et mère de deux filles. Pendant cinq ans, sans craindre la colère paternelle, il est resté son amant. Play-boy, très intéressé par le sexe, il lui a écrit le jour où son frère a perdu sa virginité avec une prostituée à Paris : « Il n'a pas couché à l'ambassade, comme, selon ses propres mots : “l'acte a été accompli” mais il ne m'a donné aucun détail ! Ma chérie, *c'était le premier fois car il était vierge* ce qui m'amuse et m'intéresse beaucoup ! J'ai hâte de le voir pour qu'il me raconte. »

En 1931, toujours célibataire, il a fait la connaissance d'une Américaine, Wallis Simpson, mariée à deux reprises et pas encore divorcée de son second mari. La liaison aurait été consommée au cours d'une croisière au mois d'août 1934 à bord du *Rosaura* de Walter Guinness ! Le jour de son accession au trône, elle a osé apparaître derrière lui à la fenêtre de St James Palace ! *Awfully shocking !* Comment Mrs Simpson pourrait-elle devenir reine alors que le roi est chef de l'Église anglicane qui ne permet pas aux divorcés de se remarier ? Comme l'opinion publique, Clementine est contre le mariage : « Mes parents étaient à Londres durant ces journées cruciales, écrit Mary, et bien que ma mère ait eu une opinion bien tranchée sur cette affaire, je n'étais pas supposée être au courant des mots maîtresse et divorce et toutes ces sortes d'histoires. »

Seul contre tous, Winston défend la Couronne. Lorsque son ami Edward VIII l'a consulté, il a suggéré un mariage morganatique qui n'existe pas en Angleterre mais subsiste dans les cours européennes. Mrs Simpson ne serait pas reine et porterait le titre de duchesse de Cornouailles. Le 27 novembre, il est à la chasse chez son ami Bendor. Il écrit à son épouse : « Max Beaverbrook m'a téléphoné pour me dire qu'il avait vu le monsieur [le roi Edward VIII] et lui avait indiqué que le projet Cornouailles était une idée à moi. Le monsieur était absolument pour. Tout dépend désormais de ce que va dire le conseil restreint. Je ne vois pas d'autre issue. » Mais lorsqu'au Parlement, il prend la parole pour défendre son idée, il est hué. *Le Times* écrit : « Winston Churchill a reçu de la Chambre des communes le démenti le plus éclatant de toute l'histoire parlementaire moderne. »

Tous les pays du Commonwealth sont opposés au mariage et devant une menace d'éclatement de l'empire, le gouvernement n'hésite pas. Le 7 décembre 1936, aux Communes, le Premier ministre Baldwin demande au roi de choisir entre sa couronne ou son mariage. Trois jours plus tard, devant ses trois frères, Edward VIII signe, à Windsor, sa lettre d'abdication.

Le soir, à Londres, dans les restaurants, les têtes sont d'enterrement. Tout le royaume, à commencer par la très monarchiste Chambre des lords, est choqué par la légèreté de ce fils de roi qui se conduit comme un enfant gâté. Le 26 février 1937, Henri Channon, député conservateur et beau-frère de Walter Guinness reçoit les Churchill à dîner. À table, Clementine est placée à côté de lord Granard qui se lance dans une violente critique du « démissionnaire ». Sa voisine lui répond du tac au tac : « Si vous étiez aussi hostile à ce mariage, pourquoi avoir, avant l'abdication, invité Mrs Simpson et l'avoir placée à table à votre droite. » Cette interpellation est suivie d'un lourd silence.

Le 17 mai, le timide mais courageux George VI monte sur le trône. Winston, avec des larmes dans les yeux, confie à l'inflexible Mrs Churchill qui se tient fièrement à côté de lui sous les oriflammes de Westminster : « Tu avais raison, je vois maintenant que l'autre n'aurait pas convenu. »

Trop tard ! C'est son ennemi, Stanley Baldwin, dont il ne cesse depuis trois ans de condamner l'imprévoyance face à la montée du nazisme, qui au lendemain du couronnement est anobli et décoré de l'ordre de la Jarretière. Le 28 mai, le Premier ministre quitte le pouvoir, encensé par tout le royaume. À Downing Street, son successeur, Neville Chamberlain, ne songe qu'à poursuivre sa politique incorrigiblement pacifiste. Le biographe et descendant du grand-duc de Marlborough est au comble du désespoir : « Il n'existe aucun projet d'aucune sorte, dans quelque domaine que ce soit… Ils avancent dans le brouillard. Tout est noir, très noir. »

Le dernier geste de Baldwin a été de faire voter une augmentation de l'indemnité des députés de 400 à 600 livres par an. À peine plus que ce que Winston alloue chaque année à son fils pour ses dépenses personnelles ! À Chartwell, le seul chauffage de l'énorme piscine ronde coûte une fortune. Plus que jamais Clementine recommande chaque soir aux enfants de bien fermer le robinet de la chaudière. Le fisc leur rappelle qu'ils ont toujours une dette de 5 000 livres.

Une fois encore, le spectre de la vente du domaine hante les conversations du couple. Mais depuis 1931, aucun client ne s'est présenté. Même l'agent immobilier de Knight Frank & Rutley n'est pas surpris. Le prix demandé (25 000 livres) est de la folie. Dans une lettre à Clementine du 2 février 1937, Winston s'en défend : « Si nous n'avons pas de bonne offre, nous pouvons tout à fait continuer comme cela pendant un ou deux ans. Mais si nous en avons une, il ne faut pas la refuser, considérant que nos enfants sont tous élevés et que je vis vraisemblablement ma dernière décennie. »

À soixante-deux ans, Winston en serait presque à souhaiter un emploi de directeur dans une société privée : « Alors je pourrais rédiger mes livres plus lentement sans avoir à m'attaquer à une tâche véritablement gigantesque comme finir le volume IV de Marlborough en quatre ou cinq mois, simplement pour payer les dépenses courantes. Pour 1938-1939 nous avons l'*Histoire des peuples de langue anglaise* qui doit rapporter 16 000 livres mais réclame une immense somme de lecture et de réflexion solitaire », écrit-il à sa femme.

Seule source de joie, ils sont grands-parents. Quatre jours après le rocambolesque départ de Sarah pour l'Amérique, Diana a mis au monde un petit garçon, Julian. Aux Communes, son père Duncan Sandys, est le premier à dénoncer comme Winston le péril allemand. Clementine écrit à Margery Street : « Mr Pug et moi, au début, n'étions pas très chauds mais à présent nous l'aimons bien. »

Avec Vic Oliver, la hache de guerre est loin d'être enterrée. Le comédien a obtenu son passeport américain et le jeune couple s'est marié à New York devant deux témoins : l'avocat de Vic et une femme de ménage. Depuis, le comédien a signé un nouveau contrat à Londres et à leur arrivée, ils se sont installés dans une suite au Claridge.

Après un déjeuner à Chartwell avec sa fille, Winston écrit à sa femme :

> Vic, je suppose qu'il faut l'appeler comme cela, gagne environ 200 livres par semaine les 8 ou 10 semaines où il est ici. Ils ont un tarif spécial à l'hôtel. Mais quelle vie, au jour le jour, sans foyer, sans bébé ! J'ai trouvé Sarah sérieuse et gentille. Comme ce pauvre duc de Windsor, elle a fait ce qu'elle aimait et maintenant il faut qu'elle aime ce qu'elle a fait. Il va falloir que nous fassions très attention à faire des exceptions pour elle. Elle parlait de toi avec grande affection.

Clementine s'occupe désormais de sa petite dernière. À Noël 1937, elles partent une nouvelle fois assouvir leur passion du ski, non plus en Autriche où le bruit des bottes nazies est omniprésent mais en Suisse à Lenzerheide où Diana et Duncan viennent les rejoindre : « Un couple très charmant tous les deux et l'attention qu'il lui porte me fait l'aimer davantage. Je pense que lorsqu'il est à Londres, il est tellement pris par sa carrière et l'excitation du Parlement qu'il n'a pas le temps de lui parler ou de s'amuser avec elle. Et Diana est une jolie petite fleur fragile qui dépérit lorsqu'on la néglige », écrit-elle à son mari.

Durant les longues soirées d'après-ski, avec Mary, elles passent des heures toutes les deux à bavarder dans sa chambre. En peignoir et le visage plein de crème, elles lisent et récitent à haute voix des poèmes de Shelley, de Keats et de Milton : « C'est durant ces trois merveilleux séjours que j'ai commencé à connaître ma mère et surtout à apprécier sa compagnie. »

À Londres, Winston dîne avec Randolph dans l'appartement de Morpeth Mansions :

> Nous avons eu une réunion de famille dans les règles. Duncan et Diana sont arrivés juste à temps de vos contrées enneigées.

> Vic est monté depuis l'appartement du dessous. J'ai raté Sarah de peu car elle venait de partir à Cambridge pour répéter. Elle joue le rôle principal dans *Le Mystérieux Docteur Clitterhouse.* On lui a donné la loge de la vedette. Tout laisse penser qu'elle réussira à faire carrière dans le théâtre traditionnel.

En ce début d'année 1938, le rideau tombe sur une famille apaisée. Comme dans un *happy end*…

Chapitre XIV

SEULS CONTRE HITLER

Impossible d'imaginer un voyage officiel du roi d'Angleterre à Paris sans inviter Winston Churchill et son épouse, la plus française des Anglaises. Le 18 juillet 1938, George VI et la reine Elisabeth effectuent une visite d'État de trois jours en France afin de consolider l'Entente cordiale.

À Versailles, dans la galerie des Glaces, la république française fait revivre les fastes de l'Ancien Régime. Clementine est assise entre deux vieillards croulant sous les honneurs : d'un côté, le maréchal Pétain, héros de Verdun, qui a succédé à l'Académie française au maréchal Foch et qui, à quatre-vingt-deux ans, donne encore à Sciences-Po des cours sur la défense. De l'autre, Gabriel Hanotaux, académicien lui aussi depuis quarante ans, qui a été chef de cabinet de Jules Ferry au ministère des Affaires étrangères. Vigoureusement anti-anglais au moment de la crise de Fachoda, il est heureusement revenu à des sentiments plus diplomatiquement convenables.

Apothéose du séjour royal, ce déjeuner de deux cent quatre-vingts couverts semble avoir été composé pour le plus grand plaisir de Winston. Les huit services sont tous arrosés de champagne : Pol Roger 1911, Mumm 1911, Louis Roederer 1904, Veuve Clicquot 1900 et Pommery 1895. Même le trou normand est un granité au champagne Lanson 1921. À la fin du repas, les valets en livrée servent le meilleur cognac du monde, le Louis XIII, mélange inouï de cent cuvées inventé cinquante ans plus tôt par Paul-Émile Rémy Martin.

Seule ombre à ce fastueux tableau, Clementine s'est cogné le pied contre une lourde table Empire et s'est cassé un orteil. Mais la douleur atroce qu'elle ressent à chaque pas n'entame en rien sa passion pour cette France, patrie de la gastronomie, de l'élégance et des bonnes manières. Son mari reconnaît volontiers que depuis la guerre de Crimée ses généraux se sont montrés plus compétents que leurs alliés britanniques. L'union scellée avant la Grande Guerre entre les deux pays n'a jamais été aussi indispensable face à l'impérieuse nation prussienne une nouvelle fois à l'étroit à l'intérieur de ses frontières.

À son retour, Winston reçoit à Chartwell, dans le plus grand secret, le commandant Ewald von Kleist-Schmenzin, membre d'un cercle antinazi allemand qui lui apprend que l'attaque contre la Tchécoslovaquie est imminente. Churchill lui donne une note à transmettre au Führer précisant que toute violation de la frontière entraînerait un conflit mondial dans lequel les Anglais seraient au côté de leurs alliés pour « vaincre ou mourir ».

Mais le 30 septembre 1938, à Munich, l'ultrapacifiste Neville Chamberlain choisit avec son homologue français Édouard Daladier un autre scénario. À sa descente d'avion, il brandit comme un communiqué de victoire le texte des accords signés avec le Führer. L'allié tchécoslovaque est honteusement sacrifié aux appétits allemands.

Outré, Duff Cooper refuse de continuer à porter des toasts protocolaires à Hitler avec les amiraux allemands. Il donne sa démission de l'Amirauté. Son épouse Diana annonce la nouvelle à Winston qu'elle entend pleurer d'émotion au téléphone. Duff rejoint aux Communes le petit noyau des antinazis : Anthony Eden, qui a quitté en février le ministère des Affaires étrangères, le chef travailliste Clement Attlee, le rebelle conservateur Harold Macmillan et deux autres proches des Churchill : Archibald Sinclair et Brendan Bracken. Tous déjeunent régulièrement avec Winston en compagnie de généraux et de personnalités du monde entier qui désormais viennent faire le pèlerinage à Chartwell. Léon Blum, visiblement séduit par Clementine, pose au milieu du couple un gros cigare churchillien à la main.

Le protocole est immuable, comme le raconte un invité : « Après avoir dépassé le joli jardin et arrêté votre voiture dans l'allée circulaire, vous entrez par la porte principale et vous arrivez dans le grand salon où un portrait de Winston trône entre deux hautes fenêtres. » Clementine accueille ses hôtes avec son grand sourire : « Ses vêtements sont impeccables. Vous vous souviendrez toujours de son élégance... Sa voix est douce et sans affectation... Elle vous offre un verre de sherry qui vous met immédiatement à votre aise. Vous remarquez à peine que le maître de maison n'est pas là et que le déjeuner est servi en retard. »

Dès le premier verre de champagne, Winston s'insurge contre l'aveuglement britannique et les derniers coups de force du chancelier allemand qu'il n'a finalement jamais rencontré. Toujours assise en face de lui, sa femme prend violemment à partie ceux qui se félicitent encore de la promesse de paix signée à Munich. L'imposante lady Eva venue déjeuner avec son mari l'amiral Roger Keyes, qui a combattu dans les Dardanelles, l'apprend à ses dépens : « Je me souviens, raconte Mary, que celle-ci a défendu la politique de Chamberlain. Ma mère le lui a reproché en des termes si vifs qu'elle s'est mise à pleurer. »

Parmi les habitués de Chartwell, il y en a un que Winston apprécie particulièrement. Sir Henry Strakosch, banquier juif autrichien, a longtemps travaillé à la City avant de prendre la nationalité britannique en 1907. Dans son pays natal, il garde des relations qui le tiennent au courant de la chape de plomb qui s'abat sur Vienne. Durant l'été, même Freud, pourtant âgé de quatre-vingt-deux ans, a dû fuir et se réfugier avec sa famille à Londres.

Sir Henry partage la conviction des Churchill qu'un dictateur ne s'arrête jamais à mi-chemin. Pour sauver le couple de la débâcle financière dans laquelle il s'enfonce, il rachète au prix fort les actions américaines que Winston détient et dont la valeur s'est effondrée de 70 %. Un véritable cadeau qui tombe du ciel à point nommé et permet au champion britannique de continuer sans souci sa croisade antinazie.

À la fin de l'automne, Walter Guinness, autre ami précieux, propose à Clementine une nouvelle croisière à bord du *Rosaura*. Le parlementaire vient d'être nommé à la tête d'une Commission royale sur les Antilles britanniques, et part étudier sur place les conditions de vie des habitants. À tour de rôle, il emmène, sur son yacht, la moitié de la commission. Elle accepte avec enthousiasme de participer à ce nouveau projet. À bord, elle retrouve l'impétueuse Vera Broughton et Murtogh, le fils de Walter.

Le 19 décembre 1938, le *Rosaura* est à Porto Rico. Après la visite des tristes taudis, la journée se termine par un dîner officiel :

> La maison du gouverneur est une imposante forteresse espagnole qui domine la mer [...]. Il y avait d'innombrables buffets sans rien à manger, mais avec des océans de boissons glacées toutes alcoolisées, whisky-soda, punch au rhum, cocktails, etc., de sorte que vers minuit la tête me tournait un peu. Puis soudain un dîner chaud est apparu... Ensuite nous avons dansé.

Les jours suivants, elle parcourt la petite île de Tortola à cheval, puis Antigua dont le fort est en ruines et enfin Montserrat ravagée depuis quatre ans par deux ouragans et un tremblement de terre...

À la Barbade, elle commence à avoir le mal du pays. Sa fille Diana a mis au monde son second enfant, une petite fille, Edwina, qu'elle rêve de serrer dans ses bras. L'île a beau avoir été conquise depuis 1625 par les Anglais, le rapport de la commission est une nouvelle fois déprimant :

> La population sous-alimentée ne se nourrit que de féculents. 80 % est illégitime, 70 % souffre de syphilis et d'une espèce de peste, le pian... Il n'y a aucun sanitaire, pas même des

> latrines creusées dans la terre. À certains endroits, les femmes doivent faire plus de 4 kilomètres pour aller chercher de l'eau. On compte un médecin pour 30 000 personnes. Le salaire des travailleurs est de 1 shilling par jour et 6 pence, la moitié, pour les femmes. Il y a beaucoup de chômage et aucun système d'assurance.

Ces Caraïbes, défigurées par l'homme, n'ont rien à voir avec la luxuriance raffinée de Bali où elle rêve encore de retourner. Sur le yacht, le souvenir des heures merveilleuses passées avec Terence Philip est omniprésent.

Après leur long voyage, le séduisant marchand de tableau est venu plusieurs fois la voir à Chartwell :

> Leur amitié s'est poursuivie quelque temps, écrit Mary. Après deux ans, elle a fini par s'éteindre, non à la suite d'une querelle mais leur relation ressemblait à ces fragiles fleurs tropicales qui ne peuvent survivre dans nos climats gris et froids. Une fois à la maison, Winston exigeait tant qu'il n'y avait de place pour personne d'autre. Terence, lui aussi, fut à nouveau accaparé par ses activités. Il partit pour New York, engagé par la galerie Wildenstein.

Dans sa cage en osier, la tourterelle balinaise reste seul témoin de cette romantique aventure qui a nourri et embelli sa vie. À sa mort, Clementine voudra qu'elle soit enterrée en plein centre du potager au pied du cadran solaire. Elle fera graver quatre vers qui se terminent par ces mots : « Il y a une île là-bas, à laquelle je pense toujours. »

Autre minute de nostalgie lorsqu'elle se rend à la bibliothèque publique de la Dominique pour lire le *Times*. Feuilletant celui du 15 janvier 1939, elle découvre l'avis de décès de Sydney Peel son premier fiancé :

> Soudain, j'ai vu Peel me regarder au milieu de la page. Une photo de lui jeune, du temps où je sortais avec lui. J'ai fermé

> les yeux. Tous mes souvenirs sont revenus intacts et j'ai revécu ces quatre années où je le voyais presque chaque jour. Il était adorable avec moi et grâce à lui ma vie qui était difficile et plutôt austère est devenue intéressante. Mais il m'était indifférent et je n'ai pas été gentille avec lui ni même reconnaissante. Et puis tu es arrivé mon chéri, et alors j'ai vu la différence.

À ces deux moments cruciaux de sa vie, elle a fait son choix. Winston a été et reste le grand amour de sa vie. Depuis dix ans, dans son manoir de Chartwell, il vit presque en exil de la politique. À présent qu'il se tient courageusement, seul face à l'orage hitlérien, elle retrouve pour lui son admiration des premiers jours. À bord, elle lit une *Histoire de la conquête du Mexique* rédigée en 1843 par l'historien américain William Prescott et écrit à son mari : « À la fin de sa vie, Cortès a été traité avec froideur par le gouvernement espagnol. Il devait découvrir, comme Christophe Colomb, l'ingratitude de son pays pour l'avoir trop bien servi. Comme tu vois, tu es en bonne compagnie. »

À bord du *Rosaura*, elle retrouve les tensions qui, depuis le début du siècle, déchirent la société anglaise. Pour combattre la pauvreté de ces îles surpeuplées, les membres conservateurs de la *Royal Commission* préconisent le contrôle des naissances et la stérilisation des femmes. Les travaillistes veulent mettre en place une vraie politique d'aide sociale. Elle est de leur côté.

Les discussions passionnées débouchent immanquablement sur le péril hitlérien : le royaume doit-il faire la guerre selon le vœu de Winston ? Ou vouloir la paix à tout prix comme Chamberlain ? Dans le port de la Barbade, tous les passagers se regroupent pour écouter une émission de la BBC. Winston et ses amis antinazis sont violemment critiqués et accusés de conduire le pays à sa perte comme en 1914. Vera Broughton donne le signal des applaudissements. C'est insupportable pour Clementine. Elle se lève et part dans sa cabine. Elle est surtout outragée que Walter Guinness n'ait pas prononcé un mot pour la défendre.

Elle écrit à son ami une lettre d'explications et d'excuses et, dès qu'il fait jour, elle retient son retour sur *Le Cuba*, un paquebot français qui lève l'ancre le lendemain pour Southampton.

La volcanique Vera vient la trouver alors qu'elle boucle sa malle et après un échange plus aigre que doux, lui demande de rester. Mais la femme de Churchill reste inébranlable. De Chartwell, elle a reçu un télégramme : « Enchanté te voir revenir. Tendre amour de tous. Winston. » Le 7 février 1939, elle est de retour à la maison. Sans rancune, Walter Guinness, lui gardera son amitié.

Deux mois plus tard, Clementine emmène Mary à Paris. À dix-sept ans, sa dernière fille vient d'obtenir son diplôme de fin d'études et a bien besoin de quelques jours de *finishing school*. Elle n'a pour ainsi dire jamais quitté Chartwell où elle a vécu au milieu de ses animaux, passion qu'elle partage avec son père. Pour commencer, elles descendent au Prince de Galles, idéalement situé entre les Champs-Élysées et les quais où elles se promènent de longues heures jusqu'à Notre-Dame. L'amie de sa fille, Iris Forbes, qui suit les cours de l'école des sœurs Ozanne où Sarah a autrefois été pensionnaire, vient parfois les retrouver après le *breakfast*. Ensemble, elles visitent le Louvre et Versailles. Le soir, Clementine prend des billets pour aller voir à la Comédie-Française *Cyrano de Bergerac* et *Ondine* de Giraudoux dans une mise en scène de Louis Jouvet et des décors de Christian Bérard, les deux meilleurs spectacles de l'année pour lesquels Mary ne manifeste pas l'enthousiasme attendu : « Je me souviens, dit-elle, d'une monumentale réprimande maternelle à propos de mon ingratitude et de ma mauvaise éducation, ce qui était amplement mérité. » Ah oui, elle n'est pas comme sa cousine Clarissa. À leur retour, avant un grand bal donné à Hever par lady Astor pour les dix-huit ans de son fils, elle arrive pour dîner à Chartwell, ravissante et élégante, une vraie lady comme sa mère. Hélas, la chère

Goonie est désormais absente de toutes les fêtes de famille. Elle souffre d'un cancer du poumon et se repose au calme à Cumberland Lodge chez sa demi-sœur, lady Fitzalan. Dès qu'elle le peut, Clementine lui rend visite dans ce grand château Tudor construit en plein milieu du parc de Windsor. Par un étrange concours de circonstances, le premier duc de Marlborough et sa femme Sarah ont aussi vécu et sont morts à Cumberland Lodge.

À Chartwell, Winston pose dans son bureau, où trône le grand tableau de Blenheim, pour le *Picture Post*, un nouveau magazine qui connaît un succès foudroyant avec des reportages courageux contre Hitler. À la tête du *Daily Telegraph,* lord Camrose lance une campagne de presse pour exiger le retour au gouvernement du lion antinazi qui depuis des années réclame le réarmement de la flotte et de l'armée. L'*Evening News,* le *Daily Mail* et le *Manchester Guardian* lui emboîtent le pas. À Londres, les murs se couvrent d'affichettes avec la photo de Churchill. En France, son ami le général Georges, commandant des armées françaises du Nord-Est, l'invite à inspecter la ligne Maginot, censée arrêter les tanks allemands.

Clementine le rejoint à Paris le 17 août. Ce voyage est une nouvelle occasion de parfaire l'éducation de sa benjamine. À nouveau, elles logent au Prince de Galles. Le lendemain, la mère et la fille vont Aux Trois Quartiers acheter une robe en organdi. L'après-midi, son père emmène Mary se recueillir aux Invalides sur la tombe de son héros préféré : Napoléon. Ils prennent ensuite la route de Dreux. Les Balsan les ont invités à passer quelques jours dans leur somptueux château dont les façades en briques et pierres datent du XVIe siècle. Avant la bataille d'Ivry, Henry IV a passé la nuit ici, ce qui plaît pardessus tout à Winston.

À plusieurs reprises, il a peint le lac, les douves et la fête du village dans la cour d'honneur où chaque été Consuelo invite les habitants à venir passer la journée. Dans le parc, les enfants ont, pendant les grandes vacances, leur école de loisirs : « Chez nous, ils disposaient d'un cours d'eau pour la baignade et d'un terrain de jeu pour les sports. Nous apprenions la couture aux filles et aux garçons la menuiserie. À la fin des vacances, ils montaient un spectacle », écrit dans ses mémoires celle que la presse anglaise surnomme « la duchesse des enfants ».

Derrière le village, sur une petite colline ensoleillée, l'Américaine a aussi construit un sanatorium. Chaque jour, elle fait le tour des bâtiments où quatre-vingts petits malades de un à cinq ans, atteints de tuberculose, bénéficient de soins ou passent leur convalescence après une opération sous la garde d'infirmières et d'une trentaine d'étudiantes en pédiatrie.

Dans les dépendances du château, les Balsan accueillent des artistes. Le peintre Paul Maze vit dans le moulin à eau. Sa fille travaille son piano huit heures par jour, écoutée de loin par Yvonne Lefébure, élève de Ravel, qui habite une autre chaumière normande. Un week-end, Consuelo a invité Vuillard et André de Segonzac. Les deux artistes, Paul Maze et Ivor, le fils de Consuelo, fou de peinture comme sa mère, ont réalisé un tableau sous la direction de Winston qui s'était promu chef d'orchestre de cette symphonie de couleurs : « Un peu plus de vert ici, là du noir… » Tous les cinq ont ensuite signé la toile.

En cette fin d'été 1939, alors que Churchill s'installe avec son chapeau et sa blouse blanche derrière son chevalet, il lance à son ami Maze qui peint à côté de lui : « C'est notre dernière toile de temps de paix. » Clementine emmène Mary visiter la cathédrale de Chartres. Le soir, le dîner est une fois encore exclusivement occupé par des discussions enflammées sur le régime nazi.

Le 23 août, coup de tonnerre : à Moscou, en présence de Staline, les deux ministres des Affaires étrangères, le nazi von Ribbentrop, et le bolchevique, Molotov, signent un pacte de non-agression. Churchill rentre précipitamment à Londres en avion. Deux jours plus tard, Clementine et Mary montent dans un train à la gare du Nord prise d'assaut par les soldats français.

À Londres, Diana les accueille sur le quai. Duncan, son mari, officier de l'armée de terre, est déjà mobilisé. Le gouvernement a ordonné un black-out total pour qu'à la nuit tombée, les lumières disparaissent et que l'île s'efface aux yeux des aviateurs ennemis. Les femmes et les enfants doivent quitter la capitale et les grandes villes pour se rendre à la campagne. Diana a envoyé ses deux enfants avec leur nurse à Chartwell. Clementine s'y rend directement avec ses deux filles. Dans la grande maison, elle accueille une dizaine de mères et d'enfants qui ont fui Londres en catastrophe.

Le vendredi 1er septembre, à 5 h 30 du matin, les troupes allemandes entrent en Pologne. Winston est le premier prévenu par l'ambassadeur Raczynski. Mais Mussolini propose la réunion d'une conférence et Chamberlain croit toujours à la paix. Devant la colère de l'opinion publique et sous la pression des députés, Downing Street lance enfin à Hitler, le 3 septembre, un ultimatum qui prend fin à onze heures.

Dans leur appartement de Morpeth Mansions, Clementine et Winston entendent sonner le dernier coup de Big Ben en compagnie de Brendan Bracken. À la radio, le Premier ministre annonce que l'Angleterre est en guerre. À peine a-t-il fini de parler que les sirènes hurlent annonçant une première attaque aérienne. Clementine, impressionnée par la rapidité du raid allemand, s'écrie : « Ah ! ils ne perdent pas de temps ! » Tous les trois montent sur la terrasse et voient s'élever dans le ciel bleu une trentaine de ballons antiaériens. Rassurés, ils descendent dans l'abri situé un peu plus loin dans la rue. C'est une fausse alerte mais dans l'Atlantique un sous-marin ennemi torpille un paquebot britannique, faisant cette fois plusieurs centaines de victimes.

Pour la première fois depuis longtemps, les Communes siègent un dimanche. Dans la tribune, Clementine écoute Winston : « En cette heure solennelle, c'est une consolation de se rappeler nos efforts répétés en faveur de la paix. » Dans l'après-midi, Chamberlain lui propose de revenir à l'Amirauté : *Winston is back*, câble le ministère aux navires et aux bases britanniques.

Le soir-même, il retrouve son bureau aux dauphins dorés. Quelle revanche depuis les Dardanelles ! En urgence, Clementine déménage dans l'appartement de fonction qu'elle a occupé autrefois et qui a été redécoré par son amie Diana Cooper. La bibliothèque est rebaptisée par Winston : « Salle du Conseil de guerre. »

Randolph rejoint le régiment de son père, le 4e hussard de cavalerie, qui a été mécanisé mais n'a pas encore reçu ses chars. Toujours célibataire à vingt-huit ans, il est obsédé par l'idée de mourir au combat sans avoir eu d'héritier. En quelques semaines, il a fait plusieurs demandes en mariage. Par hasard, il a invité à dîner une très jeune fille dont il est immédiatement tombé amoureux.

La rousse Pamela Digby a dix-neuf ans, un sourire irrésistible et n'a pas froid aux yeux. Elle vient de terminer ses études à Paris et parle couramment le français. L'année précédente, en juin 1938, pour ses dix-huit ans, son père lui a offert une voiture, une Jaguar vert foncé. Et pour ses débuts dans le monde, elle a fait la couverture de *Tatler*. Lorsqu'il la présente à ses parents, Winston est aussitôt conquis. Pamela a une gaieté et une énergie qui lui rappellent sa mère.

Dans cette période d'incertitude où les hommes risquent à tout moment de monter au front, les deux fiancés veulent se marier dès le 4 octobre 1939. Lord et lady Digby vivent à la campagne et n'ont pas de maison à Londres. Clementine et Winston n'ont même pas le temps de les rencontrer. Ils décident que la réception se fera à l'Amirauté.

C'est une cérémonie de guerre. Randolph est en uniforme et la mariée ne porte ni voile ni robe blanche. Mais une longue veste de fourrure sur un ensemble bleu marine. Au sommet de son vertigineux béret, elle a planté une grande plume virginale qui a du mal à passer sous les sabres de la haie d'honneur à la sortie de St John's Church. Dans ses grands salons d'apparat, le premier lord de l'Amirauté, rayonnant, porte un toast à sa ravissante belle-fille qui déjà l'appelle « papa ».

Depuis un mois, il travaille vingt heures par jour. Même le dimanche, il tient des réunions, parfois jusque dans sa salle de bains. Dans la salle à manger, de nouveaux serveurs ont été sélectionnés par les services secrets.

Clementine se penche sur le sort des femmes. Une de ses amies propose de transformer sa grande maison au nord de Londres, Fulmer Chase, en hôpital. Clementine décide d'en faire une maternité. Elle garde en mémoire les jours difficiles qu'elle a connus lorsqu'elle était enceinte sans savoir où accoucher.

Elle pousse toutes ses filles à participer à l'effort de guerre. Diana s'engage dans le Women's Royal Naval Service dont elle porte fièrement l'uniforme, tricorne et bas noirs. Sur la scène de l'Hippodrome, Sarah et Vic dansent et chantent dans *Black Velvet*, une revue musicale dont le refrain à succès *My heart belongs to Daddy* contribue au moral de l'Angleterre. Même Mary coupe des bandages pour la Croix-Rouge en plus de ses cours de littérature, d'histoire et de français.

Toute la famille se réunit à l'Amirauté pour fêter Noël. Le lendemain matin, Winston reçoit un coup de téléphone de leur cousin Mitford. En apprenant le 3 septembre la déclaration de guerre, Unity s'est tirée une balle dans la tête à Munich avec un pistolet en nacre offert par Hitler. Depuis quatre mois, elle est soignée dans une clinique en Suisse. Et sa mère a besoin d'urgence d'un passeport pour aller la chercher. Évidemment la presse s'empare de ce nouveau scandale. Au grand soulagement de Clementine, le nom de Churchill n'est, cette fois-ci, pas traîné dans la boue.

Le midi, Vic et Sarah invitent tout le monde à déjeuner dans leur appartement. Mary adore ce beau-frère qui la fait tant rire : « Vic était un membre de la famille très agréable et il finit par établir de bonnes relations avec Clementine. À la différence de Winston qui, lui, ne l'aimera jamais. » Le lendemain de Noël, ses parents s'offrent une pause, une séance de cinéma. Ils n'ont jamais été aussi unis.

En mars 1940, dans le port de Barrow-on-Furness, au nord de Liverpool, Clementine lance un porte-avions. Sous sa toque de fourrure, son visage s'accorde au nom du monstre des mers : *L'Invincible*. Winston aime tellement la photo de sa femme parue dans la presse qu'il en fera une de ses toiles préférées. Et pour ajouter à leur bonheur, Pamela leur annonce qu'elle attend un petit Churchill.

Un mois plus tard, la guerre cesse d'être « drôle ». Les armées allemandes envahissent le Danemark et la Norvège appelle à l'aide. Après trois semaines de combats, c'est la débâcle. L'aviation allemande pilonne le corps expéditionnaire britannique. Seuls quelques commandos restent maîtres du port de Narvik. Le fils aîné de Nellie, Giles Romilly, envoyé spécial du *Daily Express*, est fait prisonnier. À cause de ses liens familiaux avec Winston, il sera le premier Anglais transféré à la forteresse de Colditz, près de Dresde, où Hitler le garde comme otage. Son frère Esmond, désormais marié à Jessica Mitford et émigré aux États-Unis, s'engage dans les forces aériennes canadiennes. Le 6 mai 1940, leur père Bertram meurt dans la propriété de famille des Romilly, Huntington Park, dans le Herefordshire, à l'est du Pays de Galles.

Clementine ne pense qu'à aller réconforter sa sœur qui affronte seule cette double tragédie. Mais elle est déchirée. Aux Communes, son mari doit annoncer les pertes de la malheureuse campagne de Norvège et elle est terrifiée à l'idée que Narvik soit son nouveau Dardanelles. Le 7 mai 1940, elle assiste dans la galerie au discours de Winston. Contrairement à ce qu'elle redoutait, les députés font un bon accueil aux explications du premier lord de l'Amirauté. Rassurée, elle s'en va le lendemain assister à l'enterrement de son beau-frère.

Winston lui téléphone de rentrer le plus vite possible. Car à Londres, c'est la panique générale. Les Pays-Bas sont tombés, la Belgique aussi et les armées allemandes s'engouffrent en France. À tout moment, l'île peut être envahie. Le 10 mai, Chamberlain tente de former un gouvernement d'union nationale. Les travaillistes et les libéraux refusent d'y collaborer. Aux Communes, il est hué. Leo Amery, vieux député conservateur qui a débuté comme journaliste pendant la guerre des Boers, apostrophe le Premier ministre avec les accents de Cromwell s'adressant au parlement trois siècles plus tôt : « Vous avez siégé trop longtemps et sans rien faire de bon… Partez, dis-je, et laissez-nous vous oublier. Au nom de Dieu, allez-vous-en ! » Chamberlain n'a plus d'autre issue que de remettre sa démission à George VI.

Clementine croise à l'Amirauté Winston appelé à Buckingham Palace. Au roi, il promet de donner avant minuit la composition d'un gouvernement de guerre : « Et ainsi, écrit Mary, ils vécurent ensemble cette étrange et sombre apothéose après des années d'exil loin du pouvoir et de vaines prophéties. Dans ces moments décisifs, Clementine s'est toujours montrée à la hauteur. » Son mari, qui a passé son enfance à manœuvrer ses soldats de plomb et qui rêvait, à quatorze ans, de commander une armée comme son ancêtre Marlborough, écrira plus tard : « Quand je me mis au lit à 3 heures du matin, j'éprouvais un immense soulagement. C'était comme si je marchais vers mon destin. Comme si toute ma vie jusque-là n'avait été qu'une répétition de cette heure et de cette épreuve. » Dès le lendemain matin, il s'installe dans son bureau de Downing Street et dit à Clementine : « Un seul homme peut me chasser d'ici, c'est Hitler. »

Chapitre XV

DU SANG ET DES LARMES

La guerre de Winston est aussi la sienne. Clementine éprouve une ferveur et une résolution identiques, même si elle n'a pas toujours les mots de feu pour le dire. Le dimanche suivant, elle se rend à la messe à St Martin-in-the-Fields. Quand le révérend, dans son sermon, prône les vertus du pacifisme, elle se lève et s'en va, bouillante d'indignation. Rapportant la scène à son mari, il lui dit : « Tu aurais dû crier "Honte ! Honte à vous qui trahissez la maison de Dieu par des lâchetés !" » Le 13 mai 1940, elle l'entend enflammer les Communes : « Je n'ai rien d'autre à offrir que du sang, de la peine, de la sueur et des larmes ! » Le magnifique discours est retransmis à la BBC et le soir, alors qu'il quitte son bureau de Downing Street, le Premier ministre est ovationné par la foule. Avec son courage et son énergie monstrueuse, il a réussi un prodige : enrôler derrière lui tous ceux qui refusaient encore de se battre quelques jours plus tôt. D'émotion, en arrivant à l'Amirauté, il fond en larmes comme cela lui arrive si souvent.

Cet après-midi-là, les panzers allemands attaquent la France sur la Meuse. Le lendemain, ils percent le front à Sedan, transformant cette terre des Ardennes en un brasier de feu et ouvrant la route vers Paris. Le 15 mai, le président du Conseil Paul Reynaud téléphone : « La bataille est perdue. » Comme toujours, Winston veut juger par lui-même. Anxieuse, Clementine le voit s'envoler avec le général Ismay, chef d'état-major des armées, vers ce ciel de France où, déjà, les avions ennemis règnent en maîtres. Elle est trop consciente de l'enjeu de ce moment historique pour mettre en avant sa peur de ne pas le voir revenir.

Consterné par le défaitisme des généraux français, dont la plupart sont ses amis, le Premier ministre y retourne le 22 mai et encore une semaine plus tard, ordonnant une offensive au chef des troupes anglaises, le général Gort qui le traite de « fou » et commence à rapatrier ses hommes vers la poche de Dunkerque.

Le 27 mai 1940, leur amie Diana Cooper téléphone en pleurs. Duff, son mari, nouveau ministre de l'Information a lui aussi décollé ce matin pour la France. Après son départ, elle a trouvé par hasard dans son passeport une lettre d'adieu dont elle lui lit des passages : « Ce n'est pas du tout le genre de Duff ! Que pouvons-nous faire ? » Clementine alerte aussitôt Downing Street et l'avion du ministre rentre sous la protection de Spitfires de la Royal Air Force.

Le lendemain, la Belgique capitule et Winston déclenche la gigantesque opération Dynamo : 223 navires de guerre aidés par 665 embarcations civiles, bateaux de commerce, yachts, barques de pêcheurs font la navette dans la Manche protégés par l'aviation. Pendant une semaine, le royaume et le Commonwealth retiennent leur souffle. En 1914, premier lord de l'Amirauté, il a transporté en quelques jours toute l'armée sur le continent. Fort de son expérience, il accomplit le même miracle en sens inverse. Sa formidable armada ramène 338 000 hommes au pays. Un matin à 8 heures, Clementine voit arriver leur neveu John, un des premiers rescapés. Il vient embrasser son père Jack, qui loge à l'Amirauté. Son battledress est encore humide. Son oncle accourt en robe de chambre : « Alors Johnny, s'écrie-t-il ravi, tu arrives des combats, tu sors juste de la mer ? – Oui et je ne songe qu'à y retourner pour ramener ceux qui y sont encore. »

L'armée est sauvée mais a laissé sur le continent toutes ses armes. Dans l'attente d'un débarquement ennemi, dans chaque maison, les hommes gardent leur fusil de chasse à portée de main. Winston a un revolver dans sa poche. Des milliers de femmes se portent volontaires pour surveiller les plages que l'armée s'affaire à hérisser de barbelés et truffer de mines. La nuit, des projecteurs balaient le ciel et les batteries aériennes se mettent en action au moindre vrombissement d'avion. Sur les routes, les tranchées antichars se multiplient pour retarder l'adversaire. Tous les poteaux indicateurs des villes, des villages et des gares sont supprimés.

Dans la tribune des Communes, Clementine suit chaque débat au jour le jour. Winston ne lui appartient plus, ni à elle ni à sa famille. Il est tout à sa guerre. Le 4 juin, elle emmène Mary l'écouter prononcer son plus beau discours, le plus churchillien : « Les batailles ne se gagnent pas par des évacuations [...]. Nous défendrons notre île à n'importe quel prix. Nous nous battrons sur les terrains d'atterrissage, nous nous battrons dans les champs et dans les rues, nous nous battrons sur les collines. *We shall never surrender.* »

Alors que les panzers allemands s'approchent de Paris, il repart à nouveau mobiliser ses amis français et leur tient le même langage qu'à ses compatriotes : « Il faut vous battre dans chaque rue, dans chaque ville et vous finirez pas vaincre les Allemands ! » Le maréchal Pétain répond : « Ils détruiront tout le pays ! » Lorsque, le 13 juin, replié à Tours, le gouvernement de la France lui annonce qu'il s'apprête à signer l'armistice, des larmes coulent le long des joues du lion britannique.

Le 17 juin, le général de Gaulle se présente à la porte de Downing Street. Winston l'a rencontré une semaine plus tôt, lorsque Paul Raynaud a envoyé à Londres son sous-secrétaire d'État à la guerre rendre compte de la situation catastrophique et réclamer l'aide de l'aviation anglaise que le Premier ministre a refusée préférant la garder pour la défense de son pays. À Tours, seul contre tous, le jeune ministre, qui a mené plusieurs contre-offensives victorieuses, s'est indigné de la capitulation honteuse. Avant de quitter pour la dernière fois le sol de France, Winston lui a serré la main et l'a sacré d'une formule dont il a le génie : « l'homme du Destin. » Il convainc son gouvernement de laisser le général de Gaulle lancer un appel le lendemain, 18 juin 1940, à la BBC.

Depuis deux jours, Clementine est en plein déménagement. Le bail de leur appartement de Morpeth Mansions a été remis en vente et elle rapatrie tous ses meubles à Downing Street. Car derrière la façade grise et triste construite en 1682 par sir John Downing se cache une grande demeure appartenant à l'époque à la comtesse de Lichfield bien fâchée d'avoir perdu sa jolie vue. Au début du XVIIIe siècle, le roi George II, reliant l'ensemble par un petit jardin, y a installé son Premier ministre Robert Walpole. Depuis, les bureaux sont installés au rez-de-chaussée et les grands salons au premier étage. Au-dessus, un appartement a été aménagé. Il est si vaste que Mary y a sa chambre et que Jack, dont la femme s'affaiblit de jour en jour, s'installe avec eux.

À Downing Street, elle accueille aussi Pamela, enceinte de plus de six mois. La jeune femme aide sa belle-mère à recevoir les personnalités politiques, militaires ou étrangères qui défilent aux déjeuners comme aux dîners qu'à son habitude Winston considère comme des réunions de travail. Dieu merci, la cuisinière, Mrs Georgina Landemare, a décidé de consacrer tout son talent au service des Churchill : « C'est ma contribution à l'effort de guerre », dit-elle.

Dans le salon, Pamela confie ses soucis. Randolph, dans le camp où il est mobilisé, boit trop et surtout joue gros. Le soir, il passe au White's, son club, où ses dettes s'accumulent. Clementine demande à son mari de les régler : « Est-ce bien tout ? Il n'y en a pas d'autres ? » demande le Premier ministre. Mais quelques semaines plus tard, la jeune femme se voit refuser un chèque chez Harrod's. Et une nouvelle fois, sa belle-mère intervient.

Elle craint que le comportement de Randolph n'embarrasse son père à Downing Street. Jock Colville, jeune diplomate et secrétaire privé du Premier ministre après avoir été celui de Chamberlain, l'a trouvé imbuvable. Il a écrit dans son carnet : « Une des personnes les plus désagréables que j'aie jamais vues… Il ne m'est pas apparu très intelligent. Au dîner, il n'a pas été aimable avec Winston qui l'adore. »

Clementine explique à Pamela qu'elle ne doit pas accepter d'attendre gentiment son mari des soirées entières. Mais se montrer plus ferme. Et même le quitter pour quelques jours lorsqu'il se conduit de façon odieuse. Elle-même l'a fait à plusieurs reprises dès le début de son mariage.

Un soir, Randolph arrive pour quarante-huit heures de permission. Et ils dînent tous ensemble. Alors que son père retourne travailler et que sa mère monte se coucher, il déclare à Pamela qu'il lui emprunte sa voiture pour passer au Savoy voir un vieil ami américain, le journaliste Hubert Knickerbocker, avec qui il a suivi la guerre d'Espagne et qui maintenant fait campagne pour que l'Amérique entre en guerre. Il promet : « Juste un verre ! »

Sa jeune femme le voit revenir à 6 h 30 du matin complètement ivre. Une heure plus tard, elle reçoit une note de Clementine la convoquant dans sa chambre. Elle n'a pas dormi de la nuit et s'y rend le cœur battant. Calée contre ses oreillers, sa belle-mère, en gants blancs, lit les journaux : « Où Randolph a-t-il passé la nuit ? » demande-t-elle. Pamela est bien obligée d'avouer qu'elle n'en sait rien et apprend, en larmes, que Thompson, le garde du corps de Winston a retrouvé des cartes militaires classées confidentielles dans la Jaguar verte de Pamela dont les portes étaient restées ouvertes.

Randolph promet à sa femme de ne plus boire et explique à son père qu'après le Savoy, il a terminé la soirée chez Knickerbocker qui lui a conseillé de mieux utiliser ses talents d'orateur. Il est prié par sa mère d'aller dormir au White's :

« Downing Street n'est pas une maison privée. On doit s'y comporter autrement. »

La femme du Premier ministre a, elle-même, un agenda plus que chargé. Chaque jour, arrivent des dizaines de lettres auxquelles elle répond avec l'aide de sa secrétaire, l'efficace Grace Hamblin, qui a accepté de quitter ses parents et de venir à Londres travailler à temps plein avec elle. De nombreux amis et relations téléphonent aussi pour qu'elle fasse passer des messages à Downing Street.

Lors d'un rendez-vous, sa cousine Sydney Mitford se plaint amèrement. Sa fille Diana et son mari Oswald Mosley ont été conduits à la prison de Holloway sur ordre du ministère de l'Intérieur. Winston craint qu'en cas d'invasion, le Führer nomme le chef pro-nazi anglais, comme une marionnette, à la tête du gouvernement. Clementine se contente d'assurer que Diana est peut-être plus en sécurité dans une prison. La haine contre Hitler est en train de submerger le pays et son ami Walter Guinness a rédigé à l'intention de Winston un long mémorandum indiquant que son ex-belle-fille était plus fasciste encore que Oswald Mosley.

Depuis le 19 mai 1940, elle n'a plus une minute pour se rendre à Chartwell. La grande maison est fermée, les rideaux décrochés et les meubles recouverts de housses. À leur disposition, le Premier ministre et son épouse ont maintenant les Chequers, un grand manoir du XVIe siècle entouré d'une roseraie célèbre. Le député Arthur Lee l'a acheté en 1910 avec la dot de sa femme, Ruth, riche héritière américaine. Comme Chartwell, la maison a été défigurée par des ajouts victoriens de style *Gothic Revival* cher au prince Albert. Lord et lady Lee l'ont magnifiquement restaurée avant de la transformer en hôpital pendant la Grande Guerre. Sans enfants, ils l'ont léguée à la nation. En 1921, invité par Lloyd George, Winston avait écrit à Clementine : « C'est une maison comme tu les aimes, un musée dont toutes les pièces lambrissées sont chargées d'histoire et de trésors… Une merveilleuse propriété. »

Une gouvernante écossaise, miss Grace Lamont, la tient comme un hôtel. Car le Premier ministre, en plus de ses invités, ne se déplace jamais sans une véritable caravane de collaborateurs, secrétaires, détectives, standardistes, etc.

Ils y passent un premier week-end début juin, pendant l'évacuation de Dunkerque, dont Winston se tient informé minute par minute. Les 24 et 25 juin, ils y sont avec Diana, Duncan et Jock Colville. Au cours de ce second week-end, l'ambiance est explosive. La veille, le maréchal Pétain a signé l'armistice avec Hitler. Désormais, face à l'Angleterre, les Allemands sont maîtres de 500 kilomètres de côte. Ils peuvent débarquer à tout moment.

À nouveau, Clementine voit son mari comme emporté par la tempête de l'histoire, voulant être constamment tenu au courant des mouvements des navires, inondant son ami lord Beaverbrook, nouveau ministre de la Production aéronautique, de notes comminatoires, dictant à ses secrétaires des lettres au gouvernement américain pour qu'il envoie d'urgence bombardiers et destroyers sous peine de voir l'Angleterre, sa Navy et son empire, sombrer comme la France dans le chaos… et même donnant des consignes pour que les troupes du 7e corps d'armée canadien, cantonnées à Chartwell, camouflent la maison située sur une colline, sur la route des Stukas, les avions de chasse nazis.

En bavardant devant la roseraie avec Jock Colville, Clementine apprend qu'à Downing Street l'ambiance est déplorable et Winston très critiqué pour sa gestion impériale de toutes les affaires grandes ou futiles. Elle-même peut à peine lui parler et ne correspond plus avec lui que par notes. À la fin du week-end, elle lui écrit une première lettre qu'elle déchire. Mais le lendemain, à Downing Street, elle reprend bravement son stylo :

Mon chéri. J'espère que tu me pardonneras si je te dis quelque chose qu'à mon avis, il faut que tu saches. Quelqu'un de ton

> entourage (un ami dévoué) est venu me voir et m'a dit que tu courais le danger d'être universellement détesté par tes collègues et subordonnés du fait de ton comportement rude, sarcastique et arrogant. Il semble que tes secrétaires privés aient décidé de se conduire comme des écoliers, « d'accepter ce qui leur tombait dessus » puis de s'éloigner en haussant les épaules. À un niveau plus élevé, lorsqu'une suggestion est faite (à une conférence par exemple) tu es si méprisant, paraît-il, que bientôt plus personne n'avancera une idée, bonne ou mauvaise. J'ai été surprise et peinée car toutes ces années, j'ai été habituée à ce que tous ceux qui travaillaient avec et pour toi, t'adorent. C'est ce que j'ai dit et on m'a répondu : « C'est sans doute le stress. » Mon Winston chéri, je dois avouer que j'ai remarqué un changement dans ton attitude. Et tu n'es plus aussi gentil qu'autrefois... Tu te plaisais à citer la maxime : « On ne règne sur les âmes que par le calme. » Je ne peux supporter l'idée que ceux qui servent le pays et te servent ne t'aiment pas autant que je t'admire et te respecte.

Elle termine par : « Je t'en prie, pardonne à ta Clemmie, dévouée et vigilante qui t'aime. »

Ce sera la seule lettre qu'ils échangeront au cours de l'année 1940 et, malheureusement pour l'Histoire, la réaction de Winston nous est inconnue. Mais sûrement il en a tenu compte. À Downing Street, Clementine, que beaucoup ne connaissaient pas gagne la réputation d'être une « femme de tempérament ».

Le 3 juillet, cette fois sans susciter la moindre réprobation de ses collaborateurs, le Premier ministre prend la décision de neutraliser les navires français réfugiés dans les ports britanniques et de bombarder les bâtiments dans la rade algérienne de Mers el-Kébir, de crainte qu'ils ne tombent dans les mains nazies. 1 300 marins français meurent dans l'opération. « Cette odieuse tragédie », selon le mot du général de Gaulle, est accueillie aux Communes par un tonnerre d'applaudissements.

Pour adoucir la rancœur des Français libres venus à Londres continuer le combat, le 24 juillet, Winston met à leur disposition une grande maison de quatre étages au 4 Carlton Gardens à deux pas de Trafalgar Square. Et le lendemain, il invite à déjeuner à Downing Street le général de Gaulle et sa femme Yvonne, qui l'a courageusement rejoint avec une petite valise et ses trois enfants dont sa fille Anne handicapée, après avoir traversé la mer sur un bateau de pêche depuis la Bretagne.

En parfaite maîtresse de maison, Clementine leur souhaite la bienvenue dans son français impeccable. À table, la conversation tourne autour de ce qui reste de la flotte. Elle déclare souhaiter ardemment que les navires et leurs équipages continuent la lutte avec les Anglais. Le général réplique sèchement : « À mon avis, ce qui plairait surtout à la flotte française c'est de tourner ses canons contre vous ! »

Furieuse, elle lui demande s'il pense qu'en prononçant des mots pareils il deviendra jamais un allié et un ami de l'Angleterre. En face d'elle, Winston qui sent la situation s'envenimer, tente une diversion et lance au général : « Vous devez pardonner à ma femme. Elle parle trop bien français. » Mais Clementine l'interrompt : « Non, Winston, il y a certaines choses qu'une femme peut dire à un homme. Voilà pourquoi je vous les dis à vous, général de Gaulle. » Le lendemain, le chef des Français libres lui envoie une corbeille de fleurs pour se faire pardonner cet échange musclé. Ni l'un ni l'autre n'en garderont la moindre rancune. Elle éprouve pour ce général qui se bat seul pour son pays et cette France qu'elle a toujours aimée une admiration que Winston est loin de partager. À la mi-août, avec Mary, elle visite le White Stadium City, un grand palais omnisports construit pour les jeux Olympiques de 1908 et mis à la disposition de tous les Français arrivant à Londres. En voyant ces hommes tristes et perdus qui ne savent plus vers qui se tourner pour continuer le combat, Clementine comprend mieux leur désarroi.

Cecil Beaton souhaite la photographier pour illustrer un article, « *The lady of n° 10 Downing Street* » à paraître dans *Picture Post*. Il arrive pour déjeuner par une belle journée de cet été 1940. Son œil d'artiste note le moindre détail : « À travers les stores, le soleil éclairait délicieusement des plats de petits pois tout juste arrivés du potager de Chartwell. » Dans ses souvenirs, il ajoute que la brillante et authentique Mrs Churchill conserve une « allure de jeune fille ». La séance de photos commence dans le salon où il fait poser Clementine assise sur un canapé, en robe longue et coiffure sophistiquée, telle une déesse grecque. Puis, dans une de ses tenues d'été fleuries à manches longues, elle prend le thé devant une table couverte d'une nappe blanche sous un énorme portrait de Winston.

Depuis le début d'août, la bataille d'Angleterre a commencé. Chaque jour, les avions ennemis survolent le sud du pays et lâchent leur cargaison de bombes. À la demande du ministre de l'Intérieur John Anderson, deux ingénieurs ont inventé des abris bon marché réalisés à l'aide de quelques plaques d'acier, faciles à installer dans les jardins ou les parcs et surnommés « les Andersons ». Depuis le début de la guerre, il s'en est vendu des dizaines de milliers. Et Clementine reçoit de nombreuses lettres déplorant que les conditions de vie y soient difficiles. À plusieurs reprises, elle se rend sur place avec Jock Colville. Dans un mémorandum, elle recommande de consolider les abris pour qu'il ne pleuve plus à l'intérieur, de prévoir des lits plus larges pour que les femmes puissent y dormir avec leurs bébés, d'ajouter des toilettes et de bien les éclairer pour qu'elles restent les plus propres possible. Elle ne se contente pas de consigner ses requêtes, elle vérifie leur mise en œuvre quelques jours plus tard.

À la fin du mois, elle s'offre un week-end de répit à Breecles dans le Norfolk, chez Venetia Montagu, où Mary a passé une bonne partie de l'été avec Judy, sa meilleure amie. Le 7 septembre, elle est à Blenheim où Mary Marlborough lui a demandé d'être la marraine de son petit dernier. Diana Cooper vient en voisine : « Clemmie Churchill était radieuse et très gaie, écrit-elle dans son journal. Il y avait du champagne et des métayers sur la pelouse, des nannies et des cousins qui tous ont levé leur verre... La femme de Randolph, arrivée des Chequers, m'annonça que l'invasion était imminente. »

Le soir même, les bombardiers allemands pilonnent Londres et les grandes villes. Le lendemain, en pleine journée, tout l'East End populaire, où se trouvent les usines et les établissements portuaires, est en feu. Les journaux annoncent cinq cents morts et plus de mille blessés graves. En voyant la fumée noire s'élever au-dessus des flammes, lord Beaverbrook pense sérieusement que la guerre est perdue. Une photo montre le Premier ministre et son épouse dans un bateau à moteur descendant la Tamise pour se rendre à la City dont le périmètre est complètement bouclé. Le 11 septembre, Buckingham Palace est touché.

Seul instant de bonheur dans cette année de défaites et de deuils, Randolph est élu député lors d'une élection partielle à Preston, une ville au nord de Liverpool. Le 8 octobre 1940, Clementine l'écoute faire ses débuts aux Communes où depuis soixante-dix ans, son père et son grand-père font retentir des discours qui sont autant d'événements.

Et la tradition va pouvoir se perpétuer puisque deux jours plus tard, Pamela met au monde un fils, Winston. Son autre grand-mère, lady Digby, s'en occupe aux Chequers où ils ne peuvent se rendre avant le week-end suivant. Pouvant, à son habitude, difficilement retenir ses larmes, Winston serre le bébé dans ses bras : « Sur quel monde ouvres-tu les yeux ! »

Le soir du 14 octobre, une bombe explose sur la place des Horse Guards voisine de Downing Street. Le Premier ministre dîne en compagnie de deux invités et de son ami Archibald Sinclair ministre de l'Air. Pensant à la grande fenêtre de la cuisine, il court, crie à Mrs Landemare de laisser là ses casseroles et de se rendre immédiatement dans l'abri avec ses aides. Trois minutes plus tard, une autre bombe explose dans le jardin. La cuisine est détruite, la cahute des gardes vole en éclat et trois fonctionnaires sont tués. C'est un miracle que les deux maisons ne prennent pas feu.

Violet Bonham Carter, qui a vécu à Downing Street lorsque son père Herbert Asquith était Premier ministre, leur écrit son émotion. Clementine lui répond le 26 octobre : « Nous habitons dans deux pièces, l'une est votre ancien salon sur le jardin. Nous n'avons ni gaz ni eau chaude et faisons la cuisine sur un four à pétrole. Mais comme un homme a crié à Winston l'autre jour dans la nuit : "La vie est magnifique à condition de ne pas faiblir !" »

Le Premier ministre décide qu'ils prendront leur repas dans une salle à manger au sous-sol dont les murs ont été blindés au début de la guerre. À côté, plusieurs pièces où travaillent des secrétaires lui serviront désormais de bureau. Depuis un an, les réunions du *War Cabinet* se tiennent déjà au ministère du Travail, construction plus récente, en face de St James Park. Au sous-sol, des pièces sans fenêtres accueillent les réunions d'état-major. Des chambres avec une cuisine ont été aménagées pour le Premier ministre et son épouse au cas où Downing Street serait complètement détruit. Cet abri de guerre est relié par un petit escalier à des bureaux que Clementine transforme rapidement en un charmant appartement en faisant repeindre tous les murs en crème et en ajoutant quelques tableaux bien éclairés. C'est là qu'ils s'installent. Cette nouvelle adresse est surnommée « l'Annexe ».

Même aux Chequers, ils ne sont plus en sécurité. Des bombes sont tombées à quelques kilomètres de la propriété très vulnérable les nuits de pleine lune. Le mardi 5 novembre 1940, aux Communes, le Premier ministre demande à son ami le député conservateur Ronald Tree de bien vouloir lui prêter son grand château de Ditchley mieux protégé.

La femme américaine de Ronald, Nancy, architecte d'intérieur et nièce de lady Astor, a fastueusement rénové les vingt-cinq chambres et engagé les meilleurs paysagistes du royaume pour dessiner le parc, le lac et le jardin à l'italienne. Tous deux ont hérité de la fortune immense du fondateur des grands magasins Marshall Field de Chicago. Le conciliant Ronald ne pose qu'une condition : que le Premier ministre soit seul responsable de la liste des invités pour ne pas être mêlé à des questions de protocole. Il ajoute que si son hôte le souhaite, il peut aussi ne pas être là du tout.

Quatre jours plus tard, Clementine s'y rend pour un premier week-end. Des téléphones de campagne ont été installés et une unité d'infanterie légère monte la garde autour de la propriété. Winston choisit la chambre principale en haut du grand escalier avec un lit à baldaquin aux rideaux de moire jaune. Elle s'installe de l'autre côté de la salle de bains.

Le samedi 9 novembre, c'est à Ditchey qu'ils apprennent que Neville Chamberlain a succombé à son cancer. Il était toujours le leader du parti conservateur. Les députés demandent aussitôt à Winston de prendre sa succession. Clementine le lui déconseille : « Tu représentes toute la nation, et ce serait un affront pour le reste du pays. » Elle garde son cœur libéral. Il ne l'écoute pas.

Le dimanche 1er décembre 1940, leur petit-fils est baptisé à l'église d'Ellesborough à côté des Chequers au milieu de parrains qui suffiraient à eux seuls à garantir la dimension de l'événement : lord Beaverbrook, magnat de la presse et ministre, lord Brownlow, l'homme qui a accompagné Wallis Simpson en France et tenté de la faire renoncer à son maudit mariage, Brendan Bracken, futur ministre de l'Information et la séduisante Virginia Cowles, journaliste politique américaine au *Sunday Times*.

Cet entracte rose accapare tous les journaux du royaume. Et même des États-Unis. Cecil Beaton est engagé par *Life* pour faire des photos de la famille et de Pamela avec son bébé pour la couverture du plus grand magazine du monde. Quand il vient montrer à Clementine le résultat de son travail, elle ne peut s'empêcher de lui parler du reportage publié la semaine précédente par *Picture Post*. Le magazine a finalement choisi la photo de Clementine en robe longue sur le canapé et elle a reçu plusieurs lettres d'insultes sur son comportement déplacé en temps de guerre. Un de ses amis lui a même écrit qu'elle ressemblait à une « vraie virago droguée ». Pire, l'article insinuait que son mariage avec Winston avait été arrangé par lady Randolph : « Ses yeux étaient pleins de larmes », écrit le photographe dans ses souvenirs. Elle lui dit : « Vraiment, c'est odieux... Si Winston s'est marié avec moi, c'est parce qu'il m'aimait et il m'aime toujours. Tout le monde le sait ! Ce n'est peut-être pas de la jalousie mais certains pensent qu'une autre aurait mieux fait le job que moi et que je n'aurais jamais dû être mariée à Winston. » Cecil Beaton s'étonne qu'elle pleure ainsi dans ses bras et, pour la consoler, pose un baiser sur son front. Sa fille Mary, quant à elle, écrit : « Cette scène révèle à quel point elle manquait de confiance en elle et en souffrait. »

En la quittant, le photographe demande au chauffeur de taxi de s'arrêter chez un fleuriste et lui fait porter une corbeille de roses, de violettes et d'orchidées.

À Noël, plus question de larmes. Les Britanniques viennent de remporter une première bataille en Égypte sur l'armée italienne. Et Winston, en plus de sa canne et du cigare, peut ajouter le V de la victoire à sa panoplie d'homme d'État. Il y gagne le surnom de « Winnie[1] ». Clementine dessine, pour son mari, un uniforme confortable, une salopette de terrassier aux couleurs de la Royal Air Force, sur le modèle de celles qu'il enfile à Chartwell pour construire murs et cottages en briques. Avec humour, il la surnomme sa « tenue de sirène », non qu'il se prenne pour une divinité mais parce qu'elle lui permet de descendre vite aux abris en cas d'alerte. Il l'aime tellement qu'il ne la quitte plus. Pour les fêtes, sa femme lui en offre une nouvelle en soie bleue, une autre en velours rouge qu'il porte

1. Vainqueur, du verbe to win = gagner.

pour dîner avec des pantoufles brodées à ses initiales, cadeau de ses enfants, qui remplacent avantageusement le smoking de temps de paix.

Dans le grand salon des Chequers autour d'un arbre de Noël merveilleusement décoré par Moppet, la famille est au complet : Diana et Duncan avec leurs enfants, Randolph et Pam avec leur petit Winston, Sarah et le charmant Vic. Mary écrit dans son Journal : « C'était un des plus beaux Noëls dont je me souvienne... Je n'ai jamais vu la famille si heureuse, si unie, si attendrissante. »

Chapitre XVI

LES COUSINS D'AMÉRIQUE

L'Angleterre en guerre a deux reines. Il n'y a pas de jour où Clementine n'aille avec Winston réconforter les victimes du Blitz et surtout s'enquérir de leurs besoins. Les Anglaises adorent voir arriver la femme du Premier ministre, impeccable dans son manteau d'astrakan qu'elle porte avec une allure et une dignité incroyablement majestueuses. Jock Colville qui, à leur premier déplacement, lui a reproché d'être trop élégante pour marcher au milieu des gravats, a vite changé d'avis en constatant que partout où elle passe elle est applaudie, notamment par les femmes.

Comme son mari, Clementine a son uniforme de guerre. Elle n'aime pas les chapeaux et elle noue dans ses cheveux un foulard de couleur. Elle en a toute une collection en coton, en soie, rouges, bleus, à pois gris et certains arborent une devise de Winston. Le matin, elle le fixe sous ses boucles d'oreilles, et il lui permet de rester élégante toute la journée : dans les quartiers bombardés, pour un déjeuner à l'hôtel de ville l'après-midi aux Communes, et même pour recevoir ses invités le soir à Downing Street. Elle en a lancé la mode. Dans les bureaux et les ateliers d'armement, les femmes adoptent désormais son bandana comme un emblème de leurs combats contre la barbarie. « Pratique » a toujours été le mot d'ordre de Clementine. Elle veut que les meubles, les objets, les vêtements soient beaux, certes, mais surtout qu'ils lui permettent de remplir toutes ses obligations.

En février 1941, elle accepte la présidence du YWCA[1], association qui depuis le début de la guerre s'est donné pour mission de mettre des chambres d'hôtel à la disposition des femmes volontaires engagées dans l'armée ou les usines. Elle prend la suite de lady Halifax partie à Washington où son mari a été nommé ambassadeur. Pour lever des fonds, elle fait appel à la générosité de tous. Elle écrit des lettres dans le *Times* et participe à des émissions à la BBC. Jusqu'ici elle n'a pris que de rares fois la parole en public, le plus souvent pour soutenir Winston dans une campagne. Cette fois, elle se lance dans l'aventure avec fougue, écrivant avec soin les textes de ses interventions pour les rendre les plus touchantes et convaincantes possible : « Elle devint vite très bonne », note Mary.

Surtout, elle ne se contente pas de récolter d'énormes sommes, elle veille à les employer le mieux possible. Comme pour les abris, lire un rapport officiel ne lui suffit jamais. Elle préfère se rendre dans les hôtels et les clubs. Sur place, elle vérifie la qualité des matelas, allant jusqu'à défaire les draps pour en juger elle-même. Comme à Chartwell, rien n'échappe à son œil de maîtresse de maison. Elle demande que l'on ajoute des lampes de chevet, s'enquiert du nombre de salles de bains, des possibilités pour chaque femme de prendre un bain chaud, de laver et de repasser ses vêtements. Peu importe la difficulté de la tâche, elle exige toujours ce qu'il y a de mieux, et suit l'amélioration des progrès demandés ce qui la rend très populaire. Lors de ses visites, elle parle aussi longuement avec les chefs d'établissement pour juger de leur compétence. Elle sait bien qu'ils jouent un rôle essentiel pour l'ambiance et donc le moral des ouvrières.

Son agenda est si chargé qu'elle a à peine le temps d'écouter Sarah qui, après cinq ans de mariage, estime qu'elle a le droit de vivre en toute liberté sans son mari. Pourtant Vic reste profondément amoureux et fait rire toute l'Angleterre avec sa nouvelle émission « Hi Gang ! » Quant à Pamela, depuis

1. Young Women Christian Association.

la naissance du petit Winston, elle s'est installée dans un joli presbytère déniché par Brendan Bracken. Clementine espère qu'en retrouvant le soir sa pétulante épouse et son superbe bébé, Randolph changera enfin de comportement.

Mais à trente ans, le jeune militaire-député ne supporte plus d'attendre, jour après jour, le départ de son régiment pour le Moyen-Orient. Il suspecte son père d'avoir donné l'ordre de le protéger. Au gouvernement, certains auraient entendu Winston dire que « si jamais Randolph mourait, il serait incapable de continuer sa tâche ». Au bar du White's, l'officier apprend que le commando n° 8 de Glasgow, composé de dix escadrons de cinquante hommes destinés aux opérations spéciales, est sur le point de partir en Égypte pour se battre contre le maréchal Rommel. Il s'y engage avec son ami Evelyn Waugh et quelques camarades. Avant d'embarquer, il explique à sa femme qu'au moins, il arrêtera de jouer. Le salaire que lord Beaverbrook continue de lui verser comme journaliste à l'*Evening Standard* leur permettra de payer leurs dettes et même de faire des économies.

Pour éviter la Méditerranée où rodent les sous-marins ennemis, le *Glenroy* longe la côte africaine et remonte par le cap de Bonne-Espérance. Le voyage dure six semaines, au cours desquelles, hélas, il n'y a rien d'autre à faire que boire. Les jeunes officiers ont vite fait d'organiser des parties endiablées de poker, chemin de fer ou roulette qui durent toute la nuit. Avant même d'arriver, Randolph écrit du Cap à sa femme qu'il a déjà perdu 3 000 livres. Pamela s'affole. Son salaire de traductrice au ministère des Affaires étrangères suffit à peine à payer le loyer de son presbytère et elle économise sur tout à commencer par le chauffage malgré la neige qui tombe à gros flocons en ce début d'année 1941.

Aux Chequers, la dernière rencontre de Randolph avec son père s'est terminée comme toujours par une dispute. Comme son mari le lui a conseillé, Pamela se tourne vers le parrain de son fils. Lord Beaverbrook peut-il avancer une partie de la somme sur des articles à venir de Randolph en Égypte ? Le patron de presse affirme que c'est impossible. En revanche, il est prêt à lui donner en cadeau un chèque de la totalité des 3 000 livres. Pamela est interloquée. Sa mère, lady Digby, lui a toujours recommandé de ne jamais accepter un penny d'un homme en dehors de la famille.

Elle commence par vendre tous ses cadeaux de mariage et quelques bijoux. Mais lors d'un dîner à Downing Street, elle demande au ministre de la Production aéronautique de lui trouver un vrai travail. Il lui confie l'organisation et la gestion des dortoirs dans les nouvelles usines de bombardiers du nord du pays. À ses beaux-parents, elle ne parle pas des dettes de Randolph. Elle explique qu'elle veut, elle aussi, participer à l'effort de guerre.

Le petit Winston part vivre à Cherkley, le grand château de son parrain dans le Surrey, ce qui permet à sa mère de sous-louer 3 livres par semaine son presbytère à une école maternelle dont les locaux ont été détruits. Elle s'installe au Dorchester qui casse les prix de ses chambres du dernier étage dont personne ne veut depuis les premiers bombardements. Pour 6 livres par semaine elle a droit aussi à un gros *breakfast* qui la cale pour le reste de la journée. Avec quelques chèques, cadeaux de ses parents, elle arrive après de nombreux mois à s'acquitter de la dette faramineuse. Mais jamais elle ne pardonnera à son mari.

Au Dorchester, elle retrouve une de ses amies de classe, Clarissa Churchill, la fille de Jack et désormais sa cousine. Lady Cunard les invite aux dîners hebdomadaires qu'elle organise dans sa suite.

Le 5 janvier 1941, Roosevelt, tout juste réélu pour la troisième fois président des États-Unis, télégraphie à Winston qu'il envoie à Londres son conseiller privé, Harry Hopkins, pour établir un programme de prêt à long terme qui permettra à l'Angleterre d'acheter le matériel militaire dont elle a besoin. Pour remplacer le pacifiste et pro-hitlérien Joseph Kennedy, il nomme un nouvel ambassadeur, Gil Winant, qui arrive de

Genève où, depuis un an, il préside l'Office international du travail. Le 18 mars, Averell Harriman, conseiller spécial de la Maison Blanche pour les affaires économiques, complète le trio. Dès le lendemain, il est convié à déjeuner au 10 Downing Street.

Winston souhaite ardemment établir des liens quasi familiaux avec ces cousins d'Amérique pour les enrôler dans sa guerre sainte. Chaque week-end, il les invite aux Chequers. Tout de suite, Clementine éprouve beaucoup de sympathie pour Gil Winant, démocrate et ouvert au progrès social. Après les réunions de travail, elle joue au croquet avec Averell Harriman.

Le businessman américain loge dans une suite au Dorchester. Chez lady Cunard, il rencontre Pamela et les soirs d'alerte aérienne, il lui propose de descendre dormir sur le canapé de sa suite. Londres est de nouveau sous un déluge de feu. Le 16 avril 1941, quatre cent cinquante avions allemands bombardent la ville qui subit les pires dommages de toute la guerre. Le lendemain matin, Jock Colville rencontre Pamela et Harriman examinant ensemble les dégâts près de Whitehall[1].

Dès que la Royal Air Force ose lâcher une bombe sur un site allemand, Hitler envoie ses avions en représailles. Après avoir réduit en cendres la cité historique de Coventry, le Führer s'attaque à tous les ports comme s'il voulait écraser à jamais l'Angleterre et ce lion insolent qui la gouverne. Le Premier ministre a son train spécial, avec une salle de bains, une chambre et un bureau qui lui permettent de travailler lorsqu'il s'en va au milieu des décombres galvaniser le moral de toutes les victimes de cette effroyable bataille d'Angleterre.

Le 11 avril, Clementine l'accompagne avec Mary à Swansea au Pays de Galles où le centre-ville n'est plus qu'un monceau de ruines. Le lendemain, Winston a prévu de remettre à Averell Harriman le diplôme d'honneur de l'université de Bristol dont il est le recteur. Le train est parqué dans un lieu sûr mais, toute la nuit, ils entendent les bombes tomber sur

1. Tous deux finiront par se marier le 27 septembre 1971.

les docks. À 8 heures du matin, quand ils parcourent la ville, les bâtiments sont encore en flamme.

Début mai à Plymouth, c'est la même terrible désolation. Six semaines auparavant, le 20 mars, le roi et la reine ont rendu une visite éclair à la belle cité, fierté de l'Angleterre. Au XVIe siècle, c'est de sa rade que sir Francis Drake est parti combattre l'Invincible Armada. C'est dans ses chantiers navals de Davenport que le maire de la ville, Waldorf Astor, et sa femme Nancy ont, il y a quelques semaines, organisé une fête pour célébrer l'arrivée des cinquante premiers destroyers envoyés par l'Amérique. Churchill n'a pu les payer qu'en hypothéquant des possessions anglaises.

Deux heures après le départ du train royal, les avions allemands ont lâché mille bombes incendiaires. Hôtel de ville, hôpitaux, entrepôts, gare, grands magasins victoriens… la ville entière s'est embrasée avant d'être pilonnée nuit après nuit par les bombardiers nazis. Dans certaines rues, il n'y a plus une maison debout. Devant les monceaux de gravats, certains militaires ont l'impression de revoir Ypres, anéantie pendant la Grande Guerre. Chaque jour, Nancy Astor, députée de Plymouth, parcourt la ville martyre à moto pour organiser évacuations, collectes de vêtements et de nourriture. En l'absence de Waldorf, c'est elle qui les accueille. Une fois encore, sous sa casquette de la marine, le Premier ministre sent les larmes lui monter aux yeux. À ses côtés, Clementine sourit bravement sous son bandana. Dans la foule, une femme s'écrie : « Je ne savais pas que Winnie avait une épouse aussi belle. »

Partout, lors de leurs déplacements, ils sont applaudis, félicités pour leur courage et leur énergie, mais elle sait qu'au Parlement la popularité de son mari est en chute libre. Aux Communes, les adversaires du Premier ministre relèvent la tête depuis que les journaux n'annoncent que des catastrophes. En Grèce, face aux Allemands, les Anglais ont dû se replier laissant sur le terrain douze mille hommes tués ou prisonniers. Au Moyen-Orient, Rommel a repoussé le front jusqu'au-delà du Caire. En Irak, les généraux anglais doivent faire face à un soulèvement de la population qui menace l'approvisionnement en pétrole, vital pour la poursuite de la guerre. Dans la mer du Nord, le croiseur *Hood* est coulé avec tout son équipage par le *Bismarck*. Aussitôt, Winston lance des dizaines de navires à la poursuite du cuirassé allemand qui est bombardé trois jours plus tard. Mais cette petite victoire n'atténue en rien la rage du pays d'avoir perdu l'un des plus beaux fleurons de la Navy.

Ces échecs à répétition dépriment Winston. Incorrigible, il confie à Jock Colville qu'il souhaite, comme en 1915, partir sur le front : « S'il pouvait se voir confier le commandement au Moyen-Orient, il démissionnerait volontiers de ses fonctions actuelles et irait même jusqu'à renoncer au cigare et à l'alcool. » Clementine craint qu'à soixante-six ans son cœur ne lâche à force d'en faire trop.

Pour comble de malheur, Duncan, le mari de Diana, est victime d'un grave accident de voiture au pays de Galles. Les médecins veulent lui amputer le pied. Winston est bouleversé. Il craint que comme sa mère, le jeune officier et député conservateur qui l'a toujours fidèlement soutenu au Parlement, ne soit emporté par une hémorragie. Finalement, l'opération n'a pas lieu mais le blessé doit rester immobilisé pour de longs mois.

À dix-huit ans, Mary pense plus à l'amour qu'à la guerre. Et Clementine, soucieuse de ne pas la priver de sorties, organise comme l'année précédente, avec deux autres mères, une grande table d'amis au bal des débutantes de Grosvenor House. Alors que le dîner commence, les sirènes retentissent. Le Café Royal est détruit. Fin mars, la jeune fille est invitée à une soirée dansante organisée par des officiers aviateurs sur la base de Tangfield dans le Sussex. Le soir, elle dort chez des amis de ses parents, lord et lady Bessborough. Le fils de la maison, Eric Ducannon a les yeux gris, une voix mélodieuse et il adore le théâtre. Surtout, il est fils de lord, héritier du titre. Elle en tombe immédiatement amoureuse.

Sa fille a l'air si exaltée lorsqu'il lui téléphone que Clementine invite le jeune homme et son frère à passer un week-end aux Chequers. Le dimanche, alors qu'Eric et Mary sont seuls dans le salon blanc, il la demande en mariage. Ses amis la félicitent et son père est enthousiaste. Seule, sa mère est, comme d'habitude, moins emballée par ce coup de foudre. Le soir dans son journal, Mary écrit : « Je crois que j'ai dit oui mais mon Dieu, tout cela s'embrouille dans ma tête. » Et tout se précipite ! Les Bessborough invitent les Churchill. Mary reçoit une broche de sa future belle-mère. La décision est prise d'annoncer officiellement les fiançailles. Et Eric emmène la jeune fille au camp de Leatherhead où il est officier pour la présenter au général McNaughton chef de l'armée canadienne.

De Cherkley, juste à côté, où elle passe le week-end chez lord Beaverbrook avec son fils, Pamela, désormais fâchée d'avoir trop vite cédé aux belles promesses de Randolph, fait passer à sa jeune belle-sœur, un petit mot de mise en garde contre les hommes : « Ne te marie pas parce qu'*ils* veulent se marier avec *toi*. Mais parce que TU veux te marier avec eux. » Clementine écrit, le 10 mai, à son ami lord Beaverbrook, désormais promu, par elle aussi, dans le rôle de Parrain :

> Tout est allé avec une telle rapidité. Les fiançailles doivent être annoncées mercredi. Mais je veux que vous soyez au courant car je sais que vous aimez beaucoup Mary. J'ai convaincu Winston d'être ferme et de lui demander d'attendre six mois. Elle n'a que dix-huit ans, elle n'a pas vu grand monde, a besoin de mûrir et je pense qu'elle est simplement excitée qu'on s'intéresse à elle. Mais ils ne se connaissent même pas.

Dans la nuit, une nouvelle pluie de feu tombe sur Londres. Implacables, les Allemands lâchent leurs bombes sur le parlement de Westminster. La Chambre des communes et St Stephen Hall avec ses peintures historiques et ses statues des grands Premiers ministres, Walpole, Fox et Pitt, ne sont plus qu'un tas de ruines. Les députés doivent se réfugier dans la Chambre des lords qui émigre dans une salle si petite qu'ils ne peuvent siéger qu'à tour de rôle. Les chiffres sont terribles : trois mille morts. Et comme si cela ne suffisait pas, Winston apprend que Rudolf Hess, dauphin chéri d'Hitler, a sauté en parachute près de Glasgow où il a été immédiatement arrêté. Il exige de voir le duc d'Hamilton qu'il a rencontré aux jeux Olympiques de Munich en 1936. Il affirme être porteur d'un message : le Führer va attaquer l'URSS. Le Premier ministre convoque aussitôt le duc à Ditchley.

Dans sa chambre, Clementine tente de résoudre le problème des fiançailles. Elle a une longue conversation avec Mary. Elle lui pose la question : « Es-tu sûre d'aimer vraiment Eric ? » Et comme sa fille ne lui répond pas, elle descend, demande à Averell Harriman qui passe le week-end avec eux d'emmener Mary dans le parc pendant que, bravement, elle fait part elle-même de sa décision au fiancé.

Mortifié, le futur lord, si fier de devenir le gendre du Premier ministre, en veut plus à la mère qu'à la fille : « Ce jour-là, comme beaucoup d'autres fois, c'est ma mère qui avait raison », écrit Mary. Un coursier est immédiatement envoyé avec une lettre chez les Bessborough afin qu'ils annulent toute annonce dans la presse qui déjà laisse « fuiter » la nouvelle. Au grand soulagement de Clementine, bientôt, plus personne ne parle de mariage.

C'est malheureusement pour un enterrement que se réunit la famille. Le 7 juillet 1941, après des mois de souffrances, la charmante Goonie a succombé à son cancer à Cumberland House. Winston et Clementine se rendent à Windsor brisés de chagrin. Ils ont partagé tant de vacances avec cette belle-sœur pleine d'entrain et adorée de tous ! Lorsque, après les Dardanelles, ils ont dû brutalement quitter l'Amirauté, c'est Goonie qui les a accueillis. Hélas, aujourd'hui la maison de Cromwell Road, endommagée par les bombes, est inhabitable. Jack a sa chambre à l'Annexe mais il manque à la femme du

Premier ministre une oreille féminine à qui elle puisse confier ses douloureux secrets.

Seul coup de théâtre encourageant, le 22 juin 1941, Hitler attaque l'Union soviétique avec 170 divisions et 3 500 chars escortés de 2 700 avions qui au moins ne viendront plus bombarder les villes anglaises. Autre soulagement, un mois plus tard, Roosevelt accepte enfin de rencontrer Winston. Les discussions au sommet auront lieu à Placentia Bay, une base navale au large de Terre-Neuve cédée il y a un an pour payer les destroyers fournis par les Américains. C'est Harry Hopkins qui annonce la bonne nouvelle. Il passe le week-end aux Chequers en compagnie de l'ambassadeur Gil Winant et de sa femme, d'Averell Harriman et de sa fille Kathy, du général Ismay, des Bonham Carter, d'Horatia Seymour, de Jack et du Prof. Il y a aussi deux stars des médias américains : Quentin Reynolds et Dorothy Thompson, tous deux fervents partisans de la Grande-Bretagne.

Dans le ciel de cette nuit d'été, il n'y a plus un avion allemand. Dans son journal, Mary écrit :

> Mummy est descendue pour le dîner, élégantissime comme toujours et en très grande forme malgré la fatigue… Le dîner a été très réussi. Papa de bonne humeur et charmant avec tous les convives. Après, nous sommes tous allés sur la pelouse admirer le coucher du soleil. Tout le monde était très joyeux. Papa a dit : Et pourquoi sommes-nous tous de si bonne humeur ce soir ?
> – Parce qu'ils ne nous tiennent plus à la gorge. Nous pouvons respirer un peu.

Le temps de faire ses bagages, il embarque dans le plus grand secret, le 4 août, à bord du *Prince of Wales*, un des plus grands cuirassés de la Royal Navy. Clementine lui a demandé d'emmener son médecin. Il a refusé. Le voyage doit durer quinze jours.

Elle est épuisée. Depuis deux ans, elle se tient, comme une sentinelle, dans l'ombre de Winston. Comme lui, elle n'a pas pris un jour de vacances. La perte de sa belle-sœur l'a durement éprouvée. Et elle a besoin, selon sa propre expression, de « recharger ses batteries ». À Champneys, au nord-est de Londres, dans une ancienne maison des Rothschild, un naturopathe letton, le docteur Lief, a ouvert un centre de remise en forme où, paraît-il, ses traitements sont miraculeux. Elle décide d'y faire une cure de dix jours. Le 7 août, elle écrit à Winston : « Cet "asile de fous" est confortable et bien géré. J'ai droit à des massages, à de l'ostéopathie, à des douches chaudes et froides, etc., mais rien à manger jusqu'à présent, que des jus de tomate et de pamplemousse. » Amusée, elle apprend par les infirmières que les autres patients parient sur le but du voyage de Winston. Qui est-il allé voir ? Roosevelt ou Staline ?

Avant son départ, le docteur Lief lui recommande de barrer chaque semaine dans son agenda une journée avec le mot « Repos ». Le 19 août, éblouissante, elle attend Winston sur le quai de la gare de King's Cross, seule femme au milieu d'un aréopage exclusivement masculin. L'heure du retour a été tenue secrète, pourtant une grande foule applaudit le Premier ministre et sa femme quand ils sortent de la gare.

À ce moment, le pays est entièrement uni derrière cette famille Churchill qui incarne le courage patriotique. Diana a quitté son uniforme du Women's Royal Naval Service pour s'occuper de ses enfants et jouer les infirmières au chevet de son mari toujours handicapé par ses blessures. Au Caire, Randolph vient d'être nommé chef du service d'Information de l'armée du Moyen-Orient. Sarah, séparée de Vic, s'entraîne comme auxiliaire de l'armée de l'air dans un camp à Morecambe, une plage glaciale de la côte ouest aux limites de l'Écosse où elle attrape des engelures. Bientôt, elle passera ses nuits à interpréter les photos ramenées d'Allemagne par les bombardiers pour indiquer les sites stratégiques à pilonner à l'escadrille suivante prête à décoller.

Quant à Mary, après avoir surpris aux Chequers une conversation du général Pile, commandant en chef de la défense anti-aérienne, annonçant qu'il allait prendre des femmes pour servir les batteries les plus légères, elle s'est aussitôt portée volontaire avec son amie Judy Montagu et suit une formation dans un camp du Berkshire. Le jour de son arrivée, l'officier en charge lui a conseillé de rester incognito mais évidemment les journalistes n'ont eu aucune peine à percer l'identité de la jeune recrue. Le 27 septembre 1941, elle est mitraillée par les photographes pendant toute la journée en train de faire son lit, cirer ses bottes et nettoyer le sol à quatre pattes avec une brosse. Cette dernière photo, Clementine l'a fait encadrer et l'a posée sur une table du salon de Downing Street. La reine l'admire lorsqu'elle vient y déjeuner à la fin d'octobre avec George VI. Avec fierté, Winston écrit à son fils :

> Tes sœurs ont choisi la voie la plus difficile. Mary est pour le moment bénévole dans l'armée de terre et sera probablement promue sergent dans cinq ou six semaines. J'espère que sa batterie mixte sera postée dans un parc près de Londres pour que nous puissions la voir lors de ses permissions... Sarah, écartant des offres de contrat pour 4 000 livres, a adopté la rude vie des auxiliaires de l'armée de l'air. Nous trouvons qu'elles sont très héroïques. Elles sont certainement plus braves que la dame dans *The Black Mousquetaire*[1] qui ne craignait pas la mort mais comptait chaque sou.

Clementine oublie vite ses bonnes résolutions prises avec le Dr Lief. Elle a décidé d'ouvrir à côté de sa maternité de Fulmer Chase une maison de convalescence pour que les jeunes mères sans toit puissent se reposer après la naissance de leur bébé. Elle sait que pendant les guerres les femmes souffrent au moins autant que les hommes. Aux Chequers, le 7 décembre 1941, bouleversée, elle monte se coucher sans dîner. Nellie vient de lui téléphoner en pleurs. Son fils, Esmond, est parti

---

1. Un conte écrit au XIXe siècle par Richard Harris Barham sur deux sœurs à la cour de Louis XIV.

bombarder Hambourg, son avion a été touché et il a coulé alors qu'il était en vue des falaises de l'Angleterre. Jessica, sa femme, est à Washington avec leur petite fille de dix mois. Giles, l'aîné, est toujours prisonnier en Allemagne et elle ne sait quand elle le reverra.

Dans le salon, Winston écoute les nouvelles en compagnie d'Averell Harriman et Gil Winant venus passer le week-end. À 21 heures, en fin de bulletin, la radio annonce l'attaque de Pearl Harbour. L'information est confirmée par une dépêche de la Maison Blanche. Aussitôt, ils appellent Roosevelt et décident de se voir à Washington le plus vite possible. Avant de raccrocher le Président déclare : « Désormais nous sommes dans le même bateau. » Un bateau qui prend l'eau de toutes parts. Trois jours plus tard, au large de Singapour, les Japonais torpillent deux navires britanniques : le cuirassé *Prince of Wales* et le croiseur *Repulse*. La Royal Navy vient de perdre sa suprématie sur les mers.

Le 13 décembre, Winston embarque sur le *Duke of York*, frère jumeau du *Prince of Wales*. Cette fois, il accepte que son médecin fasse partie de ce voyage à Washington qui doit durer trois semaines. Sa mission : convaincre le Congrès américain qu'ils doivent, à l'exemple de leur président, soutenir l'Angleterre dans sa guerre contre la barbarie. Le 19 décembre, Clementine lui écrit : « Cela fait une semaine que tu es parti et les seules nouvelles que j'ai reçues de toi se résument à une mer démontée qui te retarde… Bon, mon Winston bien-aimé, Dieu te garde et t'inspire de bons plans avec le Président. Nous vivons dans un monde horrible en ce moment, avec l'Europe sous le joug des porcs nazis et l'Extrême-Orient sous celui de la vermine jaune. »

Elle réveillonne à l'Annexe, seule avec Moppet arrivée de Chartwell. Le surlendemain, elle reçoit pour le déjeuner Diana, Duncan, Pamela, Archie Sinclair, Gil Winant et Ivor Churchill, le second fils de Consuelo.

La BBC retransmet le discours de Winston devant le Congrès américain qu'elle suit avec ferveur : « Je pense constamment à toi et j'essaie de me représenter et de comprendre la pièce dans laquelle tu joues le rôle principal – ou plutôt, semble-t-il, l'unique rôle. Je souhaite ardemment qu'après ton départ, la ferveur que tu as réussi à faire naître ne disparaisse pas mais qu'elle se transforme en une large solidarité des Américains. »

Hélas, ce sont les Japonais qui font à nouveau la une des journaux en prenant Singapour à revers, par la terre alors que toutes ses défenses étaient tournées vers la mer. Randolph, rentré du Caire pour une permission de deux mois, fait aux Communes un discours dans lequel il attaque violemment l'amiral Chatfield que son père vient de nommer au Cabinet de guerre.

Lors d'un repas à l'Annexe, l'orage gronde à nouveau entre le père et le fils. Hors de lui, Randolph lance que Pamela a, depuis des mois, une liaison avec Averell Harriman, que tout Londres est au courant, que ses parents le savent très bien et qu'ils n'ont rien fait pour l'empêcher :

> Winston et Clementine étaient dans une situation impossible, écrit Mary. Pendant longtemps, ils n'ont rien su de cette liaison et quand ils l'ont apprise, ils n'ont pas voulu le croire : Averell et Pamela étaient très discrets. Il était souvent aux Chequers et à Downing Street car mon père avait besoin de lui. Mes parents invitaient aussi Pamela (qui était avec eux un modèle de belle-fille). Ils adoraient le petit Winston et espéraient, contre toute attente, que les choses finissent par s'arranger et rentrent dans l'ordre au retour de Randolph.

À la Maison Blanche, en fermant sa fenêtre, Winston a eu une petite attaque cardiaque. Son médecin n'en a parlé à personne mais à son retour, il a mis en garde son épouse : le Premier ministre doit se ménager à tout prix. À son ton elle a bien compris que c'était grave. Au cours de cette scène particulièrement pénible, Clementine redoute que son mari, sur qui pèse le poids de la guerre, ne soit victime d'une nouvelle crise qui lui serait fatale. D'un ton sans réplique, elle ordonne à son fils de partir et de ne plus revenir avant la fin des hostilités. Pour Winston, une telle rupture est inconcevable.

Mary, en permission pour une semaine, se range aux côtés de sa mère. Un soir, elles vont au Royal Haymarket Theatre, voir la pièce de George Bernard Shaw, *The Doctor's Dilemma* avec Vivien Leigh et Austin Trevor, un acteur irlandais, génial interprète d'Hercule Poirot dans les films d'Agatha Christie. Quand elles rentrent, Winston, Diana et Duncan sont à table : « Papa, las et en colère, se dispute avec maman. Ensuite, bataille royale entre papa, maman et Diana au sujet de Randolph », note Mary dans son journal.

Ce soir-là, la benjamine écrit une lettre à son frère l'implorant de rejoindre son régiment afin de permettre à son père de mener à bien sa lourde tâche. Deux jours plus tard, après le dîner, Winston la prend à part, lui déclare que Randolph lui a fait lire sa lettre, qu'une sœur n'a pas à critiquer ainsi son frère aîné. Il lui montre deux télégrammes confidentiels arrivés du Caire et justifiant la présence de Randolph à Londres. Il lui ordonne de lui écrire une lettre d'excuse. Le lendemain, il lui demande à nouveau : « Alors cette lettre, tu l'as écrite ? » Elle répond : « Non. »

En avril, Randolph reparti enfin au Caire s'engage dans une unité parachutiste d'opérations spéciales où sa vie sera particulièrement en danger. Clementine écrit à Winston :

> Mon chéri, ne crois pas que je sois indifférente parce que je n'ai pas réagi lorsque tu m'as appris que Randolph avait envoyé un câble à Pamela lui annonçant qu'il s'était engagé dans une unité de parachutistes… mais j'ai bien peur de penser qu'il ne l'a fait que parce je sais que cela te causera une terrible anxiété et, je peux même le dire, te mettra au supplice… Il y a sûrement une voie médiane entre être un officier d'état-major et un parachu-

> tiste. Il aurait pu rejoindre tout simplement son régiment et considérant qu'il a une très jeune femme et un bébé, sans parler d'un père qui supporte le fardeau de son propre pays et d'une Amérique en train de se lancer dans la guerre, cela aurait été, à mon avis, une décision plus digne et raisonnable.

Pour se détendre, elle retourne au théâtre avec Mary, cette fois voir *Old Acquaintance,* un vaudeville de John Van Druten avec l'incomparable Edith Evans.

En juin 1941, Winston repart pour Washington rencontrer Roosevelt. Le voyage en avion est jugé si dangereux qu'il écrit une lettre au roi lui demandant de nommer Anthony Eden à sa place s'il ne revenait pas. En août, il s'envole pour Moscou *via* l'Égypte et Téhéran. Son avion est un bombardier américain Liberator dans lequel il n'y a pas de fauteuils. Deux planches ont été installées pour que le Premier ministre et son médecin puissent prendre un peu de repos pendant le voyage. À bord, il fait glacial et ils se réchauffent avec des bouillotes d'eau chaude. Évidemment, l'appareil n'est pas non plus pressurisé et les passagers doivent mettre leur masque à oxygène dès qu'ils passent une montagne. Pour limiter les risques d'une attaque allemande, le pilote décolle de nuit. Et Clementine, une fois de plus, cache son angoisse : « Mon chéri, c'était à la fois spectaculaire et mystérieux d'être dans le noir sur cet aérodrome alors que ton énorme bombardier vrombissant disparaissait dans l'obscurité de la piste… La première partie de ton voyage est moins spectaculaire et sensationnelle que ta visite à l'Ogre [Staline] dans sa tanière mais j'imagine que les résultats en seront probablement plus fructueux. »

Au Caire, Winston nomme le général Montgomery à la tête de la 8e armée qui piétine depuis des mois dans le désert lybien et, comme toujours, il tient au courant Clementine de la moindre de ses impressions : « S'il est désagréable avec son entourage, il le sera aussi avec l'ennemi. Je suis persuadé que ces nouvelles dispositions vont bien fonctionner. »

Cette fois, il a vu juste. Le 24 octobre 1941, « Monty », avec son légendaire béret noir, remporte à El Alamein, la première victoire de la guerre. Winston veut immédiatement mettre en branle toutes les cloches. Clementine lui conseille prudemment d'attendre quelques jours. Elles sonnent après la chute de Tobrouk. Depuis le début de la guerre, elles étaient silencieuses et ne devaient se faire entendre qu'en cas d'invasion du royaume.

Leur ami Harold Nicholson, mari de Vita Sackville-West, déjeune dix jours plus tard à Downing Street. Il écrit dans son journal :

> À 13 h 15… je descends dans la cave où vivent les Churchill, depuis que les étages supérieurs ont été détruits. Ils en ont fait un endroit ravissant avec partout du chintz et des fleurs, de beaux meubles et de ravissants tableaux français et pas seulement modernes mais Ingres et David (prêtés par la National Galery). Clemmie était là. On nous a servi du sherry. Eddie Marsh arriva et ensuite le secrétaire privé Martin… il nous dit de ne pas attendre Winston qui serait en retard. Nous nous sommes mis à table. Le menu – sea-kale, civet de lièvre et tarte aux cerises – était pas mal du tout.

Quelques minutes plus tard, le Premier ministre entre, dans sa tenue de sirène bleue, avec à la main une lettre qu'il tend à Clementine. Une lettre de George VI félicitant son glorieux stratège. Il précise : « Entièrement écrite de la main du roi ! »

Chapitre XVII

AMBASSADRICE AUPRÈS DE L'ONCLE JO

Comme un général en campagne, Clementine peut se targuer de remporter une autre bataille, discrète mais d'importance politique considérable. Depuis octobre 1941, elle préside le Fonds d'aide aux peuples de Russie créé par la Croix-Rouge britannique. À travers le pays, la croisade orchestrée par la femme du Premier ministre dépasse les prévisions les plus optimistes. Douze jours après sa nomination, elle a déjà récolté 370 000 livres. En décembre 1941, elle a dépassé le cap du million de livres qu'elle s'était fixé.

Pour soulager son pays qui subit de plein fouet l'effort de guerre et les atrocités de l'envahisseur nazi, Staline réclame, depuis des mois, l'ouverture à l'ouest d'un nouveau front. Lors de son voyage à Moscou Winston a aperçu, par le hublot de son avion, les terres ravagées par le feu nazi et au loin les puits de pétrole de Bakou, obsession d'Hitler et du maréchal von Paulus. Au Kremlin, le secrétaire général du parti communiste et chef de l'armée rouge ne lui a posé qu'une seule question : « Quand allez-vous commencer à vous battre ? »

L'Angleterre est bien incapable de répondre à cette demande, elle peut juste organiser un grand mouvement de solidarité. La présidente du Fonds russe lance régulièrement des appels à la BBC. Écoles, usines, boutiques... toutes font leurs collectes sous les banderoles des syndicats. Chaque ville met un point d'honneur à organiser sa semaine des drapeaux anglo-russes avec expositions et ventes aux enchères. Clementine visite les dépôts qui récoltent les fonds, dirige l'équipe qui sillonne le pays pour répondre aux questions. Une seconde secrétaire, l'efficace Mabel Johnson, épaule désormais Grace Hamblin qui gère son agenda.

Winston n'a jamais caché ses opinions antibolcheviques, mais dans sa guerre contre Hitler le maître du Kremlin est désormais son allié. Et pour montrer sa bonne volonté, en février 1942, le Premier ministre procède à un mini-remaniement de son gouvernement. Lord Beaverbrook s'en va. Clement Attlee, leader du parti travailliste, est nommé vice-Premier ministre, un poste créé spécialement pour lui. Sir Stafford Cripps qui, dans les années 1930, a créé avec Attlee la ligue socialiste, devient garde des Sceaux et ministre des Relations avec le Parlement.

Ce dernier, Clementine le connaît bien. Son beau-père a racheté leur maison de Sussex Square. Et son arrivée est un nouvel appui à sa cause. Stafford Cripps a passé deux ans comme ambassadeur à Moscou où il a tissé d'étroites relations avec le ministre des Affaires étrangères Viatcheslav Molotov. C'est un homme politique d'une grande austérité, comme elle les aime : il ne boit pas et il se montre assidu aux offices religieux. Lors d'un entretien à la radio en 1941, George Orwell en a dressé un portrait dithyrambique : « Il est d'une telle simplicité dans ses habitudes qu'on le voit chaque matin prenant son petit déjeuner dans un restaurant bon marché, au milieu de travailleurs et d'employés de bureau… même son pire ennemi n'a jamais pu suggérer qu'il s'intéresse d'une manière quelconque à l'argent, à la popularité ou au pouvoir personnel. »

Régulièrement, la femme du Premier ministre se rend à l'ambassade soviétique où elle discute pied à pied avec l'exigeante Mme Agnès Maisky qui réclame toujours plus et ne verrait aucun inconvénient à ce que toutes les usines anglaises ne travaillent que pour soigner son peuple qui se bat dans les neiges de Stalingrad, les pieds parfois juste enveloppés dans du papier journal. Le représentant de la Croix-Rouge britannique envoyé sur place pour évaluer les besoins réels en hôpitaux, médicaments et nourriture est revenu effrayé par l'ampleur des demandes.

Le Canada, l'Australie, tous les pays du Commonwealth sont invités à participer au Fonds russe alors qu'en cet hiver terrible, la Russie mène la bataille ultime pour arrêter les *panzerdivisions* du maréchal von Paulus avant qu'elles n'atteignent les champs de pétrole du Caucase.

En décembre 1942, en dépit de toutes les restrictions imposées aux peuples en guerre, le montant du fonds atteint la somme astronomique de 2 250 000 livres[1]. Clementine doit veiller à leur bonne affectation dans les hôpitaux, gérer la production et la livraison des médicaments, matériel médical et produits de première nécessité dont l'acheminement n'est pas la moindre des difficultés. Il arrive que des bateaux soient coulés.

Le 1er janvier 1943, à la BBC, elle explique en détail le nombre des convois partis pour soutenir et soigner les armées de l'allié soviétique. Elle ajoute que tant d'argent a été dépensé pour créer des hôpitaux et les équiper en matériel que le fonds est endetté ! Un mois plus tard, les dons atteignent 170 000 livres ce qui lui permet d'annoncer que non seulement la dette est couverte mais que de nouveaux containers sont prêts à être acheminés dans le Caucase.

Le 2 février 1943, après huit mois de combats, l'armée rouge sort victorieuse de la bataille de Stalingrad. Mais à quel prix ! 750 000 soldats et 250 000 civils sont morts et on ne compte pas le nombre des blessés et des sans-abris qu'il faut soigner et aider à survivre au milieu des ruines.

Ce nouveau front à l'Est n'empêche pas Clementine de soutenir Winston côté Ouest. Le roi et la reine qui ont fait en 1939 un voyage officiel aux États-Unis ont invité Eleanor Roosevelt à venir en Angleterre rendre visite aux troupes américaines basées en Angleterre. Le 17 octobre 1942, Roosevelt a envoyé

1. 115 000 000 livres actuelles.

un télégramme à Churchill : « Cher Winston, je confie mon envoyée spéciale à vos bons soins et à ceux de Mrs Churchill. Je sais que nos meilleures moitiés vont s'en sortir magnifiquement… Comme toujours. » Accueillie en grande pompe, la First Lady commence par loger deux jours à Buckingham où elle se rend vite compte que George VI est soumis au même rationnement que le plus modeste de ses sujets : un œuf tous les quinze jours, pas de feu dans les cheminées et les chambres éclairées par une seule ampoule. Clementine l'accompagne lors de sa première visite en compagnie de la reine pour constater les dégâts subis par la cathédrale St Paul. Puis, durant dix-neuf jours, elle lui sert de sherpa ou plutôt, comme dit l'épouse du président américain, de *Personnal Guide*.

Le programme harassant comporte la visite de vingt-six camps militaires mais la journaliste Eleanor veut aussi dialoguer avec des femmes volontaires dans les usines d'armement. Dans un atelier, leur discussion est interrompue par une alerte aérienne : « J'ai regardé Mrs Churchill, dit-elle, pour voir ce qui allait se passer. J'ai vu qu'elle ne bronchait pas, la visite s'est poursuivie comme si de rien n'était. » Les deux femmes s'entendent on ne peut mieux. Elles partagent la même aspiration au progrès social et la même simplicité de comportement. À Douvres, la journée se déroule comme d'habitude au pas de charge. Dans un centre de distribution de vêtements, Clementine réclame une pause et s'assied sans façons sur les marches d'un escalier : « C'est une femme réellement merveilleuse ! » dira plus tard Eleanor Roosevelt à un de ses amis.

Winston ne pouvait rêver meilleur certificat de bons et loyaux services. Le 12 janvier 1943, il rencontre Roosevelt à Anfa, un faubourg de Casablanca. Il écrit à Clementine : « Je déjeune seul avec le Don [Roosevelt], Harry Hopkins et Averell. Nous avons déjà abordé plusieurs points, en allant directement au fond des choses. Je crois qu'il a été ravi de me revoir et je suis absolument convaincu de l'amitié qui règne entre nous. »

La réunion se tient dans le plus grand secret. Le nom de code du Premier ministre est « général Frankland » puis « Mr Bullfinch[1] » lorsqu'il part en Turquie rencontrer le président Inonü. Ils s'envoient des télégrammes pleins d'humour malgré la pression de la guerre. Le 2 février : « De Mrs Frankland au général d'aviation Frankland : Je suis tes mouvements avec un vif intérêt. La cage est balayée et apprêtée. Eau fraîche et graines de lin sont disposées de manière appétissante, la porte est ouverte et on espère que M. Bouvreuil prendra bientôt le chemin du retour. » Il répond : « Laisse cage ouverte pour samedi ou dimanche. Tout mon amour. » Mais un problème d'allumage des moteurs de son avion le contraint à passer une nuit supplémentaire à Alger. Nouveau message de Clementine : « Je viendrai à ta rencontre à la gare. Je t'en prie laisse-moi monter dans le train avant que tu ne descendes. Je préfère embrasser mon Bouvreuil en privé sans que l'on me photographie en pleine action ! »

Une fois encore, Winston rentre sain et sauf mais quelques jours après son retour un simple refroidissement se transforme en pneumonie. L'Annexe devient un hôpital de campagne avec infirmières, ventouses et bassins. Le Premier ministre est si fatigué que son médecin ordonne dix jours de convalescence aux Chequers. Clementine le laisse en compagnie de son frère Jack, du Prof et surtout d'une quantité de films hollywoodiens sur la guerre dont Winston ne se lasse jamais. Son préféré est pourtant une production anglaise d'Alexandre Korda, *Lady Hamilton,* tournée en 1941 par le couple vedette Vivian Leigh et Laurence Olivier. Cette histoire culte des amours scandaleuses de l'amiral Nelson, le vainqueur de Napoléon, il peut la regarder tous les soirs malgré les soupirs de ses conseillers !

Le 4 mai, il repart rencontrer Roosevelt. Devant le Congrès américain il doit donner les détails du débarquement en Italie. À Washington, le 13 mai 1943, il reçoit un télégramme du

1. « Monsieur Bouvreuil ».

général Alexander : « Sir, il est de mon devoir de vous informer que la campagne de Tunisie est terminée. L'ennemi a cessé toute résistance. Nous sommes maîtres des côtes d'Afrique du Nord. » De Buckingham, George VI lui adresse un nouveau télégramme de félicitations. Pour la seconde fois, les cloches du royaume annoncent la victoire. Clementine ne peut s'empêcher d'envoyer une lettre à la reine : « Madame, je me permets d'écrire à Votre Majesté pour lui dire combien j'ai été émue et touchée par le merveilleux message que le roi a envoyé à Winston. Il m'a fait pleurer de joie. Je serai reconnaissante à Votre Majesté de bien vouloir dire au roi ce que j'ai ressenti. J'aurais aimé en ce temps de réjouissance ne pas être séparée de Winston. »

C'est elle qui se rend le 19 mai 1943 à la cathédrale St Paul pour une action de grâces en compagnie du vice-Premier ministre travailliste Clement Attlee et de sa femme :

> Le service a été bref et sobre et la cathédrale était froide comme la charité. Mais lorsque nous avons refait surface dans la lumière brillante du soleil avec les cloches qui sonnaient, les pigeons qui tournoyaient et les applaudissements des gentilles secrétaires de la City qui, subodorant une cérémonie officielle, s'étaient attardées après leur travail, le sang a recommencé à circuler et le pouls s'est mis à battre au rythme des grands événements.

La famille a d'autres raisons de pavoiser : Diana a mis au monde son troisième enfant, une fille, Celia. Le petit Winston est garçon d'honneur au mariage de Sarah Churchill, la fille du duc de Marlborough. Et Randolph est en train de tenter un rapprochement avec Pamela : « Comme j'aimerais que ce soit le cas ! Qui sait, cela arrivera peut-être », écrit Clementine à son mari. Pour profiter du printemps paradisiaque et fuir les nuits de raids sans sommeil, elle part quelques jours à Chartwell, dormir dans leur charmant Orchard Cottage. Le matin, elle ouvre ses fenêtres sur les arbres fruitiers en fleurs dont elle lui fait une description lyrique : « Chartwell a revêtu sa robe de mariée. Une mariée ravissante et négligée. » Elle ajoute, citant Robert Herrick, le Ronsard anglais : « Un doux désordre dans la robe laisse entrevoir une flamme de libertinage. » La réponse de Winston encore aux États-Unis, est un hommage discret à toutes ses qualités :

> Mrs Roosevelt était partie pratiquement tout le temps. Je crois qu'elle a été vexée que le Président ne lui ait dit que quelques heures avant mon arrivée ce qui allait lui tomber dessus. Il ne lui confie pas de secret parce qu'elle est toujours à faire des discours et à écrire des articles et il a peur qu'elle n'oublie ce qui est secret et ce qui ne l'est pas… Tout le monde s'est plaint que je ne t'ai pas emmenée et m'a fait promettre que la prochaine fois tu seras là.

Le 30 juin, nouvelle fierté, ils parcourent ensemble Londres en fête qui salue la victoire de son Premier ministre. Dans le landau découvert, Clementine, les traits tirés sous son chapeau noir, sourit à côté de son mari, le visage bouffi d'épuisement. En face, leurs deux filles Sarah et Mary en uniforme semblent intimidées par tant d'honneurs. À l'hôtel de ville, le maire remet à Winston le diplôme de citoyen d'honneur de la ville placé dans un coffret en bois provenant du toit du bâtiment endommagé par le Blitz en 1940.

Pour se détendre, ils vont voir le triomphe de Broadway : *Arsenic et vieilles dentelles*. Et aussi deux pièces de leur ami Noël Coward qu'elle invite un dimanche aux Chequers. Après le dîner, l'auteur se met au piano dans le grand hall et chante ses airs favoris ainsi que sa dernière trouvaille : « *Don't let's be beastly to the Germans !* » qu'on peut traduire avec humour par : « Il ne faudrait pas que nous soyons trop durs avec les Allemands ! » ce qui provoque l'hilarité générale.

Pour la sixième fois, Winston traverse l'Atlantique. Au cours de ce nouveau voyage, les états-majors américain et anglais doivent décider du débarquement sur les côtes françaises. C'est l'été et Clementine décide de l'accompagner avec Mary promue pour l'occasion aide de camp de son père. Lors de ses déplacements, Roosevelt a toujours auprès de lui son fils Eliott et elle conseille à Winston de l'imiter : une merveilleuse expérience pour sa fille et, pour elle, une sécurité supplémentaire.

Le 5 août 1943, deux cents généraux, conseillers et assistants les attendent à bord du *Queen Mary*. Clementine, qui a aussi une feuille de route chargée, emmène son irremplaçable secrétaire Grace Hamblin. En tant que présidente du Fonds russe, elle doit participer à une émission à la radio et à une seconde pour saluer le travail réalisé par les jeunes Canadiennes du YWCA. Visites et réceptions vont se succéder jusqu'à la fin de la conférence. Le gouverneur du Canada et son épouse, la princesse Alice, petite-fille de la reine Victoria, feront même le déplacement jusqu'à Québec.

George VI a mis à la disposition de son Premier ministre sa résidence royale, la citadelle. À leur arrivée, il fait nuit. Clementine reste un long moment, avec sa fille, à contempler la ville illuminée. Presque un miracle pour elles qui depuis quatre ans subissent le couvre-feu. Pour mettre au point le déroulement de la conférence, Roosevelt invite les Churchill à commencer leur séjour au bord de l'Hudson dans sa résidence privée de Hyde Park qui est aussi sa maison natale. Winston veut s'arrêter aux chutes du Niagara. Mais Clementine, qui a souffert d'insomnies pendant plusieurs nuits sur le bateau, préfère se reposer et préparer tranquillement ses interventions. Comme toujours, elle veut trouver les mots justes pour toucher son auditoire. Sans oublier quelques phrases en français à l'intention des Québécois.

Après la conférence, le colonel Clark, un industriel canadien que Winston a rencontré lors de sa longue série de conférences en 1929, leur propose de se reposer quelques jours au bord du lac des Neiges dans son *lodge* de pêche baptisé La Cabane. Roosevelt veut être informé du nombre et de la taille des poissons : « Assurez-vous de prendre les plus gros ! » Le matin, Winston, ravi, enfile sa salopette de sirène et passe la journée dans le bateau avec ses compagnons. Clementine s'en retourne vite dans sa citadelle, visiter la ville avec Mary et faire un peu de shopping dans des boutiques « de temps de paix » où l'on trouve des bas et de la lingerie en soie comme elle en raffole.

À Washington, impeccable et souriante, elle se rend au quartier général de l'Aide aux victimes de guerre et organise à l'ambassade, avec lady Halifax, une réception pour les épouses de tous les représentants britanniques aux États-Unis. Elle prend aussi le temps d'aller se recueillir devant le Lincoln Memorial. La chaleur humide de cette fin d'août transforme les rues en bains turcs. Heureusement, la Maison Blanche est climatisée.

En l'absence d'Eleanor Roosevelt, chaque jour miss Margaret Suckley, une cousine éloignée et grande amie du Président, lui sert de guide. Mais Roosevelt tient à leur faire visiter lui-même la maison natale de George Washington sur les rives du Potomac. Le 8 septembre, l'avion présidentiel les emmène aussi admirer les maisons coloniales de Williamsburg, capitale de la Virginie, où Jefferson a fait ses études. C'est là qu'ils apprennent la reddition de l'Italie.

Seule ombre à ce programme politco-touristique, le dernier jour, dans une librairie, Clementine rate une marche et se fêle le coude. L'accident n'est pas grave mais l'oblige à porter son bras en écharpe pour la dernière partie du voyage : deux jours à Hyde Park chez le « Don ». La première chose qu'ils découvrent est un affreux portrait de Winston signé de leur ami Paul Maze. Horrifiés, tous les deux persuadent le Président de le brûler.

Ce soir-là, ils fêtent leurs trente-cinq ans de mariage. À la fin du dîner, leur hôte lève son verre à leur bonheur. Alors que Roosevelt, comme la majorité des hommes politiques, n'a cessé de tromper sa femme, le romantique couple Churchill est une exception et le restera jusqu'à aujourd'hui.

À sa fille qui prend son *breakfast* avec elle, Clementine confie que Winston lui a avoué qu'il l'aime toujours plus chaque année. À ses côtés, elle continue d'être éblouie par son esprit jamais en repos, son imagination prodigieuse et un humour qui laisse ses détracteurs sans voix. Lors d'un déjeuner à la Maison Blanche, Roosevelt a invité Mrs Ogden Reid, vice-présidente du *New York Herald Tribune*. Après le repas, dans la véranda, les deux Américains ont violemment critiqué la politique coloniale répressive de la Grande-Bretagne en Inde. Agacé, le Premier ministre a demandé avec une feinte naïveté : « Parlons-nous des Indiens d'Inde dont le nombre augmente chaque année de façon inquiétante sous la bienveillante *British Rule* ? Ou des Indiens peaux-rouges d'Amérique qui, je crois savoir, ont été presque totalement exterminés ? » La journaliste, déconcertée, n'a rien trouvé à répondre. Et le président des États-Unis, qui se pique de donner des leçons de démocratie au monde entier, n'a pu qu'éclater d'un rire tonitruant.

Tout au long de ce voyage, Roosevelt s'est montré très attentif et cordial :

> Mais Clementine n'est jamais tombée sous le charme de FDR, écrit Mary. Elle considérait qu'il faisait preuve d'une vanité excessive. Néanmoins, elle n'en montra jamais rien, bien qu'elle m'ait confié après leur première rencontre qu'il avait eu le culot de l'appeler « Clemmie ! » De sa part, ce ne pouvait être qu'un signe d'amitié mais c'était une familiarité qu'elle n'acceptait que de ses amis de longue date.

La discrète miss Suckley s'en est vite rendu compte. Elle écrira dans son journal à la date du 13 septembre : « Avec son charme et ses bonnes manières, Mrs C. est très anglaise et très réservée. »

Après cet entracte de six semaines à l'Ouest, c'est à nouveau la souffrance du peuple russe qui requiert tous ses soins.

En octobre 1943, Clementine annonce que deux ans après sa création, le Fonds russe a franchi le record de 4 millions de livres (200 millions de livres actuelles). Trois cent mille tonnes de produits de première nécessité ont été envoyées. Dans un communiqué officiel, elle précise :

> Cette somme est faible comparée à la taille de la Russie, au nombre de ses villes détruites et à l'héroïsme de sa population. Mais c'est un don qui vient du cœur des Britanniques dans le monde entier. Les plus riches ont été très généreux mais la plus grande partie vient aussi de centaines de milliers de travailleurs qui épargnent chaque semaine sur leurs dépenses. Il s'agit vraiment d'un Fonds du peuple et à travers lui les donateurs veulent exprimer à la nation russe leur respect, leur émerveillement et leur admiration pour son courage inégalé, son patriotisme et ses exploits militaires.

L'ambassadeur Maisky est rappelé à Moscou et sa femme, Agnès, qui, malgré son caractère rugueux, est devenue une amie lui écrit une lettre chaleureuse : « Durant mon séjour ici, j'ai vraiment apprécié nos relations, votre amitié et votre gentillesse à mon égard. Mais plus que tout, je vous suis infiniment reconnaissante pour l'aide médicale que vous avez apportée à mes compatriotes. C'est un magnifique travail et nous n'oublierons jamais. »

Le 12 novembre 1943, Winston part pour Téhéran où doit se tenir la première conférence entre les trois grands. Sarah est son aide de camp. Puis il doit rencontrer le général Eisenhower en Tunisie et tient à inspecter le front en Italie. Mais il a quitté Londres malade et dès sa première escale en Égypte, il souffre des intestins. À Tunis, une erreur de pilotage l'oblige à rester une heure assis en plein vent glacial sur sa mallette diplomatique au milieu d'un terrain d'aviation militaire. À son arrivée à la villa d'Eisenhower, il est si mal en point qu'il monte directement se coucher. Durant la nuit, il souffre de malaise cardiaque et au matin, son médecin lord Moran[1] télégraphie à Londres pour réclamer immédiatement un pneumologue, un cardiologue et deux infirmières. Sarah ne quitte pas son chevet :

> À un moment, il a ouvert les yeux et a dû voir l'inquiétude sur mon visage avant que je n'aie eu le temps de la dissimuler. Il m'a regardée sans un mot pendant quelques instants, puis il a dit : « Ne t'inquiète pas, cela n'a pas d'importance si je meurs maintenant, les plans de la victoire ont été arrêtés et ce n'est plus qu'une question de temps... » Et il est retombé dans un profond sommeil.

Pour le distraire, elle lui lit *Orgueil et préjugés* de Jane Austen, un roman victorien plein de bons sentiments qui raconte l'histoire de cinq sœurs à marier. L'héroïne, Élisabeth, a du caractère, de l'humour et des principes. Elle veut faire un mariage d'amour. Sarah écrit à sa mère la réflexion du malade : « Il dit que vous ressemblez tellement à Élisabeth. »

Le docteur Bedford arrivé en urgence du Caire diagnostique une pneumonie. Winston réclame sa femme. Ils ne se sont pas vus depuis six semaines. Le cabinet conseille à Clementine d'aller le retrouver. Elle fait ses bagages et part avec Jock Colville et sa secrétaire Grace Hamblin. Le brouillard couvre la région de Londres et ils n'atteignent l'aéroport qu'après quatre heures de route.

Un bombardier américain Liberator attend sur la piste. À l'intérieur, quelques tapis et couvertures couvrent le sol. Le temps d'enfiler une combinaison de vol, le pilote décolle aussitôt :

> Mrs Churchill, profondément inquiète au sujet de son mari en dépit d'une apparence souriante, a déclaré qu'elle ne pourrait

1. Il a été annobli en 1943.

pas dormir et qu'elle avait emporté un jeu de backgammon, écrit Colville dans son journal. Accroupis sur un tapis et enveloppés dans deux autres, nous avons joué en buvant du café noir. On a dû disputer au moins trente parties et j'ai gagné 2 livres et 10 shillings.

Le lendemain, Downing Street annonce que l'épouse du Premier ministre est partie rejoindre à Tunis son mari malade. Elle envoie à Mary un compte rendu mitigé : « La joie de le retrouver s'est dissipée quand je l'ai vu tellement changé. Et encore Sarah et lord Moran m'ont dit que si j'étais arrivée quarante-huit heures plus tôt, j'aurais eu un autre choc et qu'à présent il était beaucoup mieux… Je crois qu'il est très heureux de me voir là. » Au milieu de la nuit, Winston a un nouveau malaise cardiaque. Il ne se lève que le lendemain de Noël pour déjeuner avec Eisenhower et l'état-major américain. Devant la villa blanche, il pose avec eux dans son uniforme très privé, robe de chambre en soie chinoise et pantoufles brodées à ses initiales.

Enfin, ils sont à Marrakech où Clementine découvre la Villa Taylor qu'elle décrit à Diana comme un mélange « de *Mille et Une Nuits* et d'Hollywood ». Pour distraire le malade qui ne songe qu'à ses futures grandes batailles, elle a demandé à lord Beaverbrook de venir lui tenir compagnie. Avec Sarah, elle part explorer la ville aux charmeurs de serpents sous la conduite de Mrs Nairn, femme du consul général. Toutes les trois vont prendre le thé à la menthe chez le Glaoui, pacha de Marrakech, qui leur fait visiter son palais, le plus beau de la ville avec ses jardins dessinés par Majorelle. Tout le palais, sauf le harem devant lequel les visiteuses intriguées s'arrêtent. Mais les portes restent inexorablement fermées : « À notre grand regret, dit Clementine, nous n'avons pas vu les *ladies.* » Consolation, après les innombrables plateaux de pâtisseries au miel, les serviteurs du galant Glaoui apportent trois tapis en cadeau et, pour Winston, une dague à fourreau d'or.

Chaque jour, les Marocains organisent un pique-nique et une caravane de dix voitures les emmène à la découverte de vallées idylliques. Au cours d'une de ces expéditions, Clementine tombe sous le charme des yeux bleus du général Montgomery qu'elle trouve « captivant ». Ce qui ne l'empêche pas de lui parler vertement :

> Un soir, écrit Jock Colville, alors que tout le monde se retirait pour prendre un bain avant le dîner, elle se tourne vers Noël Chavasse, son aide de camp : « On se revoit dans une demi-heure. – Mon aide de camp ne dîne pas avec le Premier ministre, déclara Monty d'un ton aigre. – Général Montgomery, à ma table, j'invite qui je veux et je n'ai pas besoin de votre permission », lança de façon cinglante Mrs Churchill. Noël Chavasse dîna avec nous.

Elle est furieuse que le général de Gaulle ait osé envoyer à Winston un message discourtois pour se plaindre de l'exclusion de la France des discussions concernant son avenir « alors que papa durant toutes ces conférences a travaillé pour les Français et surtout pour modérer la position de Roosevelt qui tout simplement déteste de Gaulle », écrit-elle à ses filles.

Le 12 janvier 1944, le chef des Français libres arrive, avec sa femme, pour le déjeuner. Alors que tout le monde se promène dans le jardin, Sarah entend sa mère dire à son invité : « Mon général, vous devez prendre soin de ne pas haïr vos alliés plus que vos ennemis. » De Gaulle ne s'en formalise pas et propose au Premier ministre et à son épouse d'assister le lendemain à une parade des troupes françaises et marocaines. Les Cooper aussi sont arrivés d'Alger où Duff est désormais le haut-représentant britannique auprès de la France libre.

Après la revue, nouveau pique-nique dans les contreforts de l'Atlas enneigé. Après cent kilomètres d'une route sublime, à travers oliveraies, casbahs et villages fortifiés, les voitures arrivent au pied des remparts rouges de Demnat. L'avant-garde marocaine a déjà installé un somptueux buffet au milieu des vergers de légende. À l'arrivée, Winston, que Diana Cooper appelle « le Colonel », son vrai grade dans l'armée, est installé comme un pacha dans un fauteuil, avec un tapis sous les pieds et un coussin sur les genoux qui lui sert de table. Il commence alors à boire whiskies et cognacs en si grand nombre qu'elle est épouvantée. Après le déjeuner, sous un soleil de plomb, le convalescent tient absolument à s'aventurer au fond d'une gorge et à grimper sur le plus gros rocher : « Clemmie ne dit rien mais le regardait à côté de moi comme une mère indulgente qui ne veut pas gâcher le plaisir de son enfant », écrit Diana dans son journal. La suite est moins glorieuse. Le Premier ministre incapable de remonter seul le sentier escarpé est tiré par deux Marocains. Diana saisit la nappe, la tord pour en faire une corde qu'on lui passe dans le dos pour le remonter plus facilement tandis que lord Moran lui prend le pouls.

Le soir avant le dîner, les deux amies discutent de l'après-guerre : « Clemmie très calmement déclara : Je n'y pense jamais. Je crois que Winston mourra quand la guerre sera finie… Vous savez, il a soixante-dix ans et moi soixante, nous mettons toute notre énergie pour la gagner et elle nous la prend toute entière. » Elle quitte ses invités à 9 h 30 pour aller se coucher.

À leur retour, Whitehall et Downing Street sont bombardés dans la nuit du 20 février. En cette année de guerre 1944, Clementine n'inscrit dans son agenda que quatre dîners en tête à tête avec son mari. Jusqu'en septembre, elle donne soixante-quinze déjeuners et dîners officiels et organise trente-trois week-ends de travail aux Chequers. Le roi, lui, dîne à six reprises à Downing Street. Les secrets sont si lourds à porter que la femme du Premier ministre n'a plus qu'un ami, l'ambassadeur américain Gil Winant, qui est amoureux de Sarah. Une liaison qu'aucun des deux ne peut vivre au grand jour puisqu'ils sont toujours mariés.

Chaque matin, elle part marcher dans St James Park situé en face de l'Annexe. Une des femmes officiers dans les transmissions de la Royal Air Force racontera plus tard à Mary qu'elle la voyait, par la fenêtre de son bureau, passer, toujours élégante, toujours seule : « Sans doute, pour réfléchir paisiblement devant le lac, sous les arbres. Cela m'impressionnait beaucoup. »

Désormais, toute l'Angleterre ressemble à un camp militaire retranché. Une formidable logistique s'organise sous la houlette du général Eisenhower. Tentes et uniformes américains, canadiens, australiens et même français couvrent la campagne. De longues files de tanks, de camions et de jeeps encombrent les routes. En cette veillée de débarquement, Winston sillonne le royaume dans son train spécial. Comme Napoléon, il voudrait vérifier jusqu'au moindre bouton de guêtre et même assister au débarquement. George VI est obligé de le retenir.

Le lundi 5 juin, veille du grand jour, Clementine dîne seule avec lui. Il l'emmène dans la salle des cartes et ne peut s'empêcher de lui dire avec émotion : « Quand tu te réveilleras demain matin, vingt mille hommes auront peut-être perdu la vie. »

En représailles des victoires remportées par les armées alliées sur les côtes normandes, Hitler lâche sur Londres son arme secrète, les V1. Clementine tremble pour Mary, toujours en poste à Hyde Park derrière sa batterie anti-aérienne. À la mi-juillet, c'est Randolph qui échappe miraculeusement à un accident en Yougoslavie où son avion s'écrase en flammes. Il fait partie des neuf rescapés sur les dix-neuf occupants de l'appareil. Sérieusement blessé, il est rapatrié à Alger chez les Cooper où Winston, en route pour une rencontre en Italie avec le maréchal Tito, le retrouve incapable de marcher seul.

Le 24 août, la 2e DB du général Leclerc libère Paris. Clementine n'a guère le temps de s'en réjouir. Quatre jours plus tard, l'avion de Winston a à peine atterri qu'elle aperçoit lord Moran courant vers sa voiture : « Il a une grosse fièvre, il faut le mettre au lit immédiatement. » Le chauffeur démarre laissant derrière eux les journalistes ébahis et déçus. On diagnostique une tache aux poumons. Son médecin l'autorise quand même à partir une semaine plus tard sur le *Queen Mary*. Sarah doit veiller sur lui. Sa mère décide de les accompagner. Une nouvelle conférence d'état-major doit se tenir à Québec.

Deux stratégies s'opposent pour la poursuite des combats : Eisenhower prône une reconquête lente et progressive avec un front de mille kilomètres se déployant en éventail de la Manche jusqu'à l'Alsace alors que l'Anglais Montgomery préférerait lancer quarante divisions en Belgique pour atteindre la Ruhr le plus tôt possible. Comme lui, Winston veut aller vite, pour freiner les appétits de Staline qui fait avancer son armée rouge au pas de charge. Mais le pouvoir militaire est aux Américains et, au grand dépit des Britanniques, c'est leur option qui est choisie.

La journaliste Eleanor Roosevelt suit les débats et Clementine, qui s'entend toujours aussi bien avec elle, accepte de participer à une émission de radio avec la First Lady américaine. Mrs Churchill prononce évidemment quelques mots en français. Le voyage se termine par deux jours à Hyde Park où ils tombent sur le duc de Windsor : « Il a maintenant 51 ou 52 ans, et toujours son air de jeune homme qui s'efface vite dès qu'on le voit de près », écrit Clementine qui ne perd jamais une bonne occasion d'exprimer ce qu'elle pense.

Dès son retour, Winston n'a qu'une idée en tête : aller à Moscou pour « parler avec Staline d'homme à homme. Et je suis sûr qu'il se montrera raisonnable ». Clementine rêve de l'accompagner. Mais son Fonds russe accapare tout son temps. Des sommes arrivent encore chaque jour de tous les pays du Commonwealth. En tout, elle a récolté près de 6 millions de livres.

Le 7 octobre, le Premier ministre s'envole, sans elle, en compagnie de son ministre des Affaires étrangères, Anthony Eden. Sur place, ils retrouvent Averell Harriman, désormais ambassadeur des États-Unis qui vit à Moscou avec sa fille Kathleen. Winston écrit :

> Ce petit mot pour te dire à quel point je t'aime et regrette que tu ne sois pas là. J'ai dit à Kathleen de te rapporter tous les compliments qu'elle a entendus à ton propos… J'ai eu des entretiens très agréables avec le vieil ours. Plus je le vois, plus je l'apprécie. Ici, désormais, ils nous respectent et je suis sûr qu'il souhaite collaborer avec nous. Il faut que je tienne le Président au courant en permanence et c'est là le côté délicat.

Car l'ours et le lion décident ensemble de l'avenir des Balkans : Roumanie, 90 % russe, Grèce, 90 % britannique, Bulgarie, 75 % russe, Yougoslavie et Hongrie : 50 % chacun. Le 14 octobre, Ils sont acclamés à l'opéra de Moscou : « J'aurais aimé être témoin de cette reconnaissance de ton dur travail », le félicite sa femme.

Hélas, chaque jour, la guerre continue d'apporter son lot de deuils. Elle est submergée de chagrin en apprenant l'assassinat au Caire de Walter Guinness, nommé par Winston depuis deux ans, représentant de la Grande-Bretagne au Moyen-Orient. Le 6 novembre, le groupe sioniste Stern l'a pris pour cible comme représentant de la puissance coloniale en Palestine. Avec la disparition de l'hôte charmant de sa belle croisière dans la Pacifique sur le *Rosaura* en compagnie de Terence Philip, c'est le souvenir du bonheur qui disparaît, un autre monde, déjà si lointain.

Elle pleure encore, mais cette fois d'émotion, en voyant apparaître la terre de France, à travers le hublot de l'avion. Le général de Gaulle les a invités à venir le 11 novembre célébrer l'anniversaire de l'armistice de la guerre de 1914-1918. Le président du gouvernement provisoire les accueille au Bourget. Le long de la route, au milieu d'une campagne transformée en champ de boue par les chars et les bombes, la foule apparaît par magie pour saluer ce premier cortège de voitures officielles depuis le débarquement.

Le Quai d'Orsay a sorti son tapis rouge et la garde républicaine leur rend les honneurs. « Les chambres de Maman et Papa sont dignes d'un palais », écrit Mary qui les accompagne. Dans la salle de bains, Winston découvre, incrédule, la baignoire en or du maréchal Goering.

Sur les Champs-Élysées, les Parisiens grimpent aux arbres et même sur les cheminées des immeubles pour acclamer les deux héros qui marchent côte à côte. Clementine et sa fille assistent au défilé à côté d'Yvonne de Gaulle. Le soir, ils dînent dans la maison du général derrière Bagatelle.

Le lendemain, c'est le ministre des Affaires étrangères Georges Bidault qui les reçoit au Quai d'Orsay avant la grande cérémonie à l'hôtel de ville où les chefs de la Résistance remettent, en guise de trophée au lion britannique, le drapeau avec la croix gammée qui a flotté pendant quatre ans sur le cœur de Paris. Winston se donne la peine de prononcer un discours dans son français qui fait toujours sourire Clementine. Le champagne coule à flots. Puis de Gaulle emmène son vieux compagnon rencontrer le général de Lattre qui se bat toujours à Besançon. Dans les journaux, Clementine lit avec plaisir que leur hôte a mis un drapeau tricolore sur leurs querelles en décernant au Premier ministre britannique le titre de « Clemenceau de cette guerre ».

Le 30 novembre 1944, à Downing Street, le grand homme fête ses soixante-dix ans. Le salon est couvert de gerbes de fleurs mais le dîner reste strictement privé avec les trois filles, Duncan, Jack, Nellie, Moppet, Venetia Montagu, Brendan Bracken et l'indispensable lord Beaverbrook. Il ne manque que Randolph. À table, Winston s'assied entre Diana et Sarah. Alors que tous lèvent leurs verres à sa santé, il déclare que sans l'amour de sa femme et de sa famille, il n'aurait jamais pu tenir pendant ces années de guerre. Mary ne peut retenir ses larmes.

Voilà trois ans qu'ils n'ont pas passé Noël ensemble. Roosevelt a envoyé un grand sapin. Mais à la dernière minute, Winston décide de se rendre en Grèce où une révolution communiste menace de prendre le pouvoir. Clementine est furieuse et folle d'inquiétude. Ce nouveau voyage à Athènes est particulièrement périlleux. Mais pour le Premier ministre l'enivrante odeur de la poudre est la plus forte. Et cette fois, il a raison. Il arrache la Grèce à la mainmise communiste. Lorsque le 3 janvier 1945, au quartier général d'Eisenhower dans les Ardennes, de Gaulle le félicite pour sa courageuse équipée, il lui répond : « Ah oui, c'était du bon sport ! – Mais on vous a tiré dessus. – Oui et le plus fort, c'est qu'ils m'ont tiré dessus avec les armes que je leur avais fournies. – Ce sont là choses qui arrivent », conclut le général.

Trois semaines plus tard, c'est Yalta. Et il s'envole avec Sarah à bord d'un Skymaster offert par Roosevelt qu'ils doivent retrouver à Malte. Il a de la fièvre et Clementine craint qu'il n'ait, comme à Tunis, un malaise cardiaque. Comme d'habitude, il ne lui envoie que des télégrammes officiels destinés aux archives nationales : « Mon ami est arrivé plein de santé et d'optimisme. Tout va bien. » C'est par les longues lettres de sa fille qu'elle apprend l'état du président des États-Unis : « Il était évident qu'il était très malade... En le voyant, mon père a été très alarmé comme nous tous. » Après l'atterrissage à Saki, Staline impose à ses invités six heures de mauvaises routes jusqu'à l'ancien palais tsariste de Yalta où doivent se dérouler les négociations. Winston, lui, est relégué au palais Vorontsov.

À Downing Street, Clementine reçoit à déjeuner son ami Charles Portal, chef d'état-major de l'armée de l'air, et sa femme Jane qui rentre de France. Au cours du repas, elle est consternée d'apprendre les conditions de vie terribles dans lesquelles se trouve le pays. Le 12 février, elle écrit à Winston : « En dehors des aspects humanitaires, ne crois-tu pas qu'il est dangereux qu'une nation tout entière ait faim, froid et soit sans emploi ? Tu pourrais influencer le général Marshall ou le Président pour qu'avec leurs camions, ils distribuent nourriture et charbon. » Cet hiver de 1945 est si glacial que depuis quinze jours, c'est l'armée qui, en Angleterre, distribue le charbon aux populations qui grelottent, et son mari lui demande : « Garde l'œil ouvert pour qu'il n'y ait pas de pénurie et qu'il y ait assez de camions militaires. »

Un mois plus tard, c'est elle qui part pour Moscou, invitée par la Croix-Rouge soviétique. Ses deux secrétaires, Grace Hamblin et Mabel Johnson, l'accompagnent. Clementine laisse deux lettres pour Sarah et Mary, leur demandant, si jamais il lui arrivait un accident, de bien s'occuper de leur père.

Première étape, Le Caire, où son départ est retardé plusieurs jours par une tempête de sable. Elle en profite pour multiplier ses visites aux hôpitaux militaires et aux établissements du YWCA. Elle envoie ses félicitations à son cher Monty dont l'armée a franchi le Rhin. Bien entendu, Winston a tenu à assister à ce moment historique et à partager le quotidien des soldats :

> Il m'a dit qu'il en était revenu « dressé » et si cela s'était produit plus tôt, ma vie en aurait été grandement facilitée, faisant référence, je suppose, à son manque chronique de ponctualité et à sa fâcheuse habitude de modifier les plans à la dernière minute. J'étais très touchée et lui ai déclaré que j'avais supporté ses défauts très facilement. Alors mon mari m'a dit que ce n'était peut-être pas la peine qu'il change. Mais je lui ai répondu : Si, améliore-toi, car notre vie à deux n'est pas finie.

Le 2 avril 1945, à son arrivée à Moscou, pour la première fois de sa vie, elle porte un uniforme, celui de la Croix-Rouge, destiné à lui simplifier son séjour. Son ami, Averell Harriman, les Maisky et l'ambassadeur de Grande-Bretagne l'accueillent avec le comité de la Croix-Rouge. Winston télégraphie : « En ce moment, tu es la seule lumière dans les relations anglo-russes. »

Car, en Pologne, l'« oncle Jo » livre une course de vitesse pour rentrer le premier dans Berlin. Elle le rencontre l'après-midi du 8 avril au Kremlin avec miss Johnson et un interprète. Au fond de la pièce, Staline est assis à son bureau. Il la remercie pour son travail en faveur du peuple soviétique. Elle lui offre un stylo en or de la part de Winston : « Mon mari m'a demandé de vous exprimer l'espoir qu'il vous permettra de lui écrire de nombreux messages d'amitié. » Le maréchal répond en souriant sous sa moustache : « Je n'écris qu'au crayon. Mais je le lui rembourserai ! » Clementine, qui a fait l'expérience à Londres, avec Mme Maisky, des mauvaises manières soviétiques ne se laisse pas démonter mais s'en amuse.

Le soir, un train spécial l'emmène à Leningrad qu'elle découvre, éblouie, sous un soleil éclatant avec la Neva encore gelée. Hélas, après deux ans et demi de siège, elle ne voit, dans les hôpitaux, que des enfants à moitié morts de faim. Winston écrit : « La presse soviétique fait un grand battage autour de ta visite... Ma chérie à moi, je pense constamment à toi et je suis si fier de toi. Ta personnalité atteint les masses et touche tous les cœurs. Avec mon amour et une suite ininterrompue de baisers. »

Le séjour se poursuit par un long voyage en train vers Stalingrad. À Moscou, Molotov vient à la gare lui annoncer la mort brutale de Roosevelt d'une hémorragie cérébrale dans la station thermale de Warm Springs. Sous le choc, elle demande que tout le monde observe une minute de silence dans le wagon. À l'ambassade, elle parle au téléphone quelques minutes avec Winston qui lui dit son émotion et son inquiétude.

À son arrivée à Stalingrad, elle ne voit qu'un champ de ruines qui s'étend aussi loin que l'on porte le regard. Avant guerre, la ville comptait cinq cent mille habitants, il n'en reste que la moitié qui tente de survivre dans une misère absolue.

Deux grandes aciéries ont été reconstruites ainsi que quelques écoles où les élèves suivent les cours en alternance. Dans les sanatoriums du Caucase, les Allemands ont fusillé les médecins et pillé le matériel médical financé par son fonds. Elle promet de le remplacer. À Rostov, où règne la même désolation, la Croix-Rouge a prévu deux hôpitaux de cinq cents lits. Elle décide de porter leur capacité à mille cinq cents lits. Partout, dans les rues, elle est acclamée… comme un Premier ministre.

En route pour la Crimée, elle reçoit le 23 avril un nouveau télégramme de Winston : « À Washington, Averell Harriman a fait un vibrant éloge de ton action à Moscou. » Mais partout elle a le cœur serré. Sébastopol a perdu son cœur historique avec ses maisons à colonnes et aux murs couverts de fresques. À Yalta, elle dort au palais Vorontsov dans le lit où Winston l'a précédée trois mois plus tôt et ne rate sous aucun prétexte la datcha de Tchekov qui a inspiré ses deux chefs-d'œuvre : *Les Trois Sœurs* et *La Cerisaie*. À Odessa, elle visite à nouveau deux hôpitaux en pleine détresse.

En Europe, les dernières heures de la guerre se déroulent à un rythme échevelé. Le 28 avril, Mussolini et sa maîtresse sont fusillés puis leurs deux corps exposés pendus par les pieds à Milan. Le 30 avril, Hitler se suicide avec Eva Braun à Berlin. Depuis quatre jours, sur l'Elbe, les alliés se sont retrouvés en face de l'armée rouge. Le 5 mai, Winston écrit : « Je n'ai guère besoin de te préciser que derrière ces triomphes sont tapis le poison de la politique et les mortelles rivalités internationales. Donc, à ta place, je repartirais après avoir remercié mes hôtes avec la plus grande affabilité. »

Le 8 mai, elle célèbre la victoire à l'ambassade d'Angleterre à Moscou en compagnie de l'ambassadeur de France, le général Catroux et d'Édouard Herriot libéré de déportation par les Russes. Il pleure en écoutant avec elle le discours de Winston à la BBC : « J'ai peur, lui dit-il, que vous ne me trouviez pas très viril mais cette voix de Mr Churchill, la dernière fois que je l'ai entendue, c'était à Tours en 1940 quand il suppliait le gouvernement français de continuer le combat. Lorsqu'il a compris que nous rendions les armes, les larmes ont aussi coulé sur le visage de votre mari. »

Parcours obligé de tous les hôtes d'honneur, elle reçoit la médaille du Travail et passe sa dernière soirée au Bolchoï pour voir le ballet du *Lac des cygnes*. Elle ne part pas sans avoir écrit à la main une lettre au redoutable ours du Kremlin :

> Mon cher maréchal Staline, je quitte votre grand pays après une inoubliable visite. J'ai vu avec chagrin quelques-uns des ravages faits par un ennemi barbare et j'ai constaté la dignité, le courage et la persévérance de votre peuple… Je suis au courant des difficultés internationales qui n'ont pas été surmontées mais je sais aussi que mon mari ne doute pas qu'une complète compréhension entre les peuples de langue anglaise et de l'Union soviétique sera consolidée et contribuera au seul espoir de paix dans le monde.

Le 12 mai 1945, à l'aéroport de Northolt, le pilote du Skymaster est obligé de faire plusieurs tours avant d'atterrir pour permettre à Winston, incorrigiblement en retard, d'embrasser sa femme sur le tarmac.

Chapitre XVIII

L'AMER CHAMPAGNE

Enfin, ils célèbrent ensemble la victoire qui a coûté tant de sang et de larmes. Le lion britannique a terrassé le monstre nazi. Londres n'en finit pas de fêter la fin de ces cinq années de bombardements et de peurs. Et Clementine est fière de penser que cette liberté reconquise porte un nom, le sien, Churchill.

Ils logent toujours à l'Annexe mais Winston, qui ne doute pas de rester longtemps à la tête du gouvernement, n'a pas attendu son retour de Moscou pour lancer quelques travaux afin d'améliorer le confort de Downing Street. Coup de théâtre, le 19 mai, le parti travailliste, réuni en congrès, décide de mettre fin au cabinet d'union nationale. Le soir même à Buckingham Palace, George VI demande à son Premier ministre de former un gouvernement provisoire en attendant les nouvelles élections fixées au 5 juillet. Il n'y en a pas eu depuis dix ans. Et les conservateurs qui ont gagné en 1935 sont désormais très critiqués pour n'avoir pas su préparer le pays à la guerre.

Depuis des semaines, Clementine met en garde son mari contre le mécontentement d'une nation épuisée par les privations. Elle s'inquiète aussi de la santé délabrée de Winston. Elle-même sent qu'elle n'a plus les mêmes forces qu'autrefois. Au lieu de le voir mourir à la tâche, elle rêve tant de quelques mois paisibles ! En janvier, pendant qu'il était à Yalta, elle a visité en face de Hyde Park, dans une impasse de Kensington, une petite maison en briques rouges avec un charmant jardin sans vis-à-vis ce qui est très rare dans Londres. Au retour de sa conférence, elle y est retournée avec lui. Elle a écrit à Mary, partie à Bruxelles surveiller le ciel de Belgique avec sa batterie anti-aérienne : « Je l'ai fait voir un après-midi à Papa. Il en est fou. »

En cette fin de guerre, elle continue d'être son conseiller personnel et politique avisé. Lorsqu'en 1939, à la mort de Chamberlain, Winston a pris la tête du parti conservateur, elle l'a mis en garde. Dans ce pays qui aspire à une nouvelle politique sociale, il ne peut plus être considéré comme l'homme de l'Union sacrée mais comme le leader d'une faction !

Ses mauvais génies, lord Beaverbrook et Brendan Bracken, le poussent vers la droite. Elle redoute ses dérapages. Lors d'une émission de radio, il n'hésite pas à déclarer que voter pour le programme travailliste équivaudrait à faire tomber sur le pays une sorte de chape de plomb comme l'Allemagne en a connu sous la Gestapo. Clementine, à qui il a montré son script, a exigé qu'il retire cette phrase : « Tu ne peux pas dire cela ! » Il n'a rien voulu savoir.

Clement Attlee a eu la courtoisie de ne pas désigner de candidat travailliste contre lui dans sa circonscription. Son seul adversaire est un excentrique, un certain Hancok qui se bat sous l'étiquette « Indépendant ». Mais même dans cette banlieue conservatrice située à une vingtaine de kilomètres de Londres, elle constate que la population n'est plus la même. Un grand nombre de travailleurs sont arrivés à Woodford pour profiter de la campagne.

Le Premier ministre continue à suivre la guerre dans le Pacifique. Il dispose toujours de son train spécial. Les quatre derniers jours de sa campagne, à travers les Midlands, le nord de l'Angleterre et l'Écosse, il parcourt 1 500 kilomètres et prononce quarante discours. Partout il est ovationné. Mais lorsqu'elle traverse les villes à côté de lui dans leur voiture découverte, Clementine remarque que, derrière les supporters conservateurs, beaucoup de visages restent de marbre. À Londres, le tumulte, orchestré par les syndicats, est tel qu'il a du mal à prendre la parole. Même la cousine Venetia annonce qu'elle votera travailliste.

Dans les six meetings qu'elle tient à Woodford, Clementine met l'accent sur l'union nationale. En tailleur noir avec son turban rouge fétiche dans les cheveux, debout, sur les estrades en plein air, elle crie : « Voter pour le nom de Churchill, cela signifie avoir été heureux qu'il ait été le chef d'un gouvernement de coalition, être satisfait de sa politique pendant la guerre et lui faire confiance pour l'avenir. »

Trois semaines sont nécessaires pour recueillir les votes des trois millions d'hommes et femmes encore sous les drapeaux. En attendant, ils partent se reposer huit jours en France sur la côte basque. Au départ, Winston voulait aller dans les Landes chez son ami Bendor. Mais son garde du corps Walter Thompsom, envoyé en éclaireur dans la propriété, a constaté que le réservoir d'eau était en piteux état. Leur amie Margaret Nairn dont le mari vient d'être nommé consul à Bordeaux a demandé au général Brutinel de les accueillir dans sa villa Bordaberry d'Hendaye.

D'origine canadienne, le militaire a longtemps travaillé pour l'usine d'armement du Creusot. Il est naturalisé français. Dès le premier soir, Winston s'entend à merveille avec lui. Pendant la Grande Guerre, Brutinel était à la tête de la première unité mécanisée d'automitrailleuses qui a stoppé l'offensive allemande de 1918. Il a bien connu Ploegsteert où le colonel Churchill a mené l'assaut à la tête du 6e bataillon des fusiliers royaux écossais.

La villa donne sur la plage et, pour oublier les élections et son destin, le héros britannique sort son chevalet. Cela fait presque six ans qu'il n'a pas ouvert un tube de peinture. Clementine se baigne, poursuivie par une nuée de paparazzi. Une photo la montre en maillot de bain noir, très séduisante dans son long peignoir à côté de son mari qui a roulé son pantalon jusqu'aux genoux pour marcher dans le sable.

À Postdam, les quatre alliés doivent décider du partage de l'Allemagne et Churchill souhaite que sa femme l'accompagne. Mais son Fonds russe la réclame toujours à Londres et elle veut aussi se rendre à Chartwell depuis trop longtemps à l'abandon.

Le 25 juillet, veille des résultats, elle l'accueille à sa descente d'avion. Le soir, un dîner réunit la famille à Downing Street. Randolph est sûr d'être réélu dans sa circonscription de Preston. Leur gendre Duncan, plus pessimiste, craint d'être battu. Winston s'en tient aux derniers sondages de lord Beaverbrook qui donnent une légère avance aux conservateurs.

Le lendemain, pour le petit déjeuner, Mary rejoint sa mère dans sa chambre. Ensemble, elles s'en vont en voiture à Woodford. Le Premier ministre est élu mais son adversaire fantaisiste recueille le score invraisemblable de dix mille voix. À leur retour, un Colville livide leur annonce : « C'est la débâcle. » Randolph, Duncan, Brendan… sont battus : « Nous avons déjeuné dans une ambiance crépusculaire, écrit Mary. Maman faisant preuve d'un moral inaltérable. Papa – Que puis-je dire ? – s'armant de toutes ses forces pour supporter ce terrible coup du destin. » Clementine qui le voit effondré déclare : « Winston, c'est peut-être une bénédiction cachée. » Il grommelle : « Pour le moment, elle est, à coup sûr, bien cachée. » Le soir au dîner, c'est encore elle qui remonte le moral des troupes : « Maman chevauchant la tempête avec son courage habituel. »

Le lendemain, bonne joueuse, elle boit un verre de sherry en compagnie de deux conseillers de Downing Street qui s'en retournent à Postdam avec le nouveau Premier ministre Attlee. Puis, elle part à Wimbledon assister à un match de tennis donné au profit de son Fonds russe. Winston découvre l'inaction. Des centaines de lettres arrivent mais plus un télégramme officiel, plus de dépêches ! « Rien ni personne ne pouvait adoucir l'humiliation de sa défaite », écrit Mary. Pourtant rompu depuis longtemps aux coups de théâtre de la politique, il a du mal à admettre que sa victoire historique soit payée de tant d'ingratitude.

Le samedi 27 juillet, ils profitent de leur dernier week-end aux Chequers pour dire au revoir au personnel et aux voisins. Les trois filles sont là avec Duncan, Brendan Bracken, Jock Colville, le Prof et l'ambassadeur Gil Winant. Après le dîner, épuisée, Clementine monte se coucher laissant ses invités écouter des marches militaires françaises et américaines. Puis ils regardent la comédie musicale de Victor Fleming *Le Magicien d'Oz*. Après quoi Winston tourne en rond jusqu'à 2 heures du matin en buvant de grandes rasades de cognac. Le lendemain, dernier à signer le livre d'or, il écrit en latin : « *Finis*[1]. »

Mrs Attlee leur a proposé de rester aussi longtemps qu'ils le veulent dans leur appartement de l'Annexe. Mais Clementine ne veut pas en profiter une minute de plus : « Ma mère a quitté Downing Street plus vite que l'éclair. Elle était toujours prête pour ce genre de situation qu'elle anticipait prudemment », écrit Sarah. Les meubles s'en vont à Chartwell tandis qu'ils prennent provisoirement une suite au Claridge. Winston chante avec humour devant le portier une vieille chanson de music hall : « J'ai été au pôle Nord, j'ai été au pôle Sud, au pôle Est, au pôle Ouest et toutes les sortes de pôles... Mais maintenant, je suis heureusement débarrassé des pôles depuis qu'on m'a mis à la porte de l'hôtel Metropole. »

Ensemble, ils revisitent la jolie maison du 28 Hyde Park Gate qui leur plaît toujours autant. Avec son grand salon, une belle salle à manger et cinq chambres elle est parfaite, et tout à fait habitable à part quelques travaux de décoration, ce qui est un atout supplémentaire en ces années de pénuries où l'on manque de tout et surtout de bras. En attendant de s'y installer, Diana et Duncan ont la gentillesse de leur prêter leur appartement de Westminster Gardens. Pour se distraire, ils

1. « La fin. »

vont au théâtre voir un vieux succès de Noël Coward, *Private Lives*. À leur arrivée et à leur départ tous les spectateurs se lèvent et les applaudissent au moins autant que les acteurs.

Aux Communes, le héros national prend sa place de leader de l'opposition. Son premier discours laisse médusés les nouveaux députés travaillistes. Clementine venue l'écouter, écrit à Mary : « C'était dans la grande veine des années 40-41. » Après la reddition du Japon, le 14 août 1945, le nouveau Premier ministre Clement Attlee rend un vibrant hommage à son adversaire et vieux compagnon d'armes : « Dans les heures les plus sombres et dangereuses, la nation a trouvé dans mon très honorable ami de droite l'homme qui incarnait le courage et la détermination… Il a sa place dans l'histoire. »

Hélas, le grand homme se trouve désormais à l'étroit dans son Orchard Cottage de Chartwell. Il n'aime pas la cuisine aux légumes de Moppet. À Downing Street et aux Chequers, le Premier ministre bénéficiait de tickets de rationnement supplémentaires pour les réceptions des diplomates étrangers et il regrette les flans aux champignons et au bacon et les croustades de merlu que Mrs Landemare faisaient surgir avec talent de ses casseroles.

Surtout sa formidable énergie tourne à vide : « Il se plaint qu'il n'a plus de travail ni d'ordres à donner », écrit Clementine à Mary toujours en Allemagne. Sa fille ne pourrait-elle pas se faire muter au ministère de la Guerre à Londres afin de venir l'aider à surmonter les scènes continuelles ? « Il est si malheureux que cela le rend invivable. »

Le vieux jardinier Mr Hill est mort d'un cancer, le jour de la victoire, et fin juin, Clementine a engagé son remplaçant, Mr Harris. Un contingent de dix prisonniers allemands et italiens arrive pour aider à enlever les fils barbelés des prairies, nettoyer les lacs et la piscine et restaurer les murs des allées. La grande maison, désertée et sans chauffage pendant cinq ans doit aussi être rendue à la vie civile. L'humidité a endommagé les murs. Les souris et les mites ont mangé rideaux et coussins.

Avec Marygot et Grace Hamblin, elle retrousse ses manches mais il y a tant à faire que début septembre, malgré sa fatigue, elle laisse partir Sarah sur le lac de Côme avec Winston et son chevalet, seul remède au *black dog* qui le guette comme en 1915 et qui l'a complètement épargné pendant toute la guerre. La villa que le général Alexander met à sa disposition est un rêve de marbre avec un escalier qui descend directement dans le lac et qui enchante l'artiste : « Chaque fois que nous sommes devant une vue splendide, il me dit : je regrette que ta mère ne soit pas là », écrit Sarah.

En Angleterre, le tableau reste sinistre. Le lendemain de leur départ, Clementine se rend à Woodford pour inaugurer une Foire aux légumes. Sur la route, les auberges et les petites boutiques ont été bombardées, et au milieu des gravats se dressent de grandes affiches mettant en garde contre les punaises et les maladies vénériennes, fléaux dont sont inexorablement frappées toutes les armées en campagne.

Le 28 septembre 1945, elle signe l'acte définitif d'achat de la maison d'Hyde Park Gate. Une fois encore, et Dieu sait si elle en a fait dans sa vie, elle organise seule le déménagement. Winston, lui, prolonge ses vacances pour peindre sous le soleil de la Côte d'Azur. Son amie, Maxine Eliott est malheureusement morte en mars 1940 et il « squatte », au Cap d'Antibes, la villa « Sous le vent » du général Eisenhower[1].

Propriété d'une riche Américaine, elle est, comme le château de l'Horizon de Maxine, l'un des chefs-d'œuvre de Barry Dierks. L'architecte n'a pas eu le temps de la terminer avant la guerre et elle n'a jamais été occupée, sauf par le personnel au grand complet. Il écrit à sa femme : « Mes deux jeunes officiers et moi sommes actuellement dans ce magnifique endroit où nous avons tout le confort et un service impeccable. » Il se

1. De Gaulle y sejournera aussi un an plus tard, lorsqu'il quittera le pouvoir en 1946. Et elle sera rachetée l'année suivante par le banquier Michel David-Weill.

sent si en forme qu'il ne fait plus de sieste ! À Monte-Carlo, le sommelier de l'hôtel de Paris où il a passé deux jours, a ouvert la cave murée pendant la guerre pour lui faire goûter quelques crus emblématiques. Au casino, il a perdu 7 000 livres et le directeur a théâtralement déchiré le chèque de l'homme qui a vaincu Hitler. Devant les difficultés rencontrées par le nouveau gouvernement Attlee pour remettre le pays en route, il reconnaît dans une lettre à Clementine : « Tu avais peut-être raison pour la bénédiction cachée ! »

Sarah est rentrée avec la cargaison de tableaux peints sur les lacs italiens qu'il a défendu à sa femme de déballer avant son retour. Il veut les lui montrer lui-même. Elle est heureuse de retrouver sa fille, bronzée et plus ravissante que jamais. En mars, elle a divorcé de Vic Oliver et peut vivre au grand jour sa liaison avec Gil Winant. Elle quitte son uniforme de la Royal Air Force pour reprendre le fil de sa carrière d'actrice.

Mary s'installe à Hyde Park Gate où Clementine lui a aménagé une chambre-salon. Au retour de Winston, le 6 octobre, la maison est en parfait ordre de marche avec maître d'hôtel et femme de chambre. De la cuisine s'échappe une bonne odeur de champignon. Mrs Landemare a accepté de reprendre son service chez les Churchill. Elle ne les quittera plus jusqu'à sa retraite en 1954 à soixante-douze ans. Chaque semaine, légumes et fruits viennent de Chartwell et lord Beaverbrook leur a offert quelques poules censées pondre les meilleurs œufs du monde.

Après quelques semaines, Clementine doit se rendre à l'évidence. Son mari est désormais une icône et les icônes ne connaissent pas la retraite. Pas un jour sans une célébration, une commémoration, une remise de décoration ! Chaque matin, des centaines de lettres d'admirateurs arrivent du monde entier. Leur nombre double le jour de l'anniversaire de Winston et des dizaines de cadeaux sont livrés. Lorsqu'un journal annonce que le vieux lion a un rhume ou un refroidissement, aussitôt les conseils affluent et parfois même les médicaments. Très vite, la pièce qui doit servir de bureau aux trois secrétaires de Winston et à Grace Hamblin est trop petite. Les installer dans le salon ? Mais alors où recevoir généraux et visiteurs étrangers qui ne veulent pas passer à Londres sans voir leur héros ? Où faire asseoir ses amis politiques qui l'incitent à retourner au combat ?

Elle qui rêvait d'une fin de vie tranquille n'a pas une minute pour souffler. Et à force de suivre le rythme échevelé de son mari elle a l'impression de ne jamais pouvoir y arriver. Même quand ils vont en famille voir Sarah jouer dans sa nouvelle pièce, ils sont suivis par une cohorte de photographes. Mary qui la sent à bout de nerfs, la supplie de prendre un peu de recul :

> Ma chère maman, il est difficile de mettre sur le papier tout ce que j'ai à vous dire. Je comprends bien que ces journées n'ont pas été pour vous de tout repos... Et je regarde ce que vous avez fait avec beaucoup d'amour et d'admiration... Votre triomphe est d'être et d'avoir toujours été tout pour papa. Beaucoup de grands hommes ont des femmes qui dirigent leur maison avec talent mais c'est ailleurs qu'ils trouvent l'amour, leurs distractions et le repos... Vous lui avez donné tout cela sans jamais baisser les bras ni abandonner vos idées et vos convictions.

Pour Noël, ils décident de rester dans leur nouvelle maison de Londres. Les trois filles sont là avec Jack et Nellie. Il manque Randolph qui, à leur grande tristesse, est en train de divorcer de Pamela, cette belle-fille selon leur cœur. Et c'est peut-être cela, et l'absence de leur petit-fils Winston dont la garde a été confiée à sa mère, qui jette une ombre sur le bonheur de Clementine. Dans une lettre aux Digby, elle exprime le souhait que les quatre grands-parents restent unis pour assurer la tranquillité de l'enfant qui vient de fêter ses cinq ans et est doté de ce nom si difficile à porter.

Le président Truman a invité Winston à faire le 5 mars 1946 un grand discours à l'université de Westminster, à Fulton, dans ce Missouri où il est né, a fait ses études et toute sa carrière politique. Et il a promis d'être là pour le présenter à l'auditoire. Une proposition qui ne se refuse pas sans de graves incidents diplomatiques. Du gouvernement cubain est arrivée aussi une invitation à passer quelques jours à La Havane où Winston, jeune militaire, a participé en 1895 à la guerre de libération contre l'Espagne. Et comme lord Moran leur recommande de ne plus passer l'hiver à Londres, début janvier, ils s'embarquent sur le *Queen Elizabeth* direction la Floride où le colonel Frank Clark, leur ami du Québec, les accueille dans sa maison de Miami.

Mais pas plus que son *lodge* de pêche canadien, la villa tropicale bordée d'hibiscus ne réussit au couple Churchill. D'abord, à leur arrivée, le 16 janvier, sous les palmiers, le vent est plutôt frisquet et le ciel gris empêche Winston de se mettre derrière son cher chevalet.

C'est d'autant plus vexant qu'une semaine plus tôt, le magazine *Life* a publié un grand article : « Les peintures de Winston Churchill » avec tous les tableaux réalisés sous la belle lumière de l'Italie. Pendant deux jours, il est si grognon qu'ils ne s'adressent pas la parole sauf en public. Au premier rayon de soleil, il sort peindre en plein courant d'air. Clementine, qui ne le perd jamais de vue, court poser un châle afghan sur ses épaules, ce qui ne l'empêche pas d'attraper un rhume. À nouveau, le spectre de la pneumonie se profile. Devant la fièvre qui monte, elle téléphone aussitôt à lord Moran resté à Londres.

L'arrivée de Sarah permet à Clementine de se relaxer car Winston s'est mis à un nouveau jeu de cartes à la mode, le gin-rummy, qui remplace avantageusement son vieux bésigue. Il veut y jouer de nuit comme de jour même dans son lit. Ce passe-temps lui rend aussi sa bonne humeur. Heureusement car, écrit sa femme à Mary, « il a commencé deux tableaux pas très bons ». Mais quatre jours plus tard, le beau temps est revenu, la mer est à 21° et la lettre suivante est un communiqué de victoire : « Aujourd'hui, il s'est baigné et a adoré. »

Les vacances se poursuivent alors à un rythme churchillien : visite de la jungle aux perroquets, grand déjeuner au Surf Club, discours à l'université de Miami qui lui remet un diplôme *honoris causa*, autre grand discours dans le stade où pas moins de 17 500 personnes viennent l'applaudir… Lors d'un cocktail, avisant un mur en construction, Winston attrape une truelle et pose une rangée de briques devant les invités médusés. La secrétaire arrivée avec eux de Londres est vite débordée. Le général Frank leur en a trouvé une deuxième. Mais deux autres sont nécessaires pour répondre aux trois cents lettres qui arrivent chaque jour.

Le président Truman a mis son avion à leur disposition pour les emmener à Cuba où les attendent des foules délirantes. Ils logent à l'hôtel Nacional où leur suite est envahie par les boîtes de Roméo et Juliette, le cigare préféré du célèbre visiteur. Une dépêche *United Press* précise après une rencontre avec Mr Grau, ministre de l'Agriculture : « Le gouvernement ne pourra pas être tenu responsable s'il apparaît sans cigare à la main. Stop. Grau lui a offert un magnifique humidificateur de Havanes au nom du gouvernement. Stop. À l'intérieur, il y en a cinq cents. »

À leur retour, ils passent quelques jours chez les Balsan. Clementine n'a pas revue son amie depuis l'été 1939. À l'arrivée des Allemands, Consuelo et son mari ont quitté précipitamment leur château de Normandie après avoir mis tous les enfants du sanatorium en sécurité. Après un voyage épique en voiture à travers la France, ils ont réussi à atteindre Lisbonne et à prendre l'avion pour les États-Unis. Désormais, elle ne veut plus retourner ni à Paris ni sur la Côte d'Azur où elle garde trop de beaux souvenirs. Elle a décidé de vivre aux États-Unis avec ses frères. À Long Island, elle a acheté une vaste propriété, Old Fieds, dans laquelle elle veut rapatrier ses meubles et ses tableaux. Mais elle a décidé de vendre aux enchères un des plus célèbres, *La Baigneuse* de Renoir, pour venir en aide aux enfants de France qui souffrent du rationnement. En Floride, elle a repris Casa Alva la propriété de sa mère composée de plusieurs maisons à tuiles rouges et de nombreux patios enfouis sous les palmiers que Winston peint consciencieusement sous le regard de Clementine en robe et espadrilles compensées.

Un matin, ils reçoivent de leur agent immobilier londonien un télégramme leur annonçant que la maison voisine du 28 Hyde Park Gate est à vendre. Évidemment l'acheter serait idéal pour régler leur problème d'espace. Clementine imagine le bureau de Winston et le sien au rez-de-chaussée du 27 et, en bonne Écossaise, parle déjà de transformer les autres étages en appartements à louer. Winston fait une offre à 6 000 livres qui pourrait aller jusqu'à 7 000. Cette dernière est acceptée. Ils ont l'autorisation de créer une porte de communication entre les deux maisons et d'unifier les jardins.

Au point de vue financier, l'horizon s'éclaircit avec la visite d'Emery Reves, l'agent littéraire de Churchill. Avant la guerre, ce journaliste hongrois a émigré à Paris où il a créé une petite agence de presse qui diffusait les articles de Winston dénonçant le péril hitlérien. En 1940, le Premier ministre reconnaissant lui a fait obtenir la nationalité britannique avant de l'envoyer à New York promouvoir la propagande antinazie. Désormais, il s'occupe de ses droits d'auteur étrangers. Winston doit lui rendre son *Histoire des peuples de langue anglaise* dont il relit les dernières pages. Surtout, ils jettent ensemble les bases de ce qui sera sa grande œuvre littéraire, ses *Mémoires de guerre.*

En souvenir de cette période où il a accompli son destin historique, les Churchill ne manquent pas de rendre une visite à la tombe de Roosevelt dans sa propriété d'Hyde Park. Puis ils prennent le train jusqu'à Fulton avec le président Truman. Aux Américains qui s'étonnent de le voir boire son whisky arrosé de beaucoup d'eau, Winston explique : « C'est une habitude que j'ai prise en Afrique du Sud lors de la guerre des

Boers. L'eau n'était pas buvable et je me suis aperçu qu'en ajoutant un peu de whisky, je n'étais jamais malade. » Les trente derniers kilomètres sont parcourus en voiture jusqu'à Fulton. La petite ville est en état de siège à l'idée d'accueillir l'homme de la victoire. À l'entrée, Winston fait stopper le convoi pour allumer un cigare : « Ils adorent me voir fumer ! »

Son discours est retransmis d'un bout à l'autre des États-Unis. Il lance son fameux avertissement sur le péril communiste : « De Stettin sur la Baltique à Trieste sur l'Adriatique un rideau de fer est tombé sur le continent. » Le Congrès le trouve inutilement alarmiste et la presse s'indigne. À Moscou, la *Pravda* titre : « Churchill ressort son sabre ! » et le président Truman déclare qu'il n'était au courant de rien. Pourtant Winston a envoyé son discours à la Maison Blanche. Clementine qui l'a lu attentivement n'a pas manqué de l'avertir : « On ne peut pas abandonner à son sort un sixième de la population mondiale ! »

Elle n'est pas surprise qu'à New York Winston doive affronter des manifestations lorsqu'il parcourt la 5e avenue sous la pluie et les confettis de la fameuse *Ticker Parade*. Et encore, lors d'un nouveau dîner réunissant au Waldorf Astoria mille six cents diplomates et personnalités. Peu importe, Winston a l'impression d'avoir fait à Fulton le plus grand discours de sa vie. Après une dernière discussion sur la dette anglaise avec Bernard Baruch, et une interview accordée… à Randolph, ils montent à bord du *Queen Mary* qui accoste le 26 mars à Southampton où leur dernière fille les attend sur le quai.

Aussitôt, ils s'en vont retrouver la paix à Chartwell.

Lacs, parc et jardin ont retrouvé leur beau visage d'avant-guerre. De la maison, ils n'occupent plus que les étages supérieurs. Winston garde son bureau et sa petite chambre de soldat. Sa femme a transformé la sienne en salon et émigré sous les toits dans la partie réservée autrefois à la nursery où elle a prévu une nouvelle cuisine. Celle du sous-sol est fermée, la salle à manger transformée en cinéma avec un projecteur et un écran offerts par le producteur Alexandre Korda. Le grand salon devient l'atelier du « maître ». Le 1er avril, Clementine souffle les soixante et une bougies de son gros gâteau d'anniversaire que Mary, enfin démobilisée, apporte à Chartwell avec Mrs Landemare. Sarah, arrivée pour le dîner, leur apprend un nouveau jeu de cartes, l'oklahoma, une variation du gin-rummy.

Le 20 mai, Clementine reçoit une lettre personnelle du Premier ministre Attlee :

> Ma chère Mrs Churchill, je pense sincèrement qu'il n'aurait pas été convenable que la liste des décorations de la Victoire n'inclue pas votre nom. J'espère que vous me permettrez de soumettre le vôtre à Sa Majesté pour une nomination pour la grand-croix dans l'ordre de l'Empire britannique en reconnaissance non seulement de votre Fonds d'aide à la Russie mais aussi de votre campagne pour une meilleure compréhension entre les peuples anglais et russes, ainsi que de votre courageuse contribution à l'effort de guerre.

Le 9 juillet, des mains du roi, elle reçoit cette grand-croix qui est la décoration civile la plus élevée. Les photos la montrent sortant de Buckingham, toujours jeune et souriante dans une robe noire éclairée par trois rangs de perles et un petit chapeau joyeusement posé sur la tête. Elle donne le bras à ses deux filles, Sarah et Mary, rayonnantes et printanières, qui portent comme des trophées les insignes de sa nouvelle distinction. Mais elle refusera toute sa vie de porter le titre de « Dame ».

À Glasgow, elle est faite docteur *honoris causa* de l'université de droit, un diplôme qui la touche d'autant plus que sa mère l'a jadis empêchée de poursuivre ses études. Le professeur d'histoire de l'Écosse exalte le rôle des femmes durant la guerre et fait son éloge : « Il y eut un temps où le destin du monde semblait dépendre d'un homme, nous avons connu ce temps-là et nous ne pouvons que nous souvenir avec gratitude de ce qu'a représenté pour Mr Churchill la présence derrière lui d'une femme qui, avec sa grâce et sa sagesse... représente les valeurs de notre vieille Écosse. » Elle répond, comme toujours avec son cœur :

> Lors de ma visite en Russie, j'ai appris combien un événement peut être différent quand il est vu de Moscou, de Londres ou de Washington... Je mentionne cela parce qu'en cette période de refroidissements et noirs soupçons, nous devons essayer de nous transposer à travers ce malheureux continent européen et imaginer ce qu'un Russe peut ressentir, isolé après la révolution de 1917 pendant vingt-cinq ans, puis plongé dans une alliance rendue nécessaire et maintenant que le monstre nazi est à terre, revenu à sa solitude.

Winston fait partie de la procession lorsqu'à Oxford elle reçoit un autre diplôme des mains du chancelier de l'Université, leur ami lord Halifax, qui décrit avec humour les avatars de sa vie quotidienne : « Son mari est un grand homme ! Mais aujourd'hui, je ne parle pas du pilote de l'Empire ou du père de la Patrie mais de l'homme en sa demeure... un véritable volcan jetant partout les cendres de ses cigares ! » Ah, s'il n'y avait que les cigares !

Winston confie à son grand ami et supporter lord Camrose que l'entretien de Chartwell coûte très cher et qu'il va sans doute devoir vendre sa propriété ! Le propriétaire du *Daily Telegraph,* sincèrement ému par son désarroi, lui propose de faire racheter le domaine par un groupe de généreux mécènes qui la céderaient au Patrimoine national en laissant à Winston et Clementine la possibilité d'y vivre jusqu'à la fin de leurs jours. Winston hésite. Il aurait tant voulu transmettre Chartwell à son fils. Mais quand lord Camrose évoque le chiffre astronomique de 50 000 livres, il dit *yes* ! Pour ne pas défavoriser leurs enfants, ils décident de placer dans un autre fonds, le Chartwell Literary Trust, tous les droits d'auteur de Winston, présents et à venir, ce qui permettra à leurs héritiers d'acheter d'autres biens. Clementine en est la présidente.

Ces arrangements financiers la délivrent d'un grand poids. Fin août, ils profitent de la générosité d'un autre admirateur. En Suisse, le banquier Alfred Kern met à leur disposition sa propriété. La Villa Choisy, vaste maison palladienne, blanche à volets vert pâle, ornée de bustes italiens, a été construite en 1828 pour le Français Armand Delessert, propriétaire, à Nantes, d'une sucrerie qui sera à l'origine de Beghin Say. Le riche industriel protestant retrouvait ses racines sur ce lac Léman d'où sa famille était originaire.

La villa est assez grande pour accueillir Diana, Duncan, leurs enfants, Mary et de nombreux amis de passage. Dès leur arrivée, Winston leur fait visiter le fumoir art déco qui lui plaît beaucoup. Au moins autant que l'île minuscule avec ses trois arbres qui se détachent sur le panorama des montagnes et qu'il peint des après-midi entières.

Entre Genève et Lausanne, le petit village de Bursinel, avec ses vignes et ses prairies, offre bien d'autres sources d'inspiration et son ami le peintre Carl Montag organise chaque jour pique-niques et excursions. Mary rend visite à son ancienne gouvernante, Mme L'Honoré, qui vit dans une maison de retraite en Isère, et Clementine à sa vieille nounou, Melle Élise. Malheureusement, en glissant à la fin du séjour dans un hors-bord, elle se fêle une côte.

Elle rentre à Londres et laisse Mary accompagner son père dans sa tournée triomphale à Genève, Berne et Zurich où il prononce à l'université un nouveau fameux discours prônant la réconciliation de la France et de l'Allemagne comme moteur de l'Europe. À Paris, le père et la fille sont reçus à l'ambassade d'Angleterre par Diana et Duff Cooper. Le 29 septembre, Mary y rencontre pour la première fois, un jeune attaché militaire, Christopher Soames.

Mais pas un mot à son retour à sa mère qui souffre toujours de sa côte fêlée. Et pas plus lorsque le jeune diplomate téléphone quelques jours plus tard pour annoncer qu'il arrive à Londres pour la voir. Elle répond qu'elle part pour Rome au chevet de sa sœur Sarah, victime d'une inflammation rénale alors qu'elle tourne à Cinecitta *Sinfonia Fatale.*

À Paris, Christopher la conduit jusqu'à son train. Alors qu'elle s'apprête à lui dire au revoir, il lui annonce qu'il a pris aussi un billet. Après la nuit passée dans deux cabines voisines, au sortir du tunnel du Simplon, il la demande en mariage. Elle répond non, ce qu'à coup sûr Clementine lui aurait conseillé.

Au chevet de Sarah, elle est vite remplacée par Gil Winant. Comment résister aux romantiques soirées romaines ? Christopher couvre la malade et sa sœur de douzaines de roses. Lorsqu'il lui demande à nouveau sa main, cette fois elle dit oui. À leur retour, ils se rendent directement à Hyde Park Gate, annoncer la nouvelle.

Les fiançailles sont publiées dans le *Times* moins d'une semaine plus tard et le mariage prévu pour le début de l'année. Comme Christopher doit retourner travailler à Paris, Clementine y emmène sa fille. Ensemble, elles courent les boutiques et les musées, et le soir dorment à l'ambassade où le fiancé a son bureau.

Le 11 février 1947, tout Londres veut admirer la robe blanche dessinée par Molyneux mais surtout assister à la joie du vieux lion et de son épouse. Depuis deux mois, il neige sur le royaume comme jamais de mémoire d'homme et ces intempéries arrêtent les trains sur les voies et interrompent les livraisons de charbon. Dans la nef, les bougies remplacent l'électricité défaillante. Alors que Mary s'avance au bras de son père, un volontaire se tient devant l'orgue prêt à l'actionner à la main en cas de panne. Mais la fille de Churchill ne saurait se marier sans que se fassent entendre les fracas de la politique. À la sortie, Clementine et Winston sont acclamés et le Premier ministre Attlee, qui a eu la courtoisie de venir avec sa femme, est lui copieusement hué !

Mary a choisi de passer son voyage de noces dans la petite station autrichienne de Lenzerheide où, en 1937, elle s'est initiée au ski avec sa mère. Mais après quelques jours, harcelés par les paparazzi et les curieux, les jeunes mariés partent se fondre dans l'anonymat distingué de Saint-Moritz. Christopher, victime d'un ulcère de l'estomac, doit y rester plus longtemps que prévu. Mary rentre à Paris régler ses problèmes d'appartement. Elle appelle Clementine au secours. Et c'est la belle-mère qui s'installe au chevet du jeune marié, ce qui la fait beaucoup rire !

Chapitre XIX

RETOUR À LA TERRE

Surprise, le charmant malade se révèle le gendre idéal. Et il aime Chartwell au moins autant que Mary. Clementine, qui craignait de perdre sa fille, propose au jeune couple de venir s'installer dans Chartwell Farm achetée quatre mois plus tôt en contre-bas de leur propriété.

Après celle de Goonie, la mort de Jack Churchill, le 23 février 1947, laisse un grand vide dans la famille. L'enterrement les conduit une fois de plus au petit cimetière de Bladon où reposent parents et ancêtres Marlborough. Comme eux, Winston a désormais envie de vivre en seigneur à la campagne. Avec la terre, les animaux, les récoltes, il peut espérer oublier l'ingrate politique. En Christopher Soames, il trouve son grand vizir, un rôle que Randolph jalouse déjà. Mais Clementine sait bien que leur fils n'a jamais imaginé de faire sa vie à Chartwell. Christopher, lui, a vécu à la campagne dans le Sussex, chez son père, dans l'inoubliable propriété de Sheffield Park, pleine de lacs, de rhododendrons et de camelias, dont il espère hériter à sa mort.

Comme son beau-père, il a de grandes ambitions agricoles. Et sans attendre son mariage, il l'a poussé à racheter une autre ferme, Parkside Farm, aussitôt rebaptisée de son ancien nom Frenchstreet Farm pour mieux en vendre les légumes. Car ce qui intéresse surtout les deux *gentlemen-farmers* ce sont les 8 000 m^2 de potager avec cinq grandes serres, dont quatre chauffées, qui ont impressionné le jardinier Harris, envoyé en éclaireur. L'affaire est conclue en mars. Ils ne peuvent résister à l'offre d'une troisième ferme, Bardogs, qui autrefois faisait aussi partie du domaine.

Évidemment, les journaux locaux s'empressent de relater chaque événement de cette nouvelle saga churchillienne. L'entreprise canadienne Massey-Fergusson, qui a créé en 1938 la première moissonneuse-batteuse, envoie, en cadeau, un nouveau modèle qui lie aussi les bottes, non commercialisé encore en Angleterre. Et le leader du parti conservateur doit exiger qu'une autre société néo-zélandaise arrête de faire sa publicité en le montrant sur un de ses tracteurs. Chartwell est désormais une grande exploitation avec des terres cultivées, des prairies pour le bétail, une laiterie, des cochons et des poules, ce qui devrait nourrir la famille, apporter quelques revenus mais surtout empêcher de payer trop d'impôts.

Chaque mois, Clementine voit arriver une nouvelle famille de fermiers ou d'horticulteurs venue s'embaucher. En plus de la tenue des comptes, elle s'occupe de leur installation dans les différents cottages. Elle tient à ce qu'ils soient convenablement logés, à ce que les enfants aillent à l'école et s'entend avec les mères pour qu'elles viennent faire un peu de ménage dans la maison, aider Mrs Landemare à la cuisine ou servir lors des grandes réceptions.

Car le défilé des invités ne cesse pas, bien au contraire. Le 25 juillet 1946, lord Camrose et les seize généreux donateurs du Chartwell Trust, accompagnés de leurs épouses, viennent passer la journée. Tous ont donné un minimum de 5 000 livres et Clementine tient à les remercier. Et comme elle n'oublie jamais les plus humbles, elle a aussi envoyé des cartons aux chauffeurs pour qu'ils aillent déjeuner au Wolfe Cafe de Westerham pendant que Winston fait faire à ses mécènes le « grand tour » de son royaume. Même les anciennes ruches ont été rénovées. Et comme si cela ne suffisait pas, le maître des lieux veut absolument acclimater des papillons rares que lui fournit à prix d'or un éleveur réputé du Kent. C'est une passion qui remonte à l'Inde. Il leur a construit une nursery en briques pompeusement appelée *Butterflies Farm* et on peut les admirer derrière un immense grillage. Le long du mur du tennis, il a ajouté des massifs de plantes pour éviter que les plus beaux spécimens ne s'envolent chez les voisins.

Durant le mois d'août, Clementine s'échappe de cet enfer fleuri pour accompagner sa cousine Sylvia Henley qui part faire le tour de la Bretagne en voiture avec sa fille et son petit-fils. Elles prennent le ferry pour Dieppe puis traversent une Normandie, hélas, dévastée par le débarquement. Le Havre est en ruines. À Lisieux, Falaise et dans de nombreux villages, c'est le même désolant spectacle. Mais, le 11 août, à Auray, sur la place de la mairie, les vieilles maisons sont là avec leur charme d'autrefois et elle loge à l'hôtel du Pavillon où son bonheur serait complet sans les problèmes de plomberie : « Le temps est parfait, les lits confortables, la nourriture délicieuse, les sanitaires déplorables ! Et pas d'eau chaude à part un filet à 7 heures du matin. Le pays est sauvage et beau. Les hôtels (très peu nombreux) sont bondés avec 3 ou 4 occupants par chambre », écrit-elle à Winston qu'elle a abandonné sans remords.

Entre ses travaux des champs et ses *Mémoires de guerre*, il ne craint plus le retour de son *black dog*. Et il se remet parfaitement de son opération d'une hernie, effectuée le 11 juin par le chirurgien de la famille royale, Thomas Dunhill, après des mois d'hésitations. Elle reçoit une lettre qui témoigne de son nouveau bonheur : « En revenant de la Chambre vendredi, j'ai remarqué qu'on moissonnait un champ et j'ai donc rejoint Christopher avec mon fusil. Une minute après j'avais abattu un lapin du premier coup alors que je n'avais pas tiré depuis neuf ans !... Le temps est magnifique et je n'ai aucune envie d'être happé par Londres. » Le surlendemain :

> La plupart des champs sont déjà fauchés et les moyettes sont pour certaines disposées en faisceaux. Christopher est excellent

> et il y passe toutes ses journées. Les laitues du jardin clos se sont vendues 200 livres alors qu'elles ne nous reviennent qu'à 50. Il se pourrait donc que le jardin rapporte assez pour couvrir les dépenses qu'il occasionne voire pour s'ajouter aux recettes de la ferme… Les serres regorgent de beaux concombres, le raisin prend bien sa couleur noire et un flot continu de pêches et de brugnons est expédié à Londres. J'en prends un par jour pour moi-même, *le droit du seigneur.*

Outre ces belles récoltes, il a déjeuné avec le représentant du magazine américain *Life* qui lui a apporté des cigares, du cognac, du jambon d'Allemagne et plein de chocolats pour sa femme. Surtout, ils ont signé la publication en bonnes feuilles des *Mémoires de guerre* pour le printemps. Une bonne nouvelle car à la vérité le charmant Christopher est aussi piètre gestionnaire que son beau-père. Les comptes des différentes fermes sont largement dans le rouge.

Désormais Clementine ne se montre pas plus économe ! À son retour de Bretagne, son jardinier en chef, Harris meurt subitement après trois ans seulement de présence à Chartwell. Pour lui trouver un remplaçant, elle passe une annonce dans le *Gardener's Chronicle*. Une lettre retient son attention. Victor Vincent a travaillé dans plusieurs belles propriétés. Grace Hamblin écrit au candidat :

> Mrs Churchill est intéressée par votre lettre… Le salaire proposé est de 5 livres par semaine et vous bénéficierez d'un beau et grand cottage de trois chambres… Cependant si vous êtes intéressé, vous serez payé ce que vous demanderez… Mr et Mrs Churchill cherchent un jardinier qui excelle dans les fleurs, car comme vous le savez peut-être, à la mort de Mr Churchill, la propriété reviendra au Patrimoine national et c'est leur souhait de la rendre aussi belle que possible.

À la mi-décembre 1947, Winston s'en va à Marrakech dans son hôtel favori La Mamounia pour attaquer ses *Mémoires de guerre*. Tous les frais sont payés par le groupe *Time-Life* et il emmène son assistant en histoire Bill Deakin et Sarah très choquée par la mort de Gil Winant avec qui elle a rompu quelques mois plus tôt. Nommé à l'ONU à New York par le président Truman, l'ex-ambassadeur s'est tiré une balle dans la tête dans sa maison de Concord. C'est Clementine qui a annoncé la terrible nouvelle à sa fille. Et la presse évidemment ne manque pas de faire le rapprochement entre cette mort et la fin de leurs relations. Elle redoute que Sarah ne noie son chagrin dans l'alcool, une crainte qui sera, hélas, justifiée.

Pour les fêtes, elle tient à être en Angleterre. À Chartwell, elle commence par organiser un arbre de Noël pour tous les enfants qui vivent désormais dans la propriété. Avec leurs mères, ils sont vingt-trois à applaudir au spectacle du magicien et à repartir les bras chargés de cadeaux. Elle n'oublie pas ses petits-enfants ! Le 22 décembre, Edwina Sandys fête ses neuf ans et la grand-mère emmène Diana et ses trois enfants au cirque. À Noël, à Chartwell Farm, elle partage la dinde et le pudding traditionnel de Christopher et Mary, enceinte de sept mois et demi. Un autre soir, elle dîne avec son nouvel ami, le général américain Marshall, rencontré en novembre au mariage de la princesse Elizabeth. L'auteur du plan qui va ressusciter l'Europe l'a séduite. Elle a écrit à son amie Horatia Seymour, en vacances en Afrique du Sud, qu'il était l'« espoir de l'humanité ».

À Marrakech, Winston a bien avancé dans ses *Mémoires de guerre* et a peint six tableaux dont il est plus que satisfait : « Ils sont vraiment d'une facture bien meilleure, moins empruntée, plus aérée et ils font preuve d'une plus grande maîtrise que ceux que j'ai peints il y a douze ans (et que j'ai aussi auprès de moi). Je crois qu'ils t'intéresseront. » Elle les voit plus vite que prévu. Car l'artiste prend froid en restant derrière son chevalet, alors que le soleil s'est depuis longtemps couché derrière l'Atlas enneigé. La pneumonie le guette. Le 3 janvier 1948, Clementine s'envole pour le rejoindre en compagnie de lord

Moran et de sa femme Dorothy, dans un petit avion de tourisme, un Dove fabriqué depuis deux ans par le constructeur anglais Haviland.

Fausse alerte ! Le soir, il lui donne à lire les premiers chapitres du premier tome de ses mémoires, *The Gathering Storm*. Sa femme les parcourt un crayon à la main de son œil sévère comme l'écrit lord Moran dans ses mémoires :

> Elle trouvait qu'il avait mis trop d'initiales qui ne diront rien au lecteur moyen… Il levait les yeux au ciel avec résignation. En réalité, il ne veut pas de critiques, juste des encouragements… Ses livres d'avant-guerre étaient très agréables à lire. Le risque ici était qu'il s'acharne à trop vouloir convaincre la postérité de la justesse de ses choix et que le résultat soit indigeste.

Clementine craint aussi qu'en se replongeant dans le passé, il n'émette des opinions qui pourraient le mettre en difficulté aux Communes. Un soir, parlant des communistes, il lance : « Je pourrais commettre un crime, jeter une bombe sur les éléments les plus subversifs. Je ne crains pas la mort. » Elle lui dit doucement : « Prends un peu de cognac, Winston ! »

À leur retour à Chartwell, la politique ne le lâche plus. En mai, la cousine Clare Sheridan vient déjeuner. Elle ne sculpte plus les dirigeants de l'Internationale communiste. Au cours d'un voyage en Italie, elle s'est convertie au catholicisme en contemplant le portail de la basilique romane d'Assise. Winston, toujours attaché à la famille de sa mère, la reçoit avec d'affectueuses prévenances et pourtant, elle ne peut s'empêcher d'écrire : « Ce cher Winston dans son affreux bleu de travail paraissait un peu pâle. Il fulmine, évidemment, sur l'inefficacité de la clique au pouvoir… Il a le cœur brisé. Il a tenté de m'interroger sur mes projets mais il ne peut s'intéresser à quelqu'un d'autre que lui plus de deux minutes. » Et comment faire autrement quand on ne peut faire un pas sans être applaudi comme un héros. Au début de l'été 1948, ils se rendent à une réception au Claridge et en les apercevant, tous les clients du restaurant se lèvent pour les acclamer. Mieux encore, à la *garden party* de Buckingham Palace ils sont entourés dès leur arrivée. La foule les accompagne jusqu'au pavillon où se tiennent George VI et la reine Elisabeth et se retire avec eux, en abandonnant le couple royal !

L'agenda de Clementine se remplit aussi vite que pendant la guerre. Déjeuners politiques, visites à Woodford, réponses aux lettres des électeurs l'occupent presque à plein temps. À Londres, elle a engagé une nouvelle secrétaire Penelope Hampden-Wall. À Chartwell, Grace Hamblin s'occupe avec elle de la propriété. Clementine a décidé d'ouvrir les jardins au public pour une journée en juillet. La recette est destinée à financer les hôtels du YWCA dont elle continue de surveiller les investissements. Afin que tout soit parfait pour le grand jour, elle se rend, avec sa cousine Sylvia Henley, au Flower Show de Chelsea pour choisir les plus beaux plants de rosiers pour lesquels elle éprouve une véritable passion.

Le 15 juin, Winston lui écrit de Chartwell un petit mot plein de tendresse et d'humour : « Chérie, tu as indiscutablement promis le 12 septembre 1908 "d'aimer, honorer et *obéir*". Voici donc MAINTENANT les ordres : 17 h 15 Tu viens ici te reposer. E.Y.H.[1] va te ramener et t'attend. 19 h 30 Dîner. 20 h 30 Trajet jusqu'au 28[2]. 21 h 40 Coucher et lecture. » Il signe « Le Tyran » et ajoute un petit cochon d'après-guerre, bien maigre lui aussi.

Après les moissons, ils partent plusieurs semaines en France avec Christopher et Mary. Comme à Marrakech, le séjour est sponsorisé par *Time-Life*. Aux États-Unis, *Gathering Storm,* publié en avant-première mondiale, rencontre un immense succès et l'éditeur réclame les chapitres suivants. Première étape : Aix-en-Provence où leur agent a retenu pour eux une

1. Les lettres de la plaque d'immatriculation de leur voiture.
2. Hyde Park Gate, leur maison de Londres.

suite à l'hôtel du Roi René. La ville les accueille sous les applaudissements. Le représentant de Rémy Martin a eu la bonne idée de déposer sur la table de leur salle à manger une carafe de cognac, une attention si appréciée qu'il peut écrire à son directeur :

> Madame Churchill a déjà manifesté le désir d'emporter 6 bouteilles d'âge inconnu [Cognac Louis XIII] en Angleterre, et à sa table l'illustre homme d'État ne consomme que du V.S.O.P. Rémy Martin : 2 magnums en une semaine. Ce geste, qui a été connu dans Aix, nous a valu la meilleure des publicités, et a provoqué une autre commande de 12 carafes pour un certain nombre de personnalités aixoises.

Chaque jour, ils s'en vont déjeuner ou pique-niquer dans la campagne à la recherche du meilleur site « *paintatious*[1] » : montagne Sainte-Victoire, château de Lourmarin, Calanques ou Fontaine-de-Vaucluse où la Sorgue prend sa source. Une ficelle est attachée au goulot des bouteilles pour les faire refroidir dans le célèbre bassin. L'après-midi, Clementine laisse son mari se battre sous son ombrelle avec les bleus, les verts et les ocres du Lubéron et file avec sa fille visiter un musée ou un vieux village.

Le duc et la duchesse de Windsor les ont invités à fêter leurs quarante ans de mariage dans leur château de la Croë. Construit à Antibes en 1927 pour le magnat de la presse britannique, sir William Pomeroy Burton, c'est une demeure vraiment royale. Le salon en rotonde s'ouvre sur une terrasse à colonnades et le parc de sept hectares donne directement sur la mer. Les hôtes de marque et amis disposent d'une dizaine de suites et autant de salles de bains où l'architecte Armand Albert Rateau, designer de Jeanne Lanvin, a multiplié les robinets en or à tête de cygne.

1. Mot créé par Winston et qui signifie un joli point de vue pour planter son chevalet.

Le matin du 12 septembre 1948, Winston, fidèle à ses habitudes du premier jour à Blenheim, lui fait porter un mot d'amour :

> Ma bien-aimée, je t'adresse ce petit témoignage, mais il ne réussira sûrement pas à t'exprimer ma gratitude à ton égard et à tout ce que tu as fait pour me rendre possible la vie et tout ce que j'ai pu accomplir, ainsi que tout le bonheur que tu m'as donné dans un monde d'obstacles et de tempêtes. Ton dévoué mari qui t'aime à jamais. W.

Le soir, Pamela assiste au grand dîner. Elle loge au château de l'Horizon que son dernier amant en date, Aly Khan, a racheté à la mort de Maxine Elliott. Mais il lui a préféré la super star Rita Hayworth et elle est en ce moment folle de Gianni Agnelli, l'héritier de l'empire Fiat. Elle a laissé son fils, le petit Winston, qui va bientôt fêter ses huit ans, à la garde de son amie Zozo de Faucigny-Lucinge dont les parents possèdent la villa The Rock au Cap-d'Ail voisin.

À minuit, elle part rejoindre Gianni dans son bateau le *Tomahawk* pour une croisière à Capri. Mais dans la nuit, le vent se lève et alors qu'elle dort, le verre d'eau qu'elle a placé sur l'étagère au-dessus d'elle se renverse et lui entaille profondément le visage. Il y a du sang partout. Gianni affolé se dirige tout de suite vers Portofino. Une voiture les emmène à Turin où un chirurgien répare la cicatrice.

Au château de la Croë, Clementine ne tarde pas à apprendre toute l'histoire de la bouche du prince de Faucigny-Lucinge, grand ami de la famille royale d'Angleterre, qui est choqué que le petit-fils de Winston Churchill passe ses vacances chez Aly Khan, au milieu des maîtresses et des diamants du chef religieux musulman. Elle en informe Randolph qui accourt aussitôt. Furieux, il appelle Turin, mais son ex-femme à qui Gianni tend le combiné, refuse de le prendre au téléphone.

Winston s'en va découvrir la villa La Capponcina que lord Beaverbrook a rachetée en 1940 au couturier Molyneux. Clementine repart pour Londres avec son petit-fils et Randolph. Comme jadis à New York, quand ils sont en tête à tête, il lui parle et elle le comprend. Mary se fait l'interprète de son frère pour lui exprimer ses remerciements :

> My darling Mama, quand j'ai dîné avec Randolph, il m'a dit combien vous avez été adorable pour lui au milieu de ses difficultés. Il a parlé de vous en des termes d'affection, de tendresse et de gratitude. Il dit que vous lui avez évité bien des humiliations. Et je vois bien qu'il est plein d'admiration et de reconnaissance pour la façon dont vous avez traité ces pénibles affaires. Je lui ai alors dit que vous m'aviez confié combien vous étiez heureuse de sa gentillesse et de son affection. J'ai voulu vous le faire savoir car je sais un peu les tourments que vous avez endurés à cause de lui et de son comportement à votre égard. S'il vous plaît, brûlez cette lettre.

Finalement, elle est heureuse que sa mère n'en ait rien fait car elle montre que les relations avec Randolph s'étaient adoucies.

Son fils annonce d'ailleurs qu'il songe à se remarier. L'élue de son cœur, June Osborne, est aussi jolie que sa première femme. Elles se connaissent même très bien puisqu'elles étaient pensionnaires ensemble à la Downam School de Hatfield dans le Herfordshire.

Le 5 octobre 1948, Clementine envoie un mémorandum dactylographié à son mari :

> J'aimerais discuter avec toi du projet que nous avons d'acheter une maison pour Randolph par l'intermédiaire du Chartwell Litterary Trust. Randolph et moi avons vu quatre maisons. La première était tout à fait convenable et nous a glissé entre les mains car notre offre était trop basse… Des trois restantes, une seule est d'un bon rapport qualité-prix et constituerait un pla-

cement acceptable pour le fonds. J'ai d'abord pensé qu'elle était trop grande… jusqu'à ce qu'il m'explique qu'il souhaitait également avoir la place nécessaire pour recevoir le petit Winston… il faut aussi envisager qu'il puisse avoir un autre enfant.

Le mariage de June et Randolph a lieu à Caxton Hall, un grand bâtiment en briques rouges, proche de Westminster servant aux mondanités des parlementaires. La mariée est en manteau noir comme Clementine qui célèbre l'événement par un simple chapeau blanc à voilette. L'immense Rolls Royce des jeunes mariés, noire elle aussi, peut difficilement se frayer un chemin au milieu de la foule.

Autre affaire de famille, Sarah a un nouveau fiancé. Antony Beauchamp est le photographe de la haute société londonienne. L'actrice est tombée amoureuse après une séance de pose. Antony a fait d'elle des photos de star dont l'une fera la couverte de *Life*. Il a, certes, accompagné la 14e armée en Birmanie, pendant la guerre, mais Winston ne l'aime pas et Clementine pas davantage.

Ah ! il n'y a que Mary pour leur donner toutes les satisfactions. Elle est enceinte de son second enfant et toujours de bonne humeur. Elle accompagne ses parents sur le *Queen Mary* avec le charmant Christopher, pour le lancement aux États-Unis du second tome des *Mémoires de guerre*. Winston doit prononcer une conférence devant le MIT de Boston. Lord Beaverbrook les a tous invités dans sa maison de la Jamaïque. Mais Clementine est choquée par la désinvolture du milliardaire qui, face aux difficultés financières du pays, a proposé dans son dernier discours, d'augmenter tous les impôts sauf ceux des riches. Et elle n'est pas la seule. De nombreux membres du parti partagent son avis comme elle l'explique le 5 mars 1949 dans une lettre de Winston :

Je dois te sembler rabat-joie, et à Mary et Christopher aussi, j'en ai peur. Mais… je crois qu'en ce moment de doute et de découra-

> gement chez tes partisans, accepter l'invitation de Max ne ferait qu'aggraver la situation. Cela apparaîtrait comme cynique et insultant pour le parti. Tu me taquines souvent en me traitant de « rose » mais crois-moi, c'est vraiment ce que je sens. Cela ne me dérangerait pas que tu renonces à la direction du parti lorsque les choses iront bien dans le pays mais je ne peux pas supporter qu'on te soutienne à contre-cœur, en murmurant derrière ton dos. Je ne désespère pas que tu renonces à la Jamaïque mais je ne tenterai pas de t'en dissuader. Je sais seulement que, vu mes convictions, je ne pourrai pas me résoudre à y aller.

Il l'écoute et écrit à son compère Max qu'il lui est impossible de rester aussi longtemps loin des Communes.

À New York, c'est son amie Consuelo que Clementine retrouve avec joie. Milliardaire, tout comme Max, elle consacre toujours ses forces et sa fortune à des œuvres de bienfaisance et vient de créer une bourse pour les jeunes Français qui poursuivent leurs études à Harvard. Le 1er avril, Winston prononce son discours au MIT. Le lendemain, Truman devait assister avec lui à un grand banquet. Mais le président des États-Unis s'est décommandé et Clementine déconseille à son mari d'en faire autant. Des efforts immenses ont été faits pour recevoir avec faste l'orateur : « Le pays a été ratissé pour t'offrir les mets et les vins les plus fins. » Une fois encore, il suit son avis.

Au début de l'été, ils partent un mois sur le lac de Garde. Il conserve un si bon souvenir de son séjour italien dans la villa du général Alexander en 1945 qu'il veut absolument retourner avec sa femme sur ces rivages qui ont vu passer tant de couples amoureux. Cette fois, ils sont à l'hôtel et pendant que son mari peint et dicte ses mémoires, Clementine a tout le loisir de se prélasser à l'ombre des cyprès. Le 10 août 1949, à Strasbourg, Winston inaugure la première session du Conseil de l'Europe. Il y prononce un nouveau discours historique exaltant la réconciliation en Europe. Avant son départ, la ville, si âprement disputée entre Français et Allemands, le fait citoyen d'honneur et Clementine, radieuse, sourit à la foule qui applaudit son héros favori.

Lord Beaverbrook les a invités dans sa villa de la Côte d'Azur où l'actrice anglaise Merle Oberon, qui a divorcé à la fin de la guerre du producteur Alexandre Korda, passe quelques jours. Mais toujours fidèle à ses convictions, Clementine préfère prendre seule l'avion pour Londres. Comme d'habitude, Winston, en compagnie de Max et de ses amis, boit trop et se couche tard. Le 24 août, à deux heures du matin, il joue aux cartes. Tout à coup, s'appuyant des deux mains sur la table, il se lève et secoue sa jambe droite : « J'ai des crampes aux mains et aux jambes », dit-il. Le lendemain matin, il n'arrive plus à écrire correctement. Lord Beaverbrook fait venir le Dr Gibson qui téléphone aussitôt à lord Moran : « Je pense que Mr Churchill a eu un accident vasculaire cérébral. J'aimerais que vous veniez de toute urgence. »

Chapitre XX

LA CASAQUE ROSE

Pour ne pas intriguer la presse, Clementine décide de ne pas bouger de Londres. Lord Moran s'en va à La Capponcina avec ses clubs de golf pour faire croire qu'il part en vacances. Un communiqué annonce que le grand homme d'État a attrapé un rhume et l'assistant qui l'aide à rédiger ses mémoires, Denis Kelly, l'invite à dîner dans un grand restaurant pour bien montrer qu'il est en pleine forme. Ce n'était qu'une alerte. Mais à son retour une semaine plus tard, il confie à sa femme qu'il sent comme un poids sur les épaules et il avoue à son médecin : « Je ne suis plus le même homme. »

Clementine le pousse à cesser toute activité politique. Mais elle sait bien que son mari-soldat préférerait mourir au combat plutôt que de quitter le champ de bataille sur une défaite électorale. La disparition de l'Angleterre de la scène internationale au profit des États-Unis l'obsède. C'est la flotte américaine et non plus sa chère Royal Navy qui règne sur les mers. Pire encore, depuis 1947, l'Inde, source d'inépuisables richesses, est indépendante. Au milieu des difficultés financières du pays, la popularité de Churchill reste intacte. Ses *Mémoires de guerre* connaissent un succès foudroyant. Et il est persuadé que lui seul peut faire gagner les candidats conservateurs qui piétinent dans les startings blocks comme ses chevaux.

Car depuis quelques mois, sur les conseils de l'exubérant Christopher, il a ajouté à tous ses uniformes, la casquette de propriétaire d'une écurie de course. S'il ne joue plus au polo depuis longtemps, Winston garde intacte sa passion pour les chevaux. L'année précédente, à la veille de ses soixante-quatorze ans, il a encore participé à une chasse à courre avec l'équipage de la région. Pour 2 000 livres, il achète un cheval français Colonist II, premier d'une série de seize pur-sang. Son gendre et surintendant lui trouve un entraîneur et un grand haras à Lingfield à proximité de Chartwell et du fameux champ de courses d'Epsom. Autrefois, lord Randolph a fait courir ses chevaux sous la casaque rose à manches chocolat. Il reprend les couleurs de son père. Et Clementine est bien la dernière à le lui reprocher : en deux ans, Colonist II va rapporter 11 937 livres, beaucoup plus que les fermes qui continuent chaque année de perdre des sommes colossales. Mais elle n'a jamais partagé la passion de Winston pour le jeu et ne l'accompagne sur les champs de courses que dans les grandes occasions.

Mrs Churchill se consacre à des missions moins frivoles. En janvier, elle a accepté de présider la réunion du Comité national des hôtels du YWCA. Lors de son discours devant les responsables de ces établissements, elle n'a pas mâché ses mots : « La guerre était une excuse et, maintenant qu'elle est finie il y a toujours une excuse. Nous devons nous battre et sortir les hôtels de leur misère et de leur saleté. J'ai rejoint le Comité national pour voir comment nous pouvons agir pour les rendre plus confortables. » Dans une brochure, elle établit une charte des normes exigées. Cette année encore, les fonds récoltés par la journée « portes ouvertes » à Chartwell permettent de financer des améliorations auxquelles elle tient particulièrement. Elle a aussi persuadé son mari de donner un tableau, *La chambre bleue à Trent Park*, peint lors d'un week-end chez leur ami Philip Sassoon. La vente, chez Christie's, rapporte plus de 1 300 livres versées intégralement au YWCA.

Le 6 septembre, Mary a donné naissance à une fille, Emma. June, la femme de Randolph, à une petite Arabella, à la fin d'octobre. Cette famille qui s'agrandit l'occupe aussi de plus en plus. Les enfants de Diana ont maintenant douze, dix et six ans. Quand ils viennent se baigner et prendre le thé à Chartwell, elle fait préparer des sandwichs au concombre et de gros gâteaux. Elle en profite pour leur parler français comme elle faisait autrefois avec ses enfants. Mais elle n'a plus la force de jouer au tennis avec eux et songe à transformer le court en terrain de croquet.

Aux États-Unis, Sarah est la vedette d'une comédie musicale, *Philadelphia Story,* tirée du film à succès de George Cukor. Elle effectue une tournée dans toutes les grandes villes américaines où Antony Beauchamp l'a rejointe à plusieurs reprises. Mais dans ses lettres, sa fille écrit à sa mère qu'elle n'est pas encore mûre pour le « grand saut » avec lui.

Coup de théâtre, entre la saison d'été et celle des fêtes de fin d'année, le photographe l'emmène mi-octobre en vacances à Sea Island, une île sur la côte de Géorgie et, dans ce cadre irrésistible, l'actrice accepte de l'épouser. Aussitôt, elle annonce la nouvelle à Clementine : « Merci, Darling Mummie, pour votre patience durant tous ces mois où j'ai essayé de faire le point. » Elle ajoute qu'ils n'ont pas encore choisi la date du mariage. Pourtant deux jours plus tard, Winston et Clementine, effarés, découvrent dans les journaux des photos de Sarah, ravissante et souriante, la main dans celle d'Antony en train de découper une énorme pièce montée blanche.

Apprendre par la presse le mariage de sa fille ! Une nouvelle fois, le choc est rude. Clementine se donne tant de mal pour épargner tout souci matériel à ses enfants. Le génie de Winston et le succès mondial de ses *Mémoires de guerre* approvisionnent le Litterary Chartwell Trust qui permet à chacun d'acheter une maison. Mais ni Randolph, ni Sarah ne veulent se rendre compte que la notoriété paternelle dont ils profitent exige en retour une conduite exemplaire. Chaque fois qu'ils défraient la chronique, c'est le nom de Churchill qui est sali et son image ternie : cette image que Clementine s'efforce à chaque instant de préserver et d'embellir.

Sarah a beau téléphoner et envoyer des télégrammes pour demander pardon, sa mère refuse de lui écrire pendant deux mois. Avant Noël, Antony envoie une lettre à sa belle-mère lui reprochant son long silence qui met en péril la santé de sa femme déjà fragilisée par son épuisante tournée. Aussitôt, elle lui répond et se justifie auprès de sa fille : « Je l'avoue, j'ai été choquée et juste capable de t'envoyer un télégramme de temps en temps. Je suis heureuse qu'Antony m'ait écrit. Je suis vraiment désolée et tu dois me pardonner et croire que je t'aime et me soucie de ton bonheur comme avant. Nous avons rencontré les parents d'Antony et avons eu un agréable déjeuner. » Et puisque Sarah aura désormais avec Anthony une vie plus stable, elle lui annonce qu'ils ont décidé d'acheter pour le jeune couple, comme ils l'ont fait pour leurs autres enfants, une maison à Ebury Street, et qu'elle prendra beaucoup de plaisir à la décorer.

Le 2 janvier 1950, c'est Diana qu'ils emmènent à Madère. Duncan, son mari qui a pris la tête du Mouvement européen pour la Grande-Bretagne, n'est plus jamais à la maison. Sa fragile épouse en souffre et en a même fait une dépression. Leur ami Bryce Nairn désormais consul général à Madère les a convaincus de venir se reposer dans un palace, construit sur la corniche en 1891 par l'Écossais William Reid pour les aristocrates anglais désireux de fuir le *fog* londonien. George Bernard Shaw, le plus difficile des Britanniques, y a séjourné avec plaisir.

Avec la guerre, le Reid a été fermé neuf ans et ses nouveaux propriétaires, les Blandy, qui ont besoin de publicité seraient très heureux d'accueillir les Churchill, leur fille, le colonel Bill Deakin, les deux secrétaires, le valet et le garde du corps Evan Deavies… Winston se rappelle avoir fait, lorsqu'il est parti et revenu de la guerre des Boers, deux escales à Madère qui ne lui ont pas laissé un souvenir impérissable. Prudent, il télégraphie pour savoir s'il y a bien des « *paintatious* » endroits.

Clementine insiste pour que ces vacances soient les plus discrètes possibles.

Mais rien ne se passe comme prévu.

D'abord, au départ, ils sont obligés de faire demi-tour quand Winston s'aperçoit qu'il a oublié de nourrir les cygnes noirs du grand lac que sa femme a ramenés d'Australie. À Southampton, le *Durban Castle* est obligé d'attendre ses illustres passagers pour relever ses passerelles.

À leur arrivée à Funchal, le grand port de Madère, le soir du 1er janvier 1950, ils découvrent horrifiés que le propriétaire du Reid a fait installer un énorme V de la victoire éclairé par trois rangées d'ampoules au-dessus de son bureau. Ils sont accueillis par un feu d'artifice. Et, sur le quai, la foule est si nombreuse qu'ils ont l'impression que toute l'île crie : *« Vive le héros de la guerre ! »* La Buick découverte qui les emmène à l'hôtel a bien du mal à se frayer un passage dans les petites rues bondées qui débordent d'enthousiasme.

Au palace, on leur a réservé la plus belle suite avec terrasse où Lloyd George a séjourné avant la guerre. Mais Winston a besoin de travailler dans un grand lit et comme l'hôtel n'en a pas dans ses réserves, les Blandy sont obligés de faire monter celui de leur chambre personnelle.

Dès l'entrée des Churchill dans la salle à manger, tous les clients se lèvent pour leur faire une ovation. Le directeur alors prend la parole pour expliquer qu'ils désirent faire au Reid un voyage très privé !

Pour ce premier soir, les Nairn et les Blandy dînent à leur table et à la fin du repas, le propriétaire fait monter de la cave une bouteille de Madère datant de 1792. Winston part dans un long discours pour expliquer que le vin a été mis en bouteille trois ans après la Révolution française alors que Louis XVI et Marie-Antoinette attendaient dans leur prison d'être guillotinés. Le sommelier explique qu'elle provient d'une barrique de 400 litres embarquée sur le *Northumberland* qui a conduit Napoléon à Sainte-Hélène en 1815. L'Empereur, qui souffrait de l'estomac, n'en a pas bu une goutte et à sa mort, elle a été renvoyée à Madère. Winston est si ému qu'il se lève et posant sa serviette blanche sur sa manche de smoking fait le tour de la table en versant lui-même dans les verres de ses amis le contenu de cette bouteille mythique.

Après quelques jours, le garçon d'étage, Joseph, se plie avec tant d'efficacité à tous leurs désirs que les Churchill lui proposent de les suivre à Londres au 28 Hyde Park Gate. Le jeune Portugais, ravi, demande conseille au valet qui déclare : « Moi, je les quitte dès que je rentre. J'ai trop de travail. Toute la journée debout ! Je n'en peux plus ! » Après quelques jours, Joseph, qui débute à 6 heures du matin et ne rentre pas chez lui avant minuit, décline la proposition : « Cela ne m'étonne pas, dit Winston, mais c'est dommage car je vous aimais bien ! »

Catastrophe finale ! Alors qu'ils pensaient rester trois semaines dans ce merveilleux palace, le 11 janvier, le Premier ministre Attlee, en difficulté aux Communes, appelle à de nouvelles élections. Le leader du parti conservateur a à peine eu le temps de poser son chevalet sur le quai du petit port de Câmara de Lobos. La toile n'est même pas sèche ! Alors que Winston monte dans l'hydravion qui doit le ramener d'urgence en Angleterre, le pilote annonce que la visibilité est très mauvaise. Clementine refuse de s'y risquer. Elle reste tranquillement avec Diana et son amie Margaret et prend le bateau comme prévu, le 20 janvier 1950.

Winston lui écrit : « Bienvenue à la maison où t'attend un programme chargé ! » Il est en pleine forme. De son accident vasculaire cérébral, il ne semble rester aucune séquelle. Clementine sait que, plus que tous les alcools du monde, une campagne électorale est pour son mari la plus puissante des drogues. En plus des grandes villes où il parle au nom du parti, il va soutenir Randolph qui se présente à Plymouth sous l'étiquette libérale chère à sa mère.

Le 23 février, les conservateurs ratent d'un cheveu le retour au pouvoir. Randolph est battu mais Winston est réélu ainsi que

Duncan. Christopher lui aussi fait son entrée aux Communes malgré son ulcère à l'estomac. Le grand homme confie à une secrétaire : « Je sens que je serai à nouveau Premier ministre. »

En attendant, il doit terminer le quatrième volume de ses *Mémoires de guerre* pour le mois de mai et Clementine s'en va fêter Pâques à Venise avec sa secrétaire Penelope Hampden-Wall qui, comme elle, adore les musées. À leur retour, elle s'arrête à Vérone, Mantoue et Milan où elle veut visiter la Pinacothèque. Mais celle-ci est fermée. Elle se rabat sur le Salon du meuble où elle est extrêmement déçue par le stand anglais. Elle ne manque pas, à son retour, d'envoyer une lettre sévère au ministre du Commerce travailliste Harold Wilson.

À Chartwell, elle retrouve Winston très excité par les prouesses de son écurie. Le 29 avril, Colonist II et sa sœur Cyberine sont engagés à Hurst Park, un champ de courses voisin dans le Surrey. Le premier court dans le prix « Winston Churchill » où il affronte les meilleurs chevaux du monde. Et il gagne ! Le 13 mai, il gagne à nouveau, ce qui amuse follement son propriétaire.

Il ne résiste pas à appeler une de ses pouliches du nom de son champagne préféré Pol Roger, en hommage à la propriétaire de la célèbre maison d'Épernay. En 1947, Duff Cooper lui a présenté à Paris Odette Pol-Roger lors d'un grand bal à l'ambassade d'Angleterre. Odette, qui portait ce jour-là une somptueuse robe longue rouge, lui a appris que son grand-père était le fameux marchand d'art sir Richard Wallace et son père général pendant la Grande Guerre. Elle-même a été « courrier » pour la Résistance au nez et à la barbe des Allemands. Elle faisait Paris-Épernay à vélo en douze heures. Depuis, comme le raconte sa petite-fille Celia Sandys, il entretient avec elle une *flirtation* dont Clementine ne songe même pas à s'offusquer. Chaque année, Odette envoie une caisse de champagne pour l'anniversaire de Winston. Pour la remercier, il l'invite à venir voir la pouliche Pol-Roger courir à Brighton.

Et comme Christopher montre le même enthousiasme que son beau-père à suivre l'entraînement de leur écurie, en juin, Mary emmène sa mère en escapade à Madrid. Elles logent au Ritz, visitent le Prado, les sublimes couvents construits sous Charles Quint et poussent même jusqu'à l'Escorial, le palais-monastère de Philippe II dans la montagne. Les deux fils de Jack, Peregrine et John avec sa femme Mary, eux aussi en vacances, les accompagnent parfois dans leurs excursions. Le duc d'Albe, qui descend du grand Marlborough, les reçoit à plusieurs reprises. Elles font aussi la connaissance de la marquise de Casa Valdes qui les invite dans sa propriété de Guadalajara au nord de Madrid. Avec Mary, Clementine n'a que des moments de bonheur et leur complicité ne connaît jamais d'accident. Elles ont les mêmes principes et les mêmes goûts, la même rigueur aussi.

Ses trois filles ne se ressemblent pas. Pour Sarah, rien ne compte plus que sa carrière d'actrice. Avant leur départ pour Madrid, elle est rentrée à Londres avec Antony pour signer quelques contrats. Sa mère a organisé pour elle un grand dîner qui a réuni les deux familles. Et le couple a ensuite passé un week-end à Chartwell en gage de réconciliation. Mais après quelques jours consacrés surtout à rencontrer producteurs et imprésarios, elle est retournée en Amérique. Quant à Diana, plus fragile et réservée, elle n'a jamais été la préférée de Clementine : « Entre elles, écrit Mary, on avait l'impression que l'atmosphère était plus tendue que chaleureuse. »

Winston, lui, ne parle plus que de son champion, Colonist II, qui le 16 septembre arrive encore en tête à Kempton. Le 11 octobre, consécration suprême, son propriétaire est élu membre du Jockey Club où il rejoint le roi, le duc de Windsor et le duc d'Edimbourg. Son père en faisait partie et rien ne peut davantage le combler. Il apprend la nouvelle alors qu'il est, avec Clementine, en voyage officiel pour trois jours à Copenhague à l'invitation du roi et de la reine du Danemark. Le lendemain, alors qu'ils atterrissent à l'aéroport de Northolt et qu'elle rentre à Londres, il reprend un petit avion pour Newmarket où il tient absolument à assister à une nouvelle course de Colonist II. À 150 mètres du poteau, son cheval est dépassé par Plume II mais, sur la ligne d'arrivée, il reprend la première place d'une encolure dans un effort qu'on n'ose qualifier de surhumain. L'*Observer* écrit : « Colonist II semble être pénétré de la même détermination que son propriétaire à ne jamais accepter la défaite. » Le soir même, Winston préside à Blackpool le congrès du parti conservateur, et ce tour de force est largement encensé par la presse alors que l'heureux propriétaire va fêter ses soixante-seize ans.

Le 21 novembre 1950, pourtant, il prend prétexte de son grand âge, pour ne pas se rendre à Douvres où son titre purement honorifique de lord Warden of the Cinque Ports l'oblige à accueillir la reine des Pays-Bas. Clementine, outrée, lui écrit :

> Cela me fait de la peine que la reine Juliana se soit sentie blessée personnellement, et offensée en tant que représentante de son pays par ton absence à Douvres... Ne dis pas que tu es trop vieux ! Car tu es aussi jeune qu'un coq de combat. Et le monde entier est au courant de ton voyage en avion de Copenhague à Londres et du fait que tu as continué sur Newmarket et ensuite Blackpool.

À Noël, il ne se soucie pas plus de ses petits-enfants que de la reine de Hollande. Le 25 décembre, il est l'invité d'honneur d'un dîner splendide à Marrakech chez le Glaoui pendant que Clementine organise seule les réjouissances familiales. Enfin, début janvier, quand tous les cadeaux ont été donnés et déballés, elle peut le rejoindre à La Mamounia pour huit jours. Elle a de longues conversations avec Bill Deakin qui dirige l'équipe de chercheurs mobilisée pour les *Mémoires de guerre* et qui, le premier, a assisté Winston dans ses recherches sur Marlborough. Depuis, il a été nommé à la tête du St Anthony's College d'Oxford. Elle s'entend si bien avec lui qu'à Pâques, elle l'accompagne à Séville où l'historien emmène sa femme voir les effrayantes processions des pénitents qui parcourent la ville depuis l'Inquisition.

À son retour, elle se résigne à subir une opération gynécologique au St Mary's Hospital de Paddington où elle reste trois semaines. En août, la vigilante Mary l'emmène à Hendaye. Il pleut. Dans sa chambre de l'hôtel Esqualduna, Clementine se repose en lisant dans le *Daily Mail* et le *Times* les critiques dithyrambiques qui saluent la sortie du quatrième tome des *Mémoires de guerre*. Randolph, qui est à Biarritz, vient déjeuner avec sa mère et sa sœur dans un bistro de la ville qu'elles adorent : « La nourriture y est délicieuse. On ne peut en dire autant de celle de notre hôtel. Mais les chambres sont spacieuses et il n'y a rien entre mon lit et l'Amérique sauf l'océan Atlantique qui nous endort parfois en nous berçant et tonne et rugit d'autres fois comme de grands canons », écrit-elle à Winston. Avec Christopher, ils se retrouvent tous les quatre à Paris et prennent le train pour Annecy où les ont invités leurs amis Portal. Catastrophe ! le temps y est si épouvantable qu'ils décident de terminer leur voyage à Venise. Quand Joan Portal leur apprend que l'Orient-Express ne s'arrête pas à Annecy et qu'ils doivent aller prendre un autre train à Gênes, Winston déclare : « Dites-leur que c'est pour Churchill ! » Et le conducteur s'arrête pour prendre les illustres passagers qui attendent sur le quai d'Annecy comme s'il s'agissait de leur voiture personnelle.

Sur la plage de l'hôtel du Lido, le soleil brille, enfin ! Le médecin a déconseillé à Clementine de se baigner. Winston, lui, enfile un grand maillot noir qui remonte jusqu'à la taille laissant voir son torse d'albâtre. Une photo le montre dans la mer discutant avec sa femme dont le bas de la robe est mouillé par les vagues. Ils ont à peine le temps de fêter leur anniversaire de mariage que déjà ils doivent rentrer. Après une dévaluation de la livre, le travailliste Clement Attlee est en si grandes difficultés qu'il est condamné à dissoudre une fois de plus le Parlement.

Le 25 octobre 1951, hourrah ! le vœu le plus cher de Winston se réalise. Il est à nouveau Premier ministre. Clementine reste persuadée qu'à son âge, il aurait tout à gagner à jouir paisiblement de sa gloire, de Chartwell et de ses chevaux. Et elle n'est pas la seule. Aux Communes, les députés craignent que les combats en Corée ne réveillent son esprit belliqueux. Personne, dans le pays, ne veut d'une guerre contre les communistes à laquelle il adjure chaque jour le monde libre de se préparer.

Comme en 1940, il entend diriger lui-même le ministère de la Guerre. Et il propose à son gendre Duncan Sandys, réélu député, d'y être son adjoint direct ce qui lui vaut dès le soir du 29 octobre, une nouvelle mise en garde de Clementine :

> Mon chéri, ne crois-tu pas qu'il serait plus sage de confier un poste moins important à Duncan. Secrétaire d'État à la Guerre est une position vraiment éminente. De plus, ne serait-ce pas une erreur de l'avoir directement sous tes ordres ? Si quoi que ce soit devait mal tourner ta position serait délicate et compliquée : d'abord d'avoir à défendre ton gendre, et ensuite de devoir le renvoyer si par malheur, il avait fait une faute… Pardonne-moi, je ne pense qu'à ton bien-être, ton bonheur et ta dignité.

Elle a gain de cause. Duncan devient ministre du Ravitaillement. L'autre gendre, Christopher, est promu chef de cabinet du Premier ministre, ce qui la rassure car il ne le quittera pas des yeux.

Randolph, éternel candidat perdant à Plymouth, ne peut exprimer son dépit qu'en maltraitant sa femme. Il y a quelques mois, la pauvre June a écrit à sa belle-mère une lettre déchirante sur les malheurs de sa vie conjugale. Elle lui a répondu : « Très chère June, j'ai été triste après avoir lu votre lettre et vu Randolph. Le mariage repose sur des racines profondes et je prie pour que, pour vous deux, ces racines puissent résister aux orages. N'hésitez pas à venir me voir si je puis faire quelque chose. » Que dire d'autre ? Elle connaît trop bien les défauts de son fils pour avoir le moindre espoir qu'il puisse rendre une femme heureuse.

Et elle a d'autres soucis. Le 28 Hyde Park Gate est loué à l'ambassade de Cuba et il faut à nouveau déménager. Elle souhaite fermer Chartwell et se contenter des Chequers pour les week-ends. Mais Winston se refuse à ne plus voir ses fermes, ses animaux, son haras. Il se résigne pourtant à vendre son cheval préféré Colonist II pour la somme colossale de 7 350 livres qui vient bien à point pour combler les pertes agricoles.

Le 18 novembre 1951, Clementine arrive à Downing Street où les Attlee ont vécu six ans dans l'appartement du second étage. Une sage décision. Là encore, le nouveau Premier ministre tempête. Seuls les salons d'apparat peuvent donner une idée de la grandeur de l'Angleterre et par conséquent de Winston Churchill.

Un mois plus tôt, les médecins du roi ont publié un communiqué à la radio pour annoncer qu'à la suite d'une intervention chirurgicale, ils avaient constaté un « changement structurel dans les poumons de Sa Majesté ». « Pourquoi ce mot ? a demandé Winston à lord Moran. – Parce qu'ils voulaient éviter d'employer celui de cancer. – Pauvre garçon, je prierai pour lui ce soir », a soupiré le leader des conservateurs, qui pourtant ne fréquente guère les églises en compagnie de Clementine. Mais il considère que la famille royale est un peu la sienne.

George VI meurt le 6 février 1952, à cinquante-six ans. Winston rentre d'un voyage aux États-Unis où il a prononcé un grand discours devant le Congrès puis un second devant le Parlement d'Ottawa, pour réclamer une coopération en matière atomique, une conférence au sommet avec les Soviétiques, le soutien américain à Suez et en Iran où le Premier ministre Mossadegh veut prendre le contrôle du pétrole, et enfin la nomination d'un amiral britannique comme commandant en chef de l'OTAN en Atlantique. Dans une de ces envolées qui ont marqué tous ses grands discours, il s'est écrié : « L'Amérique au sommet de sa puissance peut certainement se permettre de laisser l'Angleterre continuer à jouer son rôle historique sur cet océan Atlantique dont le fond est encore blanchi par les os des marins anglais. » Avant de reprendre le bateau, il a écrit de New York à Clementine : « Je viens d'achever ce qui doit être la quinzaine la plus fatigante aussi loin que ma mémoire remonte… Je n'ai jamais rencontré un tel tourbillon de gens et de problèmes et les deux discours ont été des épreuves très dures. »

Beaucoup de ses collaborateurs constatent qu'il n'a plus ni la force physique ni la ténacité qui lui ont fait gagner la guerre, qu'il lit de moins en moins les rapports et qu'il mélange souvent les données chiffrées. Mais le vieil acteur a besoin des journaux et des caméras pour se sentir exister. Et puis, il se ménage : « Le matin, quand il n'a pas de réunion, il reçoit dans son lit conseillers et chefs de service jusqu'à midi. Durant les déjeuners qui s'éternisent, s'il boit trop, il poursuit l'après-midi par une bonne sieste jusqu'à six heures », raconte son petit-fils Nicholas Soames.

Le 21 février, à son réveil, il est incapable de parler au téléphone. « Qu'est-ce que ça veut dire ? Vais-je avoir un nouvel AVC ? » demande-t-il à lord Moran convoqué d'urgence. Le médecin répond qu'il s'agit de spasmes gênant la circulation dans le centre de la parole qui sont peut-être en effet les signes annonciateurs d'un nouvel accident vasculaire. Ensemble, ils se rendent dans la chambre de Clementine, au lit avec un rhume. Elle écoute toutes leurs explications « grave et tout à fait calme », écrit le médecin dans son journal.

Comme de nombreux ministres et conseillers, elle redoute depuis longtemps qu'un tel accident ne se produise aux Communes. Le médecin préconise que le Premier ministre n'assiste plus aux questions d'actualité mais qu'il se contente de défendre la politique du gouvernement à la Chambre des lords. Le 12 mars, lord Moran écrit deux lettres, une à Winston, l'autre à son épouse :

> My dear Clemmie, il me semble qu'il y a deux dangers. Le premier est qu'il démissionne : nous savons par expérience qu'un homme qui prend sa retraite après une intense activité intellectuelle est souvent – je devrais dire toujours – sujet à de profonds troubles. Et je les craindrais par-dessus tout dans son cas. Le second danger est qu'il ne le prenne pas comme un avertissement. Dans ce cas, nous devons nous rappeler qu'il ne craint pas du tout de mourir sous le harnais. Ce qu'il craint beaucoup plus est une attaque qui le laisserait handicapé.

Le lendemain, elle lui téléphone : « J'ai évoqué avec lui les lords mais il ne veut pas en entendre parler. Charles, je suis contente que vous lui ayez écrit. Cela ne peut que le faire réfléchir. Cet après-midi, au lieu d'aller aux Communes… il a fait la sieste. Mais je suis sans illusion. Nous avons échoué. »

Depuis son opération de l'année précédente, elle a pris du poids. Le 1er avril, elle fête ses soixante-sept ans et cela fait longtemps que ses cheveux sont blancs. Ce nouveau stress pèse tellement sur sa santé que son médecin lui conseille d'annuler tous ses engagements pendant trois mois. Et Clementine, au moins, suit ces conseils à la lettre. Son amie Mary, la duchesse de Marlborough, lui recommande une cure de bains de boue à Montecatini près de Florence comme elle-même en suit tous les ans. Le 7 juillet, elles partent ensemble. Après quinze jours, déjà revigorée, elle arpente le Forum à Rome : « Hier soir, j'ai fait un petit bout de chemin sur la *via* Appia. Mais elle a été dénaturée : la vieille route pavée avec les sillons creusés par les chars romains a été asphaltée et, au-dessus, les alouettes ont laissé la place à une forêt de fils télégraphiques. »

Sarah, qui a tourné dans les studios de la MGM une comédie musicale de Stanley Donen, *Royal Wedding*, avec Fred Astaire, passe avec son mari des vacances de star hollywoodienne à Capri. Elle a invité sa mère à venir les rejoindre dans cette île enchantée avec ses ruelles ocre et ses trattorias en plein air où ils dînent en lui racontant leurs derniers exploits. À Los Angeles, Antony a photographié Marlène Dietrich, Charlie Chaplin, Marylin Monroe en bikini jaune… et il est devenu le meilleur ami de Greta Garbo. Mais cet entracte ensoleillé est brusquement interrompu par une lettre de Clarissa Churchill qui annonce à sa tante son prochain mariage avec Anthony Eden, le ministre des Affaires étrangères.

Depuis la mort de Goonie et Jack, elle est leur quatrième fille. Winston tient absolument à ce qu'après la cérémonie à Caxton Hall, la réception ait lieu à Downing Street. Clementine fait en urgence ses bagages pour rentrer à Londres. Cette union du play-boy conservateur de cinquante-sept ans, récemment divorcé, avec cette jeune reine de beauté qui sort d'Oxford fait la une de tous les journaux. Le 14 août 1952, les photographes du monde entier immortalisent le sourire radieux du couple entre l'oncle et la tante.

Aux Chequers, c'est une autre merveilleuse fête de famille que Clementine ne manque pas d'organiser autour du sapin de Noël décoré par le maréchal Montgomery. Son frère d'armes, le général Eisenhower, vient d'être élu président des États-Unis et Winston veut aller le féliciter et faire ses adieux au président Truman avant d'aller peindre à la Jamaïque.

Le 31 décembre, Clementine, Mary, Christopher, Jock Colville, deux secrétaires, un policier, un valet et une femme de chambre embarquent sur le *Queen Mary* avec « cent pièces de bagage » presqu'autant que la reine Victoria. Sur le bateau, le Premier ministre confie à Colville :

> Comme Eisenhower a remporté l'élection, il va falloir faire de larges coupes dans le volume VI des *Mémoires de guerre*. Il sera impossible de raconter l'épisode de l'abandon par les Américains de vastes portions de l'Europe […] pour plaire aux

Russes, ou d'évoquer la méfiance avec laquelle ils ont accueilli à l'époque mes appels à la prudence.

Une politesse bien mal récompensée. Le nouveau président des États-Unis n'a pas l'intention de traiter l'Angleterre en allié privilégié et encore moins de lui confier les secrets de la bombe atomique. Pourtant Sarah, venue retrouver ses parents à Washington, incarne de toute sa beauté, le cousinage entre les deux nations. Elle anime à la télévision la très populaire série *Hallmark Hall of Fame* dans laquelle elle interprète les grandes scènes de théâtre du répertoire anglais.

À la Jamaïque, colonie britannique, ils sont accueillis par une foule délirante. Les plages sont éblouissantes et sir Harold Mitchell, vice-président des conservateurs, a mis sa villa *Prospect* à la disposition du leader du parti et de sa famille. Chaque jour, déjeuners et dîners se succèdent chez les deux parrains du petit Winston : lord Beaverbrook et lord Bronslow qui a acheté plusieurs hectares à Ocho Rios juste à côté des Mitchell. Noël Coward, en haut de Firefly Hill, a une vue inouïe sur Montego Bay dont son ami le couturier Molyneux est lui aussi tombé sous le charme la première fois qu'il est arrivé à la Jamaïque. Winston n'a aucun mal à peindre quatre tableaux de rochers et de palmiers. Clementine a de longues conversations avec son dramaturge préféré qui, comme Sacha Guitry en France, bâtit ses comédies sur les amours éphémères. Elle lui parle de Randolph qui adore les femmes mais est incapable de les rendre heureuses. À Noël, il est venu aux Chequers avec son fils mais, déjà, sans June…

Après trois semaines à lézarder, le rythme infernal de la politique reprend ses droits. Le 16 février 1953, la femme du Premier ministre est invitée à Barrow-in-Furness pour lancer le porte-avions *Hermes*. Les chantiers navals font face à l'île de Man. Et la brume se transforme vite en pluie. Sur la côte opposée, de terribles inondations ont ravagé l'East Anglia et elle s'y rend aussi pour apporter son soutien aux milliers de sans-abri et visiter les centres d'hébergement et de distribution de nourriture.

Mais, dans tout le pays, les fêtes du couronnement effacent cette tragédie. En ce printemps 1953, les soirées officielles se déroulent à un rythme royal. Le 24 avril, Clementine et Winston passent la nuit à Windsor. Après un magnifique dîner, la nouvelle souveraine remet à son Premier ministre l'ordre de la Jarretière. En 1945, George VI le lui avait proposé. Mais le héros de l'Angleterre qui venait de perdre les élections avait refusé ce prestigieux lot de consolation. Aujourd'hui, il est heureux de porter ce nouvel uniforme datant de la chevalerie. Les lettres de félicitations arrivent par centaines. Et un pêcheur de Blackpool, enthousiaste, lui envoie un énorme flétan.

Le Premier ministre, rayonnant, accueille le maréchal Tito et le chancelier Adenauer dans ses grands salons d'apparat redécorés par Clementine et qui changent du « grenier » dont se contentaient les Attlee : « Je suis sûr que jusqu'ici toutes les brillantes personnalités que nous avons reçues étaient choquées par le contraste entre le décor et le menu. » Car la table de Downing Street fait à nouveau saliver tout Londres. Peter Dixon, secrétaire-adjoint au Foreign Office, parle d'un déjeuner mémorable le 5 mai : « Le repas, qui a duré trois heures trois quarts, était accompagné d'une procession de vins nobles et variés auxquels je n'ai pu faire entièrement honneur : champagne, porto, cognac et Cointreau. Winston a bu beaucoup de tout et a terminé avec deux verres de whisky et soda. »

Le 2 juin, c'est le couronnement. Une crise de névrite immobilise le bras droit de la First Lady. Mais il ne s'agit pas de flancher ! Les photos la montrent toujours aussi souriante quittant Downing Street pour Westminster Abbey. Elle porte le manteau long fushia de l'ordre du British Empire et son amie Adèle Essex lui a prêté son diadème en diamants. Winston est en grand uniforme de lord Warden of the Cinque Ports avec son bicorne à plumes et la cape noire de l'ordre de la Jarretière.

Les cavaliers du 4e régiment des Hussards de la Reine, son régiment d'autrefois, escortent leur calèche découverte. Enfants et petits-enfants, réunis sur le balcon du 11 Downing Street, crient de joie en les voyant passer.

Et comme si cela ne suffisait pas à leur bonheur, la pouliche Pol-Roger remporte ce jour-là à Kempton le Black Prince Stakes. Le Premier ministre n'a pas manqué, bien sûr, de miser sur son succès. Il envoie un télégramme à sa fidèle amie champenoise : « Pol-Roger était splendidement en tête aujourd'hui. Il y a donc un petit profit pour vous. »

Clementine a prêté les Chequers au pauvre Anthony Eden qui vient de subir deux opérations du foie. Et comme il s'y repose avec Clarissa, l'oncle et la tante assurent aussi obligeamment les réceptions des Affaires étrangères à Lancaster House. Le 5 juin, ils donnent un grand dîner en l'honneur de la reine. Dix jours plus tard, à Downing Street, ils reçoivent trente-cinq personnes autour du président du Conseil italien Alcide de Gasperi. À la fin du repas, Winston lève son verre à la santé de ce père fondateur de la Communauté européenne et prononce un petit speech impromptu plein d'humour.

Alors que les convives quittent la table, Christopher s'aperçoit que son beau-père n'arrive pas à se mettre debout. L'incident n'a pas échappé à Clementine à l'autre bout de la salle à manger. Tous les deux le prennent par le bras pour aller l'asseoir dans un salon voisin. « J'étais avec les invités, lorsqu'on m'alerta de son malaise », dit Mary. Son père, très mal en point, tient des propos incohérents. Christopher lui demande de le garder à l'abri des regards et part informer discrètement l'hôte italien d'une grosse fatigue de Winston. Aussitôt Alcide de Gasperi se retire.

« Il faut le mettre au lit », déclare Clementine. Dès qu'il est couché, le malade se sent mieux. Le lendemain, mercredi, on le transporte en chaise roulante pour qu'il préside comme d'ordinaire le Conseil des ministres. Et on l'assied avant l'arrivée des membres du gouvernement qui ne s'aperçoivent de rien :

« Churchill était très pâle et paraissait fatigué », dit seulement son ami Harold Macmillan, ministre du Logement. L'après-midi, Winston parle de se rendre aux Communes. Clementine et Christopher s'y opposent fermement. Colville apporte la liste des questions d'actualité. Il reconnaît qu'elles n'ont aucun intérêt et part faire la sieste. Sa femme annule une visite aux championnats de tennis de Wimbledon pour rester près de lui. Lord Moran a déclaré qu'un nouvel AVC pouvait être fatal. Le professeur Russell arrivé en renfort ne l'a pas contredit.

D'ailleurs, le jeudi, l'état du Premier ministre est loin de s'améliorer. Le côté gauche de sa bouche tombe et quand il parle, on a du mal à le comprendre. Clementine demande à Jock Coville de l'emmener discrètement en voiture à Chartwell. Winston arrive à marcher seul en sortant de Downing Street et c'est un miracle car, à son arrivée, il n'est plus capable de faire un pas. On doit le porter jusqu'à son lit.

Pendant la route, il a demandé à son secrétaire de garder le secret le plus total sur son état. Jock se contente d'appeler trois personnes : sir Alan Lascelles, secrétaire privé de la reine à Buckingham, sir Norman Brook qui, à Downing Street, devra tenir les réunions à la place du Premier ministre et le chancelier de l'Échiquier pour qu'il prenne en charge le Foreign Office. Mais il ne parle que d'une simple fatigue. Il envoie un mot manuscrit aux grands amis de Winston : lord Beaverbrook, Brendan Bracken et lord Camrose, pour qu'ils « musèlent » leurs journaux et empêchent toute rumeur de circuler. Avant de sombrer dans le sommeil, Winston a déclaré qu'il tenait absolument à participer dans huit jours au sommet tripartite sur l'Allemagne organisé avec le président Eisenhower et le président du Conseil français.

Mais le vendredi 25 juin 1953 sa main et son bras gauche sont paralysés. Le samedi un communiqué signé de ses deux médecins paraît dans la presse : « Le Premier ministre n'a eu aucun répit dans ses nombreuses tâches et a besoin d'un repos complet. Nous lui avons conseillé de renoncer à son voyage aux Bermudes et d'alléger son emploi du temps au moins un mois. » Lord Moran craint qu'il ne passe pas le week-end. Clementine annule l'ouverture des jardins de Chartwell au public prévue le mercredi suivant. Randolph arrive pour entourer sa mère. Et June l'accompagne pour l'occasion. Le lundi, Sarah rentre d'urgence des États-Unis. Mary venue la chercher à l'aéroport lui annonce : « Attends-toi à avoir un choc. Il est complètement paralysé. Il ne lui reste que la main droite. Il pourra toujours peindre. »

Chapitre XXI

LE MATCH DE TROP

Les miracles n'existent pas sauf pour le vieux lion d'Angleterre. Le dimanche, contrairement à tous les pronostics, il va mieux. Les deux infirmières qui se relaient nuit et jour à son chevet constatent qu'il peut à nouveau se servir de sa main gauche. Son ami lord Beaverbrook, qui veut juger de son état par lui-même, s'est invité pour le déjeuner. Clementine veille à ce que Winston soit assis à table avant que Max n'entre dans la salle à manger. À la fin du repas, le malade, épuisé, remonte dans sa chambre. Elle répète au médecin la phrase qu'il lui a dite le matin : « J'espère soit aller mieux, soit beaucoup plus mal. » En attendant, il se plonge avec délices dans un roman de l'époque victorienne, *Phineas Finn*, dans lequel l'auteur, Anthony Trollope, mêle politique et amours.

Lord Moran a expliqué qu'après ce nouvel accident vasculaire, les facultés intellectuelles du Premier ministre risquent d'être altérées, diminuées. Et sa femme s'efforce de maintenir son esprit en alerte. Mais pas plus d'un invité à la fois. Le soir, c'est au tour de Brendan Bracken de venir dîner. Le lendemain, après le déjeuner avec lord Camrose, Winston reste à bavarder avec son vieil ami et mécène sur la pelouse. Lord Moran, qui croise Clementine dans le jardin de roses, déclare qu'il devrait plutôt retourner au lit. Elle répond : « Si vous aviez plus de courage, vous iriez le lui dire ! »

Elle a reçu de Randolph un petit mot plein d'affection : « Je veux que vous sachiez combien je pense à vous en ces moments si tristes et difficiles. Je vous ai trouvée magnifique samedi et faisant tout votre possible pour maintenir le moral de papa. » Mary écrit dans son journal : « Maman est vraiment merveilleuse, affectueuse, prévenante, pensant au confort de chacun. Elle regarde l'avenir, quel qu'il soit, avec philosophie. Pour nous, c'est un bel exemple. » Sans doute, mais elle s'agace de voir que son propre médecin ne conseille pas au Premier ministre de démissionner purement et simplement de Downing Street. Elle sait que Winston ne prendra jamais seul la décision. La reine, qui le croit simplement fatigué, lui a envoyé une lettre pour lui souhaiter un prompt rétablissement. Il a répondu de façon très ambiguë qu'il n'était pas sans espoir de pouvoir bientôt être déchargé de ses responsabilités. Mais, à l'automne, et si Anthony Eden est rétabli ! Depuis la mort de Staline, l'année précédente, seul survivant des « trois grands » de la guerre, il est convaincu qu'en ces temps de péril nucléaire, personne d'autre que lui ne peut maintenir une alliance privilégiée avec les États-Unis.

Le 5 juillet, incroyable ! il marche sans aide. Avec Montgomery venu pour le déjeuner et qui reste au dîner, il discute toute la journée du réarmement de l'Allemagne, le sujet qui déchire l'Europe. Clementine adore Monty, cette icône au béret noir qui, durant les cinq années de guerre, a récolté presque autant de gloire que le Premier ministre. Qualité supplémentaire, il s'est mis lui aussi au croquet. Durant la partie que surveille Winston, le vainqueur d'El Alamein leur parle d'un de ses officiers qui a décidé de quitter l'armée pour se lancer en politique. « Était-il bon soldat ? » questionne le Premier ministre. – Il est brillant ! Vous savez je n'avais que des bons avec moi. » Lorsque l'administration lui a demandé un rapport, le général a ajouté que le candidat était un officier de valeur mais que cela ne prouvait en rien qu'il serait bon au milieu de politiciens qui eux pratiquent constamment le mensonge. À ces mots, Clementine est outrée : « Comment osez-vous écrire cela dans un rapport ! » Monty a un rire un peu embarrassé.

Trois jours plus tard, le malade annonce à son médecin qu'il voit la vie avec plus d'optimisme. Au dîner, alors que sa femme apprécie le menu, il n'hésite pas à lui donner un cours de sémantique comme il en prodigue si souvent sur tous les sujets et en toutes occasions : « Ne te fâche pas, ma chérie, mais on ne dit pas "très délicieux", "délicieux" se suffit à lui-même, tout comme l'adjectif "unique". » Après huit jours, il semble si en forme qu'elle questionne lord Moran : « Combien de temps encore aura-t-il besoin de deux infirmières ? » Le médecin répond qu'il est trop tôt pour le dire et demande ce qu'en pense son mari :

> Winston est un pacha, dit-elle. Quand, il entre dans la maison, si un domestique n'accourt pas quand il tape des mains, il appelle Walter, son valet. S'il ne tenait qu'à lui il garderait les infirmières pour le restant de sa vie, deux dans sa chambre et deux dans le couloir. Il n'est jamais aussi heureux, Charles, que lorsqu'une infirmière est aux petits soins, pendant que Walter lui enfile ses chaussettes.

Dans son lit, après avoir écumé l'œuvre de Trollope, puis *Jane Eyre*, le seigneur de Chartwell découvre avec délectation les *Hauts de Hurlevent*, le roman le plus célèbre de la littérature anglaise, qu'il n'a jamais eu le temps de lire et qui est autrement plus passionnant que les mauvaises statistiques sur le chômage.

Pour soulager le personnel, Clementine décide d'émigrer le 24 juillet aux Chequers avec médecin, infirmières et valet de chambre. Les photographes qui montent la garde à la grille de Chartwell mitraillent l'imposante caravane du départ. Et les clichés qui paraissent dans la presse à l'étranger accréditent l'idée que le Premier ministre est totalement paralysé.

Son amie Violet Bonham Carter qui lui rend visite le trouve plutôt alerte, avec bonne mine et sans aucun signe de paralysie sur le visage. Elle constate juste qu'il a l'air fatigué lorsqu'il parle trop longtemps. Après le déjeuner, Clementine les laisse seuls dans le jardin et demande à son amie d'encourager Winston à quitter Downing Street à l'automne. Mais plutôt que de parler politique, alors qu'on vient le chercher à quatre heures pour son massage quotidien, le Premier ministre tient à faire admirer à Violet les quatre aquariums éclairés qui font les allers et retours Chartwell-Chequers chaque fois qu'il se déplace : « J'ai réalisé qu'il était resté un grand enfant. Toujours la même passion pour ses jouets », note-t-elle le soir dans son journal. Une semaine plus tard, elle écrit à Clementine :

> Je dois vous dire, ma chérie, mon intense admiration pour votre courage, votre sagesse et vos jugements objectifs sans que jamais vous ne laissiez vos émotions vous submerger. Je ne peux rien imaginer de plus difficile et angoissant que les dernières semaines que vous avez vécues entre espoir, anxiété et interrogations au sujet de l'avenir.

Le 17 août, le *Daily Mirror* titre à la une : « Où est la vérité sur la maladie de Churchill ? » Le lendemain, huit semaines après son accident, il préside le Conseil des ministres. Le soir, il dîne chez Brendan Bracken et ne rentre qu'à minuit ! Journalistes et politiques, déconcertés, attendent le vrai test : dans six semaines à Margate, le leader conservateur doit prononcer un grand discours au congrès du parti. Il confie à lord Moran : « Soit je réussis, soit je pars. »

La reine qui connaît sa nouvelle passion pour les courses l'invite, avec son épouse, à assister le 12 septembre au prestigieux prix St Leger à Doncaster avant de poursuivre le voyage jusqu'à Balmoral. Clementine est très hostile à cette expédition. Comme chaque fois qu'il s'agit d'une décision importante à prendre, elle expose très clairement son point de vue dans un mémorandum :

> Premièrement Doncaster, tu seras épié par une foule de curieux, tu devras faire un effort pour bien marcher et le chemin jusqu'au paddock est assez long. Ensuite [...] si tu t'assieds en présence de la reine alors qu'elle est debout, ce sera remarqué. Puis Balmoral [...] tes progrès sont réels mais encore lents. Je crains pour toi une nuit en train et tu ne voudrais pas avoir une rechute avant ton discours de Margate.

Mais les courses et le voyage se passent le mieux du monde. Le jour du prix St Leger qui est aussi celui de leur quarante-cinquième anniversaire de mariage, les turfistes, de la reine jusqu'au moindre de ses sujets, font une ovation à leur Premier ministre et à son épouse qui suit bravement à ses côtés avec le sourire. À leur retour d'Écosse, Winston se sent si revigoré qu'il s'en va avec Christopher et Mary au Cap-d'Ail où Max a mis à sa disposition sa *Capponcina* avec sa cave et son cuisinier suisse.

Mais s'il lui arrive souvent de se disputer avec Clementine, dès qu'elle n'est plus avec lui, il est un vieux lion triste. Mary écrit à sa mère : « Papa est en bonne forme mais hélas avec un mauvais moral auquel nous ne pouvons pas remédier. » De son lit, il se plaint à son tour :

> C'est tout juste si je suis sorti du jardin et je n'ai même pas encore eu le courage de peindre pendant les heures de soleil... Les chatons sont très gentils avec moi mais de toute évidence, ils ne croient guère à mon avenir... J'ai dicté environ 2 000 mots en vue d'un discours pour Margate... Pardonne ce gribouillis rédigé au lit avec une pointe Bic minuscule. Je peux mieux faire mais j'écris si rarement de ma propre patte. *Continue à m'aimer s'il te plaît ou bien je serais très malheureux...* P. S. : Tout mon amour une fois de plus et avec un meilleur stylo comme celui

que tu as offert à l'oncle Jo quand il t'a répondu qu'il écrivait toujours au crayon.

Il souhaite qu'elle vienne le retrouver mais dès que la First Lady n'a plus à gérer l'avenir de « son » Winston, sa névrite disparaît et elle retrouve tout son entrain. Elle s'installe aux Chequers où elle a un déjeuner agréable avec Randolph, joue au croquet avec Nellie puis s'en va avec sa sœur au Shakespeare Festival de Stratford-on-Avon voir *Richard III* et *La Mégère apprivoisée*.

Et puis, elle veut s'occuper de ses petits-enfants, surtout ceux de Diana. Sa fille aînée fait de longs séjours en clinique et, pour soigner sa dépression chronique, les médecins ont décidé de la soumettre à une série de chocs électriques. Mary écrit à ce sujet :

> Winston et Clementine souffraient beaucoup pour elle. [...] Comme c'est souvent le cas dans ce genre de maladie, les proches sont les moins à même de faire quelque chose pour vous... Pendant de nombreuses années, les relations entre Clementine et Diana ont été difficiles... Parfois elles arrivaient à communiquer avec tendresse, mais certains mots aussi blessaient ma mère. Elle ne pouvait s'empêcher de se poser des questions, comme tous les parents qui voient leurs enfants aux prises avec cette maladie déconcertante et se demandent si son origine ne remonte pas à l'enfance et à l'adolescence.

La vérité, ils la connaîtront plus tard : Diana s'est aperçue que Duncan, moins que jamais à la maison depuis qu'il est ministre, la trompe et elle ne supporte pas ses infidélités.

Le 10 octobre 1953, à Margate, au premier rang des députés, Clementine ne quitte pas des yeux les lèvres de son mari et cache son angoisse sous un sourire. Contre toute attente, le Premier ministre a retrouvé son souffle légendaire et termine son discours par quelques mots hypocrites mais prononcés avec une telle ardeur qu'ils enflamment la salle : « Si je persiste à porter le fardeau à mon âge, ce n'est pas par amour du pouvoir ou par attachement à la fonction. J'ai eu largement ma part de l'un comme de l'autre. C'est parce que je pense pouvoir exercer une influence dans un domaine qui m'importe plus que tout : l'édification d'une paix solide et durable. » À côté d'elle, Eden a lui aussi retrouvé sa bonne humeur. Pourtant, il n'est plus question pour Winston de lui passer le flambeau. Le lendemain le *Times* titre : « Triomphant retour à la vie publique ! »

Elle l'abandonne à sa politique et part une semaine profiter de l'automne parisien chez ses amis lord et lady Ismay. Un an plus tôt, le général canadien a été nommé secrétaire général de l'Otan et, après plusieurs mois passés dans une suite de l'hôtel Bristol, ils vivent désormais Villa Saïd, dans un superbe hôtel particulier voisin de l'avenue Foch. Quand elle n'est pas au théâtre, Clementine dîne avec eux dans la grande salle à manger où défile le Tout-Paris. Winston lui télégraphie qu'il vient de recevoir le prix Nobel de littérature : « 12 100 livres non imposables, pas si mal ! »

Fâcheuse coïncidence : la remise du prix doit avoir lieu à Stockholm début décembre au moment même où le Premier ministre a prévu de rencontrer aux Bermudes Eisenhower et le président du Conseil français pour parler de l'Allemagne et de la défense de l'Europe. À cause de sa maladie, la conférence a déjà été remise et il n'est pas possible de la repousser une seconde fois.

Le jury du Nobel, honneur exceptionnel, invite sa femme, et non l'ambassadeur d'Angleterre, à représenter le lauréat. Le 8 décembre, en fin d'après-midi avec Mary, elle s'envole pour Stockholm où elle est accueillie comme un chef d'État. Elle loge au palais royal. La souveraine est l'arrière-petite-fille de la reine Victoria et la sœur de lord Mountbatten. Elle a grandi en Angleterre et la traite comme une amie. Quant au roi Gustav Adolf VI, c'est un fervent amateur de tennis qu'il pratique encore à soixante et onze ans.

Le lendemain, Clementine commence sa journée par une conférence de presse à l'ambassade. Le soir, dans sa chambre, elle répète le discours que Winston lui a écrit et qu'elle doit lire à sa place au banquet.

Le 10 décembre, c'est le grand jour. Dans l'immense Concert Hall la cérémonie est d'une écrasante solennité. Assise, un peu en retrait de la famille royale, Clementine garde le sourire dans sa robe longue gris foncé barrée du cordon bleu de l'ordre de l'Empire britannique. Sur ses épaules nues, elle porte un châle de tulle bleu pâle qui laisse entrevoir quatre autres décorations. Une fois de plus, Adèle Essex lui a prêté son diadème en diamants et son collier de rubis est presque plus gros que celui de la reine Louise de Suède.

Après les lauréats de physique, chimie et médecine, elle s'avance à son tour et fait une révérence devant le roi qui lui remet le diplôme. Émue, elle retourne s'asseoir et Mary doit la pousser du coude pour qu'elle se relève aussitôt car toute l'assistance est debout pour écouter l'hymne national.

À l'hôtel de ville, un banquet de mille couverts les attend. Derrière son micro, elle lit d'une voix ferme les paroles de Winston : « Le prix Nobel de littérature est pour moi un honneur unique et inattendu et je regrette que mes obligations ne m'aient pas permis de le recevoir moi-même ici à Stockholm des mains de sa Majesté. Je suis heureux d'avoir pu confier cette tâche à ma femme… »

La fin de la soirée se déroule comme un rêve. Dans la tribune, assise à côté du roi, elle écoute un chœur de près de mille étudiants en cape blanche. Puis, c'est le bal. En son honneur, l'orchestre attaque *My Darling Clementine* une ballade américaine de la fin du XIXe siècle dont elle n'aime guère les paroles. Mais ce soir-là, les grands pieds de la Clementine de la chanson la font rire.

Winston, revenu des Bermudes, l'accueille à l'aéroport. Et, pendant les fêtes aux Chequers, écoutant leur grand-mère raconter l'événement, les petits-enfants croient entendre un vrai conte de Noël.

Le patriarche, lui, ne parle plus de démission ! La reine Elisabeth II s'en va trois mois faire la tournée du Commonwealth. Et il ne veut pas partir avant son retour en mai. Cet acharnement de Winston à rester au pouvoir choque Clementine. Sa névrite réapparaît, plus douloureuse que jamais. Elle doit porter une minerve qui lui inflige un supplice permanent. Elle, toujours si calme et aimable, en devient insupportable. Tout au long de leur vie commune, elle lui a tout pardonné. Alcool, casinos, Chartwell, retards... étaient le revers d'une médaille plus belle qu'elle n'avait jamais imaginée. Mais depuis 1945, son mari n'a plus d'autre victoire à remporter et ces dernières années à Downing Street ne peuvent qu'abîmer sa gloire.

Pour tenter de la dérider, lord Beaverbrook lui envoie, le 22 mars 1954, un gros bouquet de fleurs avec un carton : « De la part d'une victime de la névrite qui la mérite à une autre victime qui ne la mérite pas. » En mai, elle s'en va trois semaines en cure à Aix-les-Bains avec Grace Hamblin qui, elle, souffre de rhumatismes. Les fenêtres de l'hôtel des îles britanniques donnent sur le lac du Bourget. Manque de chance, il fait un froid de loup : « Le traitement est des plus épuisants, mais je me suis laissée dire que dans une semaine nous y serions habituées. L'établissement thermal (même en cette période creuse de l'année) est plein à craquer de gens malades et d'invalides qui font pitié de sorte que l'on a honte de ses propres petits maux. »

Elle rentre le 10 juin pour apprendre que sa sœur Nellie est atteinte d'un cancer inopérable et qu'elle doit subir une radiothérapie. Clementine l'entoure du mieux qu'elle peut et l'accueille chaque week-end à Chartwell. Une photo montre la malade, toujours élégante mais le visage fatigué, assise à côté de sa sœur, sur le terrain de croquet, un maillet à la main.

Après un nouveau voyage aux États-Unis pour rencontrer Eisenhower, Winston ne parle toujours pas de son départ de Downing Street. Pourtant la reine est rentrée depuis trois mois.

C'est au tour de son gouvernement d'être indigné que son Premier ministre ne tienne pas ses promesses. À Washington, le nouvel ambassadeur, sir Robert Frank, a déclaré que Mrs Churchill est la seule personne au monde capable de l'obliger à démissionner. Un matin, Harold Macmillan, prenant son courage à deux mains, la rencontre en privé :

> Il lui dit, écrit Mary, qu'il pense, et avec lui plusieurs collègues du gouvernement, que Winston devrait laisser la place à Eden comme il le lui a assuré. Clementine l'écoute attentivement et lui promet de transmettre le message à son mari.

Justement, ce jour-là, elle déjeune seule avec lui. Elle demande à Colville de se joindre à eux pour que leur tête à tête ne se transforme pas en une nouvelle querelle :

> Jock remarqua que Clementine était très mal à l'aise au début du repas, ce qui était anormal car elle n'avait jamais peur de Winston et pouvait aborder avec lui les questions les plus épineuses sans trembler. Mais elle savait que Macmillan ne se serait jamais permis une telle démarche sans raison valable. [...] Au milieu du repas, elle se lance et raconte ce qui s'est passé. Elle le fait admirablement avec calme et détachement, sans commentaire personnel.

Winston demande à Colville d'appeler Harold Macmillan pour qu'il vienne l'après-midi même à Downing Street. Et là, il informe son ministre qu'il poursuivra sa tâche, comme il l'a toujours fait, en soldat. Il ne démissionnera pas avant que son pays ne soit en possession de la bombe atomique.

En désespoir de cause, Clementine s'en va se distraire sur la Côte d'Azur avec son amie Rhoda Birley dont le mari, peintre de la cour, est mort il y a deux ans. À quatre reprises, Oswald

Birley a fait le portrait de Winston, et Rhoda connaît la terre entière. Mannequin, sa fille aînée, Maxine, s'est mariée avec Alain de La Falaise et sa petite-fille de quatre ans, Louise, surnommée Loulou, suivra à coup sûr les pas de sa mère dans le monde de la haute couture. Quant à son fils Mark, il vient d'épouser à Caxton Hall, Annabel, la fille du marquis de Londonderry, dont il donnera bientôt le prénom au club le plus couru de la capitale : Annabel's.

Les deux amies ont loué une voiture et après Sainte-Maxime et Beauvallon, elles arrivent chez Jacques-Yves Cousteau avec qui Rhoda est très liée. Il leur fait visiter la *Calypso*, son bateau-laboratoire grâce auquel il peut explorer les fonds sous-marins. C'est un neveu de Walter Guinness, Loel Guinness, député conservateur et, comme toute sa famille, amoureux des mers, qui le lui a offert. De Chartwell, Winston écrit qu'il vient, avec Christopher, d'acheter huit porcs suédois pour 1 000 livres. Imperturbable, elle répond : « Demain nous allons à Marseille plonger avec le capitaine Cousteau mais nous ne descendons pas à plus de 10 mètres car il est très difficile de nager en profondeur sans être lesté… Nous allons voir des pieuvres mais je n'encouragerai aucune familiarité de leur part. »

Le 24 août, à Downing Street, le Premier ministre écrit enfin à son ministre des Affaires étrangères, Anthony Eden, une lettre pour lui annoncer qu'il se retirera après les élections d'avril 1955. Harold Macmillan lui demande de la transmettre à Clementine : « Ma chérie à moi, je n'ai pas voulu te perturber en t'envoyant la copie ci-jointe hier. Harold estimait qu'il fallait que je l'envoie. C'est fait. J'en assume la pleine responsabilité. Mais j'espère que tu m'accorderas ton amour. »

Elle a gagné, enfin ! Mais le gouvernement de sa Majesté compte encore et toujours sur Mrs Churchill, seule personne au monde capable de faire tenir sa parole au virtuose de la politique.

Chapitre XXII

LE CRÉPUSCULE D'UN DIEU

Jamais l'Angleterre n'a vu une telle avalanche de lettres, de télégrammes, de cadeaux ! Le 30 novembre 1954, jour de l'anniversaire du Premier ministre, l'armée de secrétaires mobilisées pour l'occasion n'en compte pas moins de vingt-trois mille. Pour célébrer ses quatre-vingts ans, des admirateurs lui envoient même des chèques. Les félicitations arrivent du monde entier. Et le peuple britannique lui manifeste plus d'affection que jamais, comme s'il voulait faire oublier à Winston Churchill, le cruel sacrifice auquel il s'est finalement résolu : quitter Downing Street.

Le matin, dans le grand hall du parlement de Westminster, les deux Chambres sont réunies pour un hommage solennel, reconnaissance unique dans l'histoire du royaume que n'ont connue ni Benjamin Disraeli, ni William Gladstone. Et la populaire Clementine partage cette gratitude nationale. Alors qu'ils s'avancent vers les deux fauteuils placés côte à côte sur l'estrade, deux mille cinq députés, lords et personnalités les applaudissent sous les roulements de tambours et aux cris de *Happy Birthday !*

Les parlementaires ont voulu, à leurs risques et périls, offrir au Premier ministre son portrait par Graham Sutherland, peintre néosurréaliste qui a déjà fait poser Somerset Maugham. L'artiste est venu à trois reprises pour de longues séances à Chartwell, avant de terminer la gigantesque toile pendant un week-end aux Chequers. Lorsqu'elle est dévoilée, montrant un Churchill le visage fatigué et le gilet déboutonné sur un ventre énorme, il se fait un grand silence dans l'assistance qui éclate de rire quand le Premier ministre déclare d'un ton malicieux : « Nous avons là un parfait exemple de l'art moderne ! » Plus tard, il estimera que Graham Sutherland l'a outragé. Avec son accord, sa femme finira pas détruire cette œuvre qui pourrait gâcher la vieillesse de son mari.

Dans l'après-midi, comme chaque mardi, le Premier ministre se rend à Buckingham et, à la fin de leur entretien, Elisabeth II offre au vieux lion qu'elle regarde un peu comme son grand-père et à coup sûr comme son maître quatre dessous de bouteille en argent gravés à son chiffre, à celui du prince Philip d'Edimbourg et d'autres membres de la famille royale qui ont tenu à participer au cadeau.

Surmonté de quatre-vingts bougies, le gâteau d'anniversaire pèse 45 kg. Clementine a voulu que chaque étage glacé au sucre vert pâle représente une étape de la vie de Winston : son collège de Harrow, l'école militaire de Sandhurst, l'insigne de l'université de Bristol dont il est le chancelier, l'ordre de la Jarretière, le prix Nobel, et la casaque rose de son écurie de course. Sans oublier St Margaret's, l'église de leur mariage. Des lettres d'or s'inscrivent en farandole sur la pâtisserie : « Pendant mille ans, le monde libre dira qu'il était le meilleur des hommes. » Après un premier dîner pour le monde politique, le lendemain, elle reçoit encore cent soixante-dix amis et membres de la famille autour d'un second gâteau identique.

Apothéose de ces cérémonies, lord Moynihan, trésorier du parti travailliste, qui a lancé, en faveur du Premier ministre, une souscription en gage de l'union nationale dont il a été le champion pendant la guerre, lui remet un chèque de 259 000 livres, contribution de trois cent mille compatriotes. Winston décide aussitôt de placer la somme dans une fondation dont la première initiative est de créer le Churchill College à Cambridge où seront conservées toutes ses archives, celles de ses collaborateurs et de Clementine.

Un mois plus tard, c'est le dernier Noël aux Chequers. Et, juste retour des choses, la grande organisatrice de sa vie publique et privée reçoit à son tour un gros chèque de son mari avec un petit mot : « Ma bien-aimée chérie, achète-toi quelque chose qui te fasse envie, et garde le reste pour un Noël sans [dessin d'un cochon]. Tout mon amour. W. » Seule sa sœur manque à la fête. Nellie a fait une dernière et brève apparition lors de l'anniversaire de son beau-frère mais elle est désormais trop faible pour se déplacer. Clementine a tout organisé pour qu'elle puisse vivre ses derniers jours chez elle. Le 1er février 1955, elle meurt, et avec elle disparaît toute une partie de sa vie. Désormais, avec Winston, ils restent les seuls survivants de leur génération. Plus que jamais, elle veut qu'ils vivent enfin ensemble quelques années paisibles.

Le 8 mars, le Premier ministre confirme à Anthony Eden qu'il démissionnera comme prévu début avril : « Mais jusqu'à la dernière minute, le jour précis restait incertain », écrit Mary à la date du 19 mars. Elle ajoute : « Cela le fait tellement souffrir. C'est triste à voir. Mamma en est consciente. Elle dit que c'est une première mort et pour lui une mort en pleine vie. »

Le lundi 4 avril, Elisabeth II vient dire au revoir à « son » Premier ministre. Pour l'occasion, Clementine remet une dernière fois le diadème en diamants d'Adèle Essex. Avec Winston, elle accueille la reine et le prince Philip à la porte de Downing Street. Au dîner de cinquante couverts, ont été conviés, outre quelques membres du gouvernement, les Attlee, la duchesse de Westminster, veuve de Bendor, les maréchaux Alexander et Montgomery avec leurs épouses et naturellement Brendan et Colville. À la fin du dîner, Winston lève son verre à la santé de Sa Majesté : « C'était un usage auquel j'aimais déjà me plier en Inde quand j'étais officier de cavalerie sous le règne de votre arrière-arrière-grand-mère la reine Victoria. »

Bénédiction ou catastrophe pour les hommes politiques, la presse est en grève depuis dix jours. Mais une foule de curieux surveille toutes les allées et venues devant Downing Street.

Et le lendemain, après une dernière audience à Buckingham Palace, le Premier ministre annonce sa démission à la BBC.

Le dernier jour, Pamela Churchill arrive pour le déjeuner avec le jeune Winston. Le terrible grand-père partage la tendresse particulière de Clementine pour leur petit-fils qui, en digne héritier du vieux lion britannique, est déjà passionné par la politique. Ils ne le voient qu'aux vacances depuis que sa mère l'a inscrit au Rosey, l'illustre pension suisse où sont aussi les deux fils d'Ali Khan. Ils gardent toute leur affection à leur ex-belle-fille qui, pourtant, a demandé à Rome l'annulation de son mariage avec Randolph pour tenter de convoler avec le très catholique Gianni Agnelli. Mais après cinq ans d'une liaison torride, l'héritier de l'empire Fiat l'a laissée tomber pour épouser en 1953 une Italienne plus conventionnelle, la princesse Marella Carraciolo di Castegno. Pamela qui se console avec le banquier français, Élie de Rothschild, vit entre Londres, Paris et la Côte d'Azur.

Le soir, un dernier vin d'honneur réunit le personnel de Downing Street en larmes. Puis une voiture emmène le héros national dans le Kent de son cœur. Devant la grille de son domaine de Chartwell, tel Ulysse, il déclare sobrement à un journaliste : « C'est toujours bon de rentrer à la maison. »

Pour Clementine aussi c'est la retraite. Mais elle n'est pas du genre à faire de la tapisserie comme autrefois sa grand-mère d'Airlie. Ni même du jardinage comme sa fille Mary. Une fois qu'elle a décidé de la couleur des massifs ou coupé quelques iris et roses fanées, elle a besoin de voir du pays. Deux jours plus tard, le couple s'en va en Sicile avec les Colville et le Prof. À Syracuse, ils logent Villa Politi, un hôtel qui donne sur la mer. Mais il fait mauvais. Faute de soleil, Winston joue huit heures par jour aux cartes. Il ne peut peindre qu'un tableau : la grotte des Capucins. Et la névrite fait sa réapparition...

Au mois d'août, Clementine part la soigner un mois à Saint-Moritz en compagnie de miss Heather Wood, sa nouvelle et efficace secrétaire. Elle a retenu au Suvretta House, un des fleurons de l'hôtellerie suisse. Elle y fait la connaissance d'un charmant vieux diplomate américain. En 1908, Lewis Einstein, en poste à Constantinople, a assisté à la révolution turque, puis en 1915 au génocide arménien et il vient de terminer ses *Mémoires d'un diplomate*. Il a une grosse voiture avec un pare-brise panoramique dans laquelle il emmène Clementine à l'assaut des cols. Elle se fâche quand il critique la malheureuse opération des Dardanelles, la bataille pour conserver Singapour, joyau du Commmonwealth, et surtout la décision de réprimer la révolte indépendantiste de Chypre l'année précédente. Elle se retient de lui répondre : « Bien sûr, les Américains voudraient toujours que nous renoncions à tout ! » Leurs disputes ne durent pas et, à la fin du séjour, Mary venue la retrouver, profite, elle aussi des excursions dans la somptueuse voiture.

Fin septembre, la mère et la fille rejoignent leurs maris à La Capponcina. Winston peint et joue aux cartes avec Christopher pendant qu'elles vont à Saint-Paul-de-Vence visiter la chapelle de Matisse et déjeuner à la Colombe d'Or. L'armateur anglais Jack Billmeir a mis son yacht, *Aronia*, à leur disposition, et Clementine apprécie plus que jamais ces balades en mer qui permettent d'admirer la beauté de la Côte d'Azur et sa lumière tant aimée de son mari. Le bateau est amarré dans le port de Monaco, et comme tout le monde les Churchill sont estomaqués par le *Christina*, une ancienne frégate canadienne de 100 mètres que le milliardaire grec Onassis a fait transformer en stupéfiant bateau de croisière. Sous les drapeaux de la principauté, la coque blanche ourlée de beige est le symbole d'un luxe que l'on croyait révolu depuis la guerre.

Clementine rentre à Londres retrouver Diana à nouveau en pleine dépression. Sarah est là, elle aussi, pour réconforter sa sœur et mettre un peu de baume dans leurs relations. Elle s'installe au 28 Hyde Park Gate avant d'aller tenir compagnie à son père à La Capponcina. En dehors des courses, rien n'intéresse plus le vieux lion que de peindre au soleil et il songe même à acheter une villa, ce qui ne manque pas d'angoisser Clementine. Il lui écrit le 9 novembre 1955 : « Nous avons entrepris d'aller en reconnaissance pour trouver une maison mais sans résultat. Donc ne te fais pas de souci en lisant quoi que ce soit dans *Nice-Matin.* »

Début janvier, après un Noël en famille, elle se rend à l'hôpital pour un check-up et quelques injections pour soigner sa névrite. Elle ne devait y rester qu'un ou deux jours, mais victime d'une infection nosocomiale, son séjour se prolonge trois semaines. Winston est déjà reparti pour Roquebrune où Emery Reves, son agent littéraire, a acheté, il y a trois ans, La Pausa. L'énorme villa a été construite par Coco Chanel sur un terrain que le duc de Westminster lui a donné en cadeau quand elle était sa maîtresse. L'Américain vient tout juste d'en finir la décoration. Grand amateur d'art, il a accroché sa fabuleuse collection de tableaux où les Manet côtoient les Cézanne et les Pissaro. Il a d'ailleurs fait cadeau d'un Monet, *Les Vues de la Tamise,* à son auteur prolifique. Sa nouvelle compagne, Wendy Russell, sculpturale blonde et mannequin new-yorkais, a une tête de plus que lui et déjà deux divorces derrière elle. Aussitôt, elle se prend d'affection pour son illustre invité.

Winston est arrivé avec Diana, Randolph et leurs deux filles Celia et Arabella. Au creux de ce jardin exotique qui surplombe la mer, il espère arracher sa fille aînée des griffes de ce *black dog* dont il a lui-même tant souffert. Il a sur elle une influence apaisante. Son fils, qui se préoccupe surtout de trouver des sujets d'article, veut faire une interview d'Onassis. Il emmène sa sœur et les filles prendre un verre sur le *Christina.* Mais c'est Churchill, l'homme le plus célèbre du monde, qui fascine le milliardaire grec : « Randolph a amené Onassis (celui qui a le gros yacht) à dîner hier soir. Il m'a fait bonne impression... Il m'a baisé la main ! », écrit Winston à Clementine. En réponse, elle lui demande d'envoyer « cent de tes cigares, les meilleurs » pour le professeur Rosenheim qui la soigne.

En guise de convalescence, elle s'en va deux mois en croisière à Ceylan avec sa cousine Sylvia Henley. Ensemble, elles visitent les temples de Polonnaruwa, la ville sacrée de Kandy, les plantations de thé et le zoo de Colombo où les bébés éléphants sont nourris au biberon. Winston, qui n'aime pas la savoir trop loin, la supplie de venir le rejoindre à La Pausa à son retour lors d'une escale à Marseille. Elle lui répond qu'il n'en est pas question :

> Si M. Onassis t'invitait toi et tes amis, tu pourrais faire une petite croisière à Pâques avec Mr Reeves et Wendy et Mary et Christopher, etc. Mais moi, je ne veux pas être redevable à cet homme riche et puissant et que la nouvelle soit partout claironnée. De même, bien qu'à un moindre degré, je ne souhaite pas venir à La Pausa même si j'aimerais rencontrer Wendy un jour [...] je ne suis pas très attirée par l'idée de débarquer à Marseille et de me transporter en train ou en voiture jusqu'à Monte-Carlo pour être reçue par ce *ménage* non conventionnel et embarrassant.

Elle craint surtout que le grand mannequin blond ne traite Winston comme un enfant gâté en cédant à tous ses caprices. Elle sait que rien n'est plus terrible pour son image. Noël Coward, invité à déjeuner avec son compagnon Edward Molyneux à La Pausa, écrira d'ailleurs dans son journal combien il est désolé de voir le grand homme, « un des plus grands de l'histoire de notre pays... complètement obsédé par une passion sénile pour Wendy Russel ».

Plutôt que ces douteuses mondanités, Clementine préfère passer une semaine à Paris chez ses amis Ismay et visiter le Louvre, Carnavalet, la Malmaison, Versailles et Saint-Germain-en-Laye en compagnie de son nouvel ami, le si cultivé Lewis Einstein qui, le soir, l'emmène aussi quatre fois au théâtre. Pendant l'été, après avoir reçu à Chartwell l'ancien président Truman et sa femme, elle repart à Saint-Moritz où elle retrouve son compagnon de cure et sa grosse voiture noire. Puis, elle rentre à Londres pour une nouvelle orgie de théâtre.

Cette année-là, Winston passe cinq mois à La Pausa. En tout, il y fera onze séjours et Clementine l'accompagnera quatre fois. Le 20 octobre 1956, il y est victime d'un nouvel accident vasculaire. Durant vingt minutes, il perd conscience. Aussitôt, sa femme part le retrouver. Une semaine plus tard, ils rentrent ensemble. Mais cet accident marque un nouveau déclin de sa santé physique et intellectuelle. S'il se rend encore aux Communes, l'idée seule de faire un discours le fatigue. Il est très sourd, marche de plus en plus difficilement ce qui ne l'empêche pas de partir en croisière avec Onassis et Greta Garbo pendant que Clementine visite Tanger en compagnie de Margaret Nairn.

Le 12 septembre 1958, c'est encore sur la Côte d'Azur mais à La Capponcina, chez l'ami Max, qu'ils fêtent leurs noces d'or. Pour l'occasion, elle s'est achetée une paire de lunettes de soleil de star assez extravagante. Le couple pose dans le jardin entre Randolph et sa fille Arabella qui leur offrent un grand livre dont les pages représentent cinquante roses dessinées par leurs enfants, petits-enfants ou amis comme lady Birkenhead, le peintre Paul Maze ou Cecil Beaton. Mais le vrai cadeau est une allée de roses à Chartwell.

Onassis les invite à célébrer l'événement sur le *Christina*. À la fin du mois, ils partent pour une croisière de dix jours en Méditerranée. Clementine monte enfin à bord du yacht qu'elle a tant de fois admiré dans le port de Monte-Carlo, « summum de l'opulence » comme l'a déclaré en connaisseur l'un des invités, l'ex-roi Farouk d'Égypte !

L'architecte allemand Caesar Pinnau, qui a décoré le nid d'aigle d'Hitler à Berchtesgaden, a fait travailler pour l'armateur grec les plus grands artisans de son pays. Dans le salon, la cheminée est tapissée de lapis-lazulis, car le superstitieux Aristote est certain que ce sont des pierres qui portent bonheur. Il y a bien aussi un Greco mais Emery Reves, qui s'y connaît, ne s'est pas gêné pour dire que c'était un faux et Onassis ne lui a pas donné tort.

Sur le pont avant, son bureau doté de quarante lignes téléphoniques ouvre sur deux suites, les plus belles, dans lesquelles s'installent Clementine et Winston. Toutes portent un nom d'île grecque : Lesbos, Chios, Ithaque... Sécurité absolue, il y a à bord un hôpital complet avec table d'opération, matériel d'anesthésie et de transfusion sanguine. La piscine se transforme en piste de danse. Chef-d'œuvre de mauvais goût, les tabourets du bar sont recouverts de cuir blanc dont Onassis est très fier de dire qu'il provient des prépuces des baleines qu'il a chassées sur les côtes du Chili.

Finalement, seuls les ponts en teck et les poignées en cuivre rappellent l'*Enchanteress* de l'Amirauté. Mais la vie à bord est un perpétuel délice. Le Pol Roger coule presque des robinets, le caviar est l'ordinaire de tous les repas et une armée de femmes de chambre veille au confort des invités. Pour Winston, Onassis s'est mis au bésigue. Clementine tombe sous le charme de Tina, ravissante blonde de vingt-neuf ans qui tient à la perfection son rôle de maîtresse de maison. Avec sa sœur Eugénie, l'épouse du milliardaire a été élevée dans les meilleures écoles anglaises.

Le 19 février 1959, les Churchill embarquent à nouveau, cette fois au Maroc, après un séjour d'un mois à Marrakech, pour une croisière dans les îles Canaries. Et encore le 22 juillet pour un périple mémorable de trois semaines et demie dans les îles grecques. Diana fait partie du voyage avec sa fille Celia, âgée de quinze ans. L'adolescente décrit le déplacement des Churchill : « Notre groupe se composait du secrétaire privé de mon grand-père, Montague Browne, et de sa femme Nonie, son garde du corps, son infirmier Roy Howells et la femme de chambre de ma grand-mère. » Une procession de voitures les conduit à l'aéroport d'Heathrow. Dans l'avion, tous les signaux « interdiction de fumer » ont été enlevés. À Nice, une escorte de police, sirènes hurlantes, ouvre la voie jusqu'à Monte-Carlo.

« Sur le yacht, Grandpapa est installé dans un fauteuil sur le pont avec à côté de lui sa perruche dans sa cage. »

La Callas fait son apparition drapée de beige, en retard et suivie de son mari, Meneghini, le roi du spaghetti qui a consacré sa fortune à sa carrière. Un mois plus tôt, Clementine a applaudi la diva à Covent Garden où elle chantait *Médée* de Cherubini avec le grand ténor canadien, Jon Vickers. Pour cette représentation exceptionnelle, le prodigue Ari lui a envoyé une des places achetées au marché noir pour ses amis.

À Portofino, Alphonse XIII, ex-roi d'Espagne, et son petit-fils Juan Carlos, nouveau prétendant au trône, montent à bord pour une courte visite. Chaque soir, Diana et sa fille retrouvent Clementine dans sa cabine pour les potins du jour. À Capri, La Callas s'extasie devant la Grotta Azzura avec des accents de tragédienne qui agacent tout le monde. À Épidaure, elle croit que les centaines de bouquets de fleurs disposés en V dans le théâtre lui sont destinés… Elle a abandonné à son mal de mer le pauvre Meneghini, déjà surnommé « Méningite » par l'incorrigible Tina.

À Athènes, le Premier ministre grec les attend sur le quai avec l'ambassadeur d'Angleterre avant de monter à bord pour le dîner. Le yacht part jeter l'ancre devant le cap Sounion où Winston récite quelques vers de *Don Juan* qu'il connaît en entier. Les Dardanelles sont passées de nuit pour lui éviter de trop mauvais souvenirs. Mais le clou de la croisière est l'escale à Smyrne, où l'armateur est né. À seize ans, en 1922, il s'en est enfui après avoir vu périr toute la colonie grecque sous les poignards des Turcs. Il est submergé par l'émotion. De plus en plus souvent, il s'échappe avec La Callas.

À Santorin, ils ne paraissent pas pour le dîner. Tina annonce qu'ils ont préféré essayer une taverne grecque. Mais le 12 août 1959, veille de leur retour à Monte-Carlo, elle découvre les deux amants s'ébattant sur le canapé du salon. Les journaux se gargarisent du scandale. Deux mois plus tard, à New York, la belle et riche épouse demande le divorce. Elle se remariera en avril 1961 à l'église orthodoxe de Paris avec le petit-fils de Sunny et Consuelo, John, futur duc de Marlborough et héritier du château de Blenheim.

En attendant, La Callas est interdite de séjour sur le *Christina* pour les deux croisières suivantes avec les Churchill, l'une en Méditerranée, l'autre dans les Caraïbes jusqu'à Porto Rico. Lord Moran les accompagne car Winston a régulièrement des petits AVC qui le laissent inerte et inconscient.

L'ex-Premier ministre n'écrit plus, peint de moins en moins. Mais en 1958, une exposition de ses tableaux a fait le tour des grand musées des États-Unis, y compris le Met à New York avant de se poursuivre en Australie et en Nouvelle-Zélande. En mars 1959, à Londres, honneur exceptionnel, la Royal Academy lui ouvre ses portes et Clementine, enthousiaste lui écrit : « Je viens juste de rentrer d'une visite privée de ton exposition, les deux salles étaient bondées. » Trois jours plus tard, la foule est si grande qu'il faut rajouter une troisième salle : « Tes tableaux ont tous été réaccrochés. » Le dimanche, la queue s'étend jusqu'à Piccadilly.

Autre bonheur, le 8 octobre 1959, Winston est réélu dans sa circonscription de Woodford, quinzième et dernière campagne que Clementine a faite avec lui. Ensemble, ils sont reçus à Paris par le général de Gaulle qui, dès son retour au pouvoir, s'empresse de nommer Churchill Compagnon de la Libération. Avec le roi George VI, son insupportable allié est le seul Anglais à faire partie de cette aristocratie de la Résistance au nazisme. En avril 1960, le président de la République française et son épouse font, en Angleterre, leur premier voyage officiel. Ils logent à Buckingham Palace mais entre un discours au Parlement et un déjeuner à la mairie de Londres, ils ne manquent pas de rendre une visite privée à l'illustre retraité et à sa femme, dans leur maison du 28 Hyde Park Gate.

Winston a désormais beaucoup de mal à marcher. Son infirmier, Roy, veille constamment sur lui. Quand il veut aller sur la Côte d'Azur, Onassis met à sa disposition à Monte-Carlo un des plus beaux appartements de l'Hôtel de Paris situé au huitième étage de la Rotonde avec une vue imprenable sur la Riviera française et italienne. La direction de l'hôtel précise : « Il était accompagné de six personnes : son secrétaire privé Montague Browne, une secrétaire, le sergent Murray attaché à sa personne par Scotland Yard, son infirmier Roy et deux infirmières. » Sans oublier sa perruche qui s'échappe un jour par la fenêtre lui causant une grande tristesse.

Clementine, toujours fâchée avec Monte-Carlo, ne l'accompagne pas. Diana vient de divorcer et la grand-mère veille à ce que ses petits-enfants ne souffrent pas de cette séparation. Pour les dix-huit ans de l'aînée, Edwina Sandys, elle donne un grand bal au Claridge. Et rien ne lui fait plus de plaisir que de l'emmener au théâtre avec ses amis avant de les recevoir tous à dîner. Après le parcours classique, Eton et Christ Church à Oxford, le jeune Winston, lui, veut être journaliste comme son père qui désormais vit à la campagne dans sa belle maison de Stour où il s'est pris de passion pour le jardinage. Les Soames ont quitté leur ferme pour une demeure plus grande, Hamsell Manor, située près de Tunbridge Wells, à une quarantaine de kilomètres de Chartwell. C'est là que Mary donne naissance à son cinquième enfant. Christopher est ministre de la Guerre dans le gouvernement Macmillan.

Sarah mène une existence beaucoup moins simple. Cela fait des années qu'elle a des problèmes d'alcoolisme. Soirées très arrosées d'Hollywood, solitude engendrée par ses nombreux contrats, stress et fatigue des tournées ne l'aident pas à combattre ses vieux démons. Elle ne vit plus avec Antony qui est rentré à Londres. À quarante-trois ans, elle a décidé de divorcer mais le lendemain de son retour, sa mère lui annonce d'une voix blanche que son mari s'est suicidé dans la nuit. Le photographe a été retrouvé allongé sur son lit, à côté d'une boîte de barbituriques et tenant à la main le combiné du téléphone.

Après l'enterrement, l'actrice repart à Los Angeles effondrée et s'installe dans une petite maison sur la plage de Malibu. Elle peint, écrit et boit beaucoup. Ses voisins se plaignent du bruit et un soir deux policiers arrivent chez elle, la poussent dans la voiture lorsqu'elle sort pour les raccompagner et l'emmènent au commissariat. À la consternation de ses parents, les journaux publient des photos montrant l'actrice malmenée par les policiers. Au procès, très élégante, elle plaide coupable et en est quitte pour une amende de 50 dollars.

Randolph, venue la chercher, l'emmène retrouver Winston et Clementine qui l'attendent à La Pausa. Wendy, qui s'y connaît, affirme que la jeune femme n'est pas alcoolique. Elle lui conseille de suivre une cure à Zurich dans la clinique créée au début du siècle par le Pr Bircher-Benner, spécialiste d'un régime à base de légumes crus. Sarah s'énerve à nouveau lorsque le psychiatre lui demande si elle a eu dans son enfance de bonnes relations avec son père !

Mais à sa sortie, guérie, elle peut enchaîner les contrats à Londres. À la fin de l'année 1959, elle est même la vedette de *Peter Pan,* gros succès de La Scala où toute la famille vient l'applaudir. Hélas, en tournée à Liverpool, elle est à nouveau arrêtée à plusieurs reprises. Elle a la fâcheuse habitude d'insulter les forces de l'ordre qui l'appréhendent et finit par se retrouver quelques jours en détention à la prison d'Holloway en compagnie de prostituées, ce qui l'a plus intéressée qu'indignée !

Comme toujours, ses parents gardent la tête haute. Le 15 juin 1961, ils sont mitraillés par les photographes lorsqu'ils se rendent aux courses à Ascot : Winston avec un haut-de-forme gris et son gros cigare, Clementine en brillant manteau de soie sauvage et un large sourire aux lèvres.

D'ailleurs, depuis quelques mois, leurs deux filles semblent retrouver leur équilibre. Diana a eu la joie de marier son aînée Edwina. Et Sarah s'est trouvée un troisième mari. Cette fois ni Clementine, ni Winston ne trouvent rien à redire à ce gendre. Le baron Audley a quarante-neuf ans. Il est beau, sensible et d'une très bonne famille. Diana a représenté ses parents au mariage à Gibraltar auquel ils n'ont pu assister. Hélas, le charmant Henry a une santé fragile. Lors d'un séjour à Grenade, l'année suivante, il est victime d'une crise cardiaque. Il meurt le 3 juillet 1963. Diana, femme de devoir, s'envole aussitôt pour tenir compagnie à sa sœur et assister à l'enterrement à Malaga. Quand Sarah revient à Chartwell, son père l'attend devant la porte et lui prend la main : « Nous devons serrer les rangs et aller de l'avant ! »

Pour les Churchill, cette année 1963 est celle des tragédies. Pendant l'été, Winston a un nouvel accident circulatoire. Il reste au lit des journées entières et seul Monty arrive à le distraire. Clementine, elle, est si fatiguée qu'en octobre, elle doit se faire soigner au Westminster Hospital. C'est là que Mary vient lui apprendre le plus doucement possible que Diana s'est suicidée dans la nuit du 19 au 20 octobre après avoir avalé une boîte de barbituriques : « Pourtant, écrit-elle, durant l'été 1963, elle semblait en meilleure forme avec un esprit plus calme et plus fort. » La naissance de sa première petite-fille lui avait redonnée le sourire.

Dramatique ironie du sort, depuis un an, elle s'était inscrite comme bénévole dans une association, Les Samaritains, pour venir en aide aux personnes désespérées et suicidaires. Mais Clementine sait que sa fille aînée ne s'est jamais remise de son divorce en 1960 avec Duncan Sandys : elle a atrocement souffert du fait qu'il se remarie deux ans plus tard à Caxton Hall avec une Française, Marie-Claire Schmitt, tout juste divorcée du viscount Hudson. Aussitôt, elle a changé son nom pour se faire appeler Mrs Diana Churchill. Le 20 octobre, elle avait prévu de déjeuner avec sa mère et de dîner avec son père. Mais en rentrant chez elle, elle aurait appris que Marie-Claire était enceinte et ne l'aurait pas supporté.

Seule une dose supplémentaire de sédatif permet à Clementine de surmonter sa douleur. À Chartwell, Winston se retranche dans un silence d'un autre monde. Il écrit à sa femme quelques phrases dont les mots se bousculent et témoignent de leur désarroi : « Ma chérie, pour répondre à ta belle lettre et t'adresser l'expression de mon chagrin à la vue du tien... Clemmie, tu ne peux pas l'éviter en ces temps douloureux... Je suis sûr que tu souffres davantage... Je joins le meilleur de mon amour et la lutte pour y parvenir... À toi pour toujours. W. »

Ni l'un ni l'autre ne sont en état d'assister aux funérailles de leur fille dont les cendres sont déposées à Bladon. Mais quelques jours plus tard, ensemble, ils se rendent à la *Memorial Ceremony* organisée par Les Samaritains dans la crypte de St Stephen's Walbrook, leur quartier général dans la City.

Seule consolation, le 30 novembre 1963, pour l'anniversaire de Winston, elle reçoit une lettre de lord Beaverbrook : « Ma chère Clemmie, quel fardeau vous avez porté pendant tant d'années et avec quel charme et quelle dignité. Combien la nation et le monde vous sont redevables pour tout votre travail ! »

L'année suivante, elle livre un dernier combat pour persuader son mari d'abandonner son mandat de député. Le grand acteur répugne à quitter les Communes, la scène de ses meilleurs rôles. Même s'il n'y fait plus que de rares apparitions, sa présence est toujours saluée par de chaleureuses manifestations qui font revivre son vieux cœur. Mais, une fois encore son épouse-ange gardien lui souffle qu'il est temps de laisser la place. Le 28 juillet 1964, il s'y rend une dernière fois. Le lendemain, dans la salle à manger de Hyde Park Gate, Clementine reçoit Harold Macmillan, désormais Premier ministre, accompagné des chefs de l'opposition, du leader des Communes et de ses deux plus anciens membres venus témoigner leur admiration et leur gratitude au député de Woodford. Plusieurs membres de la famille assistent à cette bouleversante cérémonie, ultime étape du long voyage de Winston en politique. Après le Prof et Brendan, son cher Max est mort il y a deux mois, dernier des compagnons d'armes avec qui il pouvait évoquer tous les souvenirs de ses combats.

Trop fatigué, il n'a même pas pu assister au mariage de son cher petit-fils, Winston Churchill junior, avec une amie d'enfance, la ravissante Minnie d'Erlanger. Entre la messe et la réception au Claridge pour laquelle Pamela a envoyé mille invitations, le jeune couple est venu embrasser leur grand-père. Il a posé entre eux, son chat Tango sur les genoux, son éternel cigare entre les doigts et Clementine, toujours vigilante, derrière lui.

À l'automne, il fait aussi ses adieux à Chartwell, cette terre du Kent qui lui a apporté tant de consolations, tant de paix. Désormais, il est trop faible pour le moindre déplacement. Le 9 juin, à Cambridge, Clementine l'a représenté pour l'inauguration du Churchill College avec le prince Philip d'Edimbourg. En octobre, elle part dévoiler à Paris un buste de son mari du sculpteur croate Nemon qui ornera le hall de l'ambassade de Grande-Bretagne.

Le 30 novembre 1964, jour de ses quatre-vingt-dix ans, la vieille star fait ses adieux au public à la fenêtre de son salon d'Hyde Park Gate. Sa femme se tient à ses côtés, toujours souriante, un châle mauve sur les épaules. Dans l'impasse, la foule crie son enthousiasme et chante *Happy Birthday*. Il a tout juste la force d'esquisser, avec ses deux doigts, le V de la victoire. Clementine lui offre un cœur en or avec le chiffre 90 qui rejoint sur sa chaîne de montre celui qu'elle lui a offert pour leurs fiançailles.

Le 11 janvier 1965, il tombe dans un léger coma mais garde les yeux ouverts. À Christopher qui lui propose un verre de champagne pour tenter de le faire sortir de sa léthargie, il murmure : « Je suis si las de tout. » Ses dernières paroles…

Pendant quinze jours, Clementine lui tient la main et ne le quitte que pour de brèves promenades dans Hyde Park où souffle un vent humide et glacé. Elle demande aux paparazzi et aux journalistes de reculer à l'entrée de l'impasse afin qu'ils n'importunent pas leurs voisins. Dans la nuit du 22 janvier,

Randolph vient annoncer la naissance de leur arrière-petit-fils. Héritier du nom, il s'appelle Randolph.

Deux jours plus tard, le père et le fils entourent à son chevet le vieux lion qui se meurt. Une dernière fois, Clementine embrasse sa main, son front devant les deux infirmières et Montague Browne tombés à genoux. Elle écrit dans son carnet : « Winston s'est éteint ce matin paisiblement à 8 heures. »

Sept ans plus tôt, la reine a déclaré à son Premier ministre Macmillan qu'elle voulait pour Churchill des funérailles nationales. Un honneur qu'avant lui, la reine Victoria a accordé à Wellington, le vainqueur de Waterloo. En cet hiver glacial, trois cent mille personnes défilent devant le catafalque déposé dans le grand hall du parlement de Westminster comme, avant lui, les rois Edward VII, George V et George VI dont il a été le ministre.

La cérémonie des obsèques, spectacle d'un autre siècle digne de la splendeur éternelle de la couronne britannique, est suivie par le monde entier grâce à la télévision. Sur un fût de canon de la marine, le cercueil couvert du drapeau britannique et de l'ordre de la Jarretière traverse Londres jusqu'à la cathédrale St Paul's. Randolph, son fils Winston et Christopher le suivent à pied. Clementine a pris place avec Sarah et Mary dans une calèche de Buckingham pourvue de couvertures et de bouillottes pour les mains car elles vont y passer plusieurs heures. Une fois encore, elle n'a qu'un souci : « Je pensais qu'il y aurait de la musique. Winston en souhaitait », dit-elle. « Il y en a », répondent ses filles. Mais le cortège est si long qu'elles ne peuvent pas l'entendre.

Dans la cathédrale, la reine attend, entourée des monarques, présidents et représentants de cent douze pays. Dernier hommage, Winston remonte la Tamise jusqu'à la gare de Waterloo. Les grues des chantiers navals s'inclinent en son honneur. Un train à vapeur dont la locomotive porte le nom de Winston Churchill le conduit à Blenheim où il est enterré à côté du grand duc de Marlborough, héros de son enfance. Sur sa tombe, il y a seulement deux couronnes. L'une de la reine, l'autre de sa femme : « À mon Winston chéri. Clemmie. »

Le soir, avant de se coucher, elle dit à sa fille : « Mary, ce n'étaient pas des funérailles. C'était un triomphe. » Leur ultime jour de gloire.

Chapitre XXIII

LADY CHURCHILL

Sans Winston, la vie de Clementine reste pleine de lui. Depuis le premier jour, elle s'est fixé pour mission de préserver son image, sa réputation, son épopée. Sa première décision est de donner Chartwell, sans plus attendre, au public. Elle veut faire du domaine, à jamais et pour le monde entier, une terre churchillienne.

Elle tient même à supprimer les derniers aménagements destinés à faciliter la vie de Winston. Elle rétablit la maison telle qu'elle était avant-guerre, du temps où ils étaient jeunes, heureux et l'Angleterre insouciante. Alors que ce n'était pas prévu, elle fait don aussi de tous ses meubles de famille. La salle à manger retrouve son gramophone et sa table ronde où ont pris place Lloyd George, Charlie Chaplin, Lawrence d'Arabie... Le salon a sa table de jeu, la chambre de Clementine son baldaquin et les portraits de ses filles, le bureau de Winston les photos de ses parents, son stylo et un de ses aquariums fétiches.

Dans les anciennes chambres d'amis sont exposés ses uniformes nombreux et variés. Et ses tableaux sont regroupés dans le studio près des cottages et du potager. Dans le parc, les cygnes noirs voguent sur l'étang, les oies se dandinent autour de la piscine et les papillons qu'il aimait tant se multiplient près du terrain de croquet. Pointilleuse, elle surveille chaque détail, comme autrefois, avec l'aide de Grace Hamblin et des jardiniers.

Après ces semaines éprouvantes et cruelles, elle prend quinze jours de repos chez Mary à Hamsell Manor. Après quoi, le 24 février 1965, elle s'embarque sur le *Queen Mary* avec sa fille et son gendre. Première étape : la Barbade chez son ami Ronald Tree installé à Heron Bay, une merveilleuse villa palladienne en pierres construite par l'architecte anglais Geoffrey Jellicoe.

À la fin de la guerre, l'ancien député a divorcé de sa femme Nancy et vit désormais avec une journaliste américaine, Marietta, très active en politique. Ardente démocrate, elle a créé à New York, le premier hôpital où les Noirs peuvent se faire soigner à côté des Blancs et, en 1961, Kennedy l'a chargée des droits de l'homme à l'ONU.

Chaque jour, après les baignades, la table est dressée dans la majestueuse véranda à colonnes. La plage est un tel enchantement qu'une fois à Heron Bay on ne rêve que d'y retourner. Ronald, incapable d'accueillir tous ses amis, a investi en 1961 dans un palace jouxtant sa propriété, Sandy Lane, où ils peuvent séjourner autant que leur fortune le leur permet.

Après dix jours, un saut de puce en avion dépose Clementine et les Soames à la Jamaïque chez leur cousin Marlborough qui a acheté deux petites villas coloniales charmantes. Bert a perdu sa femme, Mary, que Clementine aimait tant. Sa mère Consuelo, morte il y a un an, est elle aussi enterrée à Blenheim à côté de Winston.

Dans son rocking-chair, Clementine paraît parfois perdue dans ses souvenirs. Il y a douze ans, ils étaient à la Jamaïque avec Winston. Elle revoit son mari peignant un long palmier vert pâle qui plongeait dans la mer, un si joli tableau qu'il le lui a donné comme chaque fois qu'elle aimait une de ses toiles. Elle se rappelle les déjeuners de Montego Bay chez lord Beaverbrook, lui aussi disparu.

À son retour, Randolph organise pour ses quatre-vingts ans, un anniversaire surprise dans les salons du Café Royal, siège de tant d'événements politiques. Le dessert, des fraises à la crème, leur rappelle les merveilleux étés passés tous ensemble à Chartwell.

Deux mois plus tard, la famille se retrouve dans la tribune de la Chambre des lords pour ses débuts politiques. Sur proposition du Premier ministre, la reine lui a conféré le « pairage à vie » et Clementine n'a pas été longue à choisir son nouveau titre : baroness Spencer-Churchill of Chartwell !

Entre ses deux parrains, lord Ismay et lord Normanbrook, elle fait son entrée dans sa robe rouge à col blanc d'hermine toute neuve. Il n'a pas été question pour elle de louer une robe pour cette journée unique comme font tant de pairs et de pairesses. Elle s'est aussi fait faire un magnifique tricorne noir. Sur la poitrine, elle porte la chaîne de l'ordre de d'Empire britannique dont elle est grand-croix. Après avoir prêté serment, elle serre la main de tous les lords présents qu'elle a tant de fois reçus à sa table : Monty, Salisbury, Attlee le travailliste… À la stupeur générale, lady Churchill ne s'assied pas au milieu des conservateurs mais dans les rangs du parti libéral dont elle a toujours défendu les réformes même contre Winston. Son premier vote est en faveur de l'abolition de la peine de mort.

Au Churchill College, elle confie la collection de livres de son mari sur Napoléon et les cassettes de lettres du premier duc de Marlborough offertes par la reine Juliana. Mais c'est au Fonds Ernerst Bevin, ministre travailliste de Winston pendant la guerre, qu'elle fait cadeau des discours de Charles de Gaulle. Elle a toujours aimé les gouvernements de coalition.

Avec Randolph, elle est allée rendre l'ordre de la Jarretière à Buckingham Palace où la reine les a reçus à déjeuner. Désormais, elle se rend régulièrement chez son fils dans sa belle propriété de Stour où il s'est attaqué à la monumentale biographie de son père. Ensemble, ils remontent les années. Il a découvert que Winston a rendu son dernier souffle le même jour, à la même heure que lord Randolph et que quelques années, plus tôt, en se rasant un matin de 24 janvier, il a déclaré à Jock Colville : « Aujourd'hui, c'est l'anniversaire de la mort de mon père et je mourrai aussi un 24 janvier. » Elle est enchantée de guider sa plume. Et lui, heureux d'être enfin le premier des Churchill.

Coup de tonnerre dans ce deuil paisible, en janvier 1966, elle reçoit une lettre de lord Moran lui demandant la permission de publier un portrait de Winston pour le livre de souvenirs qu'il écrit sur son illustre malade. Deux ans plus tôt, elle a appris son projet par un écho dans la presse. Après une conversation musclée, elle lui écrit : « J'ai toujours supposé que les relations entre un médecin et son patient reposent sur une totale confidentialité [...]. Je vous demande de reconsidérer votre projet. » Depuis, sans nouvelles, elle pensait que le livre était abandonné et elle n'en a pas parlé à Winston pour ne pas troubler ses derniers mois de vie.

Cette fois, elle réagit avec la même fermeté : « Je suis désolée mais je pensais que vous connaissiez ma position. » Quelques semaines plus tard, le *Sunday Times* publie, en feuilletons, des extraits de *Winston Churchill. Combat pour la survie* pour lesquels lord Moran a touché 30 000 livres. Énorme succès. La controverse sur la déontologie médicale embrase le pays. Le médecin montre le Premier ministre comme un grand malade. Mais, évidemment, il ne le voyait que lorsqu'il était malade. Lord Moran se défend en prétendant que Brendan Bracken lui a conseillé de publier cette contribution à l'histoire et que Winston lui a donné sa bénédiction. Mais tous les deux sont morts et incapables de le démentir ! Et Clementine, à qui son mari ne cachait rien, s'étonne qu'il ne lui ait jamais parlé du projet du médecin. Elle confie à sa fille Mary : « Il montre Winston sous un jour complètement faux. » Ses enfants partagent son indignation.

Quelle différence avec le maréchal Alexander ! Dans le mois qui a suivi les funérailles nationales, cet ami fidèle a lancé le Winston Churchill Memorial Trust, une fondation destinée à permettre à des étudiants de voyager pour réaliser à l'étranger un projet personnel. Très vite, près de 3 millions de livres sont récoltés et dès l'année suivante, soixante diplômés sont sélectionnés pour recevoir une bourse avec la bénédiction de Clementine.

Après avoir mis en vente les deux maisons de Hyde Park Gate bien trop grandes, elle habite, non loin, dans un appartement avec une vue splendide sur Hyde Park : 7 Prince's Gate. Elle a confié à Mrs Graebner, l'épouse du représentant à Londres de *Time & Life* et agent de Winston, qu'elle rêvait de vivre dans trois ou quatre pièces avec juste une domestique. Elle s'est même excusée d'avoir besoin d'une aide mais elle a avoué qu'elle se sentait trop vieille pour tout faire elle-même. En fait, elle a gardé une cuisinière, Mrs Douglas, et Nonie Chapman, sa secrétaire depuis 1964. Geste tout à fait exceptionnel, le Premier ministre travailliste Harold Wilson a aussi laissé à sa disposition le diplomate Montague Browne pour répondre au flot de lettres et aux demandes qui l'assaillent en permanence.

En compagnie d'Elisabeth II, elle inaugure une plaque en mémoire de Winston dans Westminter Abbey. Elle passe d'ailleurs beaucoup de son temps à dévoiler des statues, invariablement signées du sculpteur Nemon, à la Chambre des communes, au Churchill College de Cambridge, à Westerham sur la place du village, à Chartwell où le sculpteur a enfin pensé à représenter le héros de l'Angleterre en compagnie de sa femme…

Depuis son déménagement, elle ne souffre plus de névrite comme autrefois. Les grandes maisons que Winston adorait, avec maître d'hôtel et valet, l'ont toujours épuisée. Comme elle a aussi détesté les vacances « tristes et déprimantes » à Monte-Carlo. En septembre 1970, à quatre-vingt-cinq ans, elle part avec Nonie Chapman pour une croisière de trois semaines en Méditerranée sur un paquebot britannique, l'*Andes*. Le dernier soir, lors du dîner déguisé, elle apparaît en « *lady in black* » et à sa grande surprise, gagne le premier prix, un superbe poudrier. Elle est tellement contente qu'elle reprend, l'année suivante, deux cabines et, évidemment, paie le voyage de sa poche.

Comme du temps de Winston, elle lit chaque matin les journaux avec ses gants blancs en coton pour ne pas se salir les mains. Musées et expositions la passionnent toujours. Et son agenda déborde de déjeuners. Elle est encore présidente honoraire du YWCA et a accepté de présider la Fondation pour les personnes âgées. Même quand elle est seule le soir, elle se change pour enfiler une élégante robe d'intérieur.

Comme elle n'a plus de jardin, elle se promène dès qu'elle le peut dans Hyde Park. Longeant un jour une pelouse où des jeunes jouent au ballon elle en reçoit un sur la tête, tombe et se casse l'épaule droite, ce qui la fait souffrir plusieurs semaines. Les joueurs maladroits et désolés lui apportent un bouquet de fleurs. Un des fils de Mary apprenant l'accident déclare : « Je ne savais pas que Grandmama jouait au football. »

Elle aime par-dessus tout être au milieu de ses petits-enfants, les emmener au cirque ou au théâtre, suivre leurs études, discuter de leur carrière. Elle ne manque jamais un baptême, un mariage et prépare longtemps à l'avance ses cadeaux de Noël.

Randolph a déjà publié les deux premiers tomes de l'histoire de son père quand le 6 juin 1968, il meurt subitement à Stour à cinquante-sept ans. Clementine, digne comme toujours, entourée de ses filles Sarah et Mary, assiste à l'enterrement dans l'église du village puis à la cérémonie de St Margaret's où se presse la foule. De ses cinq enfants, deux seulement sont encore vivants. Mais son cher petit-fils Winston est là pour perpétuer la tradition. Après avoir été journaliste comme son père et son grand-père, il s'est fait élire député.

Une autre de ses grandes joies, trois mois plus tard, est d'apprendre que Christopher Soames est nommé ambassadeur à Paris. Trois à quatre fois par an, et toujours en train de nuit, elle va passer quelques jours rue du Faubourg-Saint-Honoré. Mary allège son emploi du temps et ensemble, elles vont à la découverte d'un musée ou au théâtre. Elle suit l'effervescence intellectuelle qui s'est emparée de la France après la révolution de Mai.

Un an plus tard, elle écrit au général de Gaulle une lettre pleine de sympathique nostalgie lorsqu'il quitte l'Élysée. Il lui répond aussitôt : « Il n'y a pas de message qui m'ait touché plus que le vôtre. » Lorsqu'il meurt, en novembre 1970, Mary est invitée à la grande réception donnée par Georges Pompidou après la messe à Notre-Dame. Non comme épouse de l'ambassadeur de Grande-Bretagne mais comme fille du Compagnon de la Libération Winston Churchill. Elle écrit à sa mère : « Comme vous dites, c'est une époque qui prend fin avec sa mort. »

À Londres, c'est Edward Heath qui s'installe à Downing Street. Tous les Premiers ministres lui manifestent une exceptionnelle déférence. Mais avec ce brillant conservateur qui se prépare à faire entrer la Grande-Bretagne dans le Marché commun, elle s'entend le mieux du monde. Comme elle, il est pro-français. Beaucoup plus que Winston. De temps en temps, Edward Heath invite Clementine à déjeuner. En 1972, il l'emmène visiter l'exposition de Toutankamon. Il organise aussi aux Chequers une petite fête de famille pour lui montrer les aménagements apportés à la maison. Elle constate que les hêtres de l'allée offerte par Winston le jour de sa démission, en 1955, ont bien poussé.

Le 1er avril 1975, elle fête ses quatre-vingt-dix ans. Et sa petite-fille Celia Sandys, fille de Diana, organise dans sa maison une grande fête en son honneur. Ce jour-là, lord Snowdon, mari de la princesse Margaret, prend d'elle une photo magnifique. En robe noire, les mains posées à plat sur les genoux, elle semble porter sur le monde un regard de défi, sans concession et plein de majesté. Un portrait de reine, telle que la voient les Anglais et ses enfants.

Dans son petit appartement, défilent toujours les grands de ce monde. En juin 1976, Valéry Giscard d'Estaing, en visite officielle à Londres, a tenu à être reçu, avec son épouse, à Prince's Gate. La visite, qui ne devait pas excéder dix minutes, a dépassé une demi-heure.

Depuis qu'elle s'est cassé la hanche trois ans plus tôt, elle a du mal à reconduire ses illustres visiteurs jusqu'à la porte. Et quand elle se promène dans Hyde Park, Nonnie Chapman la pousse dans sa chaise roulante. Elle ne veut surtout pas être une charge pour ses descendants. En prévision des dépenses occasionnées pour une éventuelle maison de retraite, elle a vendu quelques tableaux de Winston. Aussitôt toute l'Angleterre s'est émue en pensant qu'elle était dans le besoin. Elle a reçu des dons que, furieuse, elle a renvoyés aux expéditeurs.

Chaque année, son cher petit-fils Winston l'emmène au cimetière de Blenheim le jour de l'anniversaire de son mari. La dernière fois, il l'a entendue murmurer : « J'espère que je ne tarderai pas. »

Le 12 décembre 1977, elle a déjà commandé la plupart de ses cadeaux de Noël. Après le déjeuner, elle va partir pour sa promenade quotidienne. Ses gants et son chapeau sont prêts. Dans son fauteuil, elle pousse trois soupirs. On n'a que le temps de l'étendre sur son lit. Elle est déjà morte.

Cette fin d'une élégante humilité couronne une vie exemplaire. Alors que les femmes de chefs d'État ont tant de mal à trouver la mesure entre effacement et arrogance, dès le jour de son mariage, à vingt-trois ans, Clementine a tenu sa juste place. Elle est toujours restée incroyablement fidèle à ses convictions, ses certitudes, ses ambitions.

De la légende Churchill, elle a connu tous les secrets, toutes les ombres. Les vérités derrière le mythe. Tout ce que l'histoire ne saura jamais et qu'elle a voulu cacher. Parce que dès le premier jour, imperturbable et fière, elle n'a cessé de croire en lui.

BIBLIOGRAPHIE

ADLINGTON Lucy, *Great War Fashion*, The History Press, 2013.

ASQUITH H. H., *Letters to Venetia Stanley*, Oxford, Oxford University Press, 1982.

BLANCHE Jacques-Émile, *Cahiers d'un artiste*, Paris, Gallimard, 1915.

BONHAM CARTER Violet, *Winston Churchill as I Knew Him*, Londres, Weidenfeld and Nicolson, 1995.

BUCZACKI Stefan, *Churchill and Chartwell*, Londres, Frances Lincoln, 2007.

CHEVALLIER E, *Petite histoire chronologique de Dieppe*, Rouen, Cagniard, 1886.

CHURCHILL Randolph, *Winston S. Churchill : Youth 1874-1900*, Londres, William Heinemann, 1966.

–, *Twenty-One Years*, Londres, Weidenfeld and Nicolson, 1964.

CHURCHILL Sarah, *A Thread in the Tapestry*, Londres, André Deutsch, 1967.

–, *Keep on Dancing*, Londres, Weidenfeld and Nicolson, 1981.

CHURCHILL Winston, *Lord Randolph Churchill*, Londres, Macmillan, 1906.

–, *Discours de guerre*, Paris, Tallandier, 2009.

–, *Journal politique 1936-1939*, Paris, Tallandier, 2010.

–, *Mémoires de la Grande Guerre 1915-1918*, Paris, Tallandier, 2014.

–, *Mémoires de guerre 1919-1941*, Paris, Tallandier, 2013.

–, *Mes jeunes années*, Paris, Tallandier/Texto, 2007.

–, *Mon allié Staline*, Paris, Éd. R.B., 1940.

–, *Mon voyage en Afrique*, Paris, Tallandier, 2010.

–, *Painting as a Pastime*, Londres, Unicorn Press, 2013.

–, *Réflexions et aventures*, Paris, Tallandier, 2008.

–, *Savrola*, Monaco, Éd. du Rocher, 1948.

CHURCHILL Winston et Clementine, *Conversations intimes 1908-1964*, Paris, Tallandier, 2013.

CLARKE Peter, *Mr Churchill's Profession*, Londres, Bloomsbury Press, 2012.

COOMBS David with Minnie S. Churchill, *Sir Winston Churchill : His Life and His Paintings*, Dorset, Ware House Publishing, 2011.

COOPER Diana, *Darling Monster*, Vintage books Overlook Press, 2014.

–, *Autobiography*, Londres, Faber and Faber, 2008.

CORNWALLIS-WEST, George, *The Reminiscences of Lady Randolph Churchill*, New York, The Century, 1908.
COURCY Anne de, *Margot at War*, Londres, Weidenfeld and Nicolson, 2014.
EDEN Clarissa, *A Memoir*, Londres, Weidenfeld and Nicolson, 2007.
ENRIGHT Dominique, *The Wicked Wit of Winston Churchill*, Londres, Michael O'Mara Books, 2001.
FARRER David, *G. for God Almighty*, Londres, Weidenfeld and Nicolson, 1969.
FERNEY Frédéric, *« Tu seras un raté mon fils ! »*, Paris, Albin Michel, 2015.
FIORI Pamela, *La Légende de Monte-Carlo*, Paris, Assouline, 2014.
FISHMAN Jack, *My Darling Clementine*, Londres, Star Books, 1974.
FONDATION Pierre Bergé, *Du côté de chez Jacques-Émile Blanche*, Paris, Skira-Flammarion, 2012.
FORESTIER François, *Aristote Onassis*, Paris, Michel Lafon, 2006.
FORT Adrian, *The Story of Lady Astor*, New York, St. Martin's Press, 2013.
GILBERT Martin, *Winston Churchill. The Wilderness Years*, New York, Tauris Parke Paperbacks, 2012.
–, *Churchill : A Life*, Londres, Pimlico, 2000.
GRAEBNER Walter, *My Dear Mr. Churchill*, Boston, Houghton Mifflin, 1965.
GUIDE MICHELIN, *Arras and the Battle of Artois*, Michelin and EM, 1918.
HARDWICK Joan, *Clementine Churchill : The Private Life of a Public Figure*, Londres, John Murray, 1997.
HIGHAM Charles, *Dark Lady*, Londres, Virgin Books, 2006.
HOLMES Richard, *In the Footsteps of Churchill*, Persens BBC Books, 2005.
HOUGH Richard, *Winston and Clementine*, New York, Bantam books, 1990.
JOHNSON Boris, *The Churchill Factor*, Londres, Hodder and Stoughton, 2014.
KERSAUDY François, *Winston Churchill*, Paris, Tallandier, 2000.
–, *Churchill contre Hitler*, Paris, Tallandier, 1987.
–, *Lord Mountbatten*, Paris, Payot et Rivages, 2006.
LANDEMARE Georgina, *Churchill's Cookbook*, Londres, Imperial War Museum, 2015.
LEE Celia and John, *The Churchills : A Family Portrait,* New York, Palgrave Macmillan, 2010.
LE FLOC'HMOAN, Annick, *Ces extravagantes sœurs Mitford*, Fayard, 2002.
LOVELL Mary S., *The Churchills*, Londres, Little Brown, 2011.
MITFORD Jessica, *Rebelles honorables*, Paris, Les Belles Lettres, 2014.
MORAN Lord, *Churchill*, Boston, Houghton Mifflin, 1966.
OGDEN Christopher, *Life of the Party*, Boston, Little Brown, 1994.
PEARSON John, *The Private Lives of Winston Churchill*, Londres, Bloomsbury Reader, 2013.
PURNELLE, Sonia, *First Lady : The Life and Wars or Clementine Churchill*, Londres, Aurum Press, 2015.

ROBERTS Andrew, *Eminent Churchillians*, Londres, Weidenfeld and Nicolson, 1994.

SANDYS Celia, *Chasing Churchill*, Londres, Unicorn Press, 2014.

SHELDEN Michael, *Young Titan : The Making of Winston Churchill*, New York, Simon and Schuster, 2013.

SHONE Richard, *Walter Sickert*, Phaidon, Oxford, Phaidon, 1988.

SOAMES Mary, *Clementine Churchill : The Biography of a Marriage*, Boston, Houghton Mifflin, 1979.

–, *A Daughter's Tale*, Londres, Doubleday, 2011.

ST HELIER lady, *Memories of Fifty Years*, Londres, Edward Arnold, 1909.

STELZER Cita, *Dinner with Churchill*, Londres, Short Books, 2011.

TAYLOR S. J., *The Great Outsiders*, Londres, Weidenfeld and Nicolson, 1996.

THOMPSON Walter Henry, *Assignment : Churchill*, New York, Farrar, Straus and Young, 1955.

VANDERBILT BALSAN Consuelo, *Une duchesse américaine*, Paris, Tallandier, 2012.

WINGATE sir Ronald, *Lord Ismay*, Londres, Hutchinson, 1970.

INDEX DES NOMS DE PERSONNES

Réalisation : Nord Compo à Villeneuve-d'Ascq
Dépôt légal : octobre 2015
ISBN : 979-10-210-0740-6
Numéro d'édition : 3822
Imprimé en Italie